미래와 통하는 책

동양북스 외국어 베스트 도서

700만 독자의 선택!

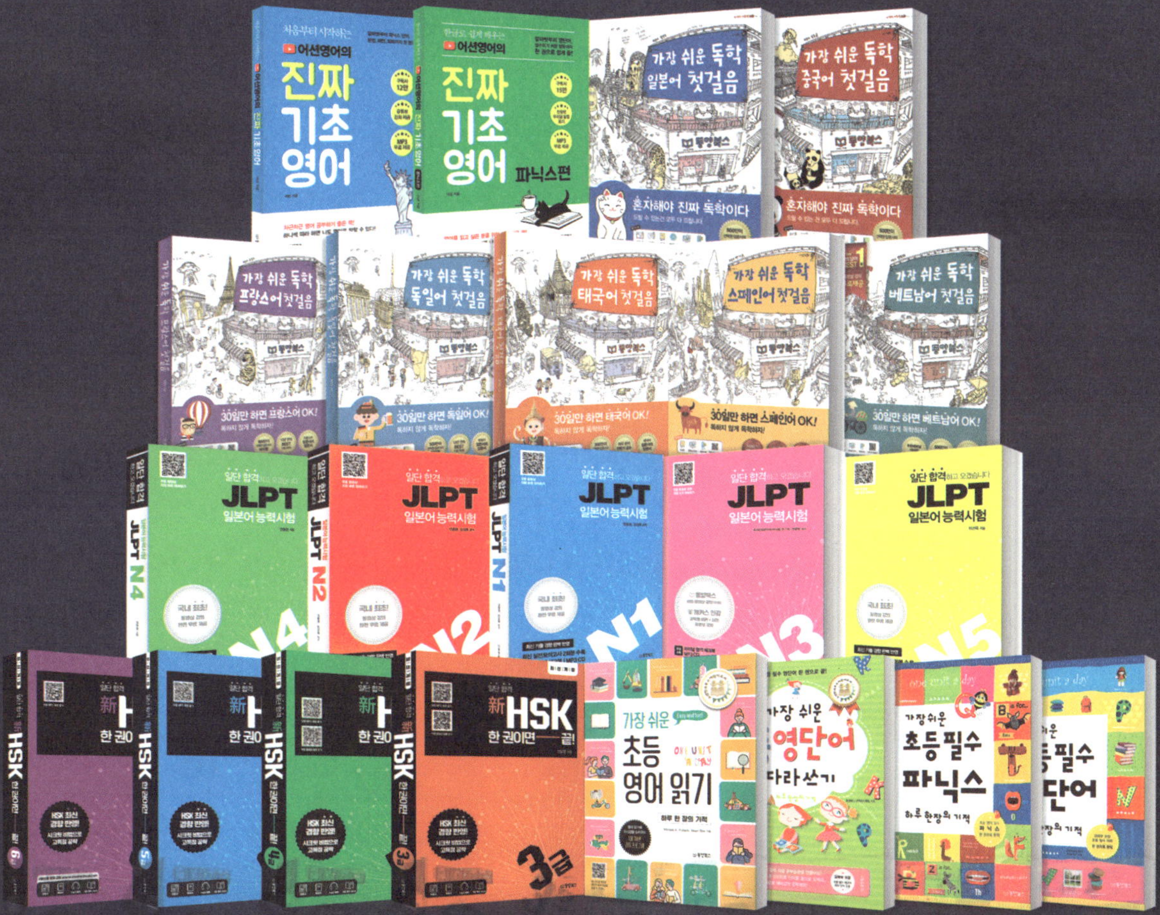

새로운 도서,
다양한 자료
동양북스
홈페이지에서
만나보세요!

www.dongyangbooks.com
m.dongyangbooks.com

※ 학습자료 및 MP3 제공 여부는 도서마다 상이하므로 확인 후 이용 바랍니다.

홈페이지 도서 자료실에서 학습자료 및 MP3 무료 다운로드

PC

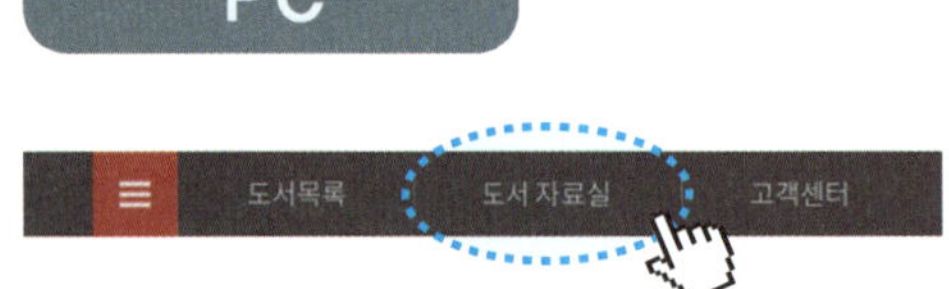

❶ 홈페이지 접속 후 도서 자료실 클릭
❷ 하단 검색 창에 검색어 입력
❸ MP3, 정답과 해설, 부가자료 등 첨부파일 다운로드
* 원하는 자료가 없는 경우 '요청하기' 클릭!

MOBILE

* 반드시 '인터넷, Safari, Chrome' App을 이용하여 홈페이지에 접속해주세요. (네이버, 다음 App 이용 시 첨부파일의 확장자명이 변경되어 저장되는 오류가 발생할 수 있습니다.)

❶ 홈페이지 접속 후 ☰ 터치

❷ 도서 자료실 터치

❸ 하단 검색창에 검색어 입력
❹ MP3, 정답과 해설, 부가자료 등 첨부파일 다운로드
* 압축 해제 방법은 '다운로드 Tip' 참고

첫걸음 끝내고 보는

스페인어 중고급의 모든 것

박기호 지음

동양북스

첫걸음 끝내고 보는

스페인어 중고급의 모든 것

초판 7쇄 발행 | 2025년 1월 20일

지 은 이 | 박기호
발 행 인 | 김태웅
마케팅 총괄 | 김철영
제　　　작 | 현대순
기획 편집 | 김현아
디 자 인 | 남은혜, 김지혜

발 행 처 | (주)동양북스
등　　록 | 제2014-000055호
주　　소 | 서울시 마포구 동교로 22길 14 (04030)
구입문의 | 전화 (02)337-1737　팩스 (02)334-6624
내용문의 | 전화 (02)337-1762　dymg98@naver.com

SBN 979-11-5703-063-7 13770

이 도서의 국립중앙도서관 출판예정도서목록(CIP)은 서지정보유통지원시스템 홈페이지(http://seoji.nl.go.kr)와
국가자료공동목록시스템(http://www.nl.go.kr/kolisnet)에서 이용하실 수 있습니다.
(CIP제어번호:CIP2015006750)

머리말

    〈가장 쉬운 스페인어 첫걸음의 모든 것〉이 출판된 지 한참 흐르고 이제 〈첫걸음 끝내고 보는 스페인어 중고급의 모든 것〉이 나왔습니다.

    본 교재로 초급 문법을 재확인하면서 중급은 물론 깨알 같은 고급 문법까지 숙지하여 스페인어권 TV를 시청하거나 책과 잡지를 읽을 때, 문법이 글과 말 속에 녹아들 듯 이해가 되어 귀와 눈이 자연스럽게 내용에만 집중할 수 있게 되기를 바랍니다.

    말하기 실력이란 '일상적 상황'에 대한 대화를 맛깔나게 표현하는 것 못지않게 상황과 감정 묘사를 기본 어휘로 쉽고 간결히 처리하는 훈련도 필요합니다. 아울러 '삶의 주제' 또는 '시사 문제'에 대해서도 개인적 생각을 쉬운 문형과 단어로 표현하고 다루는 연습을 하면서 동시에 중급과 고급 수준의 표현을 충분히 이해하고 숙지하는 노력을 통해 언어 구사 능력을 향상시키기를 바랍니다.

    글쓰기 또한 문장을 많이 읽으면서 때로는 직역과 의역을 통한 문장 분석을 통해 한국어 문형을 자연스러운 스페인어 문형으로 바꾸는 능력을 키울 수 있을 것입니다.

    본 교재를 통해 독자님들의 스페인어 학습에 대한 흥미와 의욕이 더욱 커질 수 있기를 바랍니다.

    끝으로 교재 완성에 도움을 주시고 고생하신 분들에게 깊은 감사의 말씀드립니다.

저자 박기호

차례

SPAIN

이 책의 구성과 특징

회화

상황별, 주제별 기본 회화를 익힙니다.
꼭 알아야 할 구문과 문법 사항이 포함
된 부분을 미리 소개한 것입니다. MP3
음원을 활용해 발음과 문장을 꼭 암기
하세요.

단어

각 페이지마다 새로 나온 단어와 중요
단어들을 소개했습니다. 본문과 함께
보면 쉽게 외워지고, 꾸준히 정리해서
외우면 실력이 됩니다.

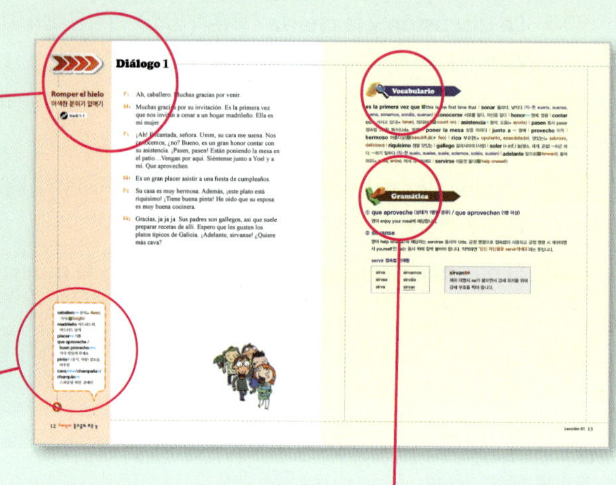

단어와 문법

회화문에 나온 단어와 문법을 설명했
습니다. 단어의 쓰임, 유의어와 활용,
문법과 문형 등 깨알 같은 정보가 들어
있으니 꼼꼼하게 공부해 보세요.

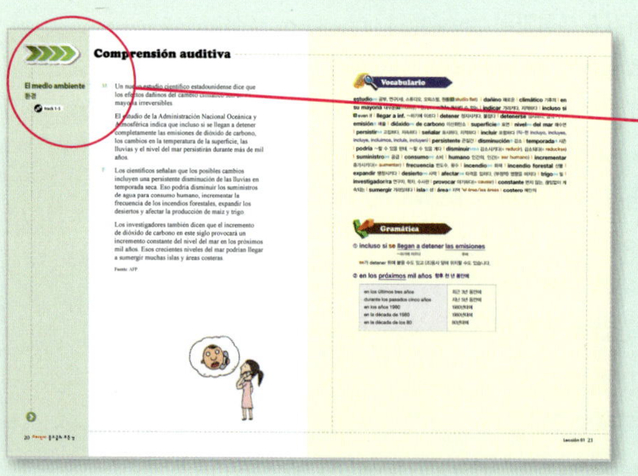

청해 연습

시사 토론, 뉴스, 인터뷰, 노래 가사 등
다양한 종류의 듣기 연습 코너입니다.
먼저 음원을 듣고 그 다음에 눈으로 대
화문을 읽으며 내용을 숙지하시면 좋
습니다.

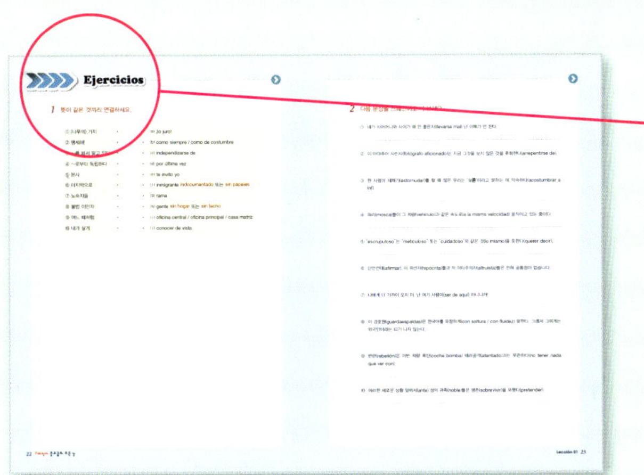

연습문제

스페인어 표현을 익히고 문장을 직접 쓰면서 연습할 수 있습니다. 중급 수준 이상이면 꼭 연습해 봐야 하는 문제들로 구성되어 있습니다.

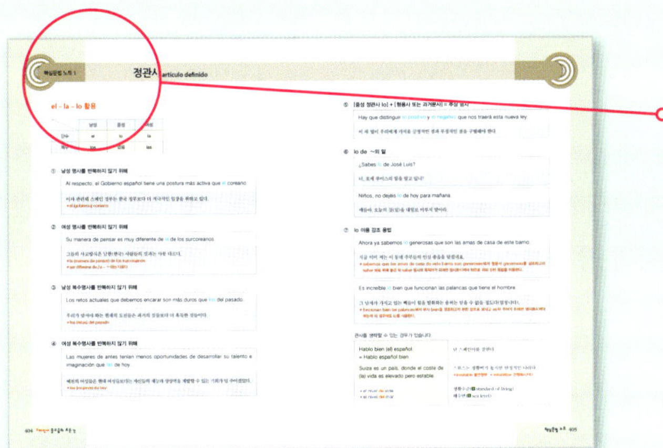

문법편

중급 이상 수준에서 꼭 알아야 하는 심화 문법을 소개합니다. 핵심만을 모아 정리했으므로 여기에 나와 있는 문법은 꼭 숙지하시길 바랍니다.

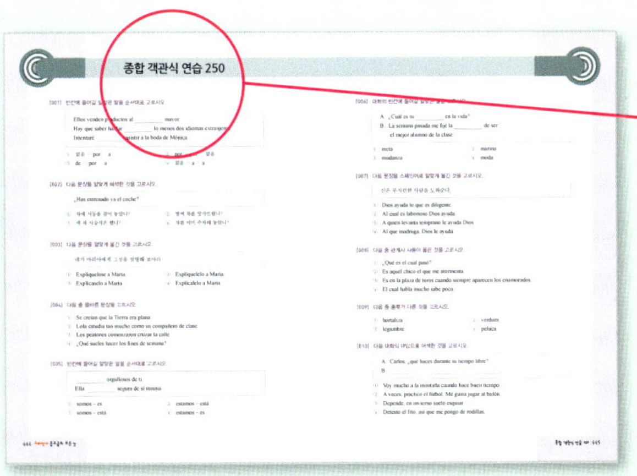

종합 객관식 연습 250

문법, 독해 등 다양한 종류의 객관식 문항이 수록되어 있습니다. 250개의 문제를 통해 충분히 연습하고 실력을 키울 수 있습니다.

이 책의 활용법

1. 회화편

24가지 주제별 회화로 구성되어 있으며, 대화문과 함께 단어 정리는 물론 핵심 문법 설명까지 꼼꼼하게 정리하였습니다. 일상생활과 관련된 내용부터 시사 문제까지, 뻔하지 않은 주제를 통해 재미있게 학습할 수 있습니다. 또한 동양북스 홈페이지에서 회화편의 강의를 누구나 수강하실 수 있습니다.

2. 문법편

이 교재는 실용 회화와 문법 모두를 담고 있어 더욱 효율적이고 체계적인 상호 학습이 가능합니다. 문법편에는 시험에 자주 나오는 문법과 실제 상황에서 자주 사용되는 문법을 정리하여 중급 레벨과 그 이상의 문법 실력을 쌓음으로써 스페인어 실력을 향상시킬 수 있습니다.

3. 종합 객관식 문제 250

어학능력 인증, 국가 공무원 공채, 대입 수능 등 각종 시험에 자주 등장하는 패턴으로 객관식 문항을 수록했습니다. 충분한 객관식 연습을 통해 실전 감각을 쌓을 수 있고 꼼꼼한 해설을 보며 스페인어 문법과 표현을 한번 더 공부할 수 있습니다.

3. MP3

남녀 원어민 성우가 녹음한 회화편의 음원을 제공합니다. 대화별로 트랙이 나누어져 있어서 찾아서 듣기 쉽고, 실제로 원어민이 사용하는 자연스러운 속도로 녹음되어 있어서 실전 연습을 하기에 좋습니다.

4. 무료 동영상 강의

인터넷을 이용할 수 있는 곳이라면 언제 어디서나 수강이 가능하도록 무료 동영상 강의를 만들었습니다. 동양북스 홈페이지(http://www.dongyangbooks.com)를 방문하시면 24시간 무료로 수강할 수 있습니다. 또한 스마트폰으로도 강의를 수강할 수 있습니다 (m.dongyangbooks.com).

회화편

La vida social

사교

Donde fueres, haz lo que vieres.

로마에서는 로마인들이 하는 대로 하라.

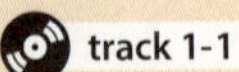

Diálogo 1

F1 Ah, caballero. Muchas gracias por venir.

M1 Muchas gracias por su invitación. Es la primera vez que nos invitan a cenar a un hogar madrileño. Ella es mi mujer.

F1 ¡Ah! Encantada, señora. Umm, su cara me suena. Nos conocemos, ¿no? Bueno, es un gran honor contar con su asistencia. ¡Pasen, pasen! Están poniendo la mesa en el patio....Vengan por aquí. Siéntense junto a Yoel y a mí. Que aproveche.

M1 Es un gran placer asistir a una fiesta de cumpleaños.

F2 Su casa es muy hermosa. Además, ¡este plato está riquísimo! ¡Tiene buena pinta! He oído que su esposa es muy buena cocinera.

M2 Gracias, ja ja ja. Sus padres son gallegos, así que suele preparar recetas de allí. Espero que les gusten los platos típicos de Galicia. ¡Adelante, sírvanse! ¿Quiere más cava?

caballero(m) 신사(≠ dama), 기사(영 knight)
madrileño 마드리드의, 마드리드 남자
placer(m) 기쁨
que aproveche / buen provecho(AmL) 식사 맛있게 하세요
pinta(f) (음식, 사람) 겉모습, 비주얼
cava(f)(Esp)/**champaña**(f)/ **champán**(m) 스파클링 와인, 샴페인

es la primera vez que 혭 this is the first time that | **sonar** 울리다, 낯익다 (직-현 sueno, suenas, suena, sonamos, sonáis, suenan) | **conocerse** 서로를 알다, 자신을 알다 | **honor**(m) 명예, 영광 | **contar con** 가지고 있다(= tener), 의지하다(혭 count on) | **asistencia**(f) 참석, 도움(= ayuda) | **pasen** 동사 pasar 접속법 3인칭 복수(Uds. 명령) | **poner la mesa** 상을 차리다 | **junto a** ~ 옆에 | **provecho** 이익 | **hermoso** 아름다운(혭 beautiful)(≠ feo) | **rico** 부유한(= opulento, acaudalado), 맛있는(= sabroso, delicioso) | **riquísimo** 정말 맛있는 | **gallego** 갈리시아의 (사람) | **soler** (+ inf.) 늘(평소, 대개, 곧잘) ~하곤 하다, ~하기 일쑤다 (직-현 suelo, sueles, suele, solemos, soléis, suelen) | **adelante** 앞으로(혭 forward), 들어와요(= pase, entre), 어서 계속하세요 | **servirse** 마음껏 들다(혭 help oneself)

① **que aproveche** (상대가 1명인 경우) / **que aprovechen** (1명 이상)

영어 enjoy your meal에 해당합니다.

＊식사 시에는 인칭 상관없이 단수 que aproveche 사용이 일반적임

② **sírvanse**

영어 help oneself에 해당하는 servirse 동사의 Uds. 긍정 명령으로 접속법이 사용되고 긍정 명령 시 재귀대명사 yourself인 se는 동사 뒤에 찰싹 붙여야 합니다. 직역하면 '당신 자신들을 servir하세요'라는 뜻입니다.

servir 접속법 현재형

sirva	sirvamos
sirvas	sirváis
sirva	sirvan

sírvanse
재귀 대명사 se가 붙으면서 강세 유지를 위해 강세 부호를 찍어 줍니다.

Diálogo 2

M1   Te presento a José, mi mejor amigo. Nos conocemos desde siempre.

F   Mucho gusto, soy Ana.

M2   El gusto es mío. Te conozco de oídas. Carlos me ha dicho que eres un hacha a la hora de satisfacer a tus clientes porque tienes ojos de lince, y que estás haciendo tu agosto. De verdad, me impresiona mucho la trayectoria de tu éxito.

F   Je je. Él siempre exagera. Por cierto, ¿trabajas en la misma empresa que Carlos?

M2   No. Soy contable. Trabajo por cuenta propia. Aquí tienes mi tarjeta.

F   Gracias. Aquí tienes la mía.

M2   ¿Desde cuándo trabajas en este país?

F   Hace unos cuatro años que trabajo aquí. Me gustaría seguir más tiempo, porque ahora estoy enamorada de un chico de aquí. Pienso seguir viviendo aquí incluso después de casarme con él, porque quiere que yo aprenda sobre la cultura y las costumbres de su tierra. Además, ya me ha empezado a gustar todo lo que tiene que ver con este país.

hacha(f) 도끼, 귀재, 명수
lince(m) 살쾡이, 예리한 사람
hacer su agosto
　한몫 잡다
trayectoria(f) 궤적, 역정,
　지나온 경로
contable(Esp) /
　contador/ra(AmL) 회계사
por cuenta propia
　프리랜서로
tarjeta(f) 카드, 명함
　(= tarjeta de presentación)

mi mejor 형 my best | **desde siempre** 지금껏 죽, 오래전부터, 줄곧 | **de oídas** 들어서 | **hacha**(f) 단수일 때 관사는 남성형을 사용함. | **satisfacer** 만족시키다 | **tener ojos de lince** 날카롭다, 예리하다 | **de verdad** 정말로 | **impresionar** 강한 인상을 주다, 크게 감동시키다 | **exagerar**(vt)(vi) 과장하다 | **por cierto** 그런데 말이야 | **propio** 자신의(형 own), 고유의, 특유의(= típico) | **presentación**(f) 소개, 프레젠테이션 | **enamorado de** ～에게 사랑에 빠진 | **incluso** ～까지도, ～조차 → 부정문인 경우에는 ni 또는 ni siquiera | **costumbre**(f) 습관, 풍습 | **lo que** ～하는 바, ～하는 것(형 what)

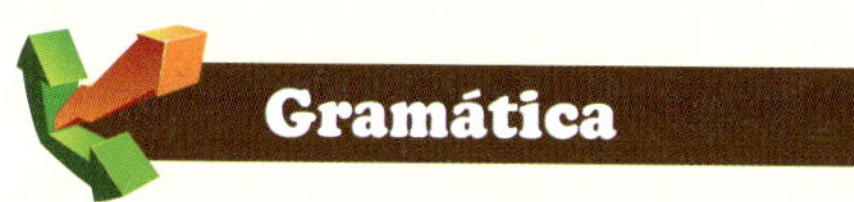

① **en la misma empresa que Carlos** 까를로스와 같은 회사에서

mismo를 이용해 '～와 같은'이라는 말을 할 때는 con을 사용하는 것이 아니라 que를 사용합니다.

Él tiene la misma edad que yo.	그는 나와 나이가 같다.

② **A tener que ver con B** A는 B와 관계가 있다

El inspector sospecha que ella tiene que ver con el asesinato del biológo belga. 수사관은 그녀가 그 벨기에 생물학자 살해와 관계가 있지 않을까 하고 수상히 생각하고 있다.

＊belga(m)(f) 벨기에 사람

Diálogo 3

F   Carlos, ¿cómo se llama aquel señor?

M   Se llama Antonio Rodríguez.

F   Ah, le conozco de nombre. Tiene fama de ser fanfarrón y criticón. Se nos está acercando. ¡Finja no haberle visto y sígame! No trae nada bueno tratarse con ese hombre. Mire. Allí está Josefina. Es cinco años mayor que yo, pero no aparenta los años que tiene. Se ve joven para su edad. Mejor dicho, se ve cinco años más joven de lo que es.

M   Por lo visto esta fiesta la aburre. Se le nota en la cara. Se rumorea que su padre ha ganado una fortuna en el mercado bursátil. A juzgar por su nueva casa y coche, es obvio que el rumor es cierto. Le envidio, je je.

F   Y ¿cómo se llamaba aquella señorita rodeada de varios chicos melosos? Veo que a ella le caen gordos esos jóvenes empalagosos.

M   Es Ana. Estoy comprometido con ella. Nos casamos el próximo mes.

F   ¡Oh! Le felicito por contraer matrimonio con una señorita tan elegante y tan sensata. Brindemos por usted y por su prometida. ¡Salud!

M   Ah, esta vez vamos a brindar por su éxito. ¡Chinchín!

fanfarrón/fanfarrona
허풍선이
criticón/criticona
트집쟁이, 헐뜯기 좋아하는
fingir ~척하다
tratarse con
어울려 가깝게 지내다
mercado(m) **bursátil**
주식시장
meloso/empalagoso
(사람이) 느끼한
¡chinchín! (비격식적 구어)
건배!

Vocabulario

de nombre (만난 적은 없고) 이름으로 | **fama**(f) 명성, 평판 | **acercarse a** ~에 접근하다(≠ alejarse de) | **finja** ~인 척하세요(Ud. 명령) | **aparentar** ~로 보이다 | **verse** 보여지다, 서로 보다, 자신을 보다 | **por lo visto** 보아하니 | **aburrir** 지루하게 하다 | **se nota** 알아채지다 | **se rumorea que** ~라는 소문이 나다 (= corre la voz de que) | **fortuna**(f) 행운, 부 | **a juzgar por** ~로 판단하건대 | **rodeado de** ~로 둘러싸인 | **caer a** sb **gordo** ~에게는 비호감이다 | **felicitar a** sb **por** sth ~를 ~에 대해 축하하다 | **contraer matrimonio** 혼인하다 | **brindar** ~을 위해 건배하다(+ por), 제공하다(= ofrecer)

Gramática

① **finja no haberle visto** 그를 보지 않았음

　　　　　영 not having seen him

현재완료 usted no le ha visto를 fingir 다음에 동명사로 처리해야 하고, 스페인어는 동사원형이 동명사이므로 ha → haber로 바뀌고 직접목적대명사 le는 haber 뒤에 찰싹 붙습니다.

② **siga + me → sígame** 날 따라오세요

③ **de lo que es (ella)** 그녀의 실체보다 / 원래의 그녀라는 사람보다

lo que es ella는 영어 what she is에 해당하며 중성 정관사인 lo가 있는 경우 비교법 문장에서는 영어 than에 해당하는 que가 아닌 de를 사용합니다.

Diálogo 4

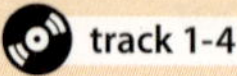
track 1-4

F ¿Qué le trae por aquí?

M Nuestra empresa va a abrir una sucursal aquí. Y yo seré el jefe.

F Fenomenal. A propósito, ¿qué hace usted durante su tiempo libre? ¿Cuáles son sus gustos?

M Soy muy aficionado a los deportes de invierno. Sobre todo, me gustan el esquí y el snowboarding.

F ¿De veras? A mí también. Es que yo empecé a practicar deportes de riesgo por mi suegra. Ella es muy buena en los deportes y me enseñó a disfrutar de la sensación de la velocidad y los momentos emocionantes y electrizantes. La verdad es que yo era algo tímida, demasiado lejos de ser atrevida, y para nada me gustaba ponerme en una situación, digamos, algo arriesgada. Pero ahora practico este tipo de deportes cada fin de semana. Y, desde luego, ella y yo nos hemos acercado aún más compartiendo el miedo y superando juntas las dificultades físicas y espirituales.

M Ya veo. Seguro que practicar deportes o ir de camping juntos nos enseña a apoyarnos unos a otros y a saber depender de otra persona conservando la independencia a la vez. En cuanto a mí, he logrado llevarme mejor con mis hijos yendo de camping. Esta actividad nos permite conversar lo suficiente. De esta manera me di cuenta de que antes había muchos malentendidos entre nosotros. Ah, la próxima vez pienso probar el paracaidismo.

F ¿En serio? Yo pienso lo mismo. Tenemos mucho en común. ¿Sabe? Hago una fiesta cada mes y me gustaría invitarle. Espero que pueda asistir a la próxima.

M ¡Oh! Será un honor y un placer para mí.

---

abrir/poner/establecer una sucursal(f)
지사를 설립하다
sucursal(f) 지사
deporte(m) de riesgo
익스트림 스포츠
suegra(f) 시어머니, 장모
electrizante 짜릿한
malentendido(m) 오해
paracaidismo(m)
스카이다이빙

Vocabulario

fenomenal 대단히 좋은(형 great)(= muy bueno, estupendo) | **gusto**(m) 구미, 기호, 취향, 취미, 기쁨 |
aficionado 좋아하는, 애호가, 아마추어 | **ser (muy) aficionado a** ～를 (매우) 좋아하다(= tener afición a)
| **riesgo**(m) 위험, 리스크 | **sensación**(f) 느낌(형 feeling), 선풍 | **emocionante** 감격적인, 흥분되는 | **algo**
약간(형 somewhat), 뭔가(형 something, anything) | **tímido** 수줍은, 소심한 | **atrevido** 대담한 | **para
nada** 전혀 *nada 아무것도(형 nothing), 어떤 것도(형 anything), 전혀(형 not at all) | **digamos** 말하자면 |
arriesgado(Esp) / **riesgoso**(AmL) 위험한 | **desde luego** 물론 | **aún más / todavía más** 더더욱
(형 even more) | **superar** 극복하다, 능가하다 | **dificultad**(f) 어려움(≠ facilidad) | **espiritual** 정신적인 |
seguro que 확실히 ～이다 | **camping**(m) 캠핑 | **apoyar** 지지하다, 기대어 놓다 | **depender de** ～에 의존
하다 | **independencia**(f) 독립 | **a la vez** 동시에 | **en cuanto a** ～에 있어서는, 관해서는 | **lograr** 달성하다
| **lograr inf.** ～하는 데 성공하다 | **llevarse bien con** ～와 사이가 좋다, 잘 지내다 | **A permitir a B inf.**
형 A allow B to inf. | **en serio** 진지하게, 정말? | **lo mismo** 같은 것 | **tener** sth **en común** ～를 공통으로
가지고 있다(형 have sth in common)

Gramática

① **¿qué le trae por aquí?**

직역하면 '무엇이 여기로 당신을 가지고 옵니까?'로 어떻게 이곳에 오게 됐는지를 묻는 말입니다.

② **lo suficiente** 충분히 (부사적 해석을 함.)   *일반적으로 [중성 정관사 lo + 형용사] = 추상 명사

Tienes que descansar lo suficiente.	넌 충분히 쉬어야 한다.
Es necesario comer lo suficiente.	충분하게 먹는 게 필요하다.

*lo없이 suficiente만을 사용하는 경향이 있기는 합니다.

③ **nos enseña a apoyarnos unos a otros**
　우리를　　　　　～하도록　　　서로를　서로를(강조형 생략 가능)

　　　　　　　　　　　　*주어(우리)가 2명인 경우에는 uno a otro를 사용

※ ① **Me da lo mismo** 아무거나 주세요, 아무래도 상관없어요.

　② **(Me da) lo mismo que él** 그와 같은 거요!

　　　　　= (deme) lo mismo que él

　　　　　= lo mismo para mí

Comprensión auditiva

M   Un nuevo estudio científico estadounidense dice que los efectos dañinos del cambio climático son en su mayoría irreversibles.

El estudio de la Administración Nacional Oceánica y Atmosférica indica que incluso si se llegan a detener completamente las emisiones de dióxido de carbono, los cambios en la temperatura de la superficie, las lluvias y el nivel del mar persistirán durante más de mil años.

F   Los científicos señalan que los posibles cambios incluyen una persistente disminución de las lluvias en temporada seca. Eso podría disminuir los suministros de agua para consumo humano, incrementar la frecuencia de los incendios forestales, expandir los desiertos y afectar la producción de maíz y trigo.

Los investigadores también dicen que el incremento de dióxido de carbono en este siglo provocará un incremento constante del nivel del mar en los próximos mil años. Esos crecientes niveles del mar podrían llegar a sumergir muchas islas y áreas costeras.

Fuente: AFP

Vocabulario

estudio(m) 공부, 연구(서), 스튜디오, 오피스텔, 원룸(형 studio flat) | **dañino** 해로운 | **climático** 기후의 | **en su mayoría** 대부분(부 mostly) | **irreversible** 돌이킬 수 없는 | **indicar** 가리키다, 지적하다 | **incluso si** 접 even if | **llegar a inf.** ~하기에 이르다 | **detener** 정지시키다, 붙잡다 | **detenerse** 정지하다, 멈춰 서다 | **emisión**(f) 배출 | **dióxido**(m) **de carbono** 이산화탄소 | **superficie**(f) 표면 | **nivel**(m) **del mar** 해수면 | **persistir**(vi) 고집하다, 지속하다 | **señalar** 표시하다, 지적하다 | **incluir** 포함하다 (직-현 incluyo, incluyes, incluye, incluimos, incluís, incluyen) | **persistente** 끈질긴 | **disminución**(f) 감소 | **temporada**(f) 시즌 | **podría** ~할 수 있을 텐데, ~할 수 있을 게다 | **disminuir**(vt)(vi) 감소시키다(= reducir), 감소되다(= reducirse) | **suministro**(m) 공급 | **consumo**(m) 소비 | **humano** 인간의, 인간(= ser humano) | **incrementar** 증가시키다(= aumentar) | **frecuencia** 빈도수, 횟수 | **incendio**(m) 화재 | **incendio forestal** 산불 | **expandir** 팽창시키다 | **desierto**(m) 사막 | **afectar**(vt) 타격을 입히다, (부정적) 영향을 미치다 | **trigo**(m) 밀 | **investigador/ra** 연구자, 학자, 수사관 | **provocar** 야기하다(= causar) | **constante** 변치 않는, 끊임없이 계속되는 | **sumergir** 가라앉히다 | **isla**(f) 섬 | **área**(f) 지역 *el área/las áreas | **costero** 해안의

Gramática

① **incluso si se llegan a detener las emisiones**
　　　　　　~하기에 이르다　　　　　　　　주어

se가 detener 뒤에 붙을 수도 있고 (조)동사 앞에 위치할 수도 있습니다.

② **en los próximos mil años** 향후 천 년 동안에

en los últimos tres años	최근 3년 동안에
durante los pasados cinco años	지난 5년 동안에
en los años 1980	1980년대에
en la década de 1980	1980년대에
en la década de los 80	80년대에

Ejercicios

1 뜻이 같은 것끼리 연결하세요.

① (나무의) 가지	(a) ¡lo juro!
② 맹세해!	(b) como siempre / como de costumbre
③ ~를 봐서 알고 있다	(c) independizarse de
④ ~로부터 독립하다	(d) por última vez
⑤ 본사	(e) te invito yo
⑥ 마지막으로	(f) inmigrante indocumentado 또는 sin papeles
⑦ 노숙자들	(g) rama
⑧ 불법 이민자	(h) gente sin hogar 또는 sin techo
⑨ 여느 때처럼	(i) oficina central / oficina principal / casa matriz
⑩ 내가 살게	(j) conocer de vista

2 다음 문장을 스페인어로 써 보세요.

① 네가 시어머니와 사이가 왜 안 좋은지(llevarse mal) 난 이해가 안 된다.

② 이 아마추어 사진사(fotógrafo aficionado)는 지금 그것을 보지 않은 것을 후회한다(arrepentirse de).

③ 한 사람이 재채기(estornudar)를 할 때 많은 우리는 '살룻'이라고 말하는 데 익숙하다(acostumbrar a inf).

④ 파리(mosca)들이 그 차량(vehículo)과 같은 속도로(a la misma velocidad) 움직이고 있는 중이다.

⑤ "escrupuloso"는 "meticuloso" 또는 "cuidadoso"와 같은 것(lo mismo)을 뜻한다(querer decir).

⑥ 단언컨대(afirmar), 이 위선자(hipócrita)들과 저 이타주의자(altruista)들은 전혀 공통점이 없습니다.

⑦ 나에게 더 가까이 오지 마, 난 여기 사람이(ser de aquí) 아니니까!

⑧ 이 경호원(guardaespaldas)은 한국어를 유창하게(con soltura / con fluidez) 말한다. 그래서 그에게는 외국인이라는 티가 나지 않는다.

⑨ 반란(rebelión)은 이번 차량 폭탄(coche bomba) 테러공격(atentado)과는 무관하다(no tener nada que ver con).

⑩ 이러한 새로운 상황 앞에서(ante) 섬의 귀족(noble)들은 생존(sobrevivir)을 꾀했다(pretender).

En Nochevieja tomamos las doce uvas

12월 31일 밤에 우리는 포도 열두 알을 먹습니다

새해가 오면 우리는 새로운 결심을 합니다. 이를 buenos propósitos para el Año Nuevo 라고 하고, 12월 31일 마지막 날 밤última noche del año은 Nochevieja라고 합니다. 보신각 종이 한 번씩 울릴 때마다 여러분은 무엇을 기대하고 꿈꾸십니까?

스페인어권 사람들, 특히 스페인에서는 마드리드 중심지 '태양의 문Puerta del Sol'에서 벽시계 종이 한 번씩 울릴 때campanada마다 포도를 한 알씩, 총 열두 알을 먹습니다. 이를 las doce uvas 또는 las uvas de la suerte라고 합니다. 행운을 가져온다고 믿으며 새해에 대한 다짐을 합니다.

Las telenovelas

TV 드라마

> ### Así es la vida.
>
> 그것이 인생이다.

Diálogo 1

M Consuelo, ¿por qué me dices que ya hemos terminado?

F Pues, tú me haces sentirme sola, muy solita. ¡Tú nunca compartes nada conmigo!

M ¡Ay, Chelo! ¿Por qué no me lo habías dicho antes? La verdad es que te amo, mujer. Te amo con todo mi corazón. Sin embargo, estos días toda mi familia está muy preocupada por el negocio de mi padre. Y no quería preocuparte por lo de mi padre. Por eso, no te conté nada.

F ¡Hombre! ¡Qué considerado eres tú! ¿Piensas que yo no sirvo para nada?

M Tranquila, cariño. Ya me doy cuenta de mi error. Es culpa mía. ¿Me perdonas, cariño?

F No lo sé. No quiero hablar más contigo. Me voy. No me acompañes hasta la puerta. No hace falta. Ah, tengo que decirte una cosa. Tú eres más hipócrita que engreído. Te odio, te odio hasta el fin del mundo. Entre nosotros no hay ningún malentendido. Ahora ya sé lo que eres. Me voy. Hasta nunca.

compartir
(집, 음식, 감정, 의견 등을)
함께 나누다, 공유하다
culpa(f) 잘못(명 fault)
hipócrita(m)(f)
위선적인 (사람)
engreído/a
잘난 척하는 (사람)
hasta nunca
이걸로 다시 볼 일 없다
hasta la vista
그럼 다시 볼 때까지 안녕
*hasta siempre 잘 있어!
(오랜 헤어짐을 내포)

sentirse solo/a 홀로인 자신을 느끼다, 외롭다 | **solita** sola의 축소형 | **Chelo** 여자 이름 Consuelo를 애칭으로 줄인 말 | **con todo mi corazón** 진정으로 | **preocupar** 걱정시키다(vt), 걱정거리다(vi) *preocuparse por ~에 대해 걱정하다 | **contar** 말하다, 세어 보다 (부정과거 conté, contaste, contó, contamos, contasteis, contaron) | **hombre** 남자(Ⓔ man), 어머나, 어이구 | **considerado** 사려 깊은 | **no servir para nada** 아무짝에도 쓸모가 없다 (servir 직-현 sirvo, sirves, sirve, servimos, servís, sirven) | **cariño**(m) 애정, 자기야, 얘야, 여보 | **darse cuenta de** ~을 깨닫다 | **es culpa mía** 내 탓이다 | **acompañar** 따라가다, 동반하다 | **hacer falta** 부족하다, 필요하다 | **malentendido**(m) 오해(≠ entendimiento) | **lo que eres (tú)** 너라는 사람, 너의 실체, 네가 어떤 사람인가

① **me lo habías dicho**

과거완료 (haber 불완료 과거 + p.p.)

② **¡qué considerado eres tú!** 넌 참으로 이해심이 있구나!

'감탄문'입니다. qué + 보어 + 동사 (+ 주어)

③ **tú eres más hipócrita que engreído**

más que는 '~보다 더' 또는 '~라기 보다는'이란 뜻으로 사용됩니다.

④ 애칭으로 이름 줄여 부르기

José	Pepe		María	Mari
Leonardo	Leo		Teresa	Tere
Ignacio	Nacho		Yolanda	Yoli
Roberto	Beto		Alberto	Beto
Beatriz	Beti		Alejandro	Alex
Consuelo	Chelo		Alfredo	Fredi
Guillermo	Memo		Antonio	Toño
Dolores	Lola		Eduardo	Lalo
Gabriela	Gabi		Enrique	Quique
Josefina	Fina		Francisco	Paco
Jesús	Chuy, Chucho		Héctor	Teto

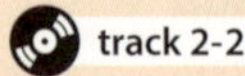
track 2-2

Diálogo 2

M Si piensas que puedes huir de mí, olvídalo. Ya no puedo soportar tus mentiras. Por otra parte, ¿por qué te niegas a devolverme lo que he hecho por ti? De todas maneras, esta vez no te dejaré salirte con la tuya.

F Ja, ¿qué quieres que haga? Déjame en paz. Tú siempre te aprovechas de mí. Escúchame bien. No tengo nada que explicarte. ¿Entiendes? Y te digo que la muerte de Silvia no tiene nada que ver con la bancarrota del señor Pérez.

M ¿Cómo que no tiene nada que ver con la bancarrota del señor Pérez? Tú eres la única que sabía que Silvia intentó vengarse de Pérez. ¿Crees que soy tonto? Dime la verdad.

F ¿Por qué no hablas con Silvia? Ella no está muerta. Yo mentí, je je je.

M ¡Vaya! ¡Lo que faltaba! ¡Estoy hasta las narices! Por fin, tú y yo acabamos de empatar... Entonces, ¿por qué no partimos de cero? En todo caso, tú me necesitas. ¿Qué te parece? Piénsalo bien.

F Vete, vete. No quiero verte más. ¡Apártate de mi vista! ¡Vete al diablo!

*conspiración(f) 음모
huir 달아나다
soportar 버티다, 참다, 견디다 *sustentar 받치다, 부양하다
placer(m) 기쁨
salirse con la suya 원하던 대로 되다
bancarrota(f) 파산 (= quiebra)
lo que faltaba 결국 이렇게까지, 더 이상은 안 되겠어, 나 원 참 끝내주는군
empatar 동점을 이루다
diablo(m) 악마(= demonio)

Vocabulario

por otra parte 다른 한편 *por una parte 한편으로는 | **negarse a inf.** ～하기를 거부하다(형 refuse to inf.) (직-현 me niego, te niegas, se niega, nos negamos, os negáis, se niegan) | **he hecho** 형 I have done 또는 I have made | **como tú sabes** 형 as you know | **de todas maneras** 어쨌든(=de todos modos) | **aprovechar** 이용하다(형 take advantage of) | **aprovecharse de** ～를 이용해 먹다 | A **no tener nada que ver con** B A는 B와 관계가 전혀 없다 | **¿cómo (es) que ～** 어떻게 ～일 수가 있니? *전해 들은 상황에 놀라움 등으로 맞받아 되묻는 표현 | **único** 유일한 | **intentar** 시도하다 | **intentar inf.** 형 attempt to inf. 또는 try to inf. | **di** 말해라 | **muerto** 죽은 (자) *vivo 살아 있는 | **mentir** 거짓말하다 (부정과거 mentí, mentiste, mintió, mentimos, mentisteis, mintieron) | **vaya** 어라, 저런 | **faltar** 부족하다 | **acabar de inf.** 막 ～했다 *현재형으로 완료의 표현을 만듭니다. | **partir** 떠나다, 쪼개다 | **en todo caso** 형 in any case | **estar hasta las narices (de sb/sth)** ～에 진저리가 나다 | **vete** 동사 irse의 tú 긍정명령 | **apartarse de** ～로부터 멀어지다 | **vista**(f) 시각, 전망, 시야

Gramática

① **¿qué quieres (tú) que (yo) haga?** = 형 what do you want me to do?

보통 이런 문장에서는 주어를 생략합니다. 직역하면 '무엇을 원하니 넌, 내가 하기를'입니다.
주절에서 희망의 동사가 사용되어 종속절 (yo) hago가 접속법 (yo) haga로 바뀌었습니다.

② **olvídalo, déjame, escúchame, piénsalo, apártate**

모두 tú에 대한 긍정명령으로 직설법 현재 2인칭에 뒤에 직접목적 대명사나 재귀대명사가 붙은 관계로 강세 위치가 바뀌는 것을 방지하기 위해서 강세 표시가 사용되었습니다.

③ **la única que sabía**

복합 관계대명사 el que / la que는 '～하는 사람', '～하는 사물'의 뜻으로 사용합니다.
본문에서는 대상이 여성이라 único(유일한)와 결합하여 '～하는 유일한 여자'로 해석됩니다.

＊Acéptate a ti mismo　네 자신을 받아들여라
＊ni en sueños　꿈에서조차 (～ 아니다)

Diálogo 3

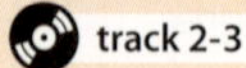

F   Papá, estos días mamá habla poco y no nos hace caso aunque no estudiamos y se nos pegan las sábanas. ¿Tiene algún problema? Estoy muy preocupada por ella. ¿Has discutido con mamá?

M   Pues sí. Pero no es nada grave. No te preocupes. La verdad es que tu madre quiere que la familia haga un viaje a Nueva York. Pero no quiero ir a Nueva York, porque no quiero ver al esposo de tu tía, Jorge. Él era mi amigo y el exnovio de tu mamá. Pero ahora le odio.

F   Ay, papá, no es nada grave. Vamos a Nueva York. Me hace mucha ilusión. Te lo ruego.

M   No me queda otra. Si tu mamá y tú queréis... Jorge tiene que dejar de burlarse de mí. Es que siempre le decía a tu mamá que de niño me hacía pipí en la ropa cuando veía películas de terror. ¡Maldita sea! ¿Cómo es posible decir mi pasado vergonzoso a todo el mundo? Si le veo, revelaré que su exnovia le dio tres bofetadas, un puñetazo y dos patadas en la rodilla porque la dejó plantada.

discutir 말다툼하다
sábana(f) 시트(영 sheet)
hacer las paces con
　~와 화해하다
hacerse pipí 오줌을 싸다
bofetada(f) 뺨 때리기
puñetazo(m)
　주먹다짐(영 punch)
dejar a sb plantado/a
　~를 바람맞히다

hacer caso a sb ~에게 신경 쓰다 | **grave** 심각한 | **ilusión**(f) 환상, 꿈, 설렘 | **rogar** 간청하다 (직-현 ruego, ruegas, ruega, rogamos, rogáis, ruegan) | **dejar de inf.** ~하기를 그만두다(영 stop -ing) | **burlarse de ~** ~를 놀리다 | **película**(f) **de terror** 공포 영화(= película de miedo) | **maldito** 저주받은 (≠ bendito) | **¡maldita sea!** 젠장 | **vergonzoso** 부끄러운 | **todo el mundo** | 모든 사람, 전 세계(= el mundo entero) | **revelar** 밝히다, 폭로하다 | **dio** 주다(dar) 부정과거 3인칭 단수 | **plantar** 심다 | **patada**(f) 발로 차기

① **se nos pegan las sábanas**

직역하면 '시트들이 우리에게 붙어 버리다'로 늦잠을 자게 되는 것을 말합니다.

② **no me queda otra (alternativa, opción, salida)** 어쩔 수 없지 뭐, 할 수 없지 뭐

③ **hacerse pipí** 오줌을 싸다, 오줌을 싸 버리다

본문에서 과거 습관을 표현하는 불완료과거 시제가 사용되었습니다.

me hacía, te hacías, se hacía, nos hacíamos, os hacíais, se hacían

④ **decir mi pasado...** decir 대신 (contar) 또는 (hablar de) 사용이 더 듣기 좋습니다.

Diálogo 4

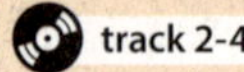

M ¡Feliz Año Nuevo! ¡Próspero Año Nuevo!

F Gracias, José. Te deseo mucha felicidad. Repito, te deseo lo mejor de lo mejor. Y espero que este año la vida esté llena de muchas sorpresas y alegrías para ti. El año pasado tú pasaste muchas dificultades. Sin embargo, has crecido más espiritualmente. Estoy segura de que ya tienes fortaleza suficiente para vivir en este mundo no solo lleno de cosas agradables sino también de adversidades. Eres un hombre fuerte y seguro de ti mismo. Bueno, chico del alma, si tienes problemas, coge el toro por los cuernos. Por supuesto que a veces hay que saber aceptar la vida tal y como se presenta. Sin embargo, hay que luchar, luchar. La realidad es que lo valioso se consigue con sangre, esfuerzo, lágrimas y sudor. Hay que actuar con obras, no con palabras. La alegría, la tristeza, la valentía, las lágrimas, la esperanza y, principalmente, el calor humano definen la vida. Así es la vida.

fortaleza(f) 요새(영 fortress), 꿋꿋함(영 fortitude)

¡chico del alma! 우리 친구!(애정을 담아 부르는 말)

lágrima(f) 눈물

sangre(f) 피

tristeza(f) 슬픔

valentía(f) 용기

esperanza(f) 희망

esperanza de vida / expectativas(f)(pl) **de vida** 기대 수명 (영 life expectancy)

Vocabulario

próspero 번영하는 | **repetir** 반복하다 (직-현 repito, repites, repite, repetimos, repetís, repiten) | **lo mejor** 최고의 것 | **espiritualmente** 정신적으로 | **sino también** 형 but also *뒤에 절이 오는 경우 sino que también S+V | **adversidad**(f) 역경 | **cuerno**(m) 뿔 | **por supuesto que** ~인 것은 당연하다 | **tal (y) como** ~하는 그대로(형 just as) | **tal como** ~같은 그런(형 such as) | **presentarse** 나타나다, 소개되다, 출마하다 | **lo valioso** 가치 있는 것 | **conseguir** 얻다(형 get) | **se consigue** 얻어지다 (se 수동) | **actuar** 행동하다. (배우) 연기하다 (직-현 actúo, actúas, actúa, actuamos, actuáis, actúan) | **obra**(f) 작품, 하기(형 doing, deed, work) | **palabra** 단어, 말 | **principalmente** 주요하게 | **humano** 인간의, 인간(= ser humano) | **definir** 정의를 내리다

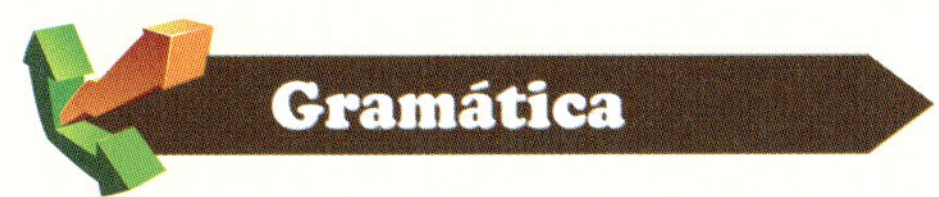

Gramática

① **coge el toro por los cuernos** 호랑이를 잡으려면 호랑이 굴로 들어가라!

tú에 대한 긍정명령으로 coger 동사 직설법 현재 3인칭 단수 coge가 사용되었고, 직역하면 '황소를 잡아라, 뿔 쪽으로'입니다. 즉, '강하게 맞서라'는 뜻입니다.

② **hay que saber aceptar la vida tal y como se presenta (또는 presente)**

tal y como (la vida) se presenta로 la vida가 앞에 나왔으므로 생략되었습니다.

③ **estar seguro de que** ~에 대해 확신하다 /
ser seguro de sí mismo 자신감 있는 사람이다

Tú no eres seguro de ti mismo. 넌 (바로 네 자신에 대해) 자신감이 없다.
= Tú no tienes confianza en ti mismo.
＊대상이 여성이면 misma임.

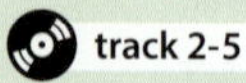

Comprensión auditiva

M Eduardo empieza a adaptarse al nuevo ambiente de la empresa. Su encanto personal causa furor entre las empleadas. Incluso Yolanda empieza a sentir simpatía por él, a pesar de la oposición de su mejor amiga Claudia. Esta no ve al hombre con buenos ojos, pues piensa que lo que quiere es seducir y engañar a las chicas ingenuas. Mientras tanto, el optimismo de Eduardo contrasta con la tristeza de su novia, que no encuentra trabajo y que está preocupada por la enfermedad de su hermana Alicia, que sigue teniendo pesadillas relacionadas con su turbulento pasado. Por su parte, Alicia desea apuntarse a unas clases de baile para distraerse, y además tiene muchas ganas de recorrer África, pero sus padres le explican que solo accederán a tal petición siempre y cuando ella se case con su novio. Por su parte, Ricardo recibe la advertencia de Josefina de no meterse en líos políticos. Ella le prohíbe que vuelva a discutir con el jefe. Pero él no piensa rendirse tan fácilmente y convence a todos de que deben luchar por defender sus derechos y su dignidad humana.

adaptarse a ～에 적응하다 | **encanto**(m) 매력 | **furor**(m) 분노, 광란, 대유행 | **causar** 야기하다 | **simpatía**(f) 호감 | **seducir** 유혹하다, 꼬드기다 | **engañar** 속이다, ～를 속이고 바람피우다 | **ingenuo** 순진한(= candoroso) | **mientras tanto** 그러는 한편 | **contrastar con** ～와 대비되다 | **pesadilla**(f) 악몽 | **relacionado con** ～와 관계된 | **turbulento** 험한, 격동적인 | **apuntar** 메모하다, 조준하다 | **apuntarse** 등록하다 | **distraerse** 정신이 팔리다, 기분 전환을 하다(즐기다) | **recorrer** ～지나다니다 (영 tour, travel around)(= viajar por) | **acceder a** ～에 동의하다, 접근하다 | **tal** 그러한 | **petición**(f) 요청 (영 request) | **advertencia**(f) 경고, 주의 | **meter** 넣다 | **lío**(m) 말썽거리, 문제, 분규, 혼란 | **rendirse** 항복하다 | **convencer** 납득시키다, 설득하다(= persuadir) | **derecho**(m) 권리, 오른쪽의, 똑바로 | **dignidad**(f) 존엄성

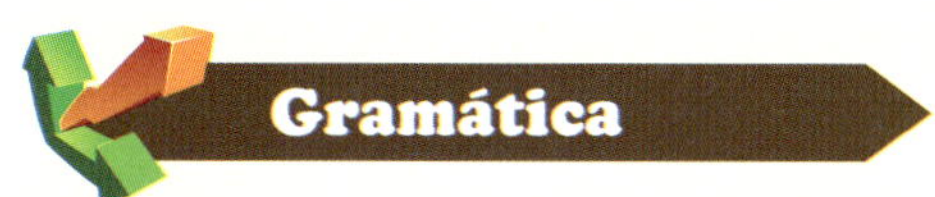

① **siempre y cuando + 접속법** → ～하는 조건으로, ～한다면
　 = a condición de que

② **ella le prohíbe que vuelva a discutir**
　　　　　　　　　　　다시 ～하다

주절 prohibir 동사 사용 시 종속절에는 접속법이 사용됩니다.

1 뜻이 같은 것끼리 연결하세요.

① ¿A qué te refieres? •
② Me ha costado una pasta gansa. •
③ Mi hija tiene pájaros en la cabeza. •
④ Es mucha mujer para ti. •
⑤ Él me hincha las narices. •
⑥ Ella siempre se cava su propia tumba. •
⑦ Me da vueltas la cabeza. •
⑧ Ya pasamos lo peor. •
⑨ Es una lata. •
⑩ Cuentas conmigo para lo que sea. •

• (a) 그녀는 항상 자기 무덤을 판다.
• (b) 머리가 빙글빙글 돈다.
• (c) 고비는 넘겼다.
• (d) 뭘 말하는 거야?
• (e) 짜증 나고 귀찮다.
• (f) 무슨 일이든지 간에 네겐 내가 있단다.
• (g) 등골이 빠졌다. / 돈이 너무 들었다.
• (h) 너에게 과분한 여자다.
• (i) 그는 정말로 내 비위를 건드려.
• (j) 내 딸은 머리에 뭐가 들었는지 뜬구름 잡는 애란다. / 헛된 공상에 들떠 있다.

2 다음 문장을 스페인어로 써 보세요.

① 이것은 무엇에 사용되는 건가?

② 그 가수는 팬들에게 콘서트에 늦게 도착한 일에 대해 사과했다.

③ 그 둘은 친구라기보다는 아는 사이야.

④ 나를 위해 해 준 모든 일에 대해 무척 고마워.

⑤ 한국 젊은이들로서는 취업하기가 무척 어렵다.

⑥ 날 위해 울지 마라, 아르헨티나여.

⑦ 그 여자는 안정적이고 보수가 좋은 일자리를 얻기 위해 열심히 공부한다.

⑧ 이 살인 사건은 검사의 실종과 뭔가 관계가 있다.

⑨ 나는 이제 더 이상 남편이 날 있는 그대로 받아 주지 않는 것을 참을 수 없다.

⑩ 저기에서는 식기세척기, 냉장고, 청소기, 핸드 블렌더, 믹서기, 제습기, 가습기 등과 같은 가전제품들을 볼 수 있다.

Viajar te abre más la mente

마음을 넓게 하는 여행

¿Viajarás por tierra?

육로로 여행할 거니?

스페인 Barajas 공항

¿Cuántos aviones aterrizarán diariamente en este aeropuerto?

이 공항에는 하루에 비행기 몇 대가 착륙할까?

Lección 3

El mundo del espectáculo
연예계

¡Otra!

앙코르!

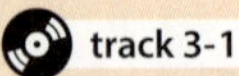

Me hace mucha gracia el humorista
그 개그맨 엄청 웃겨

track 3-1

F   Veo que estás de mal humor. ¿Qué tienes? La función está a punto de empezar.

M   Tengo un malestar. ¿Sabes? Estoy agotado física y psicológicamente.

F   ¡No me digas! Ya has descansado lo suficiente durante este puente. ¿Qué te pasa?

M   ¡Mi mánager! Estoy harto de hacer reír a los otros. Quisiera hacer algo diferente.

F   Ummm... falta mucho para que seas un buen humorista. Es que el humorista no hace simplemente reír a la gente sino que la hace feliz. Te aseguro que ser humorista es una gran bendición.

M   Tienes razón. Mi papá suele decir que reír es vivir. ¡Ayudaré a los demás a vivir felices! A decir verdad, no está de más decir que soy guapo además de ser un buen humorista. ¿Por qué me miras así? ¡Deja de echarme las palomitas! Ummm... tengo que pensar en mi nueva frase ocurrente. ¿Sabes una cosa? Si uno está muy triste, no está dispuesto a reír. Quisiera ser un humorista que pueda consolar a la gente desesperada y triste.

humor(m) 기분, 유머
función(f) 쇼, 공연, 기능
humorista(m)(f)
   개그맨, 개그우먼
   (= comediante)
puente(m)
   연휴, 다리(영 bridge)
los demás(pl) 타인들
frase(f) **ocurrente** 유행어

Vocabulario

estar de mal humor / estar de buen humor 불쾌하다 / 유쾌하다 | **¿qué tienes (tú)?** 영 What's the matter with you? 또는 What's wrong with you? | **estar a punto de** inf. 막 ~할 순간에 있다(= 영 be about to inf.) | **malestar**(m) (기분, 몸 상태가) 안 좋음, 불쾌함 | **agotado** 지친 | **física**(mente 탈락) **y psicológicamente** 육체적·심리적으로 | **no me digas** 내게 말하지 마! → 설마!(= 영 no kidding) | **mánager**(m)(f) [마나제르] 매니저 | **estar harto de** ~에 지쳤다, ~가 물리다 | **reír** 웃다 (부정과거 reí, reíste, rió, reímos, reísteis, rieron)(직-현 río, ríes, ríes, reímos, reís, ríen) | **faltar** 부족하다 | **asegurar** 확언하다, 확보하다, 보장하다(= garantizar), 보험에 들다 | **bendición**(f) 축복 | **a decir verdad** 사실대로 말하자면 | **además de** ~이외에도 | **palomitas**(f)(pl) **(de maíz)** 팝콘 | **estar dispuesto a** inf. ~할 용의가 있다. 준비가 되어 있다(영 be willing to, be ready to) | **consolar** 위로하다 (직-현 consuelo, consuelas, consuela, consolamos, consoláis, consuelan) | **desesperado** 절망적인, 필사적인

Gramática

① **no A sino B**

영어 not A but B에 해당하고, sino 뒤에 절이 오면 que를 사용합니다.

② **no está de más decir que** ~은 말할 나위도 없다(영 it goes without saying that)
　　　　동사　　　　주어

No está de más insistir en la necesidad de hacer ejercicio.
운동의 필요성은 아무리 강조해도 지나치지 않다.
＊de más = 여분으로

③ **humorista que pueda consolar**

관계사(que)가 아직 이루어지지 않은 대상(humorista)을 선행사로 받는 경우 접속법(pueda)을 사용합니다.

Diálogo 2

F   Ya eres una de las celebridades del mundo pop. Por cierto, ¿hubo algún motivo por el cual decidiste ser cantante?

M   Bueno. La verdad es que cuando era adolescente, yo quería ser actor como Tom Cruise, un actor estadounidense. Me encantaron todas las películas que este había protagonizado.

F   Ah, ¿es por eso que trabajabas de doble arriesgándote?

M   Eso es. Je je. Sin embargo, mi mamá se oponía a mi plan fuertemente. Ella quería tener un hijo abogado, mientras que mi padre quería un hijo chef. Fíjate, él siempre decía que mi gazpacho estaba para chuparse los dedos. ¡Wow!

F   ¡Qué interesante! Y tú, a pesar de todo, ¿qué hiciste para convencer a tus padres de tu propio porvenir?

M   No había más remedio que abandonar la casa. Nunca deseé trabajar en la cocina ni en un bufete de abogados. Ahora mi nuevo álbum está haciendo furor, sin embargo, todavía sigo soñando con hacer el papel de Supermán.

por cierto 그런데 말이야(= a propósito) | **motivo**(m) 동기 | **decidir** inf. ~할 결정을 하다 |
adolescente(m)(f) 청소년, 십 대 | **estadounidense**(m)(f) 미국인, 미국의 | **me encantaron** ~가 아
주 좋았다 | **arriesgarse** 자신을 위태롭게 하다, 위험을 무릅쓰다 | **es por eso que** ~인 것은 그래서이다 |
chef(m)(f) [체프][셰프] 주방장 | **fijar** 고정시키다 | **fijarse** 주의를 기울이다, 깨닫다 | **gazpacho** 가스파초(토마토,
피망, 마늘, 올리브 등으로 만든 차가운 수프) | **chupar** 빨다 | **chuparse los dedos** 입맛 당기게 아주 맛있다 |
porvenir(m) 장래(= futuro) | **remedio**(m) 구제책, 대안(= alternativa) | **hacer el papel de** ~ 역할을 하다

① **motivo por el cual** ~하는 동기

관계대명사 el cual 또는 el que가 선행사 motivo를 받습니다.

el único motivo por el que no lo hago es	porque 또는 que	no quiero ayudarla.
영 the only reason that　　I don't do it is	because	I don't want to help her

② **fíajte** 너 자신을 고정시켜라

tú의 명령법으로 긍정명령 시 te가 동사 뒤에 찰싹 붙습니다.

③ **no había otro remedio que inf.** ~하는 것 이외에는 방도가 없었다

No hay otro remedio que refugiarnos en la embajada.
우리가 대사관으로 피신하는 것 말고는 도리가 없다.

Diálogo 3

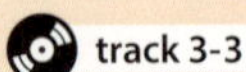
track 3-3

M1 ¡Luces, cámara, acción!

....

F ¿Esta es tu manera de vengarte de mí? ¿Quién te crees que soy?

M2 Ya no quiero hacer la pelota. ¿Qué quieres que te diga?

F ¡No seas bobo! ¿Piensas que te estás riendo de mí ahora? ¡Ja!

....

M1 ¡Corten!

María, ¿has olvidado cómo reaccionar al ver al protagonista sacar la pistola?

F Lo siento. De verdad que yo estaba tan asustada que me olvidé de empujarle al suelo.

acción(f) 액션!
vengarse de
 ~에게 복수하다
bobo/boba 바보(= tonto)
¡corten! 컷!
protagonista(m)(f) 주인공
asustado 놀란, 겁먹은

te crees que ～라 믿어 버리다(생각해 버리다, 생각하다) | **ya no** 더는 ～가 아니다 | **pelota**(f) 공 | **hacer la pelota**(Esp) 아부하다 | **no seas** 형 don't be | **reírse de** 형 make fun of, laugh at | **riendo** 동사 reír 현재 분사 | **has olvidado** 형 you have forgotten | **reaccionar** 반응하다 | **al inf.** ～하자(할 때, 하자마자) | **de verdad que** 정말로 ～인 것이다 | **olvidarse de** ～대해 잊어버리다

① **¿qué quieres que (yo) te diga?** → 형 what do you want me to say?
무엇을 너는 원하니, 내가 너에게 말하기를

주절에서 querer가 사용되어 종속절에 decir의 접속법 현재 1인칭인 diga가 사용되었습니다.

② **al ver al protagonista sacar** 지각동사(ver)는 inf.와도 같이 사용할 수 있음.
를   꺼내다

③ **yo estaba tan asustada que...** 너무 ～해서, 결국 ～하다(형 I was so scared that...)

Diálogo 4

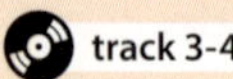

M1 Buenas noches, queridos telespectadores de todo el país. Bienvenidos al programa. ¡Wow! El estudio está lleno. Bueno, damas y caballeros. Mi nombre es Javier y seré el presentador de este programa. Hoy tenemos el gusto de entrevistar a uno de los actores secundarios más conocidos del mundo del cine. ¡Nuestro invitado de hoy es Alberto Muñoz! ¡Un aplauso caluroso, por favor!

M1 Es la primera vez que usted viene a un programa de charla como este, ¿no es verdad?

M2 Sí. La verdad es que siempre que me pedían que saliera en este programa, lo rechazaba, ya que nunca me ha gustado hablar de mi intimidad. Sin embargo, he cambiado de opinión, pues mi hija insistía en que yo apareciera en la televisión aparte de las películas. Je je je.

M1 Regresaremos después de estos mensajes.

M1 ¿Puede decirnos lo que es el cine para usted? ¿Le ha decepcionado alguna vez su trabajo?

M2 El cine nos ayuda a ser realistas o poco realistas. A veces esto nos permite reflexionar sobre la realidad irracional que nos rodea y otras nos consuela tapando la realidad. Con respecto a la segunda pregunta, aunque parezca una mentira, digo que no. Nunca. Estoy contento con mi trabajo.

todo el país 전국 *todos los países 모든 국가들 | **tener el gusto de** ～하게 되어 기쁘다 | **uno de los/una de las** 圐 one of the에 해당 | **cine**(m) 영화관, (장르) 영화 | **caluroso** 무더운, 열렬한(= cálido) | **siempre que** ～할 때마다(= cada vez que), ～한다면(= siempre y cuando, con tal de que, a condición de que) | **rechazar** 거절하다, 거부하다(= no aceptar) *rechazo(m) 거절, 거부 | **ya que** 왜냐하면(= dado que, puesto que), ～이므로(= como) | **cambiar de opinión** 圐 change one's mind | **insistir en** ～를 고집하다 | **aparecer** 나타나다(≠ desaparecer) | **aparte de** ～와는 별도로 | **decepcionar**(vi) 실망시키다 (= desilusionar, defraudar) | **alguna vez** 언젠가(圐 ever) | **realista**(m)(f) 현실주의자, 현실적인(≠ poco realista)

① **me pedían que (yo) saliera / insistía en que (yo) apareciera**

두 문장 모두 주절에서 요청하는 동사가 과거시제로 사용되어 종속절에 접속법 과거가 사용되었습니다. 평상시에 회화를 하면서 이런 문장을 자연스럽게 구사할 수 있게 기본 동사들의 접속법 과거를 반복해서 연습해 두세요. 스페인어권 친구들과 지난 일에 대해 과거시제로 이야기할 일이 종종 있답니다.

② **nos permite reflexionar**

圐 A allow sb to inf. 용법 = A는 ～가 ～하는 것을 가능하게 하다 = A permitir a sb inf.

> Internet nos permite ver el mundo con otros ojos.
> 인터넷을 통해 우리는 세상을 다른 눈으로 볼 수 있다.

③ **nunca me ha gustado…**

결코 (한 번도)

No me gusta <u>nada</u> (el café)

전혀

Comprensión auditiva

La sociedad de la información
정보사회

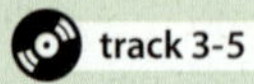
track 3-5

M **Bruselas –** El comisario europeo de Empresas y Sociedad reclamará medidas de control sobre el correo no deseado y la seguridad en Internet en la Cumbre Mundial sobre la Sociedad de la Información de Naciones Unidas, cuya primera parte se celebrará en Ginebra (Suiza) en diciembre.

El comisario aseguró en un comunicado que es importante "aprovechar esta ocasión para debatir numerosas cuestiones nuevas que están ligadas a la sociedad de la información".

Además, destacó el papel de la sociedad de la información como difusora de los valores universales y señaló que "la autoridad que Internet confiere a los individuos y los grupos oprimidos y en desventaja no puede ser socavada".

Por último, el comisario afirmó que "la sociedad de la información se caracteriza por el hecho de traspasar las fronteras nacionales y regionales y está claro que hace falta discutirla en el ámbito mundial".

F **Unos 170 países instan a cerrar la brecha digital entre ricos y pobres**

Ginebra – Más de 170 países aprobaron un ambicioso llamado para hacer llegar internet y los beneficios de la tecnología informática a los rincones más pobres de la Tierra, aunque eludieron algunas de las dificultades para conseguirlo. En particular, aplzaron una decisión sobre la creación de un fondo especial para financiar la infraestructura necesaria, por el que los países de África habían presionado mucho.

Fuente: www.elmundo.es

comisario/a 경찰서장, 위원(형 commissioner) | **reclamar** (권리로서) 요구하다, 청구하다(vt), 컴플레인을 걸다(vi) | **medida**(f) 정도, 조치(pl) | **correo no deseado** 스팸(= correo basura 또는 spam) | **cumbre**(f) 꼭대기, 정상(= cima), 정상회담 | **comunicado**(m) 성명서 | **cuestión**(f) 이슈, 문제(형 matter) | **destacar** 강조하다(vt), 두드러지다(vi)(= destacarse) | **difusor/ra** 보급자, 유포자 | **autoridad**(f) 권한, 당국(pl) | **conferir** 부여하다(직-현 confiero, confieres, confiere, conferimos, conferís, confieren) | **individuo**(m) 개인, 개체 | **oprimir** 누르다, 억압하다 | **en desventaja** 불리한 처지에 | **socavar** 훼손하다, 손상시키다(형 undermine) | **caracterizarse por** ～로 특징 지워지다 | **el hecho** 사실(형 the fact) | **traspasar** 관통하다, 넘어가다 | **frontera**(f) 국경 | **ámbito** 범위, 영역 | **instar** 촉구하다(= urgir) | **brecha**(f) 차이, 격차 | **llamado**(m) 촉구(= llamamiento(Esp)), ～라 불리는, 이른바, 소위 | **beneficio**(m) 이익, 혜택 | **informático** 정보 기술의 *informática*(f) IT | **rincón**(m) 구석 | **eludir** 피하다(= evitar, evadir) | **conseguir** 얻다, 해내다(+inf.) | **aplazar** 연기하다(= posponer) (부정과거 aplacé, aplazaste, aplazó, aplazamos, aplazasteis, aplazaron) | **financiar** 재정을 지원하다 *finanza(형 finance) | **infraestructura**(f) 기반시설, 인프라 | **presionar** 압박하다, 누르다, ～를 강하게 조르다

① **la autoridad no puede ser socavada**

주어가 여성이므로 socavado가 여성으로 일치됩니다.

② **un fondo... , por el que los países habían presionado mucho**

관계대명사 el que가 선행사 fondo를 받습니다.

Ejercicios

1 뜻이 같은 것끼리 연결하세요.

① expresión(f) ocurrente •

② desafinado/a •

③ cantar en playback •

④ rodar •

⑤ a cámara lenta •

⑥ índice(m) de audiencia •

⑦ espectadores(pl) = público •

⑧ cámara oculta •

⑨ cuerpazo •

⑩ chiste verde •

• (a) 관객들, 관중들

• (b) 시청률

• (c) 음치

• (d) 촬영하다(형 shoot), 구르다

• (e) 몰래카메라

• (f) 립싱크하다

• (g) 유행어(웃긴 표현)

• (h) 슬로우 비디오로

• (i) 몸짱(훌륭한 몸매)

• (j) 야한 농담(= chiste colorado)(멕시코)

2 〈보기〉에 있는 단어들을 이용해 다음 문장을 말하고 써 보세요.

〈 보 기 〉

feliz 행복한   felices 행복한   ser ～이다   hacer 만들다

---

① 난 행복하게 산다. / 난 행복하다.

____

② 그들은 행복하게 살고 싶어 한다. querer 이용

____

③ 그들은 행복하게 살려고 열심히 일했다. 부정과거

____

④ 난 너를 행복하게 만들어 주고 싶다. querer

____

⑤ 너희를 행복하게 하기 위해 내가 열심히 일할 것이다. 영 be going to inf.

____

⑥ 며느리가 행복하게 살도록 우리가 도웁시다! 영 let's inf.

____

⑦ 부모님은 내가 잘 살게 하려고 열심히 일하신다. 영 so that

____

⑧ 나의 증조할아버지는 아버지가 잘 살게 하려고 열심히 일하셨다. 부정과거, 영 so that

____

⑨ 나는 그녀가 잘 살도록 도울 것이다. 영 will

____

⑩ 그는 가난한 아이들이 행복하게 살게끔 돕고자 애쓴다. 영 try to inf.

____

El matrimonio te ha endulzado el carácter
너 결혼하더니 까칠한 성격이 달콤해졌네

추파 춥스

전 세계적으로 사랑받고 있는 추파 춥스! 아이들뿐만 아니라 어른들도 종종 입에 물고 있는 것을 본 적이 있지요? 천연 과일즙으로 만든 이 막대 사탕이 스페인 기업 Chupa Chups의 제품이었다는 사실, 알고 계셨나요?

추파 춥스가 주는 달콤함의 발명은 아이들이 사탕을 입에만 넣어 두지 않고 자꾸 꺼내 보는 것을 관찰한 데서 시작했습니다. 아이들이 친구들과 얘기하면서 이런저런 이유로 사탕을 입에서 꺼내고 꺼내고… 또 나중에 다시 먹으려고 주머니에 넣어 두는 것을 보고 끈적한 사탕을 좀 더 편안히(?) 먹을 수 없을까 생각하여 사탕알과 포크를 결합시킨 막대사탕, 바로 Chupa Chups가 탄생했답니다. Chupa는 chupar(빨다)라는 단어에서 온 것이에요. 이렇게 새로운 비즈니스를 탄생시킨 아이디어는 알고 보면 우리의 소소한 일상에서 나오는 경우가 많은 것 같습니다.

www.chupachups.com

El mundo del trabajo

직업 세계

¡Buen trabajo!

잘했어!

Diálogo 1

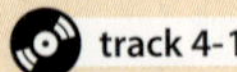
track 4-1

F   Háblenos de su jornada laboral, por favor.

M   Bueno. Entre semana siempre madrugo cada día, más específicamente me levanto a las 5:00 a.m. Llevo a mi esposa a su oficina y luego llego a la mía a las 7:00 a.m. Una hora después, dirijo una reunión con mis subordinados de mi equipo, puesto que soy el jefe de este. Cuesta mucho trabajo intercambiar ideas para encontrar ideas brillantes. Muchas veces nos sentimos frustrados cuando no se nos ocurre nada.

F   Ya veo. Por cierto, ¿con qué frecuencia hace viajes de negocios al extranjero?

M   Unas dos veces al mes. Lo que pasa es que la oficina central no está aquí sino en Brasil. Necesito ir allá en avión a hablar en persona con algunos encargados, sin embargo, para ahorrar tiempo prefiero recurrir a videoconferencias.

F   Claro. ¿Cuáles son los principales problemas que más le preocupan o afectan estos días?

M   Ahora la nueva gerencia tiene en cuenta un nuevo proyecto. Yo seré responsable de que se materialice con éxito.

F   Sea cual sea el resultado, le ascenderán a director general a más tardar a fin de año. Ya verá.

jornada(f)
1일 노동시간(영 workday)
(= jornada laboral),
하루(영 day)
subordinado(m)
남자 부하 직원
encargado
담당하는, 담당자
videoconferencia(f)
화상회의
gerencia(f)
경영진(= dirección)
materializar
실현하다, 구현하다
ascender
오르다, 승진시키다, 승진하다

Vocabulario

hable 말하세요 | **háblenos** 우리에게 말하세요(강세 표시 주의) | **madrugar** 일찍 일어나다 |
específicamente 상세하게, 구체적으로 | **luego** 그러고 나서(영 afterwards), 나중에(영 later) | **la** (oficina)
mía 나의 사무실 = 내 것(영 소유대명사 mine) | **costar** (mucho) **trabajo** (크게) 힘든 일이다, 고생스럽다,
버겁다 | **intercambiar** 교류하다 | **frustrado** 좌절된 | **ocurrir**(vi) 발생하다 | **ocurrirse a** sb ~에게 떠오
르다 | **ya veo** 영 I see | **con qué frecuencia** 얼마나 자주(영 how often) | **unos / unas** 대략 | **lo que**
pasa es que 실은(= lo que sucede es que) | **allá** 저쪽으로(영 (over) there) *más allá de(영 beyond) *allá
tú 그건 네 사정(문제)이다 | **en persona** 몸소 | **recurrir a** sb/sth ~에게 도움을 구하다 | **materializarse**
실현되다, 구현되다 | **a más tardar** 늦어도

Gramática

① **los principales problemas que más le preocupan**

관계대명사 **que** 뒤에 비교급을 만드는 **más**가 있고 **que** 앞에 정관사 **los**가 있어서 결과적으로 최상급을 이룬 경
우 **más**는 주로 동사 앞에 위치합니다.

② **seré responsable de que se materialice** (el proyecto) **con éxito**

ser responsable de + 명사 또는 동사원형
responsable de que + **접속법**

③ **sea cual sea el resultado** 결과가 어찌 되든 간에(= cualquiera que sea el resultado)

이런 형태의 문장을 몇 개 외우다 보면 그 의미와 사용법을 터득하게 됩니다. 아래 문장에서 보듯이 cual이나
lo que 양쪽에 접속법이 사용되었습니다. 참고로 cual에는 강세 표시가 없고, lo que는 영어 what(~하는 바)입
니다.

sea cual sea tu color favorito	네가 가장 좋아하는 색깔이 무엇(어느 것)이든지 간에
sea lo que sea	무엇이 되든지 간에(영 whatever it may be)
hagas lo que hagas	네가 뭘 하든지 간에
pase lo que pase	무슨 일이 발생하든지 간에
diga lo que diga	그가 뭐라고 하든(whatever he says)

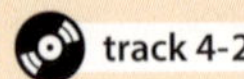
track 4-2

Diálogo 2

F Como periodista, ¿qué temas le interesan más a usted?

M Pues, en realidad me interesa todo tipo de cuestiones. Ante todo, mediante la prensa me gustaría anunciar y/o denunciar los problemas sociales como la pobreza, el suicidio, la violencia escolar, entre otros. Por otro lado, me preocupan los asuntos medioambientales desde el calentamiento global hasta el reciclaje de basura. En este sentido, continúo escribiendo sobre el problema de residuos orgánicos.

F ¿Tiene algunas anécdotas desagradables o cómicas?

M Claro, un montón. Una vez fui a una provincia donde había un arroyo contaminado por el vertido ilegal de aguas residuales industriales. Para observar bien el agua, bajé por una orilla que estaba muy inclinada. Ahí resbalé y quedé tumbado boca abajo, hundido en el agua lodosa y venenosa. Intenté ponerme de pie pero perdí el equilibrio y me volví a caer, pero esta vez me caí de espaldas. Se me rompieron las gafas. Menos mal que no me hice daño en los ojos.

traer noticias frescas
핫뉴스가 있다
cuestión(f) 이슈, 문제
denunciar 신고하다
medioambiental 환경의
calentamiento(m) **global**
지구온난화
residuos(m)(pl) **orgánicos**
음식물 쓰레기
arroyo(m) 개울
presa(f) 댐, 사냥감

Vocabulario

tema(m) 주제 | **en realidad** 실제로 | **todo tipo de** 각종(영 all kinds of) | **ante** ~ 앞에 | **ante todo** 무엇보다 | **mediante** ~(수단)을 통해서(= por medio de)(영 by means of) | **suicidio**(m) 자살 | **escolar** 학교의 *estudioso(영 scholar, studious) | **por otro lado** 다른 한편(= por otra parte) | **reciclaje**(m) 재활용(= reciclado) | **basura** 쓰레기 | **en este sentido** 이런 의미에서 | **continuar -ing** 계속 ~하다 (직-현 continúo, continúas, continúa, continuamos, continuáis, continúan) | **anécdota**(f) 일화, 에피소드 | **desagradable** 달갑지 않은 | **montón**(m) 무더기 | **vertido**(m) 흘림, 유출 | **aguas residuales industriales**(f)(pl) 산업 폐수 | **orilla**(f) (바다, 강)가 | **resbalar** 미끄러져 넘어지다 | **quedar** 상태로 남다 | **tumbado** 자빠진, 쓰러진, 누운 | **boca abajo** 얼굴을 아래로 하고(≠ boca arriba) | **hundido** 가라앉은 | **lodoso** 진흙투성이의 | **venenoso** 유독한 *veneno 독 | **intentar** 시도하다, 애쓰다 | **ponerse de/en pie** 일어서다(영 stand up) | **perder el equilibrio** 균형을 잃다 | **volver a inf.** 다시 ~하다 | **de espaldas** 등쪽으로, 뒤로 | **gafas**(f)(pl)(Esp) 안경(= anteojos(m)(pl)(AmL)) | **menos mal que** 다행히 ~이다 | **hacerse daño** 다치다(영 hurt oneself)

Gramática

① **entre otros (problemas** 생략) 기타 다른 (문제들) 사이에서

etcétera 또는 etc.로 쓸 수 있습니다.

② **se me rompieron** (las gafas) 글쎄, 내 안경이 깨져 버렸지 뭐야
　　　내게서　　깨져 버렸다　　　(안경이)

타동사 romper(깨다)에 se가 사용되어 romperse(깨지다) 수동적 문형에 간접목적대명사 me가 사용되었는데, 원하거나 계획되지 않은 것이 발생했다고 해서 무의지의 se라고 합니다. 문법적 설명은 중요하지 않고, 앞으로 자주 보게 될 문형이니 직역해서 어감을 자꾸 느껴 보세요.

③ **me hice daño**

영 hurt 아프게 하다, 다치게 하다		영 hurt oneself 아프다, 다치다	
(Esp)	(AmL)	(Esp)	(AmL)
hacer daño a sb	lastimar a sb	hacerse daño	lastimarse

¿Te has hecho daño?	다쳤니?

Diálogo 3

M Anita, ¿cuáles crees que son las cualidades necesarias para ser diplomático? A mi juicio, hay que saber hablar bien idiomas extranjeros.

F Sí, tienes razón pero eso no es una condición suficiente sino necesaria. Además de manejar bien algunos idiomas extranjeros, hay que saber persuadir, comunicarse, negociar, juzgar la situación y decidir bien.

M Quiero ser diplomático para contribuir a dar a conocer Corea tal y como es, a fin de mejorar la imagen nacional para poder sembrarla en el extranjero, puesto que según mi experiencia en el extranjero, Corea ha sido poco valorada y, al parecer, aún algunos pueblos del mundo no saben casi nada de ella. En este sentido, me interesa realizar todo tipo de actividad en organizaciones como la ONU para contribuir a fortalecer la marca país de Corea.

F ¡Qué bonito! Igualmente me encantaría difundir el encanto de Corea al mundo entero. Pienso que Corea tiene muchos atractivos que pueden cautivar a los extranjeros. Sin duda alguna, un diplomático es el que hace todo lo posible por representar y presentar, al mismo tiempo, de la mejor manera a su país en el exterior. Me esforzaré por serlo en un futuro no lejano.

cualidad(f) 자질, 특질
manejar 다루다(영 handle), 운전하다(AmL)
persuadir 설득하다
negociar 협상하다
juzgar 판단하다
la ONU [라 오누] 유엔
marca(f) país 국가 브랜드
difundir 보급하다

Vocabulario

a mi juicio 내 판단으로는 | **comunicar** 전달하다 | **comunicarse (con)** (~와) 통신하다, 의사소통하다, 연락하다 | **contribuir a** ~에 기여하다 | **dar a conocer** 알리다 | **a fin de** ~하기 위해서 | **sembrar** (씨를) 뿌리다 | **según** ~에 의하면 | **valorar** 높게 사다, 평가하다, 중시하다 | **al parecer** 보아하니(= por lo visto, según parece, aparentemente) | **en este sentido** 이런 의미(배경, 맥락)에서(= en este contexto) | **fortalecer** 강화하다 | **igualmente** 마찬가지로, 똑같이, 또한(= asimismo) | **me encantaría** inf. ~했으면 한다(영 I'd love to inf.) | **encanto**(m) 매력(= atractivo) | **cautivar** 사로잡다(= atraer) | **hacer todo lo posible por/para** ~하기 위해 최선을 다하다 | **representar** 대표하다, 나타내다 | **al mismo tiempo** 동시에(= a la vez) | **de la mejor manera** 최고의 방법으로 | **exterior** 해외(의), 대외의, (아파트, 방) 밖을 향해 있는(영 outward-facing) | **esforzarse por** ~하기 위해 노력하다(= hacer esfuerzos por) | **lejano** 먼(≠ cercano)

Gramática

① **tal y como** ~하는 그대로

Ella me acepta tal como soy. 그 여자는 날 있는 그대로 받아들인다.
＊본문의 tal como 문장에서 es의 주어 Corea가 생략됨.

② **sin duda alguna** 아무런 의심 없이

alguno는 명사 뒤에서 부정어로 사용됩니다.

Esa actriz no tiene talento alguno.	그 여배우는 재능이 전혀 없어.

＊talento alguno = ningún talento

③ **ser el que** ~하는 남자이다 / **ser la que** ~하는 여자이다

Pedro es el que tiene mucho dinero. = Es Pedro el que tiene mucho dinero. 뻬드로는 돈 많은 사람이야.

＊주어가 도치됨.

④ **para serlo** 외교관이 되기 위해서

ser, estar 종류 동사의 보어를 받는 lo로 성·수 변화가 없습니다.

A: ¿Es ella bonita? B: Sí, lo es.	A: 그녀가 예쁘니? B: 응, 예쁘지.
A: ¿Son ellos canadienses? B: Sí, lo son.	A: 그들은 캐나다 사람들입니까? B: 네, 그렇습니다.

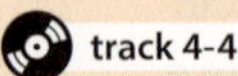 track 4-4

Diálogo 4

M1 ¡Compañía, presenten armas! Apunten. Fuego. Apunten... Alto. ¡Pelotón, media vuelta! ¡Firmes! ¡Descansen! ¡Firmes! ¡En descanso! ... ¡Rompan filas¡ ¡En filas!

¡Agrúpense alrededor! ¡Firmes! ¡Saluden! ¡Firmes! ¡Reúnanse alrededor!

M2 Escuchen bien, sargentos. A las 14h en punto la fuerza aérea iniciará un primer gran ataque y a las 14:20h el ejército de tierra y la armada atacarán a lo largo de todo el frente. El contraataque enemigo no será pequeño. No obstante, en la operación Águila tenemos que derribar la fortaleza enemiga cueste lo que cueste.

(Media hora antes del inicio de la operación)

M2 Infórmeme de la situación, teniente.

M1 Hasta ahora no se ha visto movimiento de los efectivos militares enemigos y el resto permanece sin cambios.

M3 ¡Cadete, cúbrame!

M4 Es muy peligroso, jefe. Ya se ha dado la orden de retirada.

M3 Estoy orgulloso de tenerle como uno de mis hombres más valientes. Tenemos que prepararnos minuciosamente para defender la base luchando a muerte. Esta es mi última orden. Dese prisa.

M4 A sus órdenes, mi teniente.

¡presenten armas!
받들어 총!
¡descansen armas! 세워 총!
pelotón(m) 소대
¡en filas! 전원 집합!
(영 Fall in!)
fuerza(f) **aérea** 공군
ejército(m) **de tierra** 육군
armada(f) 해군(= marina)
fuerzas(f)(pl) **armadas**
3군, (육·해·공의) 군대
fortaleza(f) 요새, 역경을
이겨내는 꿋꿋함
efectivos militares(m)(pl)
군병력
retirada(f) 철수, 후퇴
¡vista a la derecha!
우로 봐! 또는 우로 나란히!

Vocabulario

compañía(f) 중대, 회사, 동반, 극단 | **presentar** 제시하다, 제출하다 | **apuntar** 조준하다, 적다 | **fuego**(m) 불, 발사 | **alto** 멈춤, 정지 *el alto el fuego 휴전, 정전(= tregua, armisticio) | **vuelta**(f) 회전 *dar media vuelta 뒤로 돌다 | **firme** 굳은, 견고한 | **romper** 깨다, 찢다 | **fila**(f) 열 | **agruparse** 그룹을 이루다, 모이다 | **alrededor** 주위에, 주위(m) | **reunirse** 모이다 *alinearse 정렬하다 | **sargento**(m)(f) 영 sergeant | **iniciar** 개시하다 | **a lo largo de** ~을 따라(영 along), ~동안 내내(영 throughout) | **frente**(m) 전선, 정면 *la frente 이마 | **contraataque**(m) 반격, 역습 | **enemigo** 적(의) | **no obstante** 그럼에도 불구하고 | **derribar** 무너뜨리다, 붕괴시키다(= derrumbar, desmoronar) | **inicio**(m) 개시 | **informar** 알리다 | **no se ve** 보이지 않다 (수동의 se) | **permanecer** ~의 상태로 그대로다, 체류하다 | **cadete**(m)(f) 생도 | **se ha dado** 주어졌다 (수동의 se) | **valiente** 용감한(≠ cobarde) | **prepararse para** inf. ~하기 위해 준비하다 | **minuciosamente** 자세히, 치밀하게, 면밀히 | **luchar a muerte** 죽을 때까지 싸우다 | **darse prisa** 서두르다 *el envío de tropas a Irak 이라크(에) 군파병

Gramática

① **presenten, apunten, descansen, rompan, agrúpense, saluden, reúnanse**

모두 Uds. 긍정명령으로 접속법 현재 3인칭 복수를 사용했고, agrupen, reunan은 재귀대명사 se가 동사 뒤에 붙으면서 강세 유지를 위해 강세 표시가 찍혔습니다.

② **infórmeme, cúbrame, dese prisa**

모두 Ud. 긍정명령으로 informe와 cubra는 재귀대명사 se가 붙을 때 강세 위치가 변하는 것을 방지하기 위해 강세 표시를 해 줍니다.

③ **cueste lo que cueste** 비용이 얼마든 간에

이런 형태의 문장은 계속 반복해서 연습해야 합니다.

vayas donde vayas = dondequiera que vayas	네가 어디로 가든지 간에
lo pongas donde pongas	네가 그걸 어디에 놓는다 할지라도
el martes o cuando sea	화요일 아니면 아무 때나
por mucho que nos esforcemos, nunca estáis satisfechos	우리가 아무리 노력해도 너희는 한 번도 만족하지 않는다

Comprensión auditiva

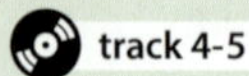

F A continuación les ofrecemos el pronóstico del tiempo para mañana. Nos está esperando el hombre del tiempo, Javier. Hola, Javier. Buenas noches.

M Buenas noches. Empezamos en la región sur. Mañana tendremos un día que sin duda podemos calificar de primaveral. Se pueden ver algunas nubes y chubascos tormentosos en la zona interior, pero predominantemente vamos a tener sol y temperatura propia de la época. La temperatura mínima será de 13ºC y por la tarde subirá hasta 18ºC.

F Hola. ¿Qué tal? Muy buenas tardes. En este momento tenemos una temperatura bastante alta de 29ºC con humedad de 70%. Mañana se anticipa un día muy caluroso con una temperatura máxima de 33ºC durante el día, pero bajará a menos de 27ºC con lluvias moderadas o simple llovizna por la noche. Soplarán vientos del este entre 10 y 15 kilómetros por hora con brisas en las costas durante la tarde. Y habrá oleaje en la costa oriental, poco oleaje en la costa norte y mar tranquilo en la costa sur.

M Muchas gracias por continuar con nosotros. Mañana lunes 12 la región sur amanecerá parcialmente nublada, y el resto del país con poca nubosidad. En la capital el mercurio marcará niveles inferiores a los registrados el domingo, alcanzando una temperatura máxima de 15ºC bajo cero durante la jornada del lunes, mientras que en las zonas montañosas de la región central las temperaturas bajarán notablemente con la caída de nieve densa a últimas horas de la tarde.

F Buenos días. En este momento el termómetro alcanza los 16ºC, hay neblina por todo el país con intervalos nubosos, pero a últimas horas de esta mañana el cielo se mantendrá despejado en la mayor parte del país. Esta noche hay un 100 % de probabilidad de precipitaciones con relámpagos y truenos. No olviden llevar paraguas. Mañana el ambiente será fresco durante el día con una temperatura muy agradable en el resto del país, excepto en el sur donde caerá un aguacero con relámpagos y truenos. Muchas gracias por su atención.

Vocabulario

a continuación 이어서, 다음으로 | **ofrecer** 제공하다 | **pronóstico**(m) 예측 | **hombre**(m) **del tiempo** 남자 기상캐스터 | **calificar** 평가하다, 형용하다 | **primaveral** 봄의 | **chubasco**(m) (강한) 소나기 (= aguacero) | **tormentoso** 폭풍의 | **zona**(f) 지역 | **interior**(m) 내부, 내부의 | **predominantemente** 지배적으로, 우세하게 | **propio** 자신의(형 own) | **propio de** ～의 전형적인 | **época**(f) 시기, 시대 | **humedad**(f) 습도, 습기 | **anticipar** 예상하다(= prever), 앞당기다(= adelantar) | **caluroso** 무더운, 열렬한 | **menos de** ～ 아래로(형 less than, fewer than) | **llovizna**(f) 이슬비 *lloviznar 이슬비가 내리다 | **soplar** 불다 | **brisa**(f) 산들바람, 미풍 | **oleaje**(m) 파도의 계속되는 이어짐(형 swell) | **norte** 북쪽의, 북쪽(m) | **amanecer** 아침을 맞이하다, 동이 트다 | **parcialmente** 부분적으로 | **nubosidad**(f) 흐림 | **mercurio**(m) 수은(주) | **marcar** 형 mark, dial | **inferior a** ～보다 하위의 | **registrar** 기록하다 *los (niveles) registrados 기록된 수준들 | **bajo cero** 영하 | **mientras que** ～하는 반면 | **notablemente** 현저히 | **caída**(f) 떨어짐, 낙하, 몰락 | **denso** 짙은, 조밀한 | **termómetro**(m) 온도계 | **nuboso** 구름이 덮인 | **mantener** 유지하다, 부양하다, (모임 등을) 열다 | **la mayor parte** 대부분 | **probabilidad**(f) 확률 | **precipitación**(f) 강우, 강설, 서두름 | **relámpago**(m) 번개 | **trueno**(m) 천둥 *tronar 천둥이 치다 | **ambiente**(m) 분위기, 환경(= medio ambiente)

Gramática

① **calificar + 목적어 + de ～** → 목적어를 ～로 보다

un día que podemos calificar de primaveral
관계대명사 que가 선행사 día를 받으며 calificar의 목적어가 됩니다.

② **la temperatura mínima será de 13°C**

[13°의 온도]를 뜻하므로 de가 꼭 있어야 합니다.

③ **el cielo se mantendrá despejado**

하늘은　자신을　유지할 것이다　맑은 상태인

> (Yo) me mantengo en contacto con ellos.
> 난 그들과 접속을 유지하고 있다.

Ejercicios

1 뜻이 같은 것끼리 연결하세요.

① marrón ·
② al romper el alba ·
③ podrido ·
④ dar a ·
⑤ al pie de la letra ·
⑥ astuto ·
⑦ en el peor de los casos ·
⑧ al azar ·
⑨ a lo sumo ·
⑩ ponerse a inf. ·

· (a) 동틀 녘에(= al amanecer)
· (b) 기민한, 약은
· (c) 무작위로
· (d) 최악의 경우에는
· (e) 갈색의 머리카락은 castaño 사용
· (f) 썩은
· (g) 글자 그대로, 한 글자도 틀리지 않고
· (h) 기껏해야
· (i) ~하기 시작하다
· (j) 향해 있다

2 다음 문장을 스페인어로 써 보세요.

① 일찍 일어나는 자를 신이 돕는다.
madrugar 일찍 일어나다 | el que ~하는 사람

② 그 여경찰관들은 살인자에게 몸을 날려 덤비고 수갑을 채웠다.
(mujer) policía 여경 | asesino 남자 살인자(= homicida) | echarse encima de ~ 위로 자신을 던지다 |
poner las esposas 수갑을 채우다(= esposar)

③ 좋은 생각이야!

④ 미국 시민권을 획득하기가 점점 더 어렵다.
ciudadanía 시민권 | obtener 획득하다 | cada vez 매번

⑤ 너희가 내게 해 준 모든 도움에 감사한다.
agradecer 고맙게 여기다 | ofrecer 제공하다

⑥ 오바마 미국 대통령은 알카에다 지도자 사망 후 4일 뒤 9·11테러 희생자를 추모하기 위해 그라운드 제로를 방문했다.
rendir homenaje 경의를 표하다 | el 11-S 9.11 테러 | Zona Cero 그라운드제로(뉴욕 9·11 테러 현장)

⑦ 유혹을 물리치는 가장 좋은 방법은 유혹에 굴복하는 것이다?
librarse de ~에서 벗어나다 | caer en la tentación 유혹에 빠지다

⑧ 싸워 보지도 않고 두 손 들 만한 가치가 있다?
valer la pena inf. ~할 만한 가치가 있다 | rendirse 항복하다

⑨ 비밀번호를 까먹어 버렸어!
olvidarse 잊혀지다 | contraseña 암호

⑩ 기상캐스터가 적중한다면 우리가 오늘 오후에 캠핑을 떠날 수 있다. 뻬드로에게 전화해서 보온병, 바비큐판, 도시락통 등을 가져오게 해라.
acertar 적중시키다. 맞추다. 명중하다 | ir de camping 캠핑가다 | tal como ~ 같은 그러한(영 such as), ~하는 그대로(영 just as) | utensilio 용품 | termo 보온병 | barbacoa 바비큐(판) | fiambrera 도시락통(영 lunchbox) | *parrilla 그릴

¿Todos los caminos conducen a Roma?

모든 길은 로마로 통한다?

스페인 Camino de Santiago

쌴띠아고로 가는 순례자 peregrino 의 길을 걸으면서

¿Aún no has encontrado tu norte en la vida?

아직 삶의 방향을 찾지 못했나요?

Las relaciones humanas
인간관계

> Dime con quién andas
> y te diré quién eres.
>
> 사귀는 사람을 보면 그의 사람됨을 알 수 있다.

Diálogo 1

A sabiendas
알면서

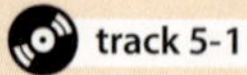
track 5-1

M1 Hijo mío, ¿en qué estás pensando tan detenidamente con el bolígrafo entre los dientes?

M2 Ahora que mamá está de uñas conmigo, no me apetece hacer nada.

M1 ¿Has armado algún lío? Procura no decepcionar a tu mamá. Eres tú el que recibe el mayor apoyo y amor de tu madre.

M2 Ahora bien, si yo hubiera nacido en otro hogar, podría evitar que mi mamá me fastidie. Es casi algo cotidiano. Estoy harto de oír que yo soy el pilar de la casa y que confía en mí.

M1 Ya eres bastante mayorcito para ser un soporte para tu mamá. Sin ti la vida de tu madre no tendría sentido. Veo que te quejas a sabiendas. Eh, y tú, Luisa, ¿por qué estás andando de aquí para allá con los brazos cruzados?

F Estoy resentida con mi novio. Cuanto más nos vemos, más claramente noto que él es machista. Por ahora pienso terminar con él.

M1 Ya me contarás, cariño.

F Al principio creía que él era todo un caballero. Al coger el coche, siempre me abría la puerta; al sentarme, me atendía tirando de la silla; y al andar por la acera, me cuidaba llevándome por adentro. Pero no sé desde cuándo, él me lo cuestiona todo, desde algo trivial hasta mi comportamiento. Dice que la mujer debe comportarse como debe ser. O sea que me pide que sea una mujer muy femenina que pueda llegar a ser toda una mujer. No puedo aguantar más lo machista y lo bruto que es él. Para colmo de males, me obliga a llevar falda.

M1 ¡Lo que faltaba!

F Ya soy una adulta. No me gusta que me traten o vigilen como a una niña de 10 años.

---

estar de uñas con
~에게 한바탕 하려고 벼르
고 있다
armar un lío
말썽을 일으키다
apoyo(m) 지지, 지원
fastidiar 귀찮게 하다,
성가시게(짜증 나게) 하다
pilar
기둥, 삘라르(여자 이름)
cuestionar 문제시하다
comportarse 행동하다
machista(m)(f)
남성우월주의의(자)
para colmo (de males)
설상가상으로

detenidamente 깊게, 면밀하게 | **bolígrafo**(m) 볼펜(= bolí) | **ahora que** ~하는 지금 | **apetecer** ~에게서 마음(입맛)이 당기다 | **decepcionar** 실망시키다(= desilusionar) | **ahora bien** 그건 그런데 | **evitar que**＋접속법 ~되는 상황을 피하다 | **cotidiano** 일상의(= diario) | **estar harto de** ~에 물리다, 넌더리가 나다 | **confiar en** ~을 신뢰하다(≠ desconfiar de) (직–현 confío, confías, confía, confiamos, confiáis, confían) | **soporte**(m) 버팀목 | **tener sentido** 이치에 맞다, 말이 된다 | **andar** 거닐다 | **resentido** 분개하는(영 resentful) | **por ahora** 지금으로서는 | **contarás** [직역] 넌 말할 것이다 | **todo un caballero** 진짜 신사 | **atender** (점원, 의사, 승무원 등이) 응대하다, 살펴주다 | **tirar** 던지다 | **tirar de** 당기다 | **por adentro** 안으로 | **trivial** 사소한 | **aguantar** 참다 | **bruto** 막돼먹은(= grosero, descortés, maleducado), 매너(= modales)가 꽝인, 멍청이 같은, 거친, 난폭한, 총계의(영 gross) *culto 교양 있는, 문화가 발달된, 숭배(m) | **¡lo que faltaba!** 이젠 안 되겠어!, 이 꼴까지 보다니! | **obligar a sb a** inf. ~를 ~하도록 강요하다

① **cuanto más nos vemos, más claramente noto**

　　　~하면 할수록　　　　　　　　더

cuanto más절은 미발생 상황이면 접속법을 사용합니다.

> Cuanto más dinero tengas, más (dinero) querrás.
> 네가 더 많은 돈을 가질수록 더 많이 원할 것이다.

② **él me lo cuestiona todo** 나에게서 모든 것을 문제 삼는다

> Lo comí todo. = 영 I ate it all.
> 난 그것을 모두 먹었다.

스페인어는 lo가 동사 앞에 놓이거나 원형 뒤에 붙습니다.

> Lo quiero ver todo. = Quiero verlo todo.
> 나는 모든 것을 보고 싶다.

가끔 어떤 문장에서는 lo 없이 todo만 쓰이기도 합니다.

③ **gusta que** 주어＋접속법 현재　➡　~가 ~하는 것을 좋아하다
　　gustaría que 주어＋접속법 과거 ➡ ~가 ~하기를 원하다

전체 문장의 주어는 que 이하입니다.

Diálogo 2

Poner a prueba
테스트하다

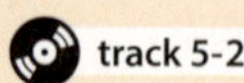
track 5-2

F   Andrés, mi amor por ti nunca cambiará independientemente de que te arruines. Ya sé que estás a punto de declararte en bancarrota. No importa, cariño. Yo gano dinero. Cuentas conmigo. Últimamente estás considerando demasiado las expresiones y la manera de pensar de los demás. Ni siquiera me miras a los ojos. Tienes que ir con la frente en alto. Eso es muy de ti. No dudes en confesar lo que tienes ocultado. Eso te ayudará a sentirte apoyado y relajado.

M   ¿Qué es lo que me caracterizaba? Ya no puedo asegurar el bien de mi familia.

F   Andrés, mi tío dice que está a punto de localizar a tu socio Benjamín, que cometió una malversación de fondos en la empresa. Entonces, recuperarás todo el dinero. Ya verás. Y corre el rumor de que la mansión de Benjamín se quemó y él mismo resultó gravemente herido con una costilla rota.

M   Ja. Se lo merece. Yo debía haber vigilado a ese tipo desde el principio. Yo era demasiado ingenuo, incluso teniendo confianza en ese tipo de estafador.

F   Ah, se me ha olvidado hablar del dinero que nos había prestado Emilio. Él se preocupa mucho por nosotros.

M   ¡Por nosotros! ¡No me digas! Me da rabia el hecho de que él quiera echarnos en cara siempre el favor que nos hizo.

---

arruinarse 망하다
ocultar/esconder 숨기다
bienestar(m) 복지, 웰빙
caracterizar(vt) 특징을 주다
  caracterizarse por ~ 특징을 나타내다
socio(m) 남자 회원, (업무) 파트너
malversación(f) 횡령
herido 부상당한, 부상자
estafador(m) 남자 사기꾼(= timador)

independientemente de que + **(접속법)** ~와 무관하게, 개의치 않고 | **estar a punto de** 막 ~하려고 하다(영 be about to) | **declararse en bancarrota** 파산하다 | **frente**(f) 이마 | **en alto** 드높이 | **no dudar en** ~하는 데 주저하지 않다 | **eso es muy de ti** 영 that's just like you | **confesar** 고백하다 (직-현 confieso, confiesas, confiesa, confesamos, confesáis, confiesan) | **apoyado** 지지를 받는 | **relajado** 긴장이 풀린 | **localizar** 위치를 알아보다 | **cometer** 저지르다 | **recuperar** 회복시키다 | **quemarse** 타버리다, 데다 | **resultar** ~ 결과이다 | **costilla**(f) 갈비뼈, 늑골 | **merecer(se)** (자신)에게 받을 만하다(영 deserve) | **debía haber vigilado** 영 should have kept a watch on | **no me digas** 그러려고, 당치도 않아 *hablo en serio 농담 아냐! | **rabia**(f) 분노 | **echar en cara** 내던져 드러내 놓다, 마땅치 않다는 듯이 상기시키다, 질책하다(=reprochar) → *본문에서 약간 부드럽고 쉬운 표현으로 quiera recordarnos siempre...라고 할 수도 있습니다.

① **lo que tienes ocultado** ~해놓고 있다
　　목적어　　　　　숨긴

tener + 〈p.p.〉 또는 〈형용사〉 + 목적어 용법입니다.

② **(él) se lo merece**
　　　자신에게 그것을 받을 만하다

재귀대명사 se가 강조로 사용되었습니다.

> ¿Se merece ella el premio Nobel de la paz?
> 그녀가 노벨 평화상을 받을 만한가?

③ **se me ha olvidado** + 주어
　　　내게서

se는 olvidar와 결합되어 '잊어버려지다'로 직역됩니다. 수동적 느낌과 더불어 원치 않은 일에 대한 뉘앙스를 주는 무의지의 se입니다.

[참고]

> El jefe está enfadado. Pórtate bien y actúa según lo que creas que le gustará.
> 상사가 화가 나 있어. 눈치 좀 살피고 행동해.

*creas (동사) creer 접·현 | crear 창조하다(영 create)

> Después de ser despedido, (yo) me siento pequeño.
> 해고당한 뒤 난 작아지는 기분이야(눈치가 보여).

*dejar el trabajo 또는 renunciar a mi puesto (영 quit my job)

Diálogo 3

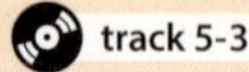

F ¿Con quién anda Esteban? ¿Quiénes son sus amigos?

M Ah, estos días él anda con algunos colegas del departamento de personal.

F ¡Caray!, él hace amistad muy rápido, ¿cierto? Je je je.

M En realidad las buenas relaciones personales son importantes, pero ese tío me hincha las narices. Ya me canso de ver lo jactancioso que es.

F ¡Hombre! ¿Aún te llevas mal con él? Por si acaso, ¿es él tu nuevo rival?

M Ni hablar. Al parecer, él nos causa una buena imagen, pero en el fondo él mira a los demás por encima del hombro. No sé de dónde proviene su extrema confianza en sí mismo. Mientras tanto, está ansioso por hacer la pelota a sus jefes. Dicen por ahí que las apariencias engañan y eso es precisamente lo que pasa con este tipo.

F Bueno, ahora muchos de nosotros sabemos que él suele despreciar a los demás y no tenemos confianza en él. A largo plazo él no tendrá quien le apoye. Se me ocurre otro dicho: el tiempo lo dirá.

M Eso es. No es difícil adivinar su futuro. A menos que corrija su conducta, de ninguna manera podrá salirse con la suya al poner en marcha un nuevo proyecto, ya que es urgente y absolutamente imprescindible contar conmigo.

F No seas tan duro y tan cruel con él. De todos modos hay que saber diferenciar las relaciones personales y las de trabajo para trabajar en armonía manteniendo el trabajo en equipo.

M Entendido. No me agües la fiesta, solo me alivia chismear sobre él, je je. Así me consuela. Yo sé el límite. No tengo intención de afectar a la empresa.

F Ya veo. En todo caso, tú nunca te quejas de nadie infundadamente.

andar 사귀어 어울리다 | **departamento**(m) **de personal** 인사부 | **hinchar** 부어오르게 하다, 부풀리다
| **cansarse de** ~에 질리다(싫증나다) | **ni hablar** 그런 말 마, 그런 소리는 꺼내지도 마 | **causar** 야기하다
| **en el fondo** 본질은, 속을 들여다보면 | **provenir de** ~에서 비롯되다 | **mientras tanto** 그러는 동안에
(= entretanto 또는 entre tanto) | **estar ansioso por/de** ~하고 싶어 안달하다 | **dicen (por ahí) que**
~라고들 말하지 | **apariencia**(f) 외관, 외모 | **lo que pasa con** ~에게 발생하는 일 | **despreciar** 무시하다
(= menospreciar, desdeñar) | **a largo plazo** 장기의, 장기적으로는(= a la larga) | **ocurrir** 발생하다 |
corregir 수정하다(= rectificar) (접-현 corrija, corrijas, corrija, corrijamos, corrijáis, corrijan) |
conducta(f) 행실, 처신, 행동거지 | **de ninguna manera** 결코 | **poner en marcha** 가동하다, 작동하다,
진행시키다 | **imprescindible** 필수불가결한(= indispensable) | **diferenciar** 차별화하다 | **entendido**
(말한 것이) 이해된 | **aguar la fiesta** 흥을 깨다 (접-현 agüe, agües, agüe, agüemos, agüéis, agüen) |
aliviar 경감시키다 | **infundadamente** 근거 없이

① **no tendrá quien le apoye**
　　　　　　　　~할 사람

갖지 못할 거라고 부정된, 없는 존재이므로 접속법 apoye가 사용됐습니다.

② **se me ocurre + 주어**
앞에서 배운 무의지의 se로 ocurrir와 함께 사용하면 '저절로 떠오르다'라는 뜻이 됩니다.

Me traicionó una amiga mía de la infancia

소꿉 친구가 날 배신했어

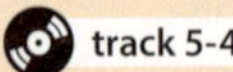 track 5-4

Diálogo 4

F He oído decir que tú no hablas mucho con tu padre.

M Así es, porque me molesta su manera de hablar.

F Entonces, ¿con quién consultas tus problemas personales?

M Generalmente, recurro a mi madre, a mis hermanos o a mis amigos.

F Ummm... ¿No presta oídos tu padre a tus palabras?

M Él es muy estricto conmigo. A veces me trata mal. ¿Sabes? En casa él actúa como mi jefe y yo soy su subordinado. ¡Ah!, a propósito, ¿cómo vas con tu nueva vecina? Me has dicho que es una persona de trato fácil y os lleváis bien.

F Pues sí. Es gente sencilla. Pero las cosas han cambiado desde que su hija y mi hijito de en medio comenzaron a salir juntos.

M ¿Y eso qué importa? Ya era hora de que se independizaran de sus padres. Y no nos extraña que los dos se hayan enamorado. Es algo natural y poco sorprendente.

F En teoría, así debe ser. Se ve que aún están lejos de ser maduros. El problema es que los dos se han distanciado hoy en día. Según mi hijo, ya ha decidido romper con ella y la culpa es de ella. A su vez, ella le dijo a su mamá que mi hijo le había hecho daño poniéndole los cuernos. Desde entonces, mi vecina Marisol y yo también nos empezamos a distanciar.

M No tengo nada que decirte. Te recomiendo que le sugieras a tu hijo que haga las paces con su novia para que tú puedas llevarte con la vecina tan bien como antes. A mi edad pienso que deberíamos medir nuestras palabras y estar en el lugar de los demás, en pocas palabras, esforzarnos por mantener bien los lazos de amistad. Lo que sucede es que ocurren muchos casos en que algo que uno considera como nada importante puede herir los sentimientos de sus familiares o amigos.

F Tienes toda la razón. Espero que esta situación no ocasione trastornos en nuestra amistad... Ah, tengo algo que decirte...

---

recurrir a ~에게 도움을 구하다(호소하다)

distanciarse 멀어지다

poner los cuernos a sb ~에게 감추며 바람을 피우다

hacer las paces 화해하다

medir sus palabras 말조심하다

herir 상처를 입히다
(직-현 hiero, hieres, hiere, herimos, herís, hieren)

trastorno(m) 차질, 혼선, 장애

Vocabulario

oír decir 말하는 것을 듣다 | **consultar**(vt)(vi) ~를 상담자로 하다, ~와 상담하다 | **prestar oídos a** ~에 귀 기울이다 | **estricto** 엄격한 | **tratar** 다루다 | **de trato fácil** 지내기 편안한, 무던한, 소탈한, 원만한 → *persona fácil de llevar라는 표현도 있음. | **sencillo** 간단한, 털털한, 소탈한 *ser buena gente 좋은 사람이다 | **salir juntos** 데이트하다, 함께 외출하다 | **en medio** 가운데에 | **ya era hora de que** + 접속법 과거 이제서야 ~라니, 벌써 ~해야 했다 | **extrañar** 이상하다, (특히 AmL)그리워하다(= echar de menos) | **poco sorprendente** 별로 놀랍지 않은(영 unsurprising) | **maduro** 익은, 성숙한 | **hoy en día** 오늘날(= hoy día) | **romper con** ~와 (교제를) 깨다 | **cuerno**(m) 뿔 | **recomendar que** + 접속법 ~하기를 권고하다 (직–현 recomiendo, recomiendas, recomienda, recomendamos, recomendáis, recomiendan) | **sugerir** 제안하다, 시사하다 | **a mi edad** 영 at my age | **deberíamos** 동사 *deber의 would 시제로 어감을 부드럽게 함. | **lazo** 리본, 유대(pl) | **ocasionar** 야기하다

Gramática

① **¿y eso qué importa? = what does it matter?** 그게 뭐가 중요해?

② **extraña que 접속법**

> Me extaña que ese humorista te imite.
> 그 개그맨이 널 흉내 내는 게 낯설어. (접–현)

＊imitar 모방하다

> No me extraña que los dos se hayan enamorado.
> 그 둘이 사랑에 빠진 건 내게 이상하지 않아. (접 have p.p.)

＊직 have p.p. = se han enamorado

③ **te recomiendo que (tú) sugieras que (tu hijo) haga las paces**
　　　　　　　　　　　접속법　　　　　　　　　　　　접속법

sugerir는 recomendar 때문에 접속법이, haga는 sugerir 때문에 접속법으로 사용되었습니다.

＊직–현 sugiero, sugieres, sugiere, sugerimos, sugerís, sugieren
＊접–현 sugiera, sugieras, sugiera, sugiramos, sugiráis, sugieran
＊[recomendar + 동사원형] 용법도 가능합니다.

Comprensión auditiva

F Benita, a punto de suicidarse y matar a Gloria y a Adelina, es interrumpida por Andrés y acaba siendo detenida por la policía. La noticia corre como un reguero de pólvora por el barrio, pero nadie acaba de comprender lo sucedido. Tras el duro golpe, Adelina es ingresada en el hospital. Manolita se ofrece a acoger mientras tanto a Gloria en su casa, pero Irene propone que se instale con ella. Cuando Eulalia se entera, es ella quien decide llevársela a su casa, para sorpresa de Almudena y de Jaime. Andrés agradece el gesto de su mujer, y decide contarles la verdad a sus hijos, tanto de su parentesco con Gloria como de su separación. Fede confraterniza con Leona y con Asunción. Jaime intenta asegurar la relación de Sancho con su hermana y los dos comprueban que sus planteamientos políticos tienen muchos puntos de contacto. Por un error, Sancho dejará unas fotos importantes en el local.

www. rtve.es

Vocabulario

desenlace(m) **feliz / final**(m) **feliz** 형 happy ending *la final 결승전 | **suicidarse** 자살하다 | **matar** 죽이다 | **interrumpir** 중지하다, 중단시키다 | **acabar ing.** 결국 ~하는 것으로 끝나다(= acabar por inf.) (형 end up -ing) | **correr** 뛰다, 흐르다 | **reguero**(m) 길게 이어짐 | **pólvora**(f) 화약 | **suceder** 발생하다 (vi), 계승하다(vt) | **sucederse**연속되다 | **lo sucedido** 일어난 일, 일어난 것 | **tras** ~ 뒤(후)에 | **ingresar** 입학하다, 입금하다, 입원시키다 | **ofrecerse a inf.** ~를 하겠다고 자청하다 | **acoger** (사람, 방문객, 투숙객, 난민, 망명자 등을) 맞아들이다 | **mientras tanto** 그러는 사이에, 그동안에 | **instalar** 설치하다 | **instalarse** 자리잡아 지내다, 살다, 설치되다 | **enterarse** 들어 알다 | **llevarse** 가지고(데리고) 가 버리다 | **para (mi) sorpresa** (내가) 놀랍게도 | **gesto**(m) 제스처 | **parentesco**(m) 혈연 관계 | **confraternizar** 친해지다 | **asegurar** 확언하다, 확보하다, 보장하다(= garantizar), 보험에 들다 | **comprobar** 확인하다(= confirmar, examinar) (직–현 compruebo, compruebas, comprueba, comprobamos, comprobáis, comprueban) | **planteamiento**(m) 문제 제기 | **punto**(m) 포인트 | **contacto**(m) 접촉 | **local** 점포(m), 영업소, 현지의

Gramática

① **es ella quien decide**

= **ella es quien decide**

= **ella es la que decide**

= **es ella la que decide**

복합 관계대명사(~하는 사람)가 사용된 강조 문장으로 주어 ella가 도치되어 es 뒤로 가는 경우가 많습니다.

1 서로 뜻이 같은 것을 연결하세요.

① en un principio •

② punto de partida •

③ echar a perder •

④ hora punta •

⑤ taparse los oídos •

⑥ morder •

⑦ picar •

⑧ relativo a •

⑨ a saber •

⑩ escombros(pl) •

• (a) 출발점

• (b) 자신의 귀를 막다(덮다)

• (c) 러시아워

• (d) 못쓰게 만들다(형 spoil)

• (e) 잔해(형 debris), 붕괴물

• (f) ~에 관계된

• (g) 즉

• (h) 처음에(형 in the beginning)

• (i) 물다(perro 등)

• (j) 물다(insecto, culebra 등), 다지다(ajo, carne 등), (입이 궁금해서) 집어 먹다

2 다음 문장을 스페인어로 써 보세요.

① 내 친구들은 내가 사람을 가려(selectivo) 사귀는 사람이라고 의견 일치를 본다.

____

② 네가 맞아(estar en lo cierto). 난 아주 내성적인(introvertido) 여자고 그 남자가 불편해. 이것이 날 점점 더 불편하게(incomodar) 해. 어쩌지?

____

③ 남자친구와의 관계가(llevarse con) 예전(antes) 같지 않니? 얼마 전까지만 해도 서로 홀딱 빠졌잖아(estar loco por).

____

④ "저는 본능(instinto)에 날 내맡깁니다(dejarse llevar por). 어떤 행동(acción)을 사전에 계획(planificar)하지도 않고 먼저 그려 보지도(imaginar) 않습니다."

____

⑤ 내가 방해되니(molestar)?

⑥ A: 택시 같이 탈 수 있어요(compartir)? 제가 시내에 가는데요.
　 B: 그러죠. 가는 길이네요(pillar de camino).

⑦ "학업 비용을 대기(costear) 위해 주유소에서 아르바이트하는 것(trabajar a tiempo parcial)은 피곤한
(cansado = 형 tiring, tired) 일입니다. 그러나 별다른 도리(remedio)가 없어요, 이걸 하는 것 말고는요."
그녀는 미소 지으며(sonreír) 말했다.

⑧ "저는 남편에게 그런 차를 사 주기에는 너무 구두쇠(tacaño)랍니다." 아주 무관심(indiferente)한 시선
(mirada)으로 우리에게 말했다.

⑨ A: 키는 몇이에요? 몸무게는요?
　 B: 170cm입니다. 몸무게는 60kg입니다.

⑩ 세입자(inquilino)들과 식솔(comensal)들은 성탄절 저녁 식사에 가겠(acudir a)노라고 나에게 약속했다
(prometer inf. 또는 comprometerse a inf.).

¿Perforarás un pozo?

우물을 팔 거니?

스페인 포도주 양조장(Bodega)

Normas de uso	사용 규칙
A beber sin abusar	정도를 지키면서 마시세요.
te invitamos con agrado.	기쁜 마음으로 무료로 드립니다.
para poder llevarlo	포도주를 따로 가져가시려면
el vino ha de ser comprado.	구입하셔야 해요.

✳ 나를 찾는 여행길

Muchos coreanos recorren el Camino de Santiago para reflexionar

sobre su vida, pensando en sí mismos, descubriéndose a sí mismos…

Photo by Frank Fischbach / Shutterstock.com

El coflicto y el hábito

갈등과 버릇

En la variedad está el gusto.

백인백색.

Diálogo 1

track 6-1

F   Buenas, ¿qué hay?

M   Nada de nuevo.

F   Parece que tienes la nariz tapada y la garganta irritada.

M   Sí, sí. Exacto. Dijiste bien eso de irritada. Me he irritado con Rafael.

F   Cálmate, hombre. ¿Qué os pasa? ¿Os habéis peleado otra vez? Ya ha pasado mucho tiempo sin que te toque discutir con él. Anímate y relájate.

M   No entiendo su manera de trabajar. Casi no hace lo que le digo. No presta atención a los detalles y por eso siempre comete errores. Después de todo, él desprestigia la buena capacidad de trabajar en equipo que tenemos. Ese tipo necesita ser más escrupuloso y más responsable. No me escucha nunca... Ya estoy cansado de discutir con él. ¡Es horrible su falta de atención! ¡Qué hombre más descuidado!

F   Pobrecito de ti. ¿No tienes nada que elogiar de él? ¿No es nada más que una persona de mal gusto para ti?

M   Je je. Bueno. Si trato de mirar el lado bueno del chico, umm, no, no le veo ningún lado positivo. Se le va la fuerza por la boca. Él es mucho ruido y pocas nueces.

F   Comprendo. Umm...habla mucho pero no hace nada. Entonces, por muy comprensivo que seas, no podrás trabajar con él. Por lo pronto, sé directo y franco con él y no pases por alto su conducta errónea. Y después de que le cuentes lo que piensas de él, si todavía sigue igual, ni modo. Mándalo al diablo. Tal vez él esté abusando de tu tolerancia. En esos casos sus superiores tienen que hacerle tomar conciencia de sus faltas. Ya le llegará el momento en que nadie le invite a trabajar hombro con hombro.

M   Ah, me ocupo de gestionar demasiado trabajo, entre tanto, me cansa gastar nervios, tiempo, esfuerzo y paciencia por ese idiota. Estoy hecho polvo. Él siempre me deja con el ánimo por los suelos con su actitud apática.

F   ¡Fuerza, hombre! ¡Venga! Te invito a una copita.

desprestigiar
위신을 떨어뜨리다
desprestigiarse
체면을 구기다, 얼굴이 깎이다
escrupuloso 꼼꼼한
mucho ruido y pocas nueces 요란한 빈 수레
pasar por alto
그냥 넘기다, 간과하다
tomar /adquirir conciencia de 인식하다
urgir(vt) **a** sb **a** inf.
~하라고 촉구하다(= instar)
gestionar
처리(하는 과정을)하다

Vocabulario

qué hay 뭐가 있나요?, 무슨 좋은 일 있나요? | **nada de nuevo / nada de particular** 별일 없어요 | **tapado** 뚜껑으로 막은 | **irritado** 쓰라린, 아픈(형 sore), 부아가 치민 | **irritarse con** ~에게 부아가 치밀다 (= enfadarse con) | **animarse** 힘내다 | **relajarse** 긴장을 풀다 | **detalle**(m) 세부 | **capacidad**(f) 능력 | **falta**(f) 부족(형 lack), 실수, 파울 | **descuidado** 부주의한, 깜빡하는(= olvidadizo) | **mirar el lado bueno de** ~의 밝은 면을 보다 | **nuez**(f) 호두 *nuez de la garganta, nuez de Adán (= 형 Adam's apple) | **por lo pronto** 일단은, 우선 | **franco** 솔직한 | **presencia**(f) 존재, 면전, 출두, 외모 | **tolerancia**(f) 아량, 참음 | **ni modo**(멕시코) 어쩌겠어 *본문에서 (ni modo) 대신 ya no queda esperanza 또는 no hay nada más que hacer, no hay otra opción, ya ni qué decir라고 할 수 있음. | **mandar/echar al diablo** 악마에게 보내 버리다(던지다) | **abusar de** 남용하다, 도가 지나치다 | **hombro con hombro** 어깨를 맞대고 | **ocuparse de** ~를 맡다, 돌보다 | **cansar** 피곤하게 만들다 | **nervio**(m) 신경 | **idiota**(m)(f) 바보 | **estar hecho/a polvo** 녹초가 되다 | **apático** 무기력한 | **fuerza**(f) 힘(형 force) *본문에서 ánimo 사용 가능 | **¡venga!** 어서!(형 come on), 자, 어서 오세요!

Gramática

① **sin que te toque discutir**
   　　　　너에게 해당되다 　말다툼하기

Me toca pagar (a mí).	내가 지불할 차례야.
¿A quién le toca leer?	누가 읽을 차례인가요?

＊le = a quién | el turno 순서

② **por muy comprensivo que seas (tú)** 설령 네가 아무리 이해심이 있다 할지라도

③ **ya llegará el momento en que nadie le invite...** ~할 날이 올 것이다
   　　　　　　　　　　　　　　　　접속법

Diálogo 2

Entender mal
오해하다

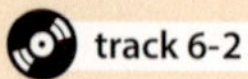
track 6-2

M1   Ustedes deberían hacerle más caso a su jefe, por favor.

M2   ¿Por qué nos dice eso? Estamos haciendo todo lo posible por trabajar eficientemente. ¿Qué más nos hace falta?

F   Siempre pretendemos hacer lo que ustedes dicen, y ustedes nunca están contentos con nuestro trabajo y nos acusan de haber faltado a nuestros deberes y organizar huelgas. Ya no tenemos intención de estrechar las diferencias de opinión. Dejen de persuadirnos para que aceptemos más exigencias absurdas y ridículas por parte de la dirección de la empresa. Ya no estamos dispuestos a transigir con la empresa. Por favor, absténganse de amenazarnos con hacer algún despido forzoso.

M1   Cálmese, por favor. Ustedes nos entienden mal. El año pasado, por estas fechas, había mucha discrepancia entre la dirección de la compañía y el sindicato, además empeoraba el estado financiero de la empresa. Afortunadamente ambas partes llegaron a conciliar sus posturas y todo se solucionó satisfactoriamente. A estas alturas no hay problema en ese punto. Lo que quiero decir es que les hace falta prestar un poco más de atención a las instrucciones del jefe.

M2   Comprendo. No quiero que la empresa vuelva a tener un dilema difícil de resolver por falta de recursos económicos como antes. Ahora he caído en la cuenta del problema real. Entonces, ¿por qué no hablamos de eso mañana por la mañana?

F   Yo convocaré a todo el personal. ¿A qué hora le conviene?... De acuerdo. A las 9:00. Nos vemos mañana.

M1   Perfecto. Luego hablamos.

Madre mía. No será fácil convencerles para que la conversación de mañana no la lleven a disputar la iniciativa. ¡Ah!, Emilio no es de los que guardan rencor. Sin embargo, no admitirá fácilmente su propio problema. Tengo que consultarlo con la almohada toda la noche...

pretender
　꾀하다, 희구하다, 애쓰다
faltar a sus deberes
　태만하다
exigencia(f) 요구
　(영 demand) *exigir
transigir 타협하다
discrepancia(f) 불일치
sindicato(m) 노조
consultar con la almohada
　~을 하룻밤 자며 깊게 생각
　하다(영 sleep on)

hacer caso a sb/**hacer caso de** (주로)sth ~에 유의하다(형 take notice of, pay attention to) |
acusar a sb **de ~** ~에 대해 비난하다(고소하다) | **estrechar** 좁히다, 긴밀히 하다 | **absurdo** 부조리한 |
ridículo 우스꽝스러운 | **por parte de** ~편에서 의한 | **dirección**(f) 경영진 | **abstenerse de** ~를 삼
가다 | **amenazar a** sb **con** ~를 ~로 위협하다 | **despido**(m) 해고 | **forzoso** 강제적인 | **calmarse** 흥
분을 가라앉히다 | **por estas fechas** 이맘때쯤 | **afortunadamente** 다행히(≠ *desafortunadamente) |
conciliar 화해시키다 | **postura**(f) 입장(= posición) | **satisfactoriamente** 만족스럽게 | **altura**(f) 높이,
신장, 키(= estatura) | **a estas alturas** 이쯤에는, 현 시점에서는 | **caer en la cuenta de** 깨닫다 |
convocar 소집하다 | **madre mía** 아이고 | **llevar a** ~로 치닫다(형 lead to) *Todos los caminos llevan
또는 conducen a Roma 모든 길은 로마로 향한다 | **disputar** (차지하려고) 다투다 | **iniciativa**(f) 주도, 선창, 주
도권, 프로젝트(= proyecto) | **rencor**(m) 앙금 | **almohada**(f) 베개

① **persuadir/convencer a** sb **para/de que** (접속법) ~을 ~하도록 설득하다, 납득시키다

② **absténganse**

Uds. 긍정명령으로 접속법 astengan에 se가 붙으면서 강세 유지를 위해 강세 부호 찍음.

> Ningún ciudadano debe abstenerse de ejercer su voto en las elecciones presidenciales.
> 어떤 시민도 대통령 선거에서 투표 행사에 기권하지 말아야 합니다.

③ **tener un dilema difícil de resolver** 해결하기 어려운 딜레마를 갖다

전치사 de가 사용된 예

Es difícil aprender español.	스페인어 배우기는 어렵다. *주어 = aprender español
El español es difícil de aprender.	[직역] 스페인어는 어렵습니다, 배우는 것에 대해 보자면. *주어 = el español

Diálogo 3

F ¿Tienes algún mal hábito?

M Sí. Siempre que me estoy concentrando en algo, sin darme cuenta me muerdo las uñas. A mi madre no le gusta que lo haga. Según dice mamá, cada vez que me ve mordiéndome las uñas, se le ponen los pelos de punta. Incluso yo intenté dejar esta manía, pero en vano.

F En el caso de mi novio, cuando está sentado en la silla, siempre hace temblar su pierna derecha. Eso me molesta. Se dice que se le va la suerte al que hace eso. Al verle moviendo la pierna, incluso yo me pongo nerviosa. Aunque para él es una manera de sentirse cómodo.

M Pero si no le hace daño a nadie, ¿no podrás aguantarle? Eso no es nada.

F Cuando él y yo estamos a solas, acostumbra a tirarse pedos sin consideración. Y cuando salimos a cenar, eructa a cada momento, y por si fuera poco estornuda con mucho ruido como si no le importara la presencia de los demás. Me da mucha vergüenza. Y ahora ya me niego a salir con él, si no me promete que se comportará como una persona decente.

M Je je. Al oírte, entiendo que lo de mi novia no es nada más que la punta del iceberg.

F Ah, se me ha olvidado una cosita. Hace mucho tiempo que no tengo noticias de Isabel. ¿Ya no te mantienes en contacto con ella?

M No.

F ¿Qué es lo que pasó? ¿Cuál es el problema?

M Ella tiene fama de ser excesivamente directa. Siempre habla sin rodeos. Al principio, la consideraba una persona franca. Pero, a medida que pasaba el tiempo, empecé a irritarme con ella al ver que no tenía pelos en la lengua.

F Comparto tu sentimiento. A veces, ella tiende a revelar algo de alguien innecesariamente. En boca cerrada no entran moscas. Debería aprender a hablar con diplomacia en algunos casos.

---

ponérsele los pelos de punta 소름이 끼치다
manía(f) 별난 버릇
  *manía persecutoria 피해 망상광(영 persecution mania)
pedo(m) 방귀
aguantar 참다
punta(f) **del iceberg** 빙산의 일각
sin rodeos 돌리지 않고
no tener pelos en la lengua 거리낌없이 다 말하다, 까놓고 다 말하다
en boca cerrada no entran moscas 입을 조심해야 한다
  *mosca 파리

morder 물다 (직-현 muerdo, muerdes, muerde, mordemos, mordéis, muerden) | **en vano** 형 in vain
temblar(vi) 떨리다 (직-현 tiemblo, tiemblas, tiembla, temblamos, tembláis, tiemblan) | **hacer daño a**
sb 다치게 하다, 아프게 하다 | **a solas** 단독으로 | **tirarse pedos** 방귀를 뀌다 | **eructar** 트림하다 | **como**
si+접속법 과거 형 as if+과거 | **por si fuera poco** 그걸로는 모자라는지 *para colmo de males(설상가상으
로)와 유사함. | **estornudar** 재채기하다 *eructar 트림하다 | **roncar** 코를 골다 | **presencia**(f) 존재, 나타남, 면
전, 용모(= aspecto) | **comportarse** 행동하다 | **decente** 품위 있는 | **nada más que** ~일 뿐 | **cosita**(f)
cosa의 축소형 | **mantenerse en contacto con** ~와 접촉을 유지하다 | **a medida que** +(미발생 시
접속법 / 습관, 기발생 시 직설법) ~함에 따라(형 as) | **rabia**(f) 분노 | **tender a** 형 tend to (직-현 tiendo,
tiendes, tiende, tendemos, tendéis, tienden) | **revelar** 밝히다, 폭로하다

① **siempre que** ~할 때마다, ~한다면 / **cada vez que** ~할 때마다

두 가지 모두 [습관 또는 기발생] 시 직설법을 사용하고, [가정 또는 미발생] 시 접속법을 사용합니다.

② **se le va la suerte al que hace eso**
　　그에게서　　　　　　　하는 사람에게서

　*le = al que

③ **¿qué es lo que pasó?**

중성 lo가 오면 cuál이 아닌 qué를 사용합니다.

Diálogo 4

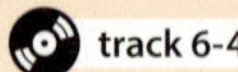

F   Te está chorreando la sopa por la barbilla, José. ¿No puedes comer sin hacer ruido con la boca? ¡Me fastidia ese sonido: chup, chup!

M   Por favor, no me critiques en cosas triviales. ¡Ay!, no me pellizques el brazo. Me estás haciendo mucho daño. ¡Ay, ay! Bueno, Ya me toca vengarme de ti.

F   ¡Ay!, deja de hacerme cosquillas. Mejor, ¿por qué no me rascas la espalda? Me pica ahí. Ah, también en el pie izquierdo.

¡Es demasiado! No soy tu criada para hacer esa estupidez. Ah, tienes puestos los calcetines al revés. ¡Póntelos correctamente! ¡Despierta ya!

Diego. Ahora estoy fuera de mí. Tienes sucia toda la casa, siempre tienes cara de cansado y nunca pones la ropa en la lavadora. Además hoy no has salido a trabajar. ¡Qué holgazán eres! Tu tren de vida me desequilibra la mente totalmente. Por favor, deja de enrollar los calcetines como si fueran rosquillas.

M   Oye. Ya no voy a seguir ocultando la realidad. Me revienta tener que comer lo mismo todo el año aguantando tu lata de siempre. Nunca tengo el lujo de comer cosas ricas. Bastaría con comer algo diferente.

F   ¡Ja! ¿Has olvidado lo que me dijiste cuando me pediste matrimonio? Prometiste que me harías vivir a todo tren y a mis anchas.

M   Te haré una reina que viva grandiosa y suntuosamente en un futuro cercano. ¡Palabra! Sí, sí, te lo prometo.

F   ¡Deja de ser fanfarrón! No me gusta nada de ti desde lo primero hasta lo último. Vete al baño y separa la ropa de color y la ropa interior.

M   Sí, sí, a la orden. El que te obedezca 100%, como yo, se llamará calzonazos.

F   ¡Cállate! Sé productivo. Algún día llegarás a saber que es muy de agradecer el hecho de que una mujer como yo viva contigo. Yo soy mucha mujer para ti. ¡Ah!, ¿dónde estás? ¿Es hora de jugar al escondite?

sonido(m) 소리, 사운드 | **criticar** 비난하다 *crítica(f) 비난, 비평 *trivial 사소한, 하찮은 | **vengarse de** ~에게 복수하다 *venganza(f) 복수 | **me pica ahí** 거기가 간지러워(= tengo comezón ahí) | **criada**(f) 여자 하인 | **estupidez**(f) 아둔함, 멍청한 짓 | **calcetín**(m) 양말 | **cara de cansado/a** 피곤한 얼굴 | **holgazán / holgazana** 게으른 *vago 모호한, 게으른 | **tren de vida**(m) 라이프 스타일 | **desequilibrar** 균형을 깨뜨리다 | **mente**(f) 마음(형 mind) *mentalidad(f) 정신 상태, 마인드 | **enrollar** 둥글게 말다(감다) | **rosquilla**(f) 도넛의 일종 | **reventar** 짜증 나게 만들다, 울화통 터지게 하다 (직-현 reviento, revientas, revienta, reventamos, reventáis, revientan) | **lata**(f) 캔, (바가지, 졸라댐, 떠듦, 계속 묻는 짓 등으로) 성가시고 짜증 나게 함 | **lujo**(m) 호사, 사치 *lujoso 호화로운(= suntuoso) | **bastar con** ~로 족하다 | **matrimonio**(m) 부부, 결혼(= casamiento) | **gota**(f) 방울, 통풍 | **grandiosa**(mente) **y suntuosamente** 성대하고 호화롭게 | **¡palabra!** 맹세해! (= te lo prometo) | **fanfarrón** 허세 부리는, 허풍쟁이 | **callarse** 입다물고 있다 | **sé** 되거라 (ser의 tú 긍정명령형) | **llegar a** inf. ~하기에 이르다 | **jugar al escondite** 숨바꼭질하다

① **el que te obedezca**
하는 사람   네 말에 복종할

El que se levanta temprano hace muchas cosas.	일찍 일어나는 사람은 많은 일을 한다. 습관적 사실이나 진리 (직설법)
El que se levante temprano hará muchas cosas.	일찍 일어나는 사람은 많은 일들을 하게 될 것이다. 발생하지 않은 미래상황 또는 가정 (접속법)

② **es de agradecer el hecho de que una mujer como yo viva contigo**
감사할   ~하는 일

전체 문장의 주어는 [el hecho de que]이고 감사하다라는 **감정의 단어가 사용**됨.

Comprensión auditiva

M   Al respecto, los medios de comunicación extranjeros informan que los coreanos están muy orgullosos de contar con el Hangeul, inventado por el rey Sejong el Grande. Asimismo, un lingüista dice que el Hangeul es una escritura científica, porque las letras y sus sonidos se relacionan sistemáticamente, y estima este invento como un gran logro y un acontecimiento trascendental, dado que el alfabeto coreano tiene una característica única que no se puede encontrar en ningún otro. De hecho, somos un pueblo con una cultura muy rica y con una larga historia de cinco milenios, sin embargo, no contamos ni con muchas reliquias ni con ruinas culturales que podamos ostentar ante el mundo. Dado que Corea sufrió muchas invasiones por parte de los países extranjeros, nos lamentamos al oír las noticias de que una parte importante de estos patrimonios coreanos fueron sustraídos y son preservados en museos de Japón o de Europa.

al respecto 이에 관해 | **medio**(m) **de comunicación (de masas)** 대중매체 | **informar** 알리다 |
inventar 발명하다 | **lingüista**(m)(f) 언어학자 | **escritura**(f) 쓰기, 서체 | **letra**(f) 글자 | **letras**(pl) 글자들, 문학
(= literatura) *analfabeto/a 문맹의(자) | **relacionarse** 연관되어지다 | **invento**(m) 발명품 | **logro**(m) 성취
(영 achivement) | **acontecimiento**(m) 사건(= suceso) | **trascendental** 중대한 | **único** 유일한, 특별
한, 예외적인 | **milenio**(m) 밀레니엄 | **reliquia**(f) 유물, 잔존물 | **ruina**(f) 붕괴, 유적(pl) | **ostentar** 자랑스레
뽐내다, 과시하다 | **ante** ～ 앞에 | **invasión**(f) 침략 *invadir 침입하다 | **por parte de** ～(편에서) 의한 |
lamentarse 한탄하다 | **patrimonio**(m) 유산, 재산 | **sustraer** 뽑아내다, 훔치다 *sustraído(과거분사) |
preservar 보존하다

① **no contamos ni con muchas reliquias ni con ruinas culturales que**
podamos ostentar

관계대명사 que가 선행사 reliquias와 ruinas를 받지만, 그것을 우리 한국이 가지지 있지 않다고 말하는 바 부정
된 선행사로 간주되어 접속법 동사(podamos)를 사용했습니다.

② **noticia de que** ～라는 소식

영 news that

1 빈칸에 알맞은 전치사를 넣으세요.

① Él se pone rojo ______________ ira. ira 분노
그는 화가 나 얼굴이 붉어진다.

② Ella está durmiendo ____________ un tronco. tronco 통나무
그녀는 세상모르고 자고 있는 중이다.

③ ¿De qué manera se debe actuar entonces para preservar las vidas y, ____________ la medida de lo posible, los bienes de la población?
그러면 생명들뿐만 아니라 최대한 사람들의 재산을 보존하기 위해서 어떤 식으로 행동해야 합니까?

④ ¿Crees que el presidente del Gobierno español será capaz ____________ hacer los duros ajustes necesarios? ser capaz de = 형 be capable of
넌 스페인 총리가 필요한 혹독한 조정들을 해낼 수 있다고 생각하니?

⑤ Confiamos ____________ que las cosechas se puedan lograr a pesar de la falta de fuerza laboral. mano de obra 일손 / confiar en que 접속법
우리는 노동력 부족에도 불구하고 수확들이 이루어질 수 있다고 믿는다.

⑥ Hace cinco años que heredé ____________ mi padre una huerta de 1000 m² y una granja pequeña. m² = metro cuadrado finca 시골 별장. (대)농장
5년 전 난 아버지에게서 1,000m²가 되는 과수원과 조그마한 농장을 물려받았다.

⑦ Curiosamente esos cuatro chicos presumen ____________ guapos e inteligentes, pero ¿quién los reconocerá como guapos? Para mí, no son nada más que jactanciosos.
presumir 추정하다. 으스대다
이상하게도 그 4명의 남자애들은 잘생기고 똑똑하다고 자만하지만 누가 그들을 잘생겼다고 인정할까? 나로서는 그저 으스대는 사람들일 뿐이다.

⑧ Estas empresas acusadas no se responsabilizan ____________ la contaminación de la red de agua potable de la región por un vertido de gasoil. agua potable 식수
기소된 이 기업들은 디젤유 유출로 인한 이 지역 수도망 오염에 대한 책임을 지지 않는다.

⑨ ____________ eso de las cinco de la madrugada una manta de niebla comenzó a envolver toda la costa y de repente, desde abajo del mar, emergieron tres robots muy grandes en forma de calamar. Es muy difícil describirlos detalladamente, pues la niebla me tapó la vista. manta 담요. 모포(형 blanket) | neblina/bruma(바다) 옅은 안개(형 mist), 연무
새벽 5시경에 두터운 안개가 해안 전체를 감싸기 시작했다. 그리고 갑자기 바다 아래에서부터 아주 커다란 오징어 모양의 로봇 3대가 떠올랐다. 그것들을 자세히 묘사하기는 어렵다. 왜냐하면 안개가 내 시야를 덮었기 때문이다.

⑩ Cualquiera que sea tu deseo, te lo haré realidad. Así que dímelo. Lo que sea. Ten confianza ____________ mí. Veo que sigues desconfiando de mí.
cualquier que sea 주어 = 형 whatever 주어 is | lo que sea = 형 whatever 뭐가 되든
너의 소원이 무엇이든지 간에 네게 그것을 이루어 줄 거야. 그러니 내게 소원을 말하렴. 뭐가 되든 간에. 날 믿어 봐. 보아하니 넌 계속 날 불신하고 있구나.

2 다음 문장을 스페인어로 써 보세요.

① 그 수프에 대한 생각만으로(de)도 내게는 입에서 군침이 돈다(hacérsele la boca agua).

② 내 여자친구는 날 들었다(elevar a las nubes) 놨다(arrastrar por los suelos) 한다.

③ '짖는 개는 물지 않는다'는 게 무슨 뜻인가요?

④ 나의 강아지(perrito, cachorro) '후추'는 자기를 쓰다듬어 줄(acariciar) 때 위로 눕는다(echarse boca arriba). 자기 주인(amo)에게 마음을 여는(abrirse) 방식이라는 생각이 든다(suponer). 가끔 자기 털을 어루만져 달라고 나에게 요구하듯이(como para) 내게 짖어댄다(ladrar).

⑤ 네가 제아무리(por ~ que ~) 버르장머리가 없을(maleducado)지라도 신뢰할 만한 사람(digno de confianza)이 되도록 해라. 벌써 네가 약속을 지키지(cumplir con tu palabra) 않은 게 세 번이 되어 간다.

⑥ 동료 친구들의 자살(suicidio)을 목격한(presenciar) 아이들은 큰 마음의 상처(trauma)를 겪기에 전문가들의 심리치료(psicológico tratamiento)를 받을 필요가 있다.

⑦ 내 남자 동료 한 명은 상사들의 호의를 얻는(ganarse la voluntad de) 기발한 비결(brillante truco)이 있다. 그걸 알고 싶니? 좋아, 그럼 500원이면 된다(bastar con).

⑧ 오늘 오후에 오른쪽 발목(tobillo)이 삐었어(dislocarse), 구두 굽(tacón)(圏 heel)이 뽀개졌을 때 말야. 힐이 너무 가늘었지(fino). 그래서 부서져 버렸어(quebrarse). 전에 미리 새 것을 좀 사 두었더라면 좋았을 텐데(me hubiera gustado).

⑨ 내가 마리아와 있는 것을 보자(al ver) 내 여자친구의 미소(sonrisa)가 입가(en los labios)에서 굳어 버렸다(helarse).

⑩ 걸을(andar) 때 조심해, 마녀(bruja)가 깰라(que). 까를로스, 보물(tesoro)에 손대지 않도록 해(no vayas a). 네 것이 아냐. 셋 세고(contar) 나서, 창문으로 우리가 몸을 던진다(tirarse). 여기서 달아날 마지막 기회야. 준비들 됐나? 하나(a la una), 둘, 셋. 자!

las Fallas

파야스 축제

Photo by FCG / Shutterstock.com

스페인 발렌시아에서 3월에 열리는 축제로 다양한 주제를 담은 엄청난 크기의 인형을 만들어 태우는 행사입니다. 정치인부터 각 분야의 유명 인사들의 모습을 본뜬 조형물의 크기는 작은 것부터 웬만한 건물 크기 만한 것까지 다양한데 결국은 모두 불에 타 버린답니다.

Corea y América Latina
한국과 중남미

Ayúdate y Dios te ayudará.

하늘은 스스로 돕는 자를 돕는다.

Diálogo 1

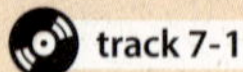

F ¿Cuál es la capital de Corea?

M La capital de la República de Corea es Seúl. Corea tiene una población de unos 50 millones de habitantes. Actualmente la Península Coreana está dividida en dos partes : Corea del Sur y Corea del Norte. Corea del Norte es un país comunista.

F ¿Cuál es el PIB per cápita de Corea? ¿Cuál es el ingreso nacional bruto per cápita de Corea del Sur?

M El ingreso nacional bruto per cápita alcanza unos 20 mil dólares. De hecho, Corea es una de las principales potencias económicas asiáticas y es la undécima o duodécima mayor potencia económica del mundo. Nuestro país se destaca por su alto crecimiento en los campos de la industria automotriz, la construcción naval, la tecnología de semiconductores, la informática, etc. Además, la ciencia y la tecnología coreanas están desarrollándose rápidamente. En este sentido, asombra a todo el mundo su vertiginoso crecimiento en el sector de la tecnología punta.

F Fenomenal. Y, ¿podría explicarme la cultura coreana? He oído que es un país conformado por una sola raza.

M Sí, pero lo que pasa es que las cosas ya han empezado a cambiar. En realidad, Corea ya se está convirtiendo en un país multicultural y multirracial. Es que ya vemos a los extranjeros en todas partes. Eso ya es algo común. Hablando de la cultura coreana, sobre todo, Corea es un país fundado en el confucianismo. Por eso, respetamos a los mayores. Es decir, damos mucha importancia a la edad. Por ejemplo, dos hombres se conocen bien y tienen una relación estrecha. Los dos son amigos. Sin embargo, en Corea, si uno es mayor que el otro, al mayor se le considera como "sonbe" y al otro como "jube". Un sonbe es como un tipo de hermano mayor y un jube respeta a su sonbe. Es también otra forma de amistad.

---

el PIB GDP

(producto interno(AmL) 또는 interior(Esp) bruto)
*PIB을 [뻬이베] 또는 [뻽]으로 읽기도 함.

el ingreso(m) **nacional bruto** GNI(총국민소득)

potencia(f) **económica** 경제 강국

  superpotencia(f) 초강대국

industria(f) **automotriz** 자동차 산업 =
  la industria automovilística 또는 del automóvil

construcción(f) **naval** 조선

tecnología(f) **punta** (최)첨단 기술

informática(f) IT

confucianismo(m) 유교

Confucio/Mencio 공자/맹자

dividido 나누어진, 분단된 *la división de poderes 삼권분립(= separación de poderes) | **comunista** 공산주의의(자) *capitalista 자본주의의(자) *socialista 사회주의의(자) *machista 남성우월주의의(자) | **per cápita** 1인당 | **asiático** 아시아의(de Asia), 아시안인 *del Sureste Asiático 동남아의 | **undécimo** 11번째 | **duodécimo** 12번째 | **destacar** 강조하다(= enfatizar), 두드러지다(= destacarse) | **semiconductor**(m) 반도체 | **desarrollarse** 발전하다

① **millón**

바로 뒤에 명사가 오면 꼭 de가 와야 한다는 것을 잊지 마세요.

un millón	백만
dos millones	이백만
Facebook alcanza los 250 millones de usuarios.	페이스북은 2억 5천만 명의 사용자에 달한다.
2.800.000 = 2,8 millones	2백 80만
millones de cibernautas	수백만 명의 네티즌들

Diálogo 2

F   ¿Cuántas personas integran su familia?

M   Conmigo somos siete personas: mis padres, mi esposa, dos hijos y una hija. Esta última estudia en Chile.

F   Oh, ¿sí? Este país ya firmó un TLC con Corea, ¿no es así?

M   Sí. Chile es el primer país con el cual Corea estableció un acuerdo de tal tipo. Los principales productos de exportación de Chile son uvas, ciruelas, vino y cobre. Así que podemos comprar frutas chilenas en el mercado coreano.

F   ¿Qué relaciones tiene Corea con Latinoamérica?

M   Sobre todo, hablando históricamente, cuando estalló la Guerra de Corea, Colombia envió tropas a Corea.... y en la década de los 60, Corea trató de obtener el apoyo diplomático de los países latinoamericanos, para que la comunidad internacional reconociera al gobierno coreano legalmente. Asimismo, en la actualidad ambas partes tratan de cooperar en los campos energético, medioambiental y económico. En este sentido, creo que las relaciones entre Corea e Hispanoamérica serán más profundas que nunca.

TLC(m) FTA (= tratado de libre comercio)
acuerdo(m)
합의(형 agreement)
uva(f) 포도
pasa(f) 건포도
cobre(m) 구리
la Guerra(f) **de Corea**
한국전쟁
la década de los 60
= los años 60 60년대

integrar 구성하다 *incorporar 통합하다 *anexionar 합병하다 | **esposa** 아내 *mujer 여자, 아내 *상대방 아내를 지칭할 때는 esposa를 사용하는 것이 좋음. | **tal** 그러한, 그런 | **tipo**(m) 타입, 녀석, 자, 놈(형 guy) | **ciruela**(f) 자두 | **históricamente** 역사적으로 | **estallar** 발발하다 | **tropas**(f)(pl) 명 troops | **apoyo**(m) 지지, 지원 | **diplomático/a** 외교의, 외교적, 외교관 | **reconocer** 인정하다, 알아보다 | **legalmente** 합법적으로 | **asimismo** 마찬가지로, 또한 | **ambos/ambas** 양쪽의(형 both)(관사 X) | **energético** 에너지의 *enérgico 정력적인, 힘찬 | **medioambiental** 환경의 | **Hispanoamérica** 스페인어 사용 아메리카

① **Chile es el primer país con el cual**

관계대명사 el cual이 선행사 el primer país를 받았습니다.

*con el cual = 그 나라와 함께

② **para que la sociedad internacional reconociera...**

para que는 영어 **so that**(∼될 목적으로)에 해당합니다. 항상 접속법을 사용하며 본문에서는 전체 문장이 과거이므로 접속법도 시제 일치를 시켜 접속법 과거(**reconociera**)를 사용했습니다.

단, 양쪽 주어가 같은 경우에는 쓸 수 없습니다.

> Yo trabajo mucho para vivir bien. (o)
> Yo trabajo mucho para que (yo) viva bien. (x)

Diálogo 3

Ver mundo
세상을 보다

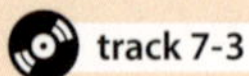 track 7-3

M ¿A qué se refiere cuando dice América?

F Los estadounidenses usan ese término para referirse a EE.UU. Sin embargo, América también se refiere a todo el continente y no solo a Latinoamérica. El continente se divide en tres partes: América del Norte, América Central y América del Sur. También decimos Norteamérica, Centroamérica y Sudamérica.

M Muchas compañías surcoreanas han avanzado al mercado latinoamericano, ¿cierto?

F Claro. Muchos países de la región serán socios comerciales importantes para Corea. De hecho, las empresas coreanas siguen haciendo esfuerzos por introducirse al mercado hispanoamericano y han tenido éxito; se ve que vienen sembrando una buena imagen entre los hispanos.

M ¿Cuáles son los principales productos que exporta Corea a Latinoamérica?

F Exportamos automóviles, electrodomésticos como televisores, neveras, lavadoras, móviles y otros productos de buena calidad. Asimismo, estamos activamente participando en la construcción de infraestructura en la región. Ambas partes ya somos socios importantes no solo en el campo económico sino también en el cultural.

término(m) 명 term
socio/a (업무) 파트너, 회원(= miembro)
electrodoméstico(m) 가전제품
nevera(f) 냉장고
　frigorífico(m) 냉장고
　refrigerador(m) 냉장고
　congelador(m) 냉동고
móvil(m) 휴대폰(= celular)

Vocabulario

referirse a ~를 언급하다 (직-현 me refiero, te refieres, se refiere, nos referimos, os referís, se refieren) **| EE.UU. / (los) EEUU / Estados Unidos** 미국 (주어로 사용 시 관사는 빼기!) **| continente**(m) 대륙 **| dividir** 나누다 **| dividirse** 나누어지다 **| avanzar** 전진하다 **| introducir** 도입하다 (부정과거 introduje, introdujiste, introdujo, introdujimos, introdujisteis, introdujeron) **| sembrar** (씨를) 뿌리다 (직-현 siembro, siembras, siembra, sembramos, sembáis, siembran) **| vienen sembrando** 심어 오고 있다 *본문에서 이 표현을 han estado sembrando(영 have been -ing)로 할 수도 있음. **| participar en** ~에 참가하다(= tomar parte en) *países participantes 참가국들 **| infraestructura**(f) 인프라, 기간시설, 사회간접자본 *estructural 구조적인

Gramática

① socio, pareja, matrimonio

'커플' 또는 '부부'를 언급할 때 **pareja**라는 단어를 사용합니다. 예를 들어 **una pareja de doble ingreso**라고 하면 '맞벌이 부부'가 되겠지요. '부부'라고 명시하면서 **matrimonio**라는 단어를 쓸 때도 있는데 **un matrimonio bien avenido**는 '금실 좋은 부부'를 뜻합니다. 회원을 의미하는 단어로 **socio**를 쓰기도 하는데 miembro와 같은 말이에요. 뉴스에서 유럽연합(**la UE**)의 **socio**들이라고 하면서 회원국(**país miembro**)이라는 말로도 사용합니다. 댄스나 스포츠에서의 파트너를 **pareja**라고 한다면 비즈니스, 무역 등의 파트너는 **socio**를 사용합니다.

② no solo en el campo económico sino también en el cultural

el (campo) culutral와 같이 campo가 생략되고 정관사 el만 사용되었습니다.

> Los libros de Pedro son más interesantes que los (libros) de Jaime.
> 뻬드로의 책들은 하이메의 것들보다 더 흥미롭다.
>
> La sociedad coreana es diferente de la (sociedad) japonesa.
> 한국 사회는 일본의 그것(사회)과는 다르다.

Diálogo 4

track 7-4

F ¿Cuándo se firmó un TLC entre Corea y Chile?

M En el año 2003. Este fue el primer tratado de libre comercio entre una economía asiática y una occidental. Además de estrechar las relaciones comerciales, Corea trata de cooperar con América Latina en diversos campos. Anualmente se celebran foros, conferencias y seminarios entre Corea y Latinoamérica, incluso para hablar del desarrollo sostenible, de energías renovables y del crecimiento verde.

F ¿Qué papel desempeña Corea en el Noreste Asiático?

M De ahora en adelante, nuestro país podrá desempeñar un papel importante en esta región asiática, ya que somos la décima mayor potencia económica del mundo y porque actualmente nos estamos convirtiendo en una potencia tecnológica y cultural.

F Yo creo que tanto en el comercio internacional como en el turismo se le da una creciente importancia al concepto de marca país.

M Tiene razón. Es por eso que tenemos que hacer un gran esfuerzo por mejorar la imagen de nuestro país ante el resto del mundo.

foro(m) 포럼
conferencia(f) 강연, 회의, (장거리 전화) 통화
seminario(m) 세미나, 신학교
taller(m) 워크숍, 작업장, 수리소
desarrollo(m) **sostenible** 지속 가능한 발전
energía(f) **renovable** 재생 가능 에너지
crecimiento(m) **verde** bajo en carbono 저탄소 녹색성장
marca(f) **país** 국가 브랜드

occidental 서양의 *el occidente ≠ el oriente | **estrechar** 긴밀하게 하다, 좁히다 | **diverso** 여러 (명사 앞에서)(= diferente), 상이한 *diversficar 다각화하다 | **anualmente** 매년 *mensualmente 다달이 *semanalmente 주마다 | **incluso** 포함하여, 심지어 | **bajo** 낮은, 키가 작은, ~ 아래에 | **carbono**(m) 탄소 *dióxido 또는 bióxido de carbono 이산화탄소 *gases invernadero 온실가스들 *desertización(f) 사막화 | **papel**(m) 역할, 종이 | **desempeñar** 수행하다 *implementar 이행하다 | **el Nor(d)este Asiático** 동북아 *en toda Europa 유럽 전체에서 *en todo México 멕시코 전체에서 | **adelante** 앞으로, 들어와요!(영 come in) | **de ahora en adelante / de aquí en adelante** 앞으로는 계속(영 from now on) | **creciente** 커져 가는 | **concepto**(m) 개념 | **es por eso que ~ / es por ello que ~** ~인 것은 바로 그래서이다

① **se firmó un TLC** 하나의 협정이 서명되어졌다 (se 수동)

② **incluso** 심지어

영어 even의 '심지어'에 해당하는 말은 긍정문과 부정문에서 다릅니다.

긍정문 (incluso 또는 hasta)

Incluso un niño de tres años lo sabrá.
세 살배기 아이조차 그것을 알 것이다.

Mi novia bebe todo tipo de alcohol, hasta aguardiente.
나의 애인은 각종 알코올을 마신다, 심지어 아과르디엔떼까지도.

부정문 (ni siquiera 또는 ni)

| Ni siquiera me habla. | 나한테 말조차 하지 않는다. |
| No tengo ni idea. | 전혀 모르겠다. |

③ **se (le) da una creciente importancia al concepto de marca país**

se가 수동으로 사용되어 dar(주다)와 함께 '주어지다'의 뜻이 되며, le는 [al concepto de marca país]를 받는 간접목적대명사로 이 문장에서는 생략할 수 있습니다.

Comprensión auditiva

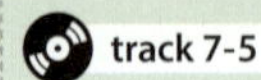

F   Actualmente cada día aumenta más el número de personas que se interesan por estudiar Corea, y además las nuevas personas que tienen interés en el país en su mayoría son universitarios o jóvenes expertos. Esta es una buena noticia. Sin embargo, al tener en cuenta la gran distancia geográfica entre Corea y Latinoamérica, la diferencia histórica y cultural, el escaso intercambio político y económico entre ambas partes, hay mucha dificultad para promover los estudios coreanos en América Latina. Es por eso que el sector privado y los responsables del gobierno deberían hacer aún más esfuerzos por seguir promoviendo el intercambio académico, económico y cultural, para que los países latinoamericanos tengan un mayor interés por nuestra nación.

Vocabulario

interesarse por/en ～에 흥미를 갖다 | **mayoría**(f) 대부분 | **tener en cuenta** 고려하다 | **escaso** 모자라는(영 scarce) | **intercambio**(m) 교류 | **promover** 증진하다 | **estudios**(m)(pl) **coreanos** 한국학 (= coreanología) | **deberían** 동사 deber의 가능법(영 would) 시제 *어감을 부드럽게 함. | **académico** 학문적인

Gramática

① **cada día** + **más** 날이 갈수록 더
　 매일　　　　더

② **aún más** 또는 **todavía más** 더더욱
　 영 even more

1 빈칸에 알맞은 말을 〈보기〉에서 찾아 써 보세요.

〈 보 기 〉
---

con　atrás　de　se　cruzados　en　de　extendidos　en　que

① empezar la cuenta (　　　　　　　　　).
카운트다운이 시작되다.

② El teniente coronel se quedó con los brazos (　　　　　　　　　) como diciendo
que no tenía por qué preocuparse.
중령은 걱정할 건 아무것도 없다는 듯 팔짱을 끼고 있었다. 　팔짱을 끼고, 방관하고

③ El esqueleto estaba sentado en una silla con los brazos (　　　　　　　　　).
그 해골은 두 팔을 짝 뻗은 채 의자에 앉아 있었다.

con los brazos sueltos 팔을 축 늘어뜨려 놓은 채 | con los brazos abiertos 양팔을 (반갑게) 활짝 벌리고

④ hombro (　　　　　　　) hombro
어깨를 나란히

⑤ Jaime y Rebeca van cogidos (　　　　　　　) la mano.
하이메와 레베까는 손을 잡고 간다.

⑥ Los dos (　　　　　　　) dieron la mano.
그 둘은 서로 악수했다.

⑦ (　　　　　　　) yo sepa, tú eres su razón de ser.
내가 아는 한 네가 그의 존재 이유다.

⑧ (　　　　　　　) parte
부분적으로

⑨ (　　　　　　　) calidad de líder afirmo que no hay razón para quedaros aquí
más tiempo, mientras que yo tengo motivos para quedarme y proteger a estos hombres
primitivos.
리더 자격으로 말하겠다. 난 남아서 이 원시인들을 보호할 이유가 있는 반면, 너희들은 여기에 더 머무를
이유가 없다.

no hay por qué preocuparse 걱정할 이유가 없다

⑩ Para cambiar (　　　　　　　) marcha hay que pisar el embrague.
기어 변속을 위해 클러치를 밟아야 한다.

2 다음 우리말을 스페인어로 써 보세요.

① 작년에 우리는 시골로 이사했지(mudarse), 나의 할머니가 자연과 가까이 접촉해(en contacto con) 살게 하기 위해서 말이야.

② 삶이 너에게 등을 돌렸다고(dar la espalda a) 생각해? 불행해? 삶이 이제 더 이상(ya no) 의미가 없어(no tener sentido)? 네 삶은 이제 막 시작된 거야. 넌 다시 태어났어(volver a nacer).

③ 넌 이 정도 양(cantidad)의 빵이 우리 모두에게 충분할 거(alcanzar)라고 생각하니? 뛰어라. 그렇지 않으면 빵가게 주인(panadero)을 따라잡지(alcanzar) 못할 것이다.

④ 이 부문(sector)에서는 자신을 자신의 방식으로(a su propia manera) 피력할 수(expresarse) 있고 다른 사람들을 사로잡고(atraer) 납득시키면서(convencer) 자신을 설명할 수 있는 사람들이 그들의 창의성과 감수성(sensibilidad)으로(por) 돋보일(destacar) 것이다.

⑤ 양측(parte) 사이에 언어적(lingüístico) 그리고 민족적 이질성(heterogeneidad)이 점점 더(cada vez más) 눈에 띄고(visible) 있다. 그들의 동질성(homogeneidad)을 확인(comprobar)하고 회복(recuperar)시키기 위해서는 서로 (다시) 통일(unificarse)을 해야겠다(haber de inf.).

⑥ 고구려와 이 왕국(reino)이 공통점이 많다고(tener mucho en común) 주장(argumentar)하는 것은 무엇에 근거(fundarse en)를 둔 것입니까? 저는 근거 없는(infudaddo) 주장(argumento)이라고 생각합니다.

⑦ 여러분들이 선진국과 개도국 간의 견고한(firme) 신뢰(confianza)를 구축(construir)하기 위한 기발한 생각을 해(품어) 놓으셨으면(haber concebido) 주저 말고(no dudar en) 제게 그것을 설명해 주세요. 제게는 (그걸 듣는 것이) 언제든 좋습니다(기쁨일 것입니다).

⑧ 그 분쟁 지역에(lugar conflictivo) 폭탄(bomba)들이 몇 개 터졌다는(explotar) 것이 제게는 이상합니다(extrañar). 그 지역에 군(tropas) 파병이(envío) 이미 취소(cancelar)가 되었는데도 불구하고 말이지요(a pesar de).

⑨ 나의 새엄마는 엘리사와 잘 지내기(llevarse bien con) 위해 노력하겠다고(esforzarse por) 내게 말했고 어머니로서의 역할을 충실히(fielmente) 하고 싶다고 했다.

⑩ 약속하는 것과 이행(cumplir)은 서로 별개이다(una cosa / otra cosa).

El Día de Muertos(멕시코) / El Día de los Difuntos

망자의 날 / 위령의 날

망자의 날에 고인을 위해 준비한 음식과 과일들

10월 마지막 날, 즉 11월 1일 만성절El Día de Todos los Santos 이브víspera 는 우리가 잘 알고 있는 할로윈데이la Víspera del Día de Todos los Santos 입니다. 그리고 11월 2일은 '망자의 날'인데 이날 사람들은 세상을 떠난 가족이나 친구를 생각하면서 갖가지 장식물과 인형을 만들어 꾸미기도 한답니다. 망자의 빵이라는 것을 만들어 먹기도 하고 술도 마시면서 춤추고 노래하며 흥겹게 보낸답니다. 이렇게 스페인어권 사람들은 삶vida과 죽음muerte을 분리하지 않고 죽음을 인생의 연장선으로 여기기 때문에 정afecto을 나눈 사람들과 무한히 마음의 끈을 이어가며 살아갑니다.

Buscar trabajo

구직

Querer es poder.

뜻이 있는 곳에 길이 있다.

Diálogo 1

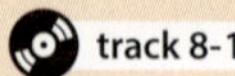

F A propósito, ¿qué es eso?

M Es mi curriculum vitae.

F ¿Sí? Yo acabo de rellenar y enviar una solicitud en la página Web de Nestlé.

M ¿De verdad? Yo también estoy interesado en trabajar en una multinacional. No es fácil escribir mi curriculum vitae.

F Claro. ¿Hoy mandas tu C.V. a esa empresa por Internet?

M Sí.

F Yo también debo presentar una solicitud para un puesto de trabajo.

M ¡Suerte! Hasta luego.

....

F Tú estás interesado en trabajar en aquella empresa extranjera, ¿verdad?

M Sí. Es que allí es muy agradable el ambiente laboral.

F Tú eres una persona con cualidades para ser un buen hombre de negocios.

M Gracias, pero yo sé que debo hacer esfuerzos por ser más competitivo.

F En mi caso, necesito estudiar más y por eso estoy nerviosa.

M Ánimo. Tú eres una mujer competente. Ana, ¿estás interesada en trabajar en un banco?

F Como yo soy una persona abierta y activa, necesito un trabajo lleno de estímulos.

M Eso es. Ummm... Oye, yo soy una persona responsable, ¿no es cierto?

F Claro, tú eres bastante diligente y perfeccionista.

M ¿Soy perfeccionista? Ja ja ja. Yo espero trabajar en un campo realmente interesante.

F Ummm... ¿Por qué no trabajas en un hotel o en una aerolínea?

rellenar 채우다, 기입하다 | **interesado en** ∼에 관심 있는 | **laboral** 노동의 | **competitivo** 경쟁력 있는, 경쟁의, 경쟁적인 *competitividad(f) 경쟁력 *competencia(f) 경쟁 *competición(f) (스포츠) 시합 | **ánimo**(m) 기운 | **competente** 능력 있는(= capaz) *las autoridades competentes 관계 당국 | **como** ∼이므로 | **activo** 활동적인, 적극적인 | **estímulo** 자극, 자극물, 인센티브 | **eso es** 🇬🇧 that's it / that's right | **oye** 야, 이봐 | **responsable** 책임자, 책임감 있는(≠ irresponsable) *responsabilizarse de / hacerse responsable de ∼를 책임지다 | **diligente** 부지런한(= laborioso) | **perfeccionista**(m)(f) 완벽주의자(의) | **perfeccionar** 완벽히 하다 | **realmente** 정말로, 실제로

① 문장들이 대부분 쉬운 단어와 문법으로 이루어졌고
   동사원형이 영어와는 달리 동명사로 쓰이는 점에 주의하세요!

> Es difícil bailar salsa (o)
> Es difícil bailando salsa (x)

Hablar por hablar
말하기 위해 말하다

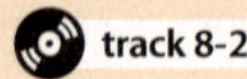

Diálogo 2

F Si su jefe le obligara a usted a beber mucho, ¿cómo reaccionaría?

M Lo que pasa es que no bebo mucho, sin embargo, personalmente, disfruto de los encuentros donde se bebe, pues puedo conversar amenamente con la gente en un ambiente agradable. Esto me ayuda a hacer íntimas y profundas mis relaciones humanas con otros. Por supuesto que tengo problemas si bebo mucho, pero siempre, como les comento, disfruto de este tipo de ocasiones, por eso tengo mi propia manera de evitar que el alcohol se me suba a la cabeza, tomo bastante agua y canto animadamente, mientras bebo.

F Díganos sus puntos débiles y sus puntos fuertes.

M Creo que tengo tres cualidades. Soy creativo, imaginativo y paciente. Me encanta pensar en algo nuevo y ponerlo en práctica. Por ejemplo, cuando me toca celebrar el cumpleaños de algún miembro de mi familia, organizo una sorpresa. Por otro lado, cuando preparaba un trabajo en la universidad, siempre trataba de idear una nueva manera de enfocarme en los temas en cuestión. Hablando de mis debilidades, al poner algo creativo en práctica, no tengo prisa, es decir, tengo mucha paciencia para alcanzar un resultado exitoso. Es aquí donde tengo problemas a veces. Yo presto mucha atención a los detalles. Es por eso que tardo mucho tiempo en lograr lo que tengo planeado. A pesar de todo esto, creo que es indispensable tener un tiempo necesario para realizar algo planeado, pero en cuanto al consumo de mucho tiempo, de ahora en adelante, pienso reducir tiempo recurriendo a otras personas e información disponibles, o sea, procuraré llevar a cabo un trabajo eficiente y rápidamente en cooperación con mis futuros colegas.

encuentro(m) donde se bebe 술자리
punto(m) fuerte / punto débil 장점 / 단점
idear 고안하다, 생각해내다
debilidad(f) 약함, 단점
debilitar 약화시키다
(≠ fortalecer, reforzar, consolidar)
virtud(f) 미덕, 장점
indispensable 필수불가결한
(= imprescindible)
colega(m)(f) (업무) 동료, 동업자

obligar a sb a inf. ~을 어쩔 수 없이 ~하게 만들다 | **reaccionar** 반응하다 *reacción(f) en cadena 연쇄 반응 | **encuentro**(m) 만남, 마주침 | **reencuentro**(m) 재회 | **conversar** 대화하다 | **amenamente** 기분좋게 | **íntimo** 친밀한 | **por supuesto que** ~인 것은 물론이다 | **comentar** 논평하다, 의견을 말하다 | **evitar** 피하다 | **subir** 오르다, 올리다 | **subirse** 오르다, 기어오르다 | **animadamente** 흥겹게 | **paciente** 참을성 있는, 인내하는 | **poner en práctica** 실행에 옮기다 | **organizar** 조직하다, 준비하다 | **trabajo**(m) 일, 일자리(= puesto de trabajo), 논문(🇺🇸 student essay), 리포트, 작업물 | **enfocarse** (문제를) 바라보다, 접근하다 | **tardar** (시간) 소요하다, 시간이 걸리다 | **es aquí donde / aquí es donde** 여기가 바로 ~하는 곳이다, ~하는 곳이 바로 여기다 | **planeado** 계획된 | **consumo**(m) 소비, 소모 | **procurar** inf. ~하려고 애쓰다(= tratar de inf.) | **eficiente**(mente 탈락) **y rápidamente** 효율적이고 빠르게

① **si su jefe lo obligara a usted a beber mucho,**
　　　　　　접속법 과거

¿cómo reaccionaría usted?
　　　　가능법

가정법 현재 사실의 반대로 조건절에는 [접속법 과거]를 사용하고 귀결절에는 영어처럼 [가능법, 즉 would] 시제를 사용합니다.

② **hacer íntimas y profundas mis relaciones humanas**
　　동사　　　　　보어　　　　　　　　목적어

5형식 문장으로 목적어가 여성 복수형이므로 보어로 쓰인 2개의 형용사도 성·수를 일치시켜 여성 복수로 변했습니다.

③ **prestar** ~을 빌려 주다 / **pedir prestado** 또는 **tomar prestado** ~을 빌리다

¿Puedes prestarme el carro esta noche?	오늘 밤 나에게 차를 빌려 줄 수 있니?
La dueña me pidió prestado el abrebotellas.	그 여주인이 나에게서 병따개를 빌렸다.
Yo le pedí prestados dos abrelatas.	나는 그에게서 두 개의 캔 따개를 빌렸다.

*과거 분사 prestado와 빌리는 물건의 위치는 서로 바뀌어도 되고 성·수가 일치해야 합니다.

Aprender por experiencia
경험을 통해 배우다

track 8-3

Diálogo 3

F ¿Cuáles son los éxitos que usted ha logrado hasta ahora?

M Quiero hablar de mis dos éxitos. El primero es que obtuve el segundo lugar en el Concurso Goguryo Motors. Fue una buena oportunidad para pensar en cómo desarrollar la campaña publicitaria para mejorar la imagen de una empresa y sus productos en el extranjero. El segundo es que trabajé de voluntario por un año en la República Dominicana. Allí les enseñé Taekwondo y a usar la computadora a los niños de barrios pobres. Mi pequeña ayuda les llevó a desarrollarse y a abrigar sueños y esperanzas. Al mismo tiempo, mediante esta labor, yo mismo logré ser una persona más madura que puede pensar en la comunidad internacional y que puede tener más consideración por los demás, por los marginados y por mis familiares. Este es otro tipo de éxito espiritual para mí, creo yo.

F Háblenos más concretamente de nuestra empresa, por ejemplo, sobre la cuota de mercado en Corea y en el extranjero.

concurso(m) (경연) 대회, 콘테스트
abrigar sueños y esperanza
꿈과 희망을 품다
¡abrígate bien!
따뜻하게 입어!
ir ligero de ropa
가벼운 옷차림으로 다니다
tener consideración por los demás
타인을 배려하다
(los demás = los otros)
cuota(f) **de mercado**
시장 점유율

obtener 획득하다 (부정과거 obtuve, obtuviste, obtuvo, obtuvimos, obtuvisteis, obtuvieron) ‖ **premio**(m) 상 ‖ **voluntario/a** 영 volunteer, voluntary ‖ **trabajar de ~** ～로서 일하다 ‖ **computadora**(f)(AmL) / **ordenador**(m)(Esp) 컴퓨터 ‖ **barrio**(m) (도시) 구(區), 지역, 동네 ‖ **al mismo tiempo** 동시에(= a la vez) ‖ **mediante** ～(수단)을 통해서(= por medio de)(영 by means of) ‖ **labor**(f) 노동 ‖ **mismo** 영 same ‖ **yo mismo / yo misma** 내가 직접, 바로 내가 ‖ **demás** 다른 나머지의, 다른 사람들 또는 것들 *관사가 달라져도 형태 불변!! ‖ **marginado** 소외된 (사람)

① 파생어

pobre 가난한	pobreza 빈곤	empobrecer 빈곤화시키다
rico 부유한	riqueza 부	enriquecer 풍요롭게 하다

＊empobrecimiento 빈곤화
＊uranio enriquecido 농축 우라늄

Diálogo 4

F ¿Cuáles son los valores más importantes para ti en vida? Y, ¿cuál es meta de su vida?

M Creo que para nosotros la vida tiene sentido al establecer las relaciones humanas con otras personas. Si yo existiera solo sin la compañía de nadie, no tendrían sentido ni el dinero ni la rica comida ni la diversión. Es decir, ninguna cosa serviría para nada. En realidad, nuestra vida está expuesta a la tristeza, el odio, la desesperación y la furia, lo cual nos frustra y cansa. Sin embargo, podemos ser felices porque existen otros elementos positivos como el amor, la amistad, la compasión entre amigos, familiares, compañeros, vecinos, etc. Estos sentimientos positivos se crean porque vivimos con otras personas. En fin, cada uno de nosotros debería hacer esfuerzos por crear una sociedad sana, eliminando los vicios o elementos negativos sociales y, por otro lado, maximizando el bien común. Al final, estos esfuerzos son precisamente parte de una vida hermosa y valiosa. Es por eso que quiero ser un empresario competente que pueda administrar bien la empresa no solo por un fin lucrativo sino también por el bien de la sociedad.

F ¿Cuál piensa que es el competidor de esta empresa? ¿Puede compararlo con nuestra empresa?

M Considero que Genio es el mayor competidor para esta empresa. En efecto, está claro que la empresa Victoria ocupa el primer lugar, contando con el 40 % de la cuota de mercado a nivel nacional, sin embargo, Genio, que tiene el 20%, sigue llevando a cabo la innovación tecnológica y formando a jóvenes talentosos, lo cual se refleja en la calidad de los productos y en la imagen de la empresa misma. Asimismo, recientemente ha desarrollado un producto diseñado en tal forma que atrae a los jóvenes coreanos, y aumenta el interés por este nuevo producto en el mercado extranjero. En cuanto a la utilidad real, su empresa cuenta con una tecnología más avanzada, sin embargo, tendrá que seguir haciendo esfuerzos por ser más competitivo en el diseño y precio de productos posteriores al que acaba de salir al mercado.

Vocabulario

existiera 동사 existir 접속법 과거 | **compañía**(f) 동반, 회사 | **rico** 맛있는(= sabroso, delicioso), 부유한 | **diversión**(f) 오락 | **servir de ~** ~로서 소용 가치를 내다, ~의 역할을 하다 | **estar expuesto a ~** ~에 노출되어 있다 | **desesperación**(f) 절망, 필사적임 | **furia**(f) 분노 | **poner** 놓다, (일시적으로) ~ 상태로 놓다 | **elemento**(m) 요소 | **sentimiento**(m) 감정 | **cada uno de / cada una de ~** ~의 각각, 개개인 | **esforzarse por** ~하기 위해 노력하다 (직-현 me esfuerzo, te esfuerzas, se esfuerza, nos esforzamos, os esforzáis, se esfuerzan) | **crear** 창조하다, 야기하다, 만들어내다 | **maximizar** 최대화하다(≠ minimizar) | **valioso** 가치 있는 *valiente 용기 있는 | **competidor/ra** 경쟁자 | **innovación**(f) 혁신 | **reflejar** 반영시키다 | **reflejarse en** ~에 반영되다 | **diseñado** 디자인된 | **interés**(m) 흥미, 관심 | **avanzado** 형 advanced | **posterior a** ~ 후에 (≠ anterior a)

Gramática

① que pueda administrar...

관계대명사 que가 아직 이루어지지 않은 대상을 선행사로 받거나 선행사의 존재가 불확실한 경우 que 이하 동사는 접속법을 사용합니다.

poder ~할 수 있다 (접속법 현재)

pueda puedas <u>pueda</u> podamos podáis puedan

② en tal forma que ~　~할 만큼 그런 식으로, [의역] ~할 정도로

> Debes hablar español en tal forma que los nativos no crean que eres extranjero.
> 너는 현지인들이 네가 외국인이라고 생각하지 않을 정도로 스페인어를 구사해야 한다.

*hasta tal punto que ~할 정도까지(형 to such an extent that)

③ 이력서(curriculum vitae)

> 기업이 정해 놓은 이력서 양식이 있지만 그 형태는 다양합니다. 작성 시 가장 중요한 점은 인사담당자가 정확히 지원자의 **학력**(formación académica / datos académicos)과 **경력**(experiencia profesional / datos profesionales), **언어**(idiomas), **컴퓨터 활용지식**(conocimientos informáticos) 및 **취미**(aficiones), **운전면허**(carnet de conducir) 등에 대한 **기타 관심 정보**(otros datos de interés)를 알 수 있게 구분하고 깔끔한 내용으로 작성합니다.
> 글자 크기와 기간을 언급할 때 사용하는 숫자 등의 형식을 일관성 있게 작성해야 하며 본인의 이력이 원하는 일에 얼마나 부합하는지를 확실하게 나타내는 것이 중요합니다. 또한 지원 경위 및 지원 이유를 피력하여 본인의 이력서 검토를 이끌 **소개장**(carta de presentación)을 일정한 형식에 맞춰 작성하여 함께 제출합니다.

Comprensión auditiva

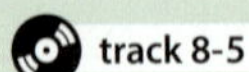
track 8-5

F La dieta mediterránea consiste en un estilo de vida basado en una alimentación equilibrada y variada en la que predominan los alimentos obtenidos de los cultivos tradicionales de esta zona geográfica bañada por el Mediterráneo: el trigo, el olivo y la vid.

Los alimentos que constituyen la base de esta alimentación son:

- El pan y la pasta, como principal fuente de hidratos de carbono.

- El aceite de oliva como principal fuente de grasa.

- El vino en cantidades moderadas durante las comidas.

- Las hortalizas, las frutas, los frutos secos y las legumbres aportan a esta dieta gran cantidad de fibra y antioxidantes.

- El pescado, las aves de corral, los productos lácteos y los huevos como principal fuente de proteínas y un menor consumo de carne y grasas animales.

M Estos alimentos y su tratamiento culinario dan lugar a un estilo de vida que se complementa con unos hábitos (por desgracia cada vez menos frecuentes) a los que invita el clima, como son los paseos al sol, las tertulias o la siesta.

Recomendaciones:

- No debes ingerir dulces.

- Bebe dos litros de agua al día.

- Consume frutas con tres horas de margen al resto de los alimentos.

- Si no toleras un determinado alimento, puedes sustituirlo por uno semejante.

- Cocina con aceite de oliva.

dieta(f) 다이어트, 일상의 식사, 식단 | **mediterráneo** 지중해의 | **consistir en** ~로 이루어지다 | **estilo**(m) 스타일, 양식 | **basado en** ~에 기초한 | **alimentación**(f) 먹기, 음식물, 식단 | **equilibrado** 균형 잡힌 (≠ desequilibrado) | **variado** 다양한 | **predominar** 지배적이다, 우세하다(영 prevail) | **cultivo**(m) 경작 (영 cultivation) | **bañar** 목욕을 시키다, 물에 넣다 | **el (Mar) Mediterráneo** 지중해 | **trigo**(m) 밀 | **olivo**(m) 올리브나무 | **vid**(f) 포도나무 | **constituir** 형성하다 (직-현 constituyo, constituyes, constituye, constituimos, constituís, constituyen) | **fuente**(f) 원천, 샘, 분수 | **hidrato de carbono**(m) 탄수화물 (= carbohidrato) | **oliva**(f) 올리브(= aceituna) | **aceite**(m) **de oliva** 올리브유 | **grasa**(f) 지방 | **hortaliza**(f) 채소 | **fruto**(m) 열매, 결실 | **frutos secos**(m)(pl) 견과류 | **legumbre**(f) 콩류, 채소(= verdura) | **aportar** 제공하다, 주다 | **fibra**(f) 섬유질 | **antioxidante**(m) 항산화제 | **el ave**(f) 새 / **las aves**(f)(pl) 새들 *la gripe aviar 조류독감 *pájaro (작은) 새 | **corral**(m) 우리 | **aves de corral**(f)(pl) 가금류 | **lácteo** 우유의 | **proteína**(f) 단백질 | **tratamiento**(m) 대우, 취급, 처리, 치료 | **culinario** 요리의 | **dar lugar a** 발생시키다, ~의 원인이 되다 | **complementar** 보완하다, 보충하다 | **por desgracia** 불행히도 | **frecuente** 빈번한 | **invitar** 청하다, 권유하다 | **al sol** 햇빛에 | **tertulia**(f) (예술, 철학, 정치 등 분야별 이야기를 나누는 동호회) 모임 | **ingerir** 섭취하다 | **consumir** 소비하다, 소모하다, 섭취하다 | **margen**(f) 여백, 마진 | **tolerar** 용인하다, (음식이 몸에) 받다 | **determinado** 일정한, 특정한, 결정된 | **sustituir A por B** A를 B로 교체하다(영 substitute B for A / replace A with B) | **sustituir a A** A를 대신하다 | **semejante** 유사한 *similar a ~와 비슷한 *idéntico a ~와 동일한

① **consistir en** ~에 있다, 기반을 두다(= ser)

~로 구성되어 있다(= componerse de, constar de)

¿En qué consiste el trabajo?	이 일은 뭘 하는 거죠?

② **como son...** ~와 같은 것들이다
생략 가능

1 다음 설명이 뜻하는 단어를 〈보기〉에서 찾아 써 보세요.

〈 보 기 〉

padrastro	adoptivo	hermanastro	nuera	pariente
suegro	bisnieto	bisabuelo	yerno	tatarabuelo

① Respecto de una persona, el padre de su abuelo　＿＿＿＿＿＿＿

② Marido de la madre respecto de los hijos que ella tuvo en un matrimonio anterior

＿＿＿＿＿＿＿

③ Respecto de una persona, mujer de su hijo　＿＿＿＿＿＿＿

④ Respecto de una persona, hijo de su nieto o de su nieta　＿＿＿＿＿＿＿

⑤ Respecto de una persona, marido de su hija　＿＿＿＿＿＿＿

⑥ Padre del marido respecto de la mujer; o de la mujer respecto del marido

＿＿＿＿＿＿＿

⑦ Padre del bisabuelo o bisabuela de una persona　＿＿＿＿＿＿＿

⑧ Respecto de una persona, se dice de cada uno de los ascendientes, descendientes y colaterales de su misma familia, ya sea por consanguinidad o afinidad

＿＿＿＿＿＿＿

⑨ Dicho de una persona: adoptada / Dicho de una persona: Que adopta

＿＿＿＿＿＿＿

⑩ Hijo de uno de los dos consortes con respecto al hijo del otro　＿＿＿＿＿＿＿

2 다음 우리말을 스페인어로 써 보세요.

① 나의 어머니는 언제나 내가 모든 역경을 극복하기 위해서 호랑이를 잡으려면 호랑이 굴에 들어가듯이 어려움에 맞서도록 응원해 주시곤 하셨다. 한마디로 힘겨운 환경에서도 날 정신적으로 강하게 만들어 주셨고 내가 분별 있고 굽힘이 없고, 끈질기고 독립적 남자가 되도록 이끄셨다. 정말로 난 어머니의 강인함에 감탄하곤 했었다. 엄마, 하늘에서 제 말 듣고 계신가요?

＿＿＿＿＿＿＿

② 그런데 말이야, 그 어느 때보다도 더 길고양이와 길거리 개들이 우리 아파트 동 주변에서 보인단 말이야. 우리가 알다시피, 그들 중 많은 숫자가 주인들에게서 버려졌지. 일단 반려동물을 가족으로 입양하면 책임을 져야 해.

＿＿＿＿＿＿＿

③ 나라마다 사람들이 숙취 해소를 어떻게 하는지 알아보면 참 재미있을 거야. 넌 숙취가 없어지게 하려고 뭘 하거나 먹니? 내 경우에는 콩나물국과 김칫국을 찾는데. 콜라를 마시는 건 어때?

④ A: 너의 새엄마는 생신이 언제셔?
　 B: 6월 22일.
　 A: 엄마 생신 선물로 뭔가 준비해 둔 것 있니?
　 B: 생신 선물로 뭘 엄마에게 선물할지 모르겠어. 초콜릿이라면 꿈쩍 못하시니까….

⑤ 자, 여러분. 우리는 폭력에 호소하는 것을 피해야 합니다. 이는 비인간적이고 인간의 품위를 떨어뜨리는 행위입니다. 폭력이 폭력을 낳는다는 것은 잘 알고 있는 사실입니다. 장기적으로는 우리가 민주주의가 뿌리를 내리고 확고히 발전되게끔 성공할 수 있을 겁니다. 시간적 여유를 두고 이 상황에 대해 생각해 봅시다.

⑥ A: 제가 치료되는 데 얼마나 걸릴까요, 박사님? 제가 생각하기엔 좋아진 것 같은데요.
　 B: 결론을 내기에는 아직 시기상조야. 악화되지 않기 위해서는 병원에 더 머물러야 해. 만일 외출하고 싶으면 잘 껴입어야 한단다. 감기 걸리지 않도록 해.

⑦ 요약하자면, 일반대중을 교통규범 준수 중요성에 대해 의식함양을 멈추지 말아야 해, 자동차 사고 수 감소를 위해서 말이지. 이런 사고 희생자들과 아파하는 가족들을 대하는 일은 정말 안타깝다.

⑧ 요컨대 바로 여기서 우리가 분명히 해야 할 것은 우리가 물질적 발전과 개인적 차원에서라기보다는 환경과 지역 공동체적 차원에서 이 문제에 접근해야 한다는 것입니다. 거주민들의 삶의 질 악화를 최소화하기 위해서 말이죠.

⑨ 오늘날 사람들은 건강에 대한 걱정이 많아요. 그래서 많은 우리들은 균형 잡힌 식생활과 규칙적인 운동을 통해 좋은 컨디션에 있으려 애씁니다. 간단히 말해 스트레스가 상당한 삶이 영위되는 이와 같은 자본주의 사회에서 살아남기 위해서도 그렇고 스트레스로부터 스스로를 제대로 보호할 수 있기 위해서는 건강하게 자신을 유지하는 일이 매우 중요합니다.

⑩ 최근 들어서 내가 살이 좀 쪘다. 왜냐하면 나의 대부가 사람은 스트레스를 퇴치하기 위해서는 잘 자는 것과 더불어 충분히 먹어야 한다고 말씀하시기 때문이다. 대부님은 자주 가족 저녁 식사에 나를 초대하신다. 대부는 물론 대모도 내게 머리가 100% 움직이려면 뭔가 영양가 있는 것을 섭취해야 한다고 충고하신다.

Trabalenguas
혀가 잘 돌아가지 않는 어구

ir a los toros(투우를 보러 가다)

"간장 공장 공장장은 강 공장장이고, 된장 공장 공장장은 공 공장장이다."

천천히 읽는 것도 어렵고, 빨리 읽기는 더 어렵죠?
스페인어로도 도전해 보세요!

La locura del amor
El amor es una locura,
que ni el cura lo cura,
que si el cura lo cura,
es una locura del cura.

el cura 사제 | la cura 치료 | la locura 미친 짓

La entrevista

면접

> Conócete a ti mismo.
>
> 너 자신을 알라. – Sócrates

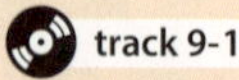
track 9-1

Diálogo 1

M Buenos días. Permítanme que me presente. Me llamo Kim Mun Jo. Me licencié en Administración Pública por la Universidad Andes. Solicito un empleo en esta empresa, dado que mi experiencia académica y laboral es apta para trabajar con pasión en esta compañía. Ante todo, me gustaría trabajar en el departamento de exportaciones.

F Bueno, señor Kim. Usted dice que puede ser una persona apta para trabajar aquí. ¿Puede explicarnos su experiencia en este campo? Y, ¿por qué quiere trabajar en esta empresa?

M Es que Corea es uno de los países que encabezan la industria electrónica, y sus productos, especialmente, los semiconductores, son de máxima calidad y mundialmente reconocidos. Personalmente, me interesa mucho este campo y tengo experiencia de trabajo en él, pues hice prácticas en la empresa extranjera Semiconsa durante seis meses. Gracias a esta experiencia, me di cuenta de que muchos hombres de negocios desempeñan un papel muy importante para dar a conocer la tecnología punta de Corea. Si tengo la fortuna de trabajar en esta empresa, quiero demostrar toda mi capacidad y potencial.

administración(f) **pública** 행정학
las **ciencias**(f)(pl) **económicas** 경제학
las **ciencias**(f)(pl) **políticas** 정치학
la industria(f) **electrónica** 전자산업
la **ingeniería**(f) **genética** 유전공학
la **ingeniería**(f) **civil** 토목공학
hacer prácticas 인턴십을 하다
potencial(m) 잠재력

presentarse 자신을 소개하다, 나타나다, 출마하다 | **licenciarse en a por/en b** a를 전공으로 b에서 학위를 받다(졸업하다) *graduarse de 졸업하다 | **solicitar** 지원하다(영 apply for), 요청하다(= pedir) *estar muy solicitado 남들이 많이 찾는(원하는) 사람이다 *muy solicitado por las chicas 여자들이 많이 따르는 | **apto** 적합한 | **pasión**(f) 열정 *apasionado 정열적인 | **ante todo** 무엇보다 | **dedicarse a** ~에 종사하다 | **encabezar** 이끌다, 선두에 있다 | **máximo** 최대의 | **mundialmente** 세계적으로 | **reconocer** 인정하다, 알아보다 | **reconocido** 인정받는 | **personalmente** 개인적으로 | **di** 동사 dar 부정과거 1인칭 단수 *di (말해라)와 자주 혼동됨. | **desempeñar** 수행하다 | **dar a conocer** 알리다 | **fortuna**(f) 행운 | **demostrar** 보여 주다(= mostrar), 증명하다(= probar) | **capacidad**(f) 능력

① **permítan<u>me</u> que (yo) <u>me</u> presente = permítanme presentarme**
　　　　나에게　　　　　　나 자신을

주절에서 permitir와 같은 의지를 보이는 동사가 사용되면 종속절은 접속법을 사용한다고 배웠습니다. 이 문장에서는 화자가 '당신들이 저에게 허락해 주세요'라고 했기 때문에 ustedes에 대한 명령법으로 접속법 permitan을 사용했고 me가 붙으면서 강세 유지를 위해 표시해 주었습니다.

> tener buena imagen = tener buena impresión
> 인상이 좋다

Diálogo 2

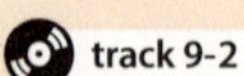

F En lo que lleva de vida, ¿quién ha influido más en usted?

M He aprendido mucho de uno de mis profesores de bachillerato. Él me enseñó a desarrollar mis sueños, a enfrentarme a la realidad y a saber comportarme en la sociedad para ser bien valorado.

F Si usted tuviera que trabajar horas extra(s) o los fines de semana, ¿lo aceptaría con agrado?

M Es muy importante marcar una línea entre la vida privada y el trabajo, sin embargo, no siempre podemos disfrutar de la vida privada dejando de lado el trabajo. Yo trataré de armonizar mi vida personal y mi trabajo de una manera adecuada. Y las dos cosas son importantes y necesarias, sin embargo, estoy dispuesto a trabajar con mucho gusto y con responsabilidad siempre que la empresa me necesite. Asimismo, supongo que si yo trabajo eficientemente, podré disponer de tiempo para pasar los fines de semana con mi familia, aunque no siempre.

F Díganos sus puntos débiles y sus puntos fuertes.

influir en ～에 영향을 끼치다 | **enfrentarse a** ～에 맞서다, 직면하다 | **(com)portarse** 행동하다 *comportamiento(m) 행동 | **valorar** 가치를 매기다 | **con agrado** 기꺼이 | **privado** 사적인 *privatización(f) 민영화 | **dejar de lado** 제쳐 두다(영 leave sth aside) | **armonizar** 조화롭게 만들다 *en armonía con ～와 조화를 이루어 *armonioso 조화로운 | **adecuado** 적당한 (≠ inadecuado, inapropiado) | **con mucho gusto** 기꺼이 | **responsabilidad**(f) 책임 *bajo mi responsabilidad 내 책임하에 | **asimismo** 또한, 마찬가지로 | **suponer** 가정하다, 생각이 들다, 뜻하다

① **en lo que lleva de vida** [직역] 인생으로부터 당신이 가져가고 있는 기간 동안에

본문에서 간단히 en su vida라고 할 수 있겠습니다.

*En mi vida he visto semejante cosa. 내 평생 이런 건 본 적이 없어.
→ 동사 앞에 위치하면서 nunca의 뜻으로 사용된 예

② **él me enseñó a desarrollar mis sueños,**
　　나를　　　　하도록

a enfrentarme a la realidad y a saber

③ **siempre que la empresa me necesite** 회사가 나를 필요로 하면 언제든지
가정 · 미발생 접속법

La reina tiene todo cuanto desea.	여왕은 원하는 건 다 가지고 있다.
Tomad cuanto queráis.	너희들이 원하는 만큼(원하는 대로 다) 가져라.

Diálogo 3

F ¿Dónde se ve usted dentro de 10 años?

M Dentro de diez años yo, como hombre de negocios, estaré recorriendo todos los rincones del mundo y estaré trabajando como experto en mi campo de desempeño, acumulando los conocimientos relacionados con la mercadotecnia, la campaña publicitaria, el liderazgo y la informática. Asimismo, dentro de 10 años estaré ampliando mi carrera y las relaciones humanas esenciales para ser un buen estratega de márketing que pueda seguir la última corriente global.

F Según usted, ¿cuáles son los valores esenciales acerca de la vida? ¿Cuáles son sus prioridades en la vida?

recorrer ~를 내지르다,
~를 거쳐 돌아다니다,
투어를 하다
 recorrer África
 아프리카를 여행하다
la última corriente(f)
 global 최신 글로벌 흐름
acerca de ~에 대하여
 la cerca 담장
 cerca de ~ 가까이에

comerciante(m)(f) 상인 | **experto**(m) 남자 전문가, 전문가인 | **campo**(m) **de desempeño** 활동 분야 |
acumular 축적하다 | **liderazgo**(m) 리더십(= dotes(f)(pl) de mando) | **estratega**(m)(f) 전략가 *estratégico
전략적인 *estrategia(f) 전략 | **prioridad**(f) 우선, 우선순위, 더 중요한 것 *tener claro cuáles son nuestras
prioridades 우리의 우선순위들이 무엇인지 분명히 하다 *tener prioridad sobre ～에 대해 우선권을 갖다(보다
먼저다)

① **¿Dónde se ve usted dentro de 10 años?**

[직역] 10년 뒤에 어디에서 당신은 자신을 보시나요?

또는 다음과 같이 질문할 수도 있습니다.

¿Qué será usted de aquí a 10 años?

지금부터 10년 후 당신은 뭘 하는 사람이 될까요?

¿Qué es él? 문맥에 따라 직업, 계급 등을 묻는 말임
[직역] 그 사람은 뭐지? 뭐 하는 사람이야?

② **estaré recorriendo / trabajando / ampliando** ～하고 있는 중일 것이다(미래 진행형)
영 I will be + ing.

③ **que pueda seguir...**

관계대명사 que가 아직 이루어지지 않은 대상을 선행사로 받거나 선행사의 존재가 불확실한 경우
que 이하 동사는 접속법(pueda)을 사용합니다.

Necesito un guía que hable inglés.	나는 영어를 말하는 안내원이 필요하다.

Vivir la vida al máximo
정말 열심히 살다

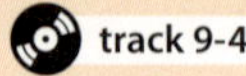
track 9-4

F Si usted tuviera un jefe difícil, ¿qué haría para llevarse bien con él?

M El éxito de una organización depende de un excelente trabajo en equipo. A veces puedo tener dificultades para trabajar con algún jefe o subordinado porque su manera de trabajar o pensar es diferente de la mía. En este caso, la mejor manera de solucionarlo es la comunicación franca y directa entre ellos y yo. Me gustaría comunicarle al jefe mi clara y sincera opinión, más que hablar mal de él por detrás, lo cual empeoraría nuestra relación y muchas veces causaría problemas o inconvenientes en la realización de las gestiones necesarias para un trabajo conjunto. Creo que al hablar con mi jefe, puedo pensar en lo más importante y darme cuenta de lo que tengo que hacer realmente. Y quiero añadir que en una empresa como esta, donde se da una gran importancia al talento, puedo aprender mucho de los jefes talentosos y capaces, aunque no sea fácil llevarme bien con ellos. Y si trato de aprender muchas cosas, este será uno de los factores necesarios para mi propio desarrollo en la vida social. A pesar de todo esto, si me siento muy estresado o deprimido por mis jefes, no olvidaré tomar una copa con mis compañeros de trabajo que puedan entenderme, consolarme y apoyarme.

F ¿Cuál ha sido el mayor desafío para usted?

M He tenido dos grandes desafíos. Cuando era universitario, participé en la Competición de Maratón patrocinada por el Diario TIEMPO. En esa ocasión, yo corrí para madurar espiritual y físicamente, venciéndome a mí mismo, pero al principio, gasté mucha energía, perdiendo mi propio ritmo, y al final acabé abandonando el recorrido a mitad de camino. Por este fracaso, me sentí más o menos frustrado, sin embargo, creo que los fracasos también me ayudan a ser más fuerte y sirven de plataforma para lograr otras victorias. Es por eso que me preparo de nuevo para el desafío del maratón. Por otro lado, me enfrenté a otro reto. El año pasado solicité un trabajo en esta empresa,

---

competición⁽f⁾⁽Esp⁾ 시합
desafío⁽m⁾ 도전(= reto)
maratón⁽m⁾⁽가끔 f⁾ 마라톤
patrocinado 후원받은
plataforma⁽f⁾ 디딤돌
acabar+ing / por inf.
　결국 ~하는 것으로 끝을 보다
　(영) end up -ing)
42,195 km 42.195km
　= cuarenta y dos
　　kilómetros y ciento
　　noventa y cinco
　　metros
vencer 물리치다, 극복하다,
　만기가 되다
　vencimiento 만기
　la Armada Invencible
　(16세기 후반 스페인)
　무적함대
derrota⁽f⁾ 패배
capacitado 능력을 갖춘

pero no fui aceptado. Este fracaso me decepcionó mucho, pues pensé que no contaba con la cualificación necesaria para poder trabajar en esta empresa. En esa ocasión, no pude convencer a los entrevistadores de mi potencial. No obstante, estoy seguro de que las circunstancias siempre pueden cambiar. De manera que ahora estoy yo aquí, más capacitado y con mayores aspiraciones en el trabajo y en la vida. Pienso que la vida es como un maratón de un recorrido de más de 42,195 km, por lo tanto si bien uno falla en estar a la cabeza, no importa, pues el maratón es una lucha contra sí mismo. Si ha perdido su propio ritmo, puede empezar de nuevo después de recuperar el ritmo y la fortaleza para terminar el recorrido. En realidad, si nos dedicamos a los negocios internacionales, tendremos todo tipo de adversidades, desde negociaciones complicadas, viajes de negocios por todo el mundo, hasta la feroz competencia por acaparar el mercado local antes que otros rivales. En este camino quisiera aplicar la fortaleza maratoniana al trabajo, como es la fuerza espiritual y la capacidad de mantener el ritmo.

ser diferente de/a ~와 다르다 | **la** (manera 생략) **mía** 나의 것(소유대명사) | **desesable** 바람직한 |
sincero 진실된 | **por detrás** 뒤쪽으로 → 본문에서 a sus espaldas로 대체 가능 | **empeorar** 악화시키다,
악화되다 | **muchas veces** 자주(형 many times) | **inconveniente**(m) 지장 | **realización**(f) 실행 |
gestión(f) 업무 처리 | **conjunto** 공동의(형 joint), 전체(형 whole), (음악) 그룹(= grupo) | **añadir** 덧붙이다
(= agregar) | **talento**(m) 재능 (가진 사람) | **a pesar de** 형 in spite of(= pese a) | **estresado** 스트레스를
받은(형 stressed) *estresante 형 stressful | **deprimido** 풀이 죽은 | **correr** 뛰다, 흐르다, (소문이) 나돌다 |
diario(m) 일간지, 일기 | **madurar** 성숙하다 | **ritmo**(m) 리듬, 속도(= velocidad) | **recorrido**(m) 투어, (달린)
(수송) 거리 | **a mitad de camino** 길 도중에 | **cualificación**(f) 자격을 갖춤 | **convencer** 납득시키다,
설득시키다 | **entrevistador**(m) 남자 면접관 | **de manera que** 그래서, ~하도록(= para que) |
aspiración(f) 열망, 포부 | **tanto ~ como ~** ~도 ~도(긍정문에 사용) | **más de ~** 넘게 | **fallar** 형 go
wrong 또는 fail | **a la cabeza** 선두에 | **importar** 중요하다, 수입하다 | **lucha**(f) 투쟁, 싸움 | **sí mismo**
바로 자기 자신 | **recuperar** 회복시키다(= recobrar) *recuperarse 회복하다 *recuperación 회복 |
dedicarse a ~에 종사하다 | **todo tipo de / toda clase de** 각종의(형 all kinds of) | **complicado**
복잡한 | **acaparar** 독차지하다 | **quisiera** inf. ~했으면 한다 *열망을 나타내는 표현으로 querer의 접속법
과거를 사용(= me gustaría inf.)(형 I'd like to) | **aplicar** 적용하다 | **como (es) la fortaleza** 참아 내는 강한
힘과 같은 *(es) 생략 가능 | **maratoniano** 마라톤의 *maratonista 마라톤 선수(= corredor/ra de maratón)
| **controlar** 통제하다 *perder el control 통제력을 잃다 / no poder dominarse 또는 contenerse 자제심
(= autocontrol)을 잃다

① si usted tuviera un jefe difícil, ¿qué haría...?

접속법 과거   가능법

가정법 현재 사실의 반대로 조건절에는 [접속법 과거]를 사용하고 귀결절에는 영어처럼 [가능법, 즉 would] 시제
를 사용합니다. 접속법 과거는 부정과거 복수형에서 어미 ron을 ra로 바꾸면 됩니다.

부정과거	tuve	tuviste	tuvo	tuvimos	tuvisteis	tuvieron
접속법 과거	tuviera	tuvieras	tuviera	tuviéramos	tuvierais	tuvieran

② más que hablar mal de él 그들에 대해 나쁘게 말하기보다는

Tú estudias más que yo.	너는 나보다 많이 공부한다.
Es cuestión de tiempo más que de dinero.	돈 문제라기 보다는 시간 문제다.

③ venciéndome a mí mismo/a

vencer(극복하다)의 현재분사 venciendo에 재귀대명사(me 나 자신을)가 뒤에 붙으면서 강세 발음을 유지하기
위해 강세 표시를 해 주었습니다. 그리고 me를 확실하게 강조하면서 중복형(a mí)을 뒤에 한 번 더 사용하고 이를
더욱 꽉 채워 강조하면서 mismo(형 직역 same)가 mí를 꾸며 주었습니다. 이때 주어가 여성이면 misma를 사용
합니다.

Comprensión auditiva

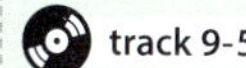
track 9-5

M El secretario general de Naciones Unidas, Ban Ki-Moon, aterrizó este martes en Managua para conocer los avances que Nicaragua ha hecho en relación al desarrollo de energías renovables, principalmente con la instalación de amplios campos de energía eólica en el sur del país, que lo colocan entre los tres de América Latina que más han avanzado en el impulso del sector. El alto funcionario de la ONU visitó uno de los parques eólicos nicaragüenses y reconoció el liderazgo que Nicaragua tiene a nivel centroamericano en la producción de energías limpias.

http://internacional.elpais.com/internacional/2014/07/29

Vocabulario

secretario(m) **general** (남자) 사무총장 | **la Organización de las Naciones Unidas** 유엔(= la ONU) | **avance**(m) 진전, 발전 | **en relación a 또는 con** ～과 관련하여 | **energía**(f) **renovable** 재생 가능 에너지 | **instalación**(f) 설치, 시설(pl) | **amplio** 넓은 | **campo**(m) 시골, 분야, 들판, 운동장, 평지 | **eólico** 바람의, 바람에 의한 | **colocar** 배치하다, ～자리에 앉혀 놓다 | **impulso**(m) 추진 *plan de impulso 또는 estímulo económico 경기 부양책 | **alto funcionario** 남자 고위 관리 *empleado público / funcionario públcio 공무원 | **parque eólico**(m) 풍력발전 지대, 풍력 기지(영 wind farm) | **nicaragüense**(m)(f) 니카라과 사람, 니카라과의 | **reconocer** 인정하다, 알아보다 *reconocimiento(m) 인정 | **a nivel centroamericano** 중미 차원에서, 중미에서

Gramática

① **los tres que más han avanzado** 가장 발전한 3개 국가들

관계대명사 que를 사이에 두고 선행사 앞에는 정관사 los가 오고 avanzar 동사 앞에는 비교급 más가 오면서 최상급 문장이 됩니다.

Ejercicios

1 다음 문장을 해석하세요.

① Uno puede ser rico mediante la compraventa de acciones, pero no olviden que puede arruinarse de un momento a otro. Nos deslumbra un deseo materialista excesivo. La vida no debería ser una lotería efímera.

② La OPEP se ha decidido a reducir la producción del crudo para frenar la baja continua de su precio. *[decidir inf.]와 [decidirse a inf.]에 유의!

③ Desafortunadamente, los profesores no pudieron guiar debidamente 또는 en una dirección deseable a sus alumnos que critican a los demás a ciegas. En realidad, es muy difícil ilustrarlos.

④ En Corea se da la máxima importancia al aprendizaje del inglés a una edad temprana. Sin embargo, en un país donde existe una sola lengua madre, se cuestiona la educación bilingüe irracional a todos los adolescentes. Más bien, hay que prestar atención al desarrollo de las aptitudes de cada uno de ellos para que tengan un trabajo adecuado en el futuro.

⑤ ¿Te vas para siempre? No te vayas. Quédate con nosotros, por favor. No podemos arreglárnoslas sin ti.

⑥ Siempre te amaré. *constantemente 형 constantly

⑦ Tengo algunos conocimientos de portugués y manejo relativamente bien el francés.

⑧ En todo caso 또는 De todos modos, le presento mis disculpas por haberle informado mal 또는 equivocadamente de la hora y la fecha de la reunión

⑨ Te pido perdón por haberte entregado con retraso de una semana el paquete que me había encargado el jefe de la fábrica. Espero que este retraso (또는 esta demora) no te ocasione ningún inconveniente en el trabajo.

⑩ Laura aprendió el lenguaje de gestos 또는 señas después de leer la biografía de Hellen Keller y soñaba con ser intérprete de señas para ayudar a los sordomudos haciendo las veces de sus ojos u oídos 또는 sustituyendo a sus ojos u oídos

sustituir a A = 동 replace A 〜를 대체하다(대신하다)

sustituir A por B = 동 subtitute B for A → 결국 B를 사용한다는 뜻입니다.

2 다음 문장을 스페인어로 써 보세요.

① A: 나 시험 못 봤어.

B: 얼마나 시험이 어려웠니?

A: 그건 말하고 싶지도 않아. 그 학교에 들어가는 데 실패했어.

② 학교가 얼마나 머니? 학교 건물은 얼마나 커? 얼마나 높아? 1학년 스페인어 교재는 얼마나 두껍니?

③ 어떻게 설명해야 할지 모르겠네요. 뭐라 말해야 할지. 이 상을 받게 되어 대단히 영광스럽습니다. 이 영화를 찍기 전에 미스캐스팅이라는 소문이 있었습니다. 그래서 전 이 역할을 새로운 도전으로 받아들이고 최선을 다해 연기에 임했습니다. 스턴트맨 없이 연기하다 보니까 부상을 입거나 생명을 잃을 위험을 무릅썼습니다. 그러나 이것을 하는 것이 보람 있었습니다. 좋은 결실을 보게 되어 무척 행복합니다. 제작 스텝들에게 모든 것에 대해 감사의 말씀드립니다. 여러분, 아름다운 밤이에요!

④ 성공한 자영업자가 되려면 시행착오를 겪으면서 많은 것을 배우게 된단다. 인간이니까 실수하기 마련이란 다. 네 주변 사람들로부터 배워라. 그리고 강해져라. 야망을 가져라.

⑤ 면접관이 질문을 했는데, 무척 당황스러웠어. 인신공격성 발언을 하잖아. 아무리 면접자의 정신적 강건함을 테스트하기 위한 압박 질문이래도 너무 지나친 것 같아.

⑥ 면접 망쳤어. 예상치 못한 질문들에 머리가 하얘지면서 말을 더듬었어. 그런 상황에 재치 있고 민첩하고 능 숙하게 다룰 능력을 키웠어야 했는데.

⑦ 긴장하지 말고 논리적으로 차분하게 또박또박 말하도록 해.

⑧ 네 결혼식 일주일 후 난 아프리카로 떠난단다. 몸조심해라. 소문에 네가 날 좋아했다고. 나보다 더 좋은 짝 을 만나길 바란다.

⑨ 시부모 되실 분들 집에 가서 행동거지 잘하고, 흠 잡히지 않게 해라. 너무 짧은 치마도 질질 끌릴 긴 치마도 입지 말고. 네가 알다시피, 예전에 전 남자친구 가족과의 상견례 때 너의 부적절한 행동 때문에 우리가 너 무 창피해서 죽는 줄 알았단다.

⑩ 한국은 세계시장에 외국 경쟁사들이 넘볼 수 없는 수준의 최첨단 기술의 제품을 내놓아 시장을 휩쓸었습니 다. 한국의 이런 사례를 예로 들면서, 우리는 비용이 얼마가 들던 간에 신 모델 제품 개발에 몰두해야 합니다.

La cuenca del río Amazonas

아마존 강 유역

아마존

세계 최대 열대우림 아마존은 빼곡한 삼림으로 세계 산소oxígeno의 20%를 만들어 낸다고 해서 '지구의 허파pulmón de la Tierra'라 불리기도 하죠. 그런데 점차 삼림 벌채deforestación 등으로 아마존이 파괴destrucción되고 있어 세계적으로 관심이 커지고 있습니다.

밀림selva 속 깊은 곳 어느 땅에서 자라는 이름 모를 풀잎, 유유히 날아다니는 곤충insecto은 모두 우리와 함께 공존해야 할 생명체입니다. 인간ser humano만 남아 있는 지구la Tierra는 상상할 수 없습니다. 전 세계 모든 식물군flora, 동물군fauna은 인류humanidad가 값을 매길 수 없는 소중한 것입니다.

Hacer viajes de negocios (1)
출장(1)

Los viajes amplían los horizontes.

여행은 시야를 넓혀 준다.

Diálogo 1

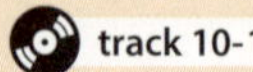

En la Agencia *Buen Viaje*

F   Buenas tardes. A sus órdenes.

M   Buenas tardes. Necesito reservar un vuelo a Madrid.

F   ¿Cuándo quiere viajar?

M   Quiero salir el dos de septiembre.

F   Muy bien. Hay un vuelo el lunes 2 de septiembre.

M   Bueno. Quiero un billete de ida y vuelta. ¿Cuánto es?

Frente al mostrador de facturación

F   Señor, ¿quiere usted facturar el equipaje?

M   Ah, sí, sí. Esta es mi maleta.

F   ¿Su pasaje y pasaporte, por favor?

M   Aquí tiene mi pasaporte y billete. Gracias, buenos días.

F   Espere un momento, señor. ¡Debe recibir la tarjeta de embarque!

M   ¡Caramba! Hoy estoy muy distraído. Muchas gracias. Oiga, ¿cuál es el número de la puerta de embarque?

vuelo(m) 비행(편)(영 flight)
  vuelo de prueba(s)
  시험비행
  vuelo de órbita 궤도비행
mostrador de facturación
  (공항) 체크인 데스크
facturar / chequear(AmL)
  (공항) 체크인하다
tarjeta(f) **de embarque**
  탑승권(영 boarding card)
equipaje(m) 짐
  equipaje(m) de mano
  수화물, 수하물
  (영 hand baggage)
puerta (de embarque)
  탑승 게이트

a sus órdenes 언제든지 말씀하시면 응해 드립니다 *중남미에서 자주 사용하며 상점 등에서 가시는 손님에게도 사용합니다. *스페인 등에서는 ¿Qué desea Ud.?라고 말하면서 손님을 응대합니다. | **reservar** 예약하다 | **billete / boleto**(AmL) 표 | **ida**(f) 가기 | **frente a** ~ (마주하고) 앞에 *hacer frente a ~에 맞서다, 직면하다 | **mostrador**(m) (상점) 카운터, (공항) 체크인 데스크 | **facturación**(f) (공항) 체크인 *factura(f) 청구서, 인보이스 | **pasaje**(m)(AmL)(가끔 Esp) 티켓 | **pasaporte**(m) 여권 *visado/visa(AmL) *visado de permanencia 체류 비자 *visado de tránsito 트랜싯 비자(통과 사증) | **embarque**(m) 탑승, 선적 | **caramba** 이런, 이럴 수가, 세상에 (놀람, 화남, 불쾌함 등을 나타내는 감탄사) | **distraído** 정신이 팔린 | **oiga** (전화를 걸면서 상대에게) 여보세요, (상대방으로 하여금 나를 보게 하거나 내 말을 듣게 하려고 관심을 끌 때) 저기요, 여보세요

Gramática

① **querer 동사 활용**

¿Quieres trabajar a tiempo parcial?	파트타임으로 너는 일하고 싶니?
Queremos trabajar a tiempo completo.	풀타임으로 우리는 일하고 싶어요.

② **때를 나타내는 부사구**

cada dos días	이틀에 한 번
un día sí y otro no	이틀에 한 번
cerca de las dos	2시경에
a principios 또는 comienzos de mayo	5월 초순에
a mediados de agosto	8월 중순에
a finales de diciembre	12월 말경에
desde finales del siglo XV	15세기 말경서부터
¿Qué día (de la semana) es hoy?	무슨 요일인가요?
¿Qué día (del mes) es hoy?	오늘은 며칠인가요?
¿Qué día quiere ir?	무슨 요일에 가고 싶으신가요?
el lunes por la noche	월요일 밤에
el lunes pasado	지난 월요일(에)
el próximo lunes = el lunes próximo	다음 월요일(에)
= el lunes que viene	

*기타 날짜 묻기

¿qué fecha es hoy?   ¿a cuántos estamos hoy?

¿a qué (fecha) estamos hoy?   ¿cuál es la fecha de hoy?

③ **¿cuánto es (todo)?**

(지불하려는데) (모두) 얼마죠(얼마를 내면 되죠)?

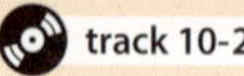
track 10-2

Diálogo 2

A bordo

M1 ¿Me puede dar un vaso de agua? Tengo sed.

F Sí, señor. Un momento, por favor.

M1 Oye, Jorge, debes abrocharte el cinturón de seguridad.

M2 Sí, sí... Señorita, ¿hay pañuelos de papel en el baño?
Es que estoy resfriado.

F Claro. Hay klínex.

M1 ¿Estás enfermo, Jorge? ¡No sé qué hacer! Este vuelo
tiene una duración de 13 horas...

En el control de inmigración

M ¿Son estas sus maletas? ¿Cuál es el propósito de su
viaje?

F Negocios.

M ¿Cuánto tiempo va a permanecer aquí?

F ¿Cómo? ¿Puede hablar más despacio, por favor?
Ah, una semana, señor.

M ¿Tiene algo que declarar?

F No. Solo llevo ropa y artículos de tocador.

cinturón(m) **de
 seguridad** 안전벨트
cintura(f) 허리
  cinturita /
  cintura pequeña
  개미허리
pañuelo(m) **de papel**
  티슈
duración(f) 지속
propósito(m) 목적
permanecer 체류하다
quedarse 머무르다
artículos(m)(pl) **de
 tocador** 세면용 화장품들
  artículos personales
  개인 물품들

oye 이봐, 여봐, 야 | **abrochar** 잠그다(형 fasten) | **declarar** 선언하다, 신고하다 | **solo/solamente / sólo** 단지 *soltero/a 싱글(인) *casado/a 기혼(인) *solo는 형용사로 '홀로의, 하나인'이란 뜻도 있고 sólo는 맞춤법 개정 후 점점 사용이 줄어들고 있음. | **artículo**(m) 물건 *artículos de consumo 소비재 *efectos personales 개인 휴대품 | **llevar** 가지고(데리고) 가다, 지니다, 휴대하다, 착용하고 있다

① ¿me puede dar agua? = ¿Puede darme agua?

Pedro me quiere dar un folleto.	뻬드로는 브로셔 하나를 나에게 주고 싶어 한다.
Él quiere darme el folleto.	그는 그 브로셔를 나에게 주고 싶어 한다.
Debes abrocharte el cinturón de seguridad.	(너는) 너 자신에게 안전벨트를 잠가야 한다.
= Te debes abrochar el cinturón de seguridad.	

② ¡no sé qué hacer!

sé는 saber(알다) 동사의 1인칭 단수입니다.

No sé qué hacer.	뭘 해야 할지 모르겠다. 영 I don´t know what to do.
No sé qué decir.	뭐라 말해야 할지 모르겠다. 영 I don´t know what to say.
No tengo dónde dormir.	난 잘 데가 없다.
Hay dos senderos por donde pasear.	산책할 오솔길이 두 군데 있다.
No tengo por qué estudiar.	난 공부할 이유가 없다.

③ ¿cuál es el propósito de su viaje?

¿Cuál es la capital de Nigeria?	나이지리아의 수도는 무엇인가요?
¿Cuáles son tus hobbys?	너의 취미들은 무엇들이니?
¿Cuál es tu número de teléfono?	너의 전화번호는 무엇이니?
¿Cuál es su dirección (particular)?	당신의 (집) 주소는 무엇인가요?
	영 What's your home address?

*hobby(m) [호비] 예외적 발음임. | pasatiempo(m) 취미 | afición(f) 취미, 애호

*un momentito → un momento의 축소형
단어에 작은 느낌이나 귀여움 혹은 경멸성을 부여하고 반대로 증대형도 있습니다.
un poco 조금 > un poquito 쪼금
un besote (쪽 소리가 큰 강도 높은 키스) > un beso (키스) > un besito (뽀뽀)

Diálogo 3

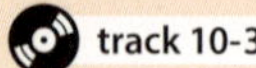
track 10-3

En el hotel (1)

F Buenas tardes. ¿Qué desea usted?

M ¿Tienen una habitación disponible, por favor?...
Sí, sí, una individual.

F ¿Para cuánto tiempo?... ¿Perdón? ¿Para cuántas noches?

M Para tres noches. ¿Cuál es su tarifa?

F Por la habitación individual son 80 euros e incluye el desayuno.

M Muy bien. A propósito, ¿hay conexión a Internet en la habitación?...
¿Cómo?... No, no tengo smartphone. Tampoco tengo iPad.

En el hotel (2)

M Quiero registrarme. Tengo una reservación.

F ¿Perdón? ¿Cómo se llama usted?

M Me llamo Kim Min Ki... ¿Cómo dice? Tengo una reserva a nombre de Kim Min Ki.
Sí, sí, mi nombre es Kim Min Ki.

F Un momentito, por favor. Ah, es para una habitación con cama de matrimonio.
¿Me muestra su pasaporte? Ah, usted es coreano.
Vale, gracias.
¿Quiere firmar la ficha?
Este botones va a llevar sus maletas al cuarto 307.

---

habitación(f) individual
싱글룸
tarifa(f) 요금(표), 세율
conexión(f) 연결, 접속
  conectar 연결시키다
registrarse 기록되다,
  (호텔) 체크인하다
reservación/reserva
  (Esp) 예약
cama(f) de matrimonio
  더블베드
cama de dos plazas
  (AmL) 더블베드
  camas gemelas 트윈베드
ficha(f) (호텔) 숙박부, 칩
botones(단복수 동형) 벨보이

disponible 가용할 수 있는(형 available) *disponer de ～를 (마음대로 사용할 수 있게끔) 가지고 있다 |
individual 개인적인 | **perdón**(m) 형 pardon | **por** ～때문에, ～에 의해, ～대가로, ～대신에 | **incluir** 포함하다
(＝ abarcar ≠ excluir) (직-현 incluyo, incluyes, incluye, incluimos, incluís, incluyen) | **Internet** /
internet(주로 m)(f) 인터넷 *[interne]라고도 발음합니다. | **registrar** 기록하다 | **a nombre de** ～ 이름 앞으로 |
matrimonio(m) 부부, 결혼 *agencia matrimonial 결혼 상담소 | **mostrar** 보여 주다 (직-현 muestro,
muestras, muestra, mostramos, mostráis, muestran) | **vale** 오케이 | **teléfono**(m) **inteligente** 스마트폰
*영어로도 많이 사용함.

① **una individual**

본문에서는 habitación이 생략되었습니다. una (habitación) individual 싱글룸

habitación doble	영 double room
habitación con baño	영 room with bath
	＊sin baño ＝ 영 without a bath
¿Tienen habitaciones libres?	영 ¿Do you have any rooms?

② **¿hay ~ ?** ～ 있나요?

¿Hay ____________?	televisión	TV
	teléfono	전화
	hielo	얼음
	helado	아이스크림
	otro hotel cerca de aquí	여기 가까이에 다른 호텔
	un centro comercial	쇼핑몰
	piscina	수영장
	máquina de fax	팩스
	fax	팩스
	ordenador(Esp)	컴퓨터
	computadora	컴퓨터
	fotocopiadora	복사기

③ **al cuarto 307** → tres cero siete 또는 trescientos siete

Diálogo 4

En el hotel (3)

M Yo necesito un wake-up call, que he perdido el móvil.

F ¿Cómo dice?

M Mañana tengo que levantarme temprano y por eso...
¿pueden despertarme mañana por la mañana?

F Ah, ya entiendo. Bueno, señor. Entonces, ¿a qué hora
le conviene?

M A las 6:00 de la mañana.

F De acuerdo. No hay problema. ¿Necesita algo más?...
Señor, lo siento. Es que yo no entiendo ni chino ni
japonés.
¿Puede hablar en español o en inglés?

En el hotel (4)

M Voy a dejar el hotel.

F Ah, usted se va hoy. ¿En qué habitación está?

M En la 307. Aceptan tarjetas de crédito, ¿cierto?

F Claro. También puede pagar con cheques de viajeros.

M ¿Puede llamarme a un taxi?

F Por supuesto. Aquí tiene la cuenta. Y un momento,
por favor.
Ah, el taxi va a llegar pronto.

convenir
적당하다(유 to be suitable),
~에 일치를 보다(en)
tarjeta(f) **de crédito**
신용카드
cheque(m) 수표
cobrar un cheque
수표를 현찰로 바꾸다
*cobrar 징수하다
viajero(m) 남자 여행자
¡señores pasajeros
con destino a Moscú!
모스크바행 승객분들!

Vocabulario

despertar 깨우다 | **mañana por la mañana** 내일 아침에(= mañana en la mañana) | **entender**
이해하다 (직-현 entiendo, entiendes, entiende, entendemos, entendéis, entienden) | **de acuerdo** 오케이
(영 OK, I agree) | **dejar** ∼를 떠나다(남기다)(영 leave, let) | **irse** 떠나가다 (영 leave, go away) | **por**
supuesto 물론이다 *pastilla (비누) 덩어리, (정제)(알)약 | **píldora** 알약

Gramática

① ni

No fumo ni bebo. = Ni fumo ni bebo.	나는 담배도 술도 하지 않는다.
Ni Pedro ni María vienen.	뻬드로도 마리아도 오지 않는다.
No tengo ni idea.	모르겠다. (부정 강조)
No tengo idea.	모르겠다.

② ir와 irse

Los domingos voy a la iglesia.	일요일마다 나는 교회에 간다.
Yo voy al cine a ver la película Avatar en 3D.	나는 3D 영화 〈아바타〉를 보러 영화관에 간다.
¿Te vas?	가는 거야?
Sí, tengo que irme. Tengo muchos deberes.	응, 나 가야 해. 숙제가 많아.
Sí, me tengo que marchar.	응, 가 봐야 해.

③ ∼(이/가) 있나요?

¿Hay ________________?	aspirina 아스피린	pastillas para el mareo 멀미약들	digestivo 소화제	papel higiénico 휴지	salsa de tomate 케첩	sal 소금	manta, cobija(AmL) 담요	toalla 수건	jabón 비누	palillos 젓가락	chicles 껌들	café 커피	té 차
¿Tiene ________________?	
¿Tienen ________________?	

④ 지불 형태

pagar en efectivo 또는 en metálico	영 pay in cash
pagar al contado	영 pay in cash 또는 (현금, 수표, 카드 등으로) 일시불로 할부로
a plazos	
pagar en 3 cuotas/pagos mensuales	3개월 할부로
pagar una cuenta	영 pay a bill
pagar con cheque	영 pay by check
pagar con tarjeta de crédito	영 pay by credit card
pagar una factura	영 pay an invoice
pagar por adelantado	영 pay in advance

Las elecciones presidenciales
대통령 선거

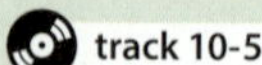
track 10-5

M   **Evo Morales de izquierda fue elegido presidente en las elecciones de Bolivia.**

Es muy fuerte el viento antiestadounidense e izquierdista en América Latina, justamente abajo de los EE.UU. Sobre todo, en el sentido de que este viento repentino viene llegando por medio de la votación, difiere de la ola izquierdista del pasado que dependía de la revolución y de la fuerza. ¿Cuál será la razón por la cual está volviendo a ganar terreno en Latinoamérica el socialismo que ya había sido derrotado, en cuanto a eficiencia, por el capitalismo representado por la economía de mercado?

F   Hay un análisis que dice que la globalización y la democratización con la economía de mercado ante sí han fracasado en reducir el índice de pobreza. Sobre todo, ya que aquí es donde son aún graves los conflictos entre razas y entre pobres y ricos, aumentan las expectativas hacia candidatos izquierdistas por parte de la clase pobre y marginada.

Vocabulario

elección(f) 선택(명 choice) | **elecciones**(f)(pl) 선거 *elecciones generales 총선거 | **izquierdista**(m)(f) 좌파의 (사람) | **justamente** 바로 | **abajo** 아래에 *calle abajo 길 아래에(로) | **en el sentido de que** ～라는 의미에서, ～라는 배경에서 볼 때 | **repentino** 갑작스러운 | **diferir de** ～와는 다르다 (직-현 difiero, difieres, difiere, diferimos, diferís, difieren) | **ola**(f) 파도, 물결, 파 | **revolución**(f) 혁명 | **razón por la cual** ～하는 이유 | **ganar terreno** 입지를 넓히다, 전진하다, 진척되다, 지지나 인기 등을 얻다(영 gain ground) | **derrotar** 패배시키다, 쳐부수다 *derrota(f) 패배 | **en cuanto a** ～에 있어서 | **eficiencia**(f) 효율성 *eficiente 효율적인(≠ ineficiente) | **representar** 대표하다, 나타내다, 상연하다 *representante 대표자 *representativo 대표적인 | **análisis**(m) (단·복수 동형) 분석 *analizar 분석하다 | **ante** ～ 앞에 *ante sí 자기 자신 앞에 | **fracasar** 실패하다 | **reducir** 줄이다 *reducirse 줄다 | **índice**(m) 지수 | **aquí es donde = es aquí donde** ～하는 데가 바로 여기다 | **raza**(f) 인종 *racismo 인종차별 *racista 인종차별주의의(자) *discriminar 차별하다 | **expectativas**(f)(pl) 기대치 | **hacia** ～를 향하여, ～경에 | **por parte de** ～편에서 의한, ～에 의한

Gramática

① **fue elegido presidente** (주어가 남성) /
fue elegida presidenta (주어가 여성) 대통령으로 선출되었다

 *presidente electo 대통령 당선자

② **¿cuál es la razón por la cual**
　　　　　선행사　　　　　관계대명사

이유가 뭔지 골라야 하므로 qué가 아니고 cuál을 사용해야 합니다.
la cual 대신 la que도 사용합니다.

 *전치사와 함께 사용하는 경우에는 el cual, el que로 특히 긴 전치사구(delante de 등)는 el cual이 선호됩니다.

 *관계대명사 que는 선행사(사람/사물) 모두 가능, 사람인 경우 (주격) 또는 (직접 목적격)만 가능하고 (직-목)인 경우도 전치사 a는 사용하지 않고, quien은 선행사가 사람인 경우 사용하며 선행사가 복수일 때 quienes로 바뀐다. 선행사를 주격, 목적격 등 전치사와 함께 모든 격으로 사용이 가능하고 선행사 없이 복합관계대명사로 (～하는 사람)(～하는 사람들)로도 사용한다. el que와 el cual은 선행사(사람/사물)을 모든 격으로 받아 사용이 가능하며, 보통 선행사가 전치사와 함께 쓰이는 경우 이 두 형태를 즐겨 사용하는 게 일반적이고 el que는 선행사 없이 성수 구분하여 ～하는 사람(들), ～하는 사물(들), 즉 복합관계대명사로 즐겨 사용된다. 마지막으로 lo que, lo cual은 앞 문장을 선행사로 받아서 주격 또는 전치사와 결합하여 사용할 수 있고 lo que는 영어 what I said처럼 lo que dije로 사용할 수 있다. 모든 관계대명사는 주격으로 쓰이면 que를 제외하고 앞에 코마를 사용하며 que는 문장 따라 코마를 쓸 때도 있다. delante de 같은 긴 전치사 구는 el que 또는 특히 el cual을 선호하며, 전치사 sin, por, tras, de 등 어떤 전치사들은 que로 선행사를 받아 함께 사용하지는 않는다.

 *아래 ②와 같이 드물게 de가 사용된 문장이 있지만 el que나 el cual 사용이 좋음
　① revista de la que hablas 네가 말하는 잡지
　② sociedad de que es miembro 회원으로 있는 협회

1 다음 단어들을 〈보기〉와 같이 바꿔 보세요.

〈 보 기 〉

España → español / española

① Madrid   _______________________________

② Nueva York   _______________________________

③ Londres   _______________________________

④ París   _______________________________

⑤ Escocia   _______________________________

〈 보 기 〉

eficiente → eficiencia

⑥ exacto   _______________________________

⑦ rápido   _______________________________

⑧ pronto   _______________________________

⑨ ágil   _______________________________

⑩ lento   _______________________________

2 다음 문장을 스페인어로 써 보세요.

① 한 연구 결과가 규정하기로는 실업자들은 실업 상황이 지속됨에 따라 창의성을 상실하게 된다고 한다. 구체적으로, 연구 결과에 따르면 사람이 더 많은 시간을 실업 상태로 처해 있음에 따라 개인적 쇠진을 더 겪게 되고 이는 직접적으로 그 사람의 창의성에 영향(타격)을 미칠 것이다.

____

② 대부분의 사람들은 이따금 복권을 한 장 사는데 이는 100% 1등에 당첨될 것이라는 확신이 있어서가 아니라 어쩌면 행운아가 될 수도 있을 거라는 생각이 들어서이기 때문이고 그래서 한 주 내내 상금으로 할 수 있을 뭔가 환상적인 것을 생각하며 보낸다.

____

③ 자, 여기 몸매를 잘 관리하고 바디라인을 예쁘게 유지하기 위한 비결이 있습니다.

④ 이 문제에 대한 해결책이 없는 지금, 저희는 가장 큰 잘못을 한 당사자가 당신들이라는 점과 이 손실에 얼마나 저희에게 보상해야 할지를 정하는 일이 급선무라는 점을 명확히 해야겠습니다.

⑤ 나는 감독에게 나의 경솔함에 대해 사과했고, 그는 사과를 받아들였다. 그래서 지금 가벼운 마음으로 스튜디오에 갈 수 있다. 이에 관해, 매니저는 내게 촬영 스텝들에게 좀 더 친절하게 대하라고 말한다.

⑥ 에르난데쓰 씨와 난 잠시 이야기를 나눴다. 그는 내게 일본에 자기를 동행해 달라고 부탁했다. 왜냐하면 내가 잠시(한동안) 그 나라에 살았기도 하고 일본어를 잘하고 그곳 문화를 잘 알기 때문이다.

⑦ 빅또리아사의 주식이 곤두박질친 후에 루까스는 잘 곳도 같이 살 사람도 없는 상황이었다. 왜냐하면 그의 가족은 이제 더 이상 그의 오만함과 독재자로서의 일방적인 태도를 참을 수 없었기 때문이다.

⑧ 너희는 얼마나 자주 판문점에서 군복무를 하는 아들을 면회하니? 내 경우에는 아들 보러 갈 시간을 낼 수가 없단다. 왜냐하면 내 공장에는 나를 대신할 직원들이 없기 때문이야.

⑨ 오늘 아침에 리히터 규모 5의 지진이 양국 FTA 조인식이 이루어질 장소 인근에서 기록되었다. 이 재난으로 인해 비상대책본부는 무역 대표단들을 피난시켰다. 또한 조인식은 임시 취소되었다. 비공식 소식통에 따르면 이 조인식은 다음 수요일로 연기될 것이라고 한다.

⑩ 그 농장주는 이 시각에 항상 일어나고 산에 오른다. 비탈에서 그는 이른 아침에 일어나는 안개를 지그시 바라보면서 약간은 차가운 태양 빛을 등 뒤에서 느낀다.

¡Riquísimo!

당신이 처음 여행할 스페인어권 나라는 어디가 될까요? 페루 아니면 스페인? 어디로 여행을 가시든지 그 나라 음식을 맛보게 될 텐데요. 외국에서의 새로운 느낌, 새로운 정서 등에 잘 적응하면서 현지인들과 즐겁게 어울릴 수 있기를 바랍니다. 외국에 가면 한국에서 만든 김치찌개, 가족이나 친구끼리 먹던 비빔밥, 그리고 입가에 검게 묻히면서 먹던 짜장면이 생각나듯이 한국에 돌아와서 스페인에서 먹었던 음식들이 많이 그리워질지도 모릅니다.

페루 Perú

세비체 ceviche

페루의 대표적인 음식으로 생선을 소스에 버무려 절인 생선회 요리입니다.

재료 pescado 생선 | marisco 해산물 | limón 레몬 | naranja agria 신맛 나는 오렌지 | especia picante 매운 향신료(양념) | vinagre 식초 | sal 소금

스페인 España

타빠스 tapas

스페인에서 조금씩 담겨져 나오는 음식으로 간단한 것에서부터 다양한 요리로 그 자체로 즐기기도 하지만, 포도주나 맥주를 마실 때 함께 먹습니다.

재료는 다양하게 준비할 수 있습니다.

calamar 오징어 | boquerón 앤초비 | champiñón 양송이 | gamba(Esp)/ camarón 새우 | baguette/barra de pan/barrita de pan 바게뜨 | cacahuete/maní(AmL) 땅콩 | beicon(Esp)/tocino 베이컨 | brecól/brócoli 브로콜리 | coliflor 콜리플라워

멕시코 México

따꼬 taco

멕시코 음식의 하나로 옥수수나 밀가루로 만든 전병에 취향에 따라 닭고기 등의 고기와 토마토, 양파 같은 채소를 넣고 반을 접어 여러 소스salsa와 함께 먹는 요리입니다. 참고로 또르띠야tortilla는 스페인에서는 아침 식사로 많이 먹는 오믈렛 같은 것으로 달걀에 감자나 다른 채소들을 이용해 요리합니다.

재료 tortilla 또르띠야 | cebolla 양파 | tomate 토마토 | pollo 닭고기 | repollo/col 양배추 | guacamole/guacamol 구아까몰(아보카도를 으깨서 만든 진한 소스) | salsa de chile 칠리소스 등등

Hacer viajes de negocios (2)
출장 (2)

El mundo es un pañuelo.

세상은 넓은 것 같아도 좁다.

Diálogo 1

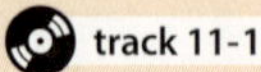
track 11-1

El alquiler de coches

M   Quiero alquilar un coche.

F   ¿Qué tipo de automóvil quiere usted? ¿Un todoterreno o una furgoneta?
¿Pequeño o grande?

M   Quiero un coche de tamaño mediano y con transmisión automática.

F   Bueno, los precios incluyen el IVA, kilometraje ilimitado y seguro a todo riesgo.

M   Vale. Pienso usarlo por espacio de 10 días. A propósito, ¿puedo conseguir un plano de la ciudad?

F   Claro. Aquí tiene uno. Ah, señor, hay una cosa; tiene que llenar el depósito al devolvernos el coche. Bueno, ¿puede mostrarme su carné de conducir y su pasaporte, por favor? Gracias.

En una parada de taxi

F   ¡Taxi!

M   Buenas tardes, señora.

F   Buenas tardes. ¿Me lleva al hotel Tequendama?

M   Sí, sí, de acuerdo.

F   ¿Cuánto se tarda en llegar?

M   Normalmente se tarda dos horas del aeropuerto al centro. Pero hay mucho atasco y es hora punta. Creo que tardaremos más de dos horas.

---

alquilar 렌트하다
todoterreno(m)
　4륜 구동차, SUV
IVA(m) 부가가치세
　(impuesto sobre el valor
　añadido)
　*añadido = agregado
kilometraje(m) 마일리지
seguro(m) 보험
carné(m) 또는 **carnet de
conducir** 운전면허증(Esp)
　licencia(f) **de manejar**
　운전면허증(AmL)
atasco(m) 교통 체증
　= **embotellamento**(m)
　병목현상
hora(f) **punta** /
hora(f) **pico**(특히 AmL)
　러시아워
　*en las **horas**(pl) **punta**
　러시아워 때

alquiler(m) 렌트, 임대료 casa(f) de alquiler 셋집 | **furgoneta**(f) 밴(= camioneta) | **tamaño**(m) 크기 |
mediano 중간 정도 크기의 | **con transmisión automática** 자동변속장치를 가진 | **ilimitado** 제한 없는
| **riesgo**(m) 위험(형 risk) | **espacio**(m) 동안, 공간, 우주 | **plano**(m) (시가지 등의) 지도, 도면, 편평한 | **llenar**
채우다, 기입하다(= rellenar), 충족시키다 | **depósito** (연료) 탱크, 예금 *ingreso 입금, 입학, 소득 | **parada de**
taxi 택시 승차장(형 taxi stand) | *a la orden 분부대로(형 yes, sir, at your service, it's a pleasure, you're
welcome)(AmL) 상점 등에서도 사용 *본문에서 de acuerdo 대신 중남미에서 사용하기도 함. | **aeropuerto**(m)
공항 *puerto(m) 항구 | **muelle**(m) 부두, 스프링 | **centro**(m) 중심지, 시내, 가운데

① pensar 동사 활용

Yo pienso que Lola ascenderá a gerente de sucursal.	우리는 롤라가 지점장으로 승진할 것이라고 생각합니다. 형 I think that...
Pienso en mi futuro desde muchas perspectivas.	나의 미래를(에 대해) 여러 방향으로 생각한다.
Pensamos viajar por Latinoamérica.	우리는 중남미를 여행할 생각입니다.
¿Qué piensas del proyecto?	그 프로젝트에 대해 어떻게 생각하니?
¿En qué piensa?	당신은 뭘(무엇에 대해) 생각하나요?
Voy a pensarlo. = Lo voy a pensar.	그건(그것을) 생각 좀 해 봐야지.
Yo no pienso mal de ti.	난 너에 대해 나쁘게 생각하지 않는다.

② ¿me lleva al hotel Tequendama?

[직역] (당신은) 나를 떼껜다마 호텔로 데려갑니까?
[의역] 떼껜다마 호텔로 가 주세요.

③ ¿cuánto (tiempo) se tarda...?

사람들이
무인칭 se를 이용해서 소요되는 시간을 묻는 표현입니다.

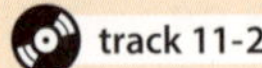
track 11-2

Diálogo 2

En una estación de metro

M   Disculpe, ¿va este tren a la estación de metro de Sadang?

F   Pues sí, señor. Pero tiene que cambiar a la línea No.4 en la próxima estación.

En una estación de ferrocarril

M   ¿A qué hora sale el próximo tren para Degu?

F   A las 10,20.

M   Un billete de ida, por favor. ¿A qué hora llega?

F   A las 2,05. Son treinta mil wones. El tren sale de la vía número 6, señor.

En una parada de autobús

F   Quiero ir a la plaza. ¿Debo tomar el metro o el autobús?

M   Es mejor ir en autobús, señorita.

F   ¿Qué número de autobús va al Ayuntamiento?

M   Es aquel autobús. Número 23.

F   Mil gracias. ¡Muy amable!

M   De nada... Oiga, señorita, es mejor decirle al conductor que quiere bajarse frente al Ayuntamiento. Y señorita, ¡ojo con los carteristas! ¡Cuide su bolso!

Ah, esta chica es muy parecida a mi hijita Lola. ¿Dónde estarás tú? ¡Te echo de menos, hija mía!

ferrocarril(m) 철도
de ida 편도의(= sencillo)
de ida y vuelta 왕복의
vía(f) / **andén**(m) 플랫폼
parada(f) **de autobús**
  버스 정류장
plaza(f) 광장, 자리, 공간
ayuntamiento(m) 시청
carterista(m)(f) / **ratero**(m)
  소매치기

Vocabulario

disculpe 동사 disculpar Ud. 명령, 실례해요(영 excuse me) | **cambiar** 바꾸다, 바뀌다 | **próximo** 다음의
(= siguiente), 가까운(= cercano) | **won** (한국 화폐 단위) 원 *wones(pl) | **mejor** 더 좋은, 더 좋게 | **bajarse**
내리다 | **cuidado**(m) 조심, 돌봄, cuidar 과거분사 | **parecido** 닮은, 비슷한 | **echar de menos** 그리워하다
*Un billete para Madrid, por favor. 마드리드행 표 한 장 주세요.

Gramática

① bajarse (del autobús) (버스에서) 내리다

직설법 현재형

me bajo	nos bajamos
te bajas	os bajáis
se baja	se bajan

querer + bajarse

quiero bajarme	queremos bajarnos
quieres bajarte	queréis bajaros
quiere bajarse	quieren bajarse

(Yo) quiero bajarme. = (Yo) me quiero bajar. = (저는) 내리고 싶습니다. *me 생략 가능

② Te echo mucho de menos. = Te extraño mucho.(특히 AmL) 너를 많이 그리워한다.

③ SEÑALES DE TRÁFICO 교통표지

Alto

Ceda el Paso

Prohibido Seguir de Frente

 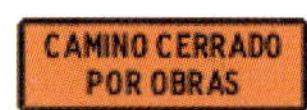

Camino Cerrado más Adelante por Obras

Cruce de Ferrocarril

Camiones Conservar la Derecha

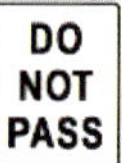 

Prohibido Rebasar / Prohibido Adelantar

알아 두세요!

Quiero cambiarme al carril derecho.	우측으로 차선을 바꾸고 싶다.
invadir el carril	차선을 침입하다
carril bus	버스 전용 차로
DESVÍO	우회
PELIGROS: OBRAS EN LA CARRETERA	위험: 도로 공사 중

Diálogo 3

M ¿Hay una comisaría por aquí?

F Sí. ¿Ve usted aquella gasolinera?

M Sí, la veo. Pero no hay ninguna comisaría.

F Hay una panadería detrás de la gasolinera y...

M ¿Puede hablar despacio, por favor? Es que yo no hablo bien el español.

F Bueno, si no entiende... A estas horas siempre hay un policía delante de la panadería. Él puede ayudarle a usted.

....

M₁ Perdone, ¿cómo se va a la Embajada de Corea del Sur?

F No lo sé. Lo siento. Pero a lo mejor mi hijo sabe dónde está la embajada.

M₂ ¿La Embajada de Corea del Sur? Claro, sí sé dónde está. Si usted camina tres calles, encontrará un supermercado. Allí usted cruza la calle y verá El Banco Nacional. No es difícil encontrar el banco porque es muy grande.

M₁ ¿A qué distancia queda? Oh, parece que está muy lejos de aquí.

M₂ No, no, no. No es así. A la derecha del banco hay otro edificio blanco. La embajada está dentro de ese edificio. ¿Entiende, caballero?

F Hijo mío, quiero que tú mismo lleves a este señor al lugar, ya que no tienes nada que hacer ahora… ¿Cómo dices? ¿Tienes algo que hacer? Lo que dices es mentira. ¿Por qué me dices mentiras?

---

comisaría(f) 경찰서
  parque(m) **de bomberos**
  = **estación**(f)(AmL) **de bomberos** 소방서
gasolinera(f) 주유소
panadería(f) 빵집, 베이커리
  pastelería(f) (케이크류) 베이커리
embajada(f) 대사관
  Corea del Sur 남한
  la república 공화국
  el gobierno surcoreano 한국 정부
  consulado(m) 영사관

por aquí 여기 근방에(형 around here) | **policía**(m) 남자 경찰관 | **policía**(f) 경찰, 여자 경찰관 | **a lo mejor** 아마도 | **caminar**(특히 AmL) / **andar** 걷다 | **calle**(f) 거리, (길) 블럭(= cuadra(f)(AmL)) *manzana(f) 블럭(= space enclosed by streets) | **otro** 다른(형 other, another) | **blanco**(m) 하얀, 과녁, 표적, 공란 | **decir mentiras** 거짓말을 하다 | **¿a qué distancia queda?** / **¿qué tan lejos queda?**(AmL) 거리가 얼마나 되죠?

① 복습 위치 표현

detrás de	～의 뒤에	delante de	～의 앞에
debajo de	～의 아래에	sobre	～ 위에
a la derecha	오른쪽에	a la izquierda	왼쪽에
a mano derecha	오른쪽에	al lado de	～의 옆에
al otro lado de la calle	길 건너편에	encima de	～의 위에
frente a	～ (정면) 앞에	enfrente de	～(정면)에, ～ 앞에
lejos de	～ 멀리에	cerca de	～ 가까이에

② ¿cómo se va...?

복습 동사의 3인칭 단수와 se를 사용해 무인칭 표현

Se va a la Casa Blanca.	사람들이 백악관에 간다.
Los domingos se va al mercado.	일요일마다 사람들은 시장으로 간다.
Se come bien en este hotel.	사람들이 잘 먹는다, 이 호텔에서는 (= 이 호텔은 음식 맛이 좋다.)

③ parece que ~ ～인 것 같다

Parece que va a granizar.	우박이 내릴 것 같다.
Me parece que el cazabombardero no va a llegar a tiempo.	내가 보기에 전투폭격기가 제시간에 도착할 것 같지 않다.
Nos parece que este país va a lograr un alto crecimiento económico dentro de cinco años.	우리가 보기에 이 나라가 5년 뒤 높은 경제 성장을 달성할 것 같다.
No parece que estés diciendo la verdad.	네가 사실을 말하는 것 같지 않아 보인다. (접속법 사용)(부정)
Parece una mentira que ahora estés conmigo.	지금 네가 나와 있다는 게 거짓말 같다. (접속법 사용)(주관적 가치 판단, 감정, 불확실성)

Diálogo 4

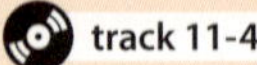
track 11-4

F ¿Cómo se llega al edificio de la Bolsa?

M No sé cómo llegar... Un momento, por favor. Voy a buscarlo en la guía turística.

F ¿Sigo todo derecho? O ¿doblo a la izquierda?

M Primero, siga todo recto por esta calle y en la próxima calle doble a la derecha.

F ¿Y luego?

M Camine un poco más y verá que la Bolsa está al otro lado de la calle. Cruce la calle si encuentra un paso de peatones. ¡Cuidado! No debe cruzar la calle si el semáforo no está en verde, porque la policía siempre le pone multas a la gente, je je je.

....

M ¿Por dónde se va al cine Atenas? Estoy perdido... Sí, sí, me he perdido.

F Vuelva la esquina y camine más o menos cinco minutos. Está al lado de la iglesia.

M Muchas gracias. Y ¿sabe usted dónde hay un cajero automático?

F Al fondo del pasillo del segundo piso de este supermercado. ¿Quiere saber algo más?

M Sí, sí, por favor. ¿Hay un hospital por aquí?

F Sí, hay dos hospitales. Uno hace esquina con la plaza. ¿Qué tiene? ¿Qué le pasa?

bolsa(f) 증권거래소, 백
(영 bag)
derecho 오른쪽의,
똑바로(영 straight)
centro(m) **derechista**
중도 우파
paso(m) **de peatones**
횡단보도
paso(m) **de cebra**
횡단보도 *cebra 얼룩말
cruce(m) **peatonal**
횡단보도
poner 또는 **echar una
multa**(f) **a sb**
벌금을 하나 물리다
esquina(f) 모퉁이
cajero(m) **automático**
ATM
pasillo(m) / **corredor**(m)
복도

Vocabulario

guía(f) 안내(서) *guía(m)(f) 안내인 | **turístico** 관광의 *turista(m)(f) 관광객 *guiri(m)(f) 스페인에서 사용하는 말로 '외국인(extranjero)' 또는 '관광객'을 뜻하는데 어감상 안 좋게 들리기도 하니 청취용으로만 기억하세요. | **derecho** 똑바로, 오른쪽의, 권리 *derecho internacional 국제법 *derechos de aduana 관세 | **doblar** 더빙하다, 두 배로 하다, 구부리다, 접다, 방향을 돌리다(= girar 또는 torcer) *Gire 또는 Tuerza a la derecha 우회전하세요! *torcer(형 twist) | **encontrar** 찾다, 구하다, 발견하다, 마주치다 (직-현 encuentro, encuentras, encuentra, encontramos, encontráis, encuentran) | **paso**(m) 지나감, 걸음(형 step) | **peatón**(m) 보행자 | **peatones** 보행자들 | **perdido** 길을 잃은 | **iglesia**(f) 교회, 성당 | **cajero/a** 출납원(cashier, teller) | **automático** 자동의 | **fondo**(m) 안쪽, (밑)바닥, 기금 *el FMI(Fondo Monetario Internacional) 국제통화기금(IMF) | **al fondo de** ~ 안쪽 끝에(= al final de)

Gramática

① 복습 **명령법 usted (접속법 3인칭 단수 사용됨.)**

caminar	camine camines camine caminemos caminéis caminen
doblar	doble dobles doble doblemos dobléis doblen
cruzar	cruce cruces cruce crucemos cruéis crucen
seguir	siga sigas siga sigamos sigáis sigan

② **el semáforo está (en) verde** 신호등 녹색불이 켜져 있다

El semáforo se pone en rojo.	신호등이 자신을 빨갛게 놓는다.(빨간불로 바뀌다.)

③ **volver la esquina** 모퉁이를 돌다 / **hacer esquina con** ~ 모퉁이에 있다

El invierno está a la vuelta de la esquina.	겨울이 코앞에 다가왔다.

④ **건물의 층을 세는 방법이 나라마다 다릅니다.**

스페인은 planta baja부터 시작하고, 참고로 지하실은 sótano입니다.

＊planta baja < primer piso < tercer piso 또는 tercero

＊primer piso < segundo piso 또는 segundo < tercero piso 또는 tercero

La escasez del agua
물 부족

 track 11-5

F A causa de la gran destrucción del medio ambiente en muchos lugares, ligado con el tema de la agricultura está el del medio ambiente. Sobre todo se ve el problema de la escasez del agua. Cuando hay una sequía, todos sufren por igual. La gente que ha cortado los bosques para leña o para pastos para ganado anhela las sombras de los álamos y los robles. La piel se enrojece fácilmente con quemaduras por falta de sombra. Perforando pozos por todas partes, a veces se encuentra agua. Pero los grandes proyectos de construcción de acueductos para regar los campos áridos resultan a veces en más pérdida de agua, y la pérdida de captial gastado en el proyecto. La tierra quemada y rendida no aporta grandes cosechas. Entretanto, el desierto sigue avanzando por muchas partes del mundo.

a causa de ～때문에(= debido a) | **ligar** 묶다(= atar), 맺어 합치다(= unir), 작업 걸다 | **escasez**(f) 부족
(= carencia) | **sequía**(f) 가뭄 | **por igual** 똑같이, 고르게 | **leña**(f) 장작, 땔나무 | **pasto**(m) 목초(지) |
ganado(m) 소(영 cattle), 가축(영 livestock) | **anhelar** 열망하다 *el anhelo 열망 | **álamo**(m) 포플러 |
roble(m) 오크, 참나무 | **enrojecer** 붉게 하다 | **quemadura**(f) 화상 | **por falta de** ～가 부족해서 |
perforar 구멍을 뚫다 | **pozo**(m) 우물 | **por todas partes** 사방으로 | **acueducto**(m) 수로 | **regar**(vt) 물을
주다 (직-현 riego, riegas, riega, regamos, regáis, riegan) | **árido** 메마른, 불모의(= infecundo, estéril)
(≠ fecundo, fértil) | **resultar en** 영 result in | **pérdida**(f) 잃어버림, 손실(영 loss)(≠ ganancia, beneficio
이익)(hallazgo 발견) | **aportar** 내주다, 출자하다 | **cosecha**(f) 수확 | **entretanto/mientras tanto** 그러는
사이에 | **desierto**(m) 사막 | **avanzar** 전진하다

① el (tema) del medio ambiente

본문에서 tema 반복을 피하기 위해 정관사만 남깁니다.

Ejercicios

1 알맞은 단어를 〈보기〉에서 찾아 빈칸에 써 보세요.

> ──── 〈 보 기 〉 ────
>
> titilando　bondad　secando　agilidad　chapoteando
> caso　gorda　falta　importa　tranquilidad

① 그녀는 긴장해서 입술이 바짝 마르고 있다.

Ella se pone nerviosa y se le están ＿＿＿＿＿＿＿＿＿ los labios.

② 참 빨리도 센스 있게 말하네!

¡Tienes una gran ＿＿＿＿＿＿＿＿＿ mental!

③ 그는 자기의 선량한 친절함으로 그녀의 마음을 사로잡았다.

Él la cautivó por 또는 con su ＿＿＿＿＿＿＿＿＿.

④ 너는 현실을 별로 개의치 않는구나.

Te ＿＿＿＿＿＿＿＿＿ poco la realidad.

⑤ 아이들이 첨벙첨벙 물장구친다.

Los niños están ＿＿＿＿＿＿＿＿＿.

⑥ 바에서 한 남자가 나에게 다가와서 작업하려고 했어. 근데 내 타입이 아니야. 그래서 신경 안 썼어.

En el bar un chico se me acercó y trató de ligarme. Pero no era mi tipo, así que no le hice

＿＿＿＿＿＿＿＿＿.

⑦ 우리는 부패한 정치인들의 도덕심 부재를 못 본 체하지 않을 것이다.

No haremos la vista ＿＿＿＿＿＿＿＿＿ ante la poca moral de los políticos corruptos.

⑧ 정신적 여유가 없단다.

No tengo ＿＿＿＿＿＿＿＿＿ mental.

⑨ 별들이 반짝이고 있다.

Las estrellas están ＿＿＿＿＿＿＿＿＿.

⑩ 이 절망적인 상황에 카드 하면서 놀고 싶니? 더는 너희들의 무개념(고려, 배려 부족)을 눈감아 줄 수 없다.

¿Queréis entreteneros jugando a las cartas en esta situación tan desesperada?
Ya no puedo disimular la ＿＿＿＿＿＿＿＿＿ de consideración por vuestra parte.

2 다음 문장을 스페인어로 써 보세요.

① 늑대인간들은 서둘러 움직이더니 숲으로 향해 갔다. 유령들은 이들이 높은 나무들 사이로 사라지는 것을 보자 겁에 질려 떨면서 너무 무서워 눈을 뜨지도 못하는 고아들을 치료하기 시작했다. 밖에서는 수녀님들이 만들어 놓은 크리스마스트리가 색색의 빛으로 반짝이고 있었다.

---

② 이 사진을 확대할 수 있니? 잘 보이지 않네. 게다가 초점이 너무 안 맞으니까 화질도 깨끗하지 않아. 이 기계는 사진 일부를 축소하는 기능이 있니? 내 머리가 확 띄잖아, 다른 사람들이 내 뒤에서 포즈를 잡았으니. 내 얼굴이 아주 크게 보이네. 이 사진 삭제해! 맘에 안 들어.

---

③ 너 남미 여행 가는 거 확정한 거니? 그렇지 않다면 모든 일정을 취소하렴. 왜냐하면 상황상 네게 열흘 간의 휴가를 줄 수가 없단다. 날 도와준다면 충분히 잘 보상해 줄게. 약속해!

---

④ 처음부터 보험 설계사로 일할 작정은 아니었죠. 갈리시아에서 사무직 일을 그만두고 이 도시로 옮겨왔어요. 그리고 일자리를 찾아보는 수밖에 없었죠. 왜냐하면 임대료가 너무 비쌌거든요. 그 당시에는 아직 제 차도 보험에 가입해 놓지 못하고 있었어요. 네, 네. 제 가족은 궁핍한 상황에 있었어요.

---

⑤ 열 번 넘게 길을 물으며 이곳에 도착했다. 하마터면 길을 잃을 뻔했어. 정말 난 방향감각이 꽝이야.

---

⑥ A: 이 도시에서 얼마나 오래 살고 있니?　　　　　B: 2년 반.
　 A: 소방서에서 근무한 지는 얼마나 돼?　　　　　B: 이곳에 일한 지는 8년 됐어.

---

⑦ 부산행 표 순방향으로 3장 주세요. 벌써 매진됐다고요? 네, 그러면 역방향으로 3장 주세요.

---

⑧ 창가쪽 표 한 장 주세요. 아, 1인석 좌석이어야 해요. 제 옆에 누가 있는 걸 싫어해요. 어떻게 2인석 자리들만 남아 있는 거죠. 설상가상으로, 복도쪽 자리군요.

---

⑨ 누구도 법 위에 군림할 수 없을 것이다. 비록 아직 네가 다른 사람들에게 영향을 끼칠 입장은 아니지만 누군가 법을 어기고 이로 인해 이익을 취하는 경우 넌 네가 취할 수 있는 모든 수단으로 그런 비열한 행위를 고치려고 노력해야 할 것이다.

---

⑩ 이런! 많은 사람들이 엘리베이터를 기다리고 있군. 마침내 승강기가 도착했군. 실례해요. 1층 버튼 좀 눌러 주실래요? 실례하지만, 신사 양반, 증권거래소가 이 건물 오른쪽에 있는감? 아, 알았수다. 증권거래소가 이 건물 정면에서 오른쪽에 있다고. 그러니까 이 건물을 등지고 왼쪽에 있다는 말이군. 그렇지요?

Pasará a la historia

역사에 남을 것이다

스페인 알람브라 궁전

유럽 이베리아반도la Península Ibérica에 포르투갈과 함께 위치한 스페인의 수도는 마드리드 Madrid입니다. 플라멩꼬, 투우, 와인, 태양광 발전, 관광산업의 이미지로 알려진 나라죠. 인구는 4천만 명이 넘고 공식어는 4개(까스띠야어castellano, 까딸루냐어catalán, 갈리시아어 gallego, 바스꼬어euskera 또는 vascuence)이고 그중 우리가 알고 있는 까스띠야어가 스페인 전체 및 중남미에서 사용되는 스페인어español입니다.

바르셀로나에 가면 유명한 가우디의 작품 성가족성당la Sagrada Familia과 스페인 남부 그라 나다에서는 스페인이 회교 세력의 침입을 받았음을 알 수 있는 알람브라Alhambra 궁전을 볼 수 있습니다. 알람브라는 아랍어로 '붉은(성채)'을 의미하는데요. 저녁 해가 아스라히 사라 질 때 강렬하면서도 쓸쓸한 붉은 기운을 머금고 역사의 숨결을 풍기면서 눈앞에 드리워지 는 궁전을 보면서 그 시절 옛날의 궤적을 따라가 봅니다.

El mercado y la comida
시장과 음식

¡No se vaya!
Si compra uno, el otro gratis.

가지 마세요! 원 플러스 원이에요.

Diálogo 1

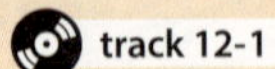
track 12-1

M ¿En qué puedo servirla, señorita?

F Quiero comprar un pañuelo.

M ¿Cómo lo quiere?

F ¿Lo tiene en amarillo? También quiero comprar un sombrero.

M Hay varios tipos de sombreros. Este es muy moderno. ¿De qué color lo quiere?

F Negro, por favor. ¿Cuánto cuesta esta gorra? ¿No tiene pantalones vaqueros?

M Me gusta mucho este móvil pero es un poco caro.

F Este modelo es más barato que ese y no hay mucha diferencia en las características. Los dos modelos son de buena calidad.

M Sí, comprendo. Sin embargo, umm... ¿Qué diferencia hay entre uno y el otro?

F Lo que pasa es que este teléfono es más moderno que aquel. Este diseño nos hace pensar en el mar. ¡Fantástico! ¿No es así, señor?

M Sí, de acuerdo. ¿Lo tiene en rojo o en marrón? Aceptan tarjetas de crédito, ¿no es así?

F Claro que sí, señor. ¿Paga al contado o a plazos? ¿Qué dice? ¿A crédito? ¡Imposible!

gorra(f) 야구모자(영 cap)
vaqueros(m)(pl) 청바지, 카우보이들
jeans(pl) 청바지
　[힌스] 또는 [진스]로 발음
característica(f) 사양, 특징
al contado (현찰, 카드, 수표 등으로) 일시불로, 현찰로
　abonar 납입하다, 비료를 주다
suscribirse a 또는
　abonarse a 구독하다, (케이블 TV 등) 가입하다
a plazos / en abonos
　(콜롬비아 또는 멕시코) 할부로
a crédito 외상으로

sombrero(m) 모자(형 hat) | **modelo**(m) 모델(물건) | **modelo**(m)(f) 모델(사람) *여자 모델인 경우도 la modelo
| **fantástico** 환상적인, 굉장한 | **marrón** 형 brown(천, 신발 등) *marrón oscuro 다크 브라운 *castaño
형 brown(머리, 눈) | **aceptar** 받아들이다 *aceptación 수락 | **pagar** 지불하다 *cobrar 징수하다

Gramática

① ¿en qué puedo servirle? / ¿en qué puedo servirla?

형 Can I help you?

*상대방이 여성이어도 입에 붙어 습관적으로 le를 그대로 많이 사용하기는 합니다.

② 원하는 색이나 형태를 말할 때

¿Cómo quiere Ud. las faldas? Las quiero verdes.	어떤 치마들을 원하세요? 녹색의 것들을 주세요. *치마를 직접 목적대명사 las로 받아 동사 앞에 놓았고 형용사 verde는 뒤에서 las를 꾸며 줍니다. 성·수 일치에 유의합니다.
¿Cómo las quiere? Las quiero blancas. ¿Cómo quiere Ud. la carne? (La quiero) muy hecha, por favor. (La quiero) bien cocida, por favor.	어떤 그것들을(치마들을) 원하세요? 흰 것들을 주세요. 고기는 어떻게 해 드릴까요? 웰던으로 부탁합니다.(Esp) 웰던으로 부탁합니다.

③ 복습 lo que

No entendemos bien lo que explicas.	우리는 네가 설명하는 것을 잘 이해하지 못한다.
Lo que no entendemos es por qué maltratas a los niños.	우리가 이해 못하는 것은 왜 네가 아이들을 학대하냐는 것이다.
Eso es lo que nos preocupa.	그것이 우리에게 걱정되는 바이다.
Ella me pregunta lo que es el avatar.	환은 아바타가 무엇인지 나에게 묻는다.
Lo que el jefe me pide es un imposible.	상사가 나에게 요구하는 것은 불가능한 것이다.
Los negociadores surcoreanos hacen todo lo posible por llegar a un acuerdo, lo que impresiona mucho a todo el pueblo coreano.	남한 협상가들이 합의에 이르기 위해 최선을 다하고 있으며, 이것은 모든 한국 국민을 인상 깊게 감동시킨다.
¡Mira lo que has hecho!	네가 한 짓을 봐라!

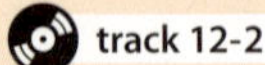
track 12-2

Diálogo 2

F   Muy buenas tardes. ¿Qué desea, joven?

M   ¿Cuáles están más frescas entre estas merluzas y aquellas?

F   Todo el pescado está fresco y además todas las frutas están frescas también.

M   Deme dos bacalaos, un kilo y medio de uvas y... ¿Tiene ciruelas y naranjas?

F   Claro. También las manzanas están frescas. Las vendemos a 90 pesos el kilo...

     Aquí tiene el cambio. ¿Quiere algo más? ¿Nada más? ¿Por qué no compra verduras? Venga, venga. Si compra una sandía, le damos otra gratis. Las vendemos a 80 pesos.

F   Quiero devolver esta cámara digital.

M   ¿Algún problema? ¿Cuál es el problema, señora?

F   Es que no funciona bien.

M   ¿Quiere que se la cambiemos por otra nueva?

F   No, no. Quiero cancelar mi compra. Quiero que me devuelvan el dinero. O más bien, que me cancelen el saldo de la tarjeta de crédito.

M   Si así lo quiere... Está bien. ¿Tiene el recibo?

---

merluza(f) 대구의 일종 (영 hake)
bacalao(m) 대구(영 cod)
peso(m) 페소화, 무게
sandía(f) 수박
mandarina(f) 귤
cambio(m) 거스름돈, 잔돈, 변화, 환율(= tasa de cambio)
intercambio(m) 교류
saldo(m) 정산, 결제
recibo(m) 영수증

fresco 신선한, 선선함(m) | **deme** 저에게 주세요! *me가 dé에 붙으면서 강세 표시가 필요 없지만 맞춤법 개정 이전의 déme로 쓰여진 문장을 여전히 볼 수 있습니다. (dar 접-현 dé, des, dé, demos, deis, den) | **vender** 팔다 *vendedor 판매인 *comprador 구매인 | **verdura**(f) 채소(= hortaliza, legumbre(f)(특히 콩류)) *judía(f)(Esp) / frijol(m) 콩 형 bean | **venga** 오세요, 자 어서요(Esp)(영 come on) | **devolver** 되돌려주다, 환불하다 | **funcionar** 작동하다 | **cancelar** 취소하다 | **compra**(f) 구매 | **más bien** 오히려

① las venden a 90 pesos el kilo

90뻬소에　　　　킬로당

이 경우 정관사 el이 부사적 기능을 합니다. 이것 말고도 다음과 같은 표현들이 있습니다.

¿Con qué frecuencia vas al cine a la semana?	일주일에 얼마나 영화관에 가니?
Voy al teatro una vez por semana.	나는 일주일에 한 번 극장에 간다.
Duermo seis horas al día.	저는 하루에 6시간 자요.
¿Cuántas horas duerme Ud. por día?	하루에 당신은 몇 시간 주무세요?

② aquí tiene el cambio = aquí tiene su cambio = aquí está el cambio

cambio	잔돈, 거스름돈(vuelta, vuelto(AmL)), 변화, 환율(= tipo de cambio)
suelto, sencillo	잔돈
moneda	동전, 화폐
billete chico 또는 billete pequeño	작은 돈의 지폐

③ quiero que me devuelvan... o que me cancelen...

접속법　　　　　　　　　접속법

[참고]

＊gama(f) de productos　상품의 종류
　una tienda bien surtida　물건이 풍부히 잘 갖추어진 상점
　gran surtido　골고루 잘 갖추어 놓음

Diálogo 3

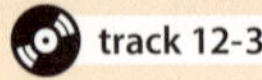

M ¿Se puede desayunar ahora?

F Por supuesto, señor. Este es el menú. ¿Qué desea?

M Quiero un café... no. ¿Qué tipo de jugos hay?

F Hay jugo de mora o de naranja. ... ¿Perdón?
Lo siento, no hay jugo de mango.

M Bueno, entonces, pediré un jugo de naranja, un caldo y
dos huevos fritos.

F Muy bien, caballero. Ahora mismo se lo traigo.
Si quiere leer el periódico de hoy, dígamelo, por favor.

....

F Le quiero invitar a comer a mediodía. ¿Qué le parece?

M Estupendo. Me siento honrado. Pero, ¿no está ocupada
usted? ¿No tiene mucho trabajo?

F Hoy tengo tiempo disponible. ¿A qué hora le parece
bien? ¿A mediodía? Vale. ¿Qué comida le gusta?

M A mí me encanta la comida peruana, sobre todo, el
ceviche. ¿También le gusta a usted?

F Claro. Es sabroso. A propósito, ¿le gusta comer arroz o
pan como acompañamiento?

M Me gusta más el arroz que el pan y siempre bebo una
copa de vino tinto con la comida.
Ay, tengo un hambre feroz. Vamos en seguida. Me
estoy muriendo de hambre. Quiero comer ensalada de
verduras en aliño oriental.

---

jugo(m) 육즙, 주스(AmL)
　él jugó = 영 he played
zumo(m) 주스(Esp)
honrado 영광을 입은,
　정직한
disponible 가용할 수 있는
　(영 available)
acompañamiento(m)
　곁들이는 음식
arroz(m) 쌀
aliño(m) 드레싱(= aderezo)
salsa(f) 소스, 드레싱, 살사

menú(m) 메뉴 *menús(pl) *carta에도 메뉴의 뜻이 있음. | **desear** 원하다 *deseo 소원, 바람 | **café**(m) 커피, 까페(= cafetería) *café con leche(f) 밀크커피 | **mora**(f) 블랙베리, 오디 *arándano 블루베리 | **mango**(m) 망고 | **caldo**(m) 맑은 수프 | **frito** 튀긴(영 fried) | **peruano** 페루의(인) | **pan**(m) 빵 *panecillo(m) 롤빵 *magdalena(f) 머핀 *pan(m) de molde/pan de caja(멕시코) 식빵 *barra(f) de pan 바게트 | **morirse de** ～해 죽겠다

① **¿se puede desayunar?**

무인칭의 se(사람들)가 사용되었습니다. (내가 밥을 먹으려고 하는데 여기서 지금) 사람들이 아침을 먹을 수 있나요?

② **ya se lo traigo ← le lo tragio (X)** 제가 당신에게 그것을 가져옵니다

여러 개 주문한 것을 los로 받을 수 있고 본문에서는 일괄적으로 주문한 것 모두(todo el pedido)를 생각하면서 lo로 처리했습니다.

③ **me encanta la comida peruana** 나는 페루 음식을 정말 좋아해

Veo que mi novia odia el chile y el ajo. Pero a mí me encanta la comida picante. Quiero comer kimchi.	보니까 내 애인은 고추와 마늘을 싫어해. 하지만 난 정말 매운 음식이 좋아. 김치가 먹고 싶다.
¿Te encanta limpiar las habitaciones? Siempre pasas la aspiradora.	너는 방들을 청소하는 것을 아주 좋아하니? 넌 항상 청소기를 돌리는구나.

Diálogo 4

M	Quiero comer carne asada.
F	¿Cómo la quiere?
M	Perdón. ¿Es esta comida carne de vaca o de cerdo? Ummm... muy hecha, por favor.
F	Tenemos dos sopas. Una de cebolla y la otra de pollo. ... Ah, sopa de cebolla. Y, ¿ quiere pan o arroz? ... Sí, arroz, señor. ¿Qué quiere de postre?
M	¿Qué hay de postre? Ummm... tomaré helado de fresa. ~~~ Perdone. La cuenta, por favor.

....

F	¿Por qué estás bebiendo tanta agua? Parece que no te gusta este plato. He preparado este plato porque tú siempre dices que el arroz con pollo está rico y que quieres cocinarlo tú mismo, ¿no es así?
M	Solo tengo sed... ah, no quiero mentir. Lo que pasa es que este plato está rico, pero sabe muy salado. ¿Has echado mucha sal?
F	Je je je, lo siento. Como tú sabes, no cocino bien. Toma esta ensalada de frutas.
M	Es mi plato favorito. A ver. Uy, está demasiado ácido y amargo. ¿Qué has puesto en las frutas?
F	¿De veras? Oh, Dios mío. Aquí tienes el azúcar. Ponle un poco de azúcar. Pienso que he echado mucho vinagre.
M	Creo que realmente no sabes cocinar. Dime la verdad. Dímela. ¿A tu esposo le gusta tu comida? Vamos a pedirle a Pedro que nos enseñe a cocinar. Es muy buen cocinero. Es que este año tengo que aprender a cocinar antes de casarme el año que viene.

carne(f) de vaca 소고기
ternera(f) 암송아지, 스테이크 소고기(Esp)
carne de res(AmL) 소고기
(carne de) cerdo 돼지고기
(carne de) puerco(멕시코) 돼지고기
cordero(m) 양고기, 새끼 양
plato(m) 접시, 요리
ácido 신(= agrio)
amargo 쓴
azúcar(주로 m) 설탕

Vocabulario

asado 구운(🔵 roast) | **muy hecho** 웰던 *¡bien hecho! 잘했어! | **cebolla**(f) 양파 | **de postre** 후식으로는
| **fresa**(f) 딸기 | **echar** 던지다(= tirar), 넣다(= poner) | **a ver** 어디 보자 | **demasiado** 너무 많이, 너무 많은
| **¿de veras?** 정말? | **vinagre**(m) 식초 | **aprender** 배우다 *el aprendizaje 학습 *el aterrizaje 착륙
*el mestizaje 혼혈 *enseñar 가르치다 *la enseñanza 가르침 | **chef**(m)(f) [셰프] 혹은 [체프] 주방장(= cocinero jefe
또는 cocinera jefa) *plátano(m) / banana(f)(AmL) 바나나

Gramática

① **¿cómo la quiere?** 당신은 고기를 어떻게 원하세요?

- 고기가 여성명사이므로 직접목적대명사 la로 받았고, 이에 대한 대답으로 웰던에 해당하는 muy hecho도 hecha로 바뀌었습니다.

- 스테이크는 bistec, filete, churrasco(남미)라고 합니다.
  → ¿Cómo quiere el bistec? → ¿Cómo prefiere el filete?

웰던	muy hecho(Esp), bien cocido, bien asado
미디엄	no muy hecho, término medio
미디엄 레어	más bien poco hecho, al punto
레어	poco hecho, vuelta y vuelta, poco asado, poco cocido

② **sabe muy salado** 맛이 아주 짜다

또는 ha salido muy salado(아주 짜게 돼 버렸네)라고 할 수 있습니다.

¡Ábrete sésamo!
열려라 참깨!

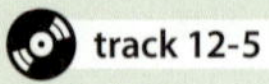
track 12-5

M   Querida Yolanda:

¡Hola! ¿Qué tal estás? Hace mucho tiempo que no nos vemos. Que yo sepa, la última vez que te vi fue en la fiesta de cumpleaños de María de hace tres años, ¿cierto? De verdad que me divertí mucho bebiendo y charlando contigo y con nuestros viejos amigos. Espero volver a tener otra ocasión como aquella.

Bueno, Yolanda, yo sé que tienes que preparar una cena muy importante. ¿Estarás un poco nerviosa? No te preocupes. Tengo una receta infalible. Como tú sabes, llevo un año en Corea. Ahora ya he aprendido mucho coreano y conozco a un chico coreano que se llama Sun De. Es que el otro día su familia me invitó a cenar y su madre me preparó un plato muy sabroso, bulgogui. Este platillo está hecho de carne de vaca con varios ingredientes y condimentos. Era muy diferente al bistec de vaca. Tiene un sabor un poquito dulce y moderadamente salado. Me gusta mucho. Para hacerlo se usan varios tipos de verduras, lo cual lo hace aún más rico, y además, naturalmente, es bueno para la salud. Yo le pregunté a la madre de mi amigo la manera de prepararlo, para luego cocinarlo yo mismo. Creo que a todo el mundo le gustará, porque yo no tuve ninguna dificultad para disfrutar de esa comida típicamente coreana.

Para empezar, tienes que comprar medio kilo de carne de vaca, dos cebollas, cinco chiles, dos cebolletas, media pera y una zanahoria. Y como condimentos, preparas media taza de salsa de soja, un cuarto de taza de azúcar, una cucharada de pimienta, un cuarto de taza de aceite de sésamo y tres cucharadas de sésamo en polvo (si no tienes los últimos dos, puedes comprarlos en una tienda de alimentos coreanos cerca de la casa del señor López, ya sabes dónde está, ¿verdad?).

Vamos al grano. Corta la carne a lo largo en tiras delgadas y mézclalas con el azúcar. Corta las verduras en rebanadas o en tiras. Ralla la pera para usarla como condimento líquido. Pon todos los condimentos en un recipiente hondo como un bol o tazón. Pon la carne y las verduras. Mézclalo todo con la mano y déjalo así durante más de una hora para marinar bien la carne y las verduras. Y luego, ¡basta con cocinar la mezcla a la plancha en la sartén, hasta que la carne se cocine bien! Las verduras pueden comerse sin cocer completamente. Depende del gusto. Esto es todo.

Espero que tengas éxito en la cena con este platito tan especial y exquisito, y que a todos los invitados les fascine tanto que quisieran visitarte otra vez, je je.

Te envío mis mejores deseos como siempre, Yolanda. Te echo mucho de menos. Ah, Yolanda, te aseguro que esta receta no fallará, je je. Así que, más tarde, hazme un favor. Es que no puedo ponerme en contacto con Luis, no sé por qué. Búscalo y dile que me llame cuanto antes.

Un fuerte abrazo
Tu amigo José

Vocabulario

querido/a 형 dear *선생님 등에게 정중하게 표현하려면 estimado/a를 사용 | **que yo sepa** 내가 알기로는 (형 as far as I know) | **la última vez que** 마지막으로 ~한 때 | **de verdad que** 정말로 ~이다 | **receta**(f) 레시피, 처방전 | **infalible** 틀림없는, 누구나 할 수 있는, 절대 틀리지 않는, 절대 보증할 수 있는 | **el otro día** 일전에, 요전에 | **platillo**(m) 요리(중미, 멕시코), 작은 접시, 받침 접시 | **ingrediente**(m) 재료 | **condimento**(m) 양념, 조미료 | **diferente de** 또는 **a** ~와 다른 | **bistec**(m) / **filete**(m) 스테이크 | **naturalmente** 당연히, 자연스럽게 | **típicamente** 전형적으로, 대표적으로 | **para empezar** 시작하건대, 시작하자면 | **chile**(m) / **ají**(m)(남미 아래) / **guindilla**(f)(Esp) 고추 | **puerro**(m) 파 / **cebolleta**(f) 파(양파 같은 둥근 뿌리가 있고 잎과 함께 식용됨.) | **pera**(f) (과일) 배 | **preparas** 네가 준비한다(명령법은 아니지만 준비해야 함을 일러 줌.) | **taza**(f) 커피 잔, ~ para medir 계량컵 | **salsa de soja**(f) / **salsa de soya**(f)(AmL) (메주콩) 간장 | **a lo largo** 길게 | **en tiras** 길쭉한 채 형태로 | **mezclar** 섞다 | **en rebanadas** 얇게 | **cortar en tiras** 채썰다 | **rallar** 강판에 갈다 | **líquido**(m) 액체(의) | **pon** 동사 poner의 tú 긍정명령 | **recipiente**(m) 용기, 그릇 | **bol**(m) 볼 (= cuenco, tazón) | **marinar** 절이다, 재우다 | **bastar con** ~로 족하다 | **plancha**(f) 다리미, 철판 | **a la plancha** 철판 구이로 | **cocer** 조리하다, 익히다 (직-현 cuezo, cueces, cuece, cocemos, cocéis, cuecen) (접-현 cuenza, cuezas, cueza, cozamos, cozáis, cuezan) | **depende** 그때그때 달라요 | **depende del gusto** 입맛(기호, 구미, 취향)에 따라 달라요 | **platito**(m) 요리 (plato의 축소형) *platillo(m)(멕시코) 요리 | **fascinar** 매료감을 주다 *[encantar] 또는 [gustar mucho]와 같은 용법으로 사용 | **quisieran** would like to | **deseo**(m) 바람, 소원 *pedir un deseo 소원을 빌다(형 make a wish) | **como siempre** 여느 때처럼 (= como de costumbre)(형 as usual) | **fallar** 제대로 안 되다(형 go wrong, fail), 심사(판결)를 내리다 | **dile que + 접속법** 그에게 ~하라고 네가 말해라(형 tell him to inf.) | **cuanto antes** 가능한 한 빨리 *estofado(m) 또는 guisado(m)(특히 AmL) 스튜

Gramática

① **aún más** 또는 **todavía más**

　형 even more와 같습니다.

② **hasta que la carne se cocine** (또는 **se cueza**) **bien** 고기가 잘 익을 때까지

　hasta que + 접속법 (미발생된 미래 상황)

Ejercicios

1 알맞은 단어를 〈보기〉에서 찾아 빈칸에 써 보세요.

〈 보 기 〉

clave	partamos	toalla	avaro	mitad
quédese	promoción	brillaba	reluce	gusto

① 빵을 사등분 하자! 우리한테 충분하지는 않겠지만….

(　　　　　　　　　) el pan en cuatro! Aunque no nos alcanzará...

② 우리 케이크를 절반으로 나누는 게 어떨까?

¿Por qué no dividimos el pastel por la (　　　　　　　　)?

③ A: 널 좋아해.　　B: 내가 좋아?　　　　　　　　A: 응, 네가 좋아.

A: Me gustas.　　B: ¿Te (　　　　　　　)?　A: Sí, me gustas.

④ 거스름돈 가지세요.

(　　　　　　　　) con el cambio.

⑤ 포기하지 마!

¡No tires la (　　　　　　　)!

⑥ 바다는 달빛에 빛나고 있었다.

El mar (　　　　　　　) a la luz de la luna.

⑦ 반짝인다고 모두 금은 아니다.

No es oro todo lo que (　　　　　　　).

⑧ 확실히 조사들이 보여 주는 바에 따르면 고객들의 기대치를 만족시키거나 넘어서는 일이 성공의 열쇠다.

Ciertamente, las investigaciones muestran que satisfacer o superar las expectativas de los clientes es la (　　　　　　　) del éxito.

⑨ 이 백화점에서는 오늘만 원플러스원 (특가)판매행사가 진행됩니다. 해당 품목은 우유, 하드 및 유제품입니다.

En estos grandes almacenes solo hoy se ofrece la (　　　　　　　) de 2x1 en leche, paletas (heladas) y productos lácteos.

2x1→ dos por el precio de uno (하나의 가격으로 두 개)

*polo 극, 하드(Esp)

⑩ 내 트레이너는 칭찬에 인색하다.

Mi entrenador es (　　　　　　　) de elogios.

2 다음 우리말을 스페인어로 써 보세요.

① 초대한 것이 아니라면 우리는 대개 늘 각자 부담으로 계산한단다.

② 논에는 허수아비들을 세워 놓아 떼지어 와서 곡물을 먹어대며 풍작을 방해하는 새들을 멀리 내보낸다.

③ 이 행성과 커다란 혜성과의 충돌이 가까워지자 외계인들은 겁이 나 파괴 가능 지역에서 수퍼 파워 로봇들을 동원시키고 무고한 거주민들을 제3식민행성으로 이동시킨다.

④ 이번 학기에 난 단지 5학점을 취득했어. 다음 학기에는 10학점을 넘게 받아야 할 거야. 그리고 호세에게서 성능 좋은 노트북을 좀 빌려야겠어. 내게 그걸 빌려 줄까? 여자친구가 걜 차고 나서 걔가 별로 안좋아 보여. 그 친구가 롤라에게 카네이션 한 다발을 선물하지 말았어야 했는데. 그녀가 그 꽃들에 알레르기가 있다는 것을 어떻게 모를 수가 있지?

⑤ 네가 6개월 안에 결혼한다는 조건으로 네가 내 부케를 잡을(atrapar) 수 있을 거야. 네가 서 있을 곳에 정확한 각도로 던지기가 쉽지는 않을 거야. 주의해서 잘 잡아! 아, 야. 저기 나뭇가지에 두 마리 새들이 사랑의 노래를 주고받고 있구나. 이 광경(장면)을 보면 넌 내 신랑과 같은 사랑스러운 남자애와 결혼할 맘이 들지 않니?

⑥ 이 사회가 디지털화 되어 가는 정도 만큼(en la medida que) 민주화에 대한 열망이 커질 것이다.

⑦ 쌍꺼풀 수술이 상당히 일반화된 지 오래되었단다. 더욱이 다른 성형수술들도 인기를 끌고 있는 중이야. 흥미롭게도 일부 다른 아시아권 나라들의 여성들이 한국 유명인들과 닮고 싶어한다는 거야. 특히 얼굴을 말이야. 여기에서 우리는 성형수술이 안겨 주는 부작용에 대해 신경 쓰지 않으면 안 된다.

⑧ 관계 당국이 이민자들이 이 나라 문화에 동화하는 데 도움을 주는 것에 목적을 맞춘 프로그램들을 준비한다면 이들이 힘을 내서 언어와 문화 장벽을 극복하고 결국 자연스럽게 귀화할 것이다.

⑨ 내가 내 어머니에게 이마에 주름이 자글자글 생겼다라고 말하자, 어머니는 이맛살을 찌푸리고는 안색을 바꾸며 자기 걱정하는 척하지 말라고 내게 말했다. 설상가상으로 목청껏 소리를 질렀다. "넌 끝내주는 위선자구나."

⑩ 네가 원하든 원치 않든 오펠리스 왕국 왕자님과 춤을 춰야 한단다. 왕자님의 발을 밟지 않도록 해라.

Tararear
랄랄라 흥얼거리다

마리아치

라틴 아메리카 사람들에게 한국인에 대한 인상을 물으면 부지런히 일을 많이 하는 사람들이라고 말합니다. 우리가 보는 그들은 어떤가요? 명랑한 성격에 친근하고 낭만적인 감성의 소유자? 실제로 라틴 아메리카 사람들은 크고 작은 파티를 열어 함께 웃고 노래하고 춤추며 흥겨운 시간을 보내기를 좋아합니다. 멕시코에서는 흥을 돋워 주는 음악 밴드, 마리아치 mariachi o mariachis가 함께하는데요. 마라아치는 '결혼'이라는 뜻의 프랑스어 mariage에서 유래한 것으로 이 악단은 달콤한 세레나데로 여심을 흔들기도 한답니다.

Lección **13**

Las emergencias

응급 상황

¡Socorro!
사람 살려!

Parezco intoxicado
제가 식중독인 것 같아요

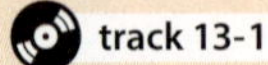
track 13-1

Diálogo 1

M   Ayúdeme, que estoy enfermo. No puedo respirar.

F   Tranquilo. ¿Qué le duele? ¿Tiene dolor de cabeza?

M   No, no. Me duele el estómago. Y también me duele el ojo izquierdo. No puedo abrir bien los ojos.

F   Veo que tiene mucha fiebre. ¿Qué ha comido esta tarde?

M   No lo sé. No lo recuerdo. Ah, he comido un plato hecho de sardinas. Siento náuseas desde el almuerzo de la una y media. Ay, me duele todo el cuerpo.

F   A ver. ¿Tiene diarrea? Abra la boca. Respire por la nariz. Respire hondo y relájese.
Acuéstese en la cama. Si le aprieto esta parte, ¿siente mucho dolor?

---

que ~여서, ~이니, ~이므로, ~라고, ~라고라, ~인 결과가 나온다, 결과적으로 ~이다
respirar 숨쉬다
fiebre(f) 열
   tener 39 de fiebre
   열이 39도이다
sardina(f) 정어리
náuseas(f)(pl) 구역질
diarrea(f) 설사
   tener enteritis
   장염에 걸리다
   me extirparon el apéndice/
   me hice extirpar el
   apéndice 나 맹장 수술했어

tranquilo 평온한, 진정하세요! *tranqulícese 또는 cálmese 진정하세요(영 calm down!) *¡calma! 진정해!, 침착해라! | **doler** ~가 아프다 (직-현 duelo, dueles, duele, dolemos, doléis, duelen) | **izquierdo** 왼쪽의 | **recordar** 기억하다, 상기시키다 (직-현 recuerdo, recuerdas, recuerda, recordamos, recordáis, recuerdan) | **cuerpo**(m) 신체 *castigo corporal 체벌 | **abra** 여세요(abrir의 Ud. 명령형) | **nariz**(f) 코 *ventana de la nariz 또는 orficio nasal 콧구멍 | **hondo** 깊은(= profundo), 깊이(= profundamente, 부사형) | **relajarse** 긴장을 풀다 | **apretar** 누르다(= oprimir), 조이다 (직-현 aprieto, aprietas, aprieta, apretamos, apretáis, aprietan) *apretar los tornillos a sb 압박을 가하다(영 put the screws on sb)(= presionar a sb)

① **ayúdeme**

동사 ayudar(도와주다)의 usted 명령은 접속법을 사용하고(ayude), 직접목적대명사 me가 긍정명령 시 동사 뒤에 찰싹 붙습니다. 그리고 ayude의 원래 강세를 유지하기 위해 강세 표시를 해 줍니다.

② **¿qué te duele?** 무엇이 당신에게서 아픈가요?(어디가 아픈가요?)

qué 말고 dónde를 사용할 수도 있습니다. 이에 대한 대답으로 me duele la cabeza라고 하면 '머리가 나에게서 아프다', me duele la garganta라고 하면 '목구멍이 나에게서 아프다(목이 아프다)' 등으로 표현됩니다.

③ **relájese / acuéstese**

둘 다 relajarse와 acostarse의 usted 명령법으로 접속법을 사용했습니다. 긍정명령 시 재귀대명사 se가 동사 뒤에 붙고 마찬가지로 강세 표시를 해 줍니다.

Diálogo 2

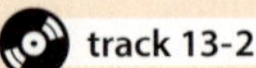
track 13-2

M   Se me ha perdido el pasaporte. Sí, sí, lo he perdido. ¿Qué hago? No sé qué hacer.

F   Primero, tiene que ir a la comisaría y luego a la Embajada o al Consulado.

M   No tengo dinero. Me han robado la billetera y la tarjeta de crédito.

F   Oh, Dios mío. Tranquilo. Debe ir a la sucursal de un banco coreano para que su familia le envíe dinero. De momento, se lo presto.

M   Muchas gracias. Ahora estoy muy preocupado. Me preocupa que no pueda explicar bien mi situación en la comisaría. Es que no hablo bien ni el inglés ni el español.

F   No se preocupe. Si usted habla despacio, tratarán de entenderlo. Si quiere, le acompaño con mucho gusto. Bueno, yo misma lo llevo a la comisaría después de poner esta cosa por ahí. Un momento, por favor.

embajada(f) 대사관
   embajador/ra 대사
recurrir a ~에 도움을 구하다
consulado(m) 영사관
   cónsul(m)(f) 영사
sucursal(f) 지사

perder 잃다, 지다, (차를) 놓치다 *he perdido + 목적어 = se me ha perdido + 주어 (무의지의 se 이용 시 주어에 맞게 동사 수 일치) | **robar** 훔치다 *ladrón / ladrona 도둑, 강도 *arrebatar 낚아채다 | **billetera**(f) / **cartera**(f) 지갑 | **enviar** 보내다 (접-현 envíe, envíes, envíe, enviemos, enviéis, envíen) | **de momento / por ahora / por el momento** 지금으로서는 | **preocupar** 걱정이다 | **poder** 할 수 있다, 권력(m), 힘 (접-현 pueda, puedas, pueda, podamos, podáis, puedan) | **preocuparse** 걱정하다 | **despacio** 천천히(= lentamente) | **tratarán** tratar 미래형 3인칭 복수 | **acompañar** 따라가다 | **con mucho gusto** 기꺼이, 흔쾌히 | **mismo** 같은(형 same) | **yo misma** 내가 직접 *화자가 남성이면 yo mismo

① **no sé qué hacer** 뭘 해야 할지 모르겠다

No sabemos qué decir.	우리는 뭐라 말해야 할지 모르겠다.
No tengo dónde dormir.	난 어디 잠잘 곳이 없다.
Hay una senda por donde caminar.	산책할 오솔길이 하나 있다.　*seda 비단
No tengo con quién hablar.	나는 함께 말할 사람이 없어.

② **para que + 접속법** 〜할 수 있도록(형 so that)

Tengo que estudiar para conseguir una beca.
나는 장학금을 타기 위해 열심히 공부해야 한다.

Mi prima vende leña para ganarse la vida.
내 여자 사촌은 생계를 꾸려 나가기 위해서 장작을 팔아요.

Yo tengo que estudiar para que mis padres no me den la lata. Siempre me regañan.
나는 부모님이 나를 짜증 나게 하지 않으려면 열심히 공부해야 한다. 항상 날 꾸짖으신다.

Mi prima llama a su esposo para que (él) le recoja el abrigo de la tintorería.
나의 여자 사촌은 남편에게 전화한다. 그가 그녀에게 외투를 드라이클리닝 세탁소에서 찾아오게 하려고.

*leña 장작 | ganarse la vida 생계를 꾸려 가다
*dar la lata 성가시게 하다 (중남미는 la 생략) | regañar 꾸짖다, 나무라다
*recoger 형 pick up (접-현 recoja, recojas, recoja, recojamos, recojáis, recojan)

③ **me preocupa que + 접속법** que 이하가 나에게 걱정이다

A mi madre le preocupa que yo no ascienda al cargo deseado.
나의 어머니(그녀)에게는 걱정거리다. 내가 원하던 직(자리)에 승진하지 않을까 봐.

*ascender 승진하다, 승진시키다, 오르다, (+ a) 총액이 〜에 이르다(= cifrarse en)(형 amount to)
(접-현 ascienda, asciendas, ascienda, ascendamos, ascendáis, asciendan)

④ **no se preocupe** 걱정하지 마세요

No te preocupes por él. Las cosas le saldrán bien.
그 사람 걱정 마. (일들이) (그에게서) 잘될 거야.

Diálogo 3

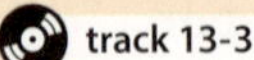

M   Un camión se saltó la mediana y chocó con mi carro. El conductor del camión está gravemente herido. Por favor, envíen una ambulancia.

F₁   ¿Cómo se encuentra usted?

M   Creo que me rompí el brazo izquierdo y no puedo moverme. Estoy en la Avenida Caracol...

F₁   Ahora mismo estaremos con usted.

M   Ay, ¡socorro! ¡Ayúdenme! Por favor, llamen a la policía.

F₂   Señor, tranquilo. Le está saliendo sangre de la cabeza. Ya he llamado a la policía. Tenga paciencia. Ah, allí llegan la policía, una ambulancia y una grúa. ¡Es un terrible accidente automovilístico! Caray, parece que está borracho el hombre que conduce el camión.

camión(m) 트럭
  camión de bomberos
  소방차
mediana(f) = **camellón**(m)
  (멕시코)중앙선
¡socorro! 사람 살려!
  (영 help!)
sangre(f) 피
grúa(f) 견인차, 레카
  grulla(f) 학, 두루미
  ser retirado por la grúa
  견인되다, 견인차로 치워지다

Vocabulario

saltar 점프하다 | **saltarse** 빠뜨리고 건너뛰다 | **chocar** 충돌하다 | **grave** 심각한 | **gravemente** 심각하게 | **herido/a** 부상당한. 부상자 | **envíen** Uds. 명령법 (당신들이 보내 주세요) (접-현 envíe, envíes, envíe, enviemos, enviéis, envíen) | **encontrarse**(= estar). 상태이다. ~에 있다. 발견되다. 마주치다. 서로 (우연히) 만나다 *hallar 발견하다 | **romper** 깨다. 부수다. 찢다 | **romperse + 신체** ~가 부러지다 *(yo) me rompí el brazo = se me rompió el brazo 팔이 내게서 부러졌다 | **mover** 움직이게 하다 | **moverse** 움직이다 | **avenida**(f) 가로수 길(형 avenue) | **ahora mismo** 지금 당장 | **tenga** tener Ud. 명령형 | **terrible** 지독한, 무서운 | **automovilístico** 자동차의

Gramática

① 현재분사는 성·수 변화가 없습니다.

Ella está cantando.	그녀는 노래하고 있는 중이다.
Estamos comiendo algo amargo.	우리는 뭔가 쓴 것을 먹고 있는 중이다.
Le está saliendo sangre de la cabeza.	당신에게서 피가 머리로부터 나옵니다.
¿Qué estás haciendo aquí?	너는 여기서 무엇을 하고 있는 거야?
El hombre se está afeitando.	남자는 자신을 면도해 주고 있는 중이다.
	(= 면도를 하는 중이다)
Él está afeitándose.	*재귀대명사가 –ing 뒤에 붙을 수 있으며 붙기 전 강세 유지를 위해 강세 표시를 합니다.

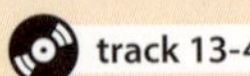
track 13-4

Diálogo 4

M ¡Arriba las manos! ¡Dame el dinero!

F Sí, sí, tengo dinero. Un momento, por favor.

M ¡No te muevas! Estate quieta. ¡Cuidado con que te muevas!

F Sí, sí. Haré todo lo que me diga. Por favor, no comprendo bien el español.

M Arriba las manos, te digo. Cierra los ojos. ¿Tienes plata? Vuélvete de espaldas. Dame la cartera, joyas... Date prisa, date prisa.

(después de ver al ladrón salir por la puerta trasera)

(Al teléfono)

F ¿Es la policía? Un ladrón ha entrado en mi casa. Me muero de miedo. Estoy asustada... ¿No viene? Venga enseguida, por favor.

Vocabulario

moverse 움직이다 | **estarse quieto** 가만히 있다(영 keep still) | **cuidado con** ~를 조심! *cuidado con que + 접속법: ~하는 것 조심해 → 위협 또는 예방 차원 | **plata**⒡ 은, 돈 (남미 일부 지역에서 dinero의 뜻으로 사용) *medalla de bronce 동메달 | **volverse de espaldas** 등을 돌리다, 돌아서다 | **joya**⒡ 보석(영 jewel) | **darse prisa** 서두르다 | **trasero** 뒤의 | **la policía**⒡ 경찰, 여경 *el policía 남자 경찰관 | **entrado** entrar(들어가다)의 과거분사 | **miedo** 두려움 *tener miedo a 또는 de ~에 대한 두려움이 있다 | **asustado** 놀란(영 scared) | **enseguida** 즉시, 당장에, 바로(= en seguida)

Gramática

① **tú에 대한 긍정 명령 → 직설법 현재 3인칭 사용** ＊**명령법은 계속 연습해야 해요!**

Dame.	간접목적 대명사 me는 긍정명령 시 동사 뒤에 붙습니다.
Estate quieto.	재귀대명사 te가 동사 뒤에 붙으면서 강세가 está에 주어지기 때문에 부호를 제거하지만 예전에는 그냥 놔두고(estáte) 사용했습니다. 본문은 주어가 여성이라 quieta가 되었습니다.
Cierra los ojos.	동사 cerrar (직-현 cierro, cierras, cierra, cerramos, cerráis, cierran)
Vuélvete de espaldas.	강세 부호가 찍힙니다.
Date prisa.	직역하면 '너 자신에게 서두름을 주어라'입니다.

＊de prisa 서둘러 | brisa 산들바람

② **no te muevas** 움직이지 마!

(접-현 mueva, muevas, mueva, movamos, mováis, muevan)
위협 또는 예방 차원 *¡cuidado con moverte!로 간단히 표현하는 것이 더 좋습니다.
＊alto ahí 거기 서!(영 stop there!)

③ **ver al ladrón salir**

지각 동사 ver는 영어와 마찬가지로 동사원형, 현재분사, 과거분사, 형용사와 함께 사용할 수 있습니다.

Veo a Lola hablar con José.	나는 롤라가 호세와 말하는 것을 본다.
Veo a ese matrimonio llorando por la pérdida de su amor	난 그 부부가 그들의 사랑의 상실 때문에 울고 있는 것을 본다.
La veo muy contenta.	그녀가 매우 행복해 보인다.

＊contento 만족한, 행복한

④ **haré todo lo que (usted) diga** 당신이 말할 모든 것을 하겠습니다

lo que diga는 '당신이 무엇을 말하든지 간에(영 whatever you say)'의 뜻으로 아직 말하지 않은 상황에서 무엇을 말하게 될지는 확실히 정해진 것도 없고 미리 알 수도 없기에 접속법이 사용되었습니다. 접속법을 사용해야 하는 문장을 이렇게 하나씩 배워 갑니다.
＊haré cuanto me pida. 당신이 제게 뭘 요구하든 다 할게요.

Comprensión auditiva

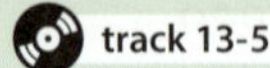

F La costa surcoreana se tiñe de negro. El crudo vertido al mar tras la colisión entre un petrolero y un carguero en Corea del Sur afecta ya a cerca de 13 kilómetros de costa y la mancha avanza rápidamente por los fuertes vientos en la zona. Se calcula que en total se han vertido al mar alrededor de 10.500 toneladas de petróleo. El crudo cubre ya la arena de alguna de las playas más famosas de la región y amenaza otras zonas turísticas y pesqueras. Las condiciones meteorológicas, con fuertes vientos y gran oleaje, complicaron las labores de limpieza. La peor catástrofe de la historia en Corea del Sur mantiene movilizados no solo a las autoridades sino también a los vecinos que participan en las tareas de limpieza con todos los medios a su alcance. El vertido puede olerse hasta a un kilómetro de distancia.

surcoreano 남한의, 남한 사람 *norcoreano 북한의, 북한 사람 | **teñir** 염색하다 | **teñirse de negro** 검은 색으로 물들다 *teñirse el pelo 머리를 염색하다 | **crudo**(m) 원유, 날것의 | **verter** 흘리다, 붓다, 쏟다 | **vertido** 유출된(흘려진), 흘림, 엎지름, 유출(m) *derramar 흘리다 *derrame(m) cerebral 뇌출혈 | **tras** ～ 뒤(후)에 | **colisión**(f) 충돌 | **petrolero**(m) 유조선 | **carguero**(m) 화물선 | **mancha**(f) 얼룩 *기름띠 → mancha de petróleo, marea negra(대규모) | **calcular** 계산하다, 추정하다 | **en total** 통틀어 | **alrededor de** 대략, ～경에, ～ 주위에 | **tonelada**(f) 톤 | **cubrir** (영)cover | **amenazar** 위협하다 | **pesquero** 어업의, 어선 *pescador/ra 어부 | **oleaje**(m) 계속되는 파도 | **complicar** 복잡하게 만들다 *complicación(f) 뒤얽힘, 합병증 | **labor**(f) 노동 | **limpieza**(f) 청소, 깨끗함 | **catástrofe**(f) 재난(= el desastre, la calamidad, el siniestro) | **al alcance de** ～의 미치는 곳에 | **oler** 냄새를 맡다(vt)(본문 se 수동), (+a) ～ 냄새가 나다(vi) | **a un kilómetro de distancia** 1km 거리에(서) *contaminación del aire / contaminación atmosférica 대기오염 *atmósfera(영 atmosphere) *marítimo 바다의, 해양의 *oreja(f) marina 전복 *marinero(m) 선원, 뱃사람 | **alud**(m) / **avalancha**(f) (영)avalanche

① **mantiene movilizados no solo a las autoridades**
　　동사　　　　보어　　　　　　　　목적어 (여성형)

sino también a los vecinos
　　　　　　목적어(남성형)

목적어가 남성, 여성이 동시에 사용되어서 보어 movilizado를 남성으로 일치시켰습니다.

1 알맞은 단어를 〈보기〉에서 찾아 빈칸에 써 보세요.

〈 보 기 〉

escalofríos	oídos	tapada	gripe	garganta
derecho	inconsciente	fiebre	muelas	cuerpo

① Me duelen los (   ).
귀가 아파요.

② A mi esposa le duelen las (   ).
아내가 이가 아파요.

③ Me duele todo el (   ).
몸살이에요.

④ Al cantante le duele la (   ).
가수가 목이 아프다.

⑤ Tengo mucha (   ).
열이 많이 나요.

⑥ Tengo la nariz (   ).
코가 막혀요.

⑦ Mi yerno está (   ).
내 사위가 의식이 없습니다.

⑧ Mi cuñado tiene (   ).
매형(처남, 시아주버니, 제부, 시동생)이 오한이 난대.

⑨ Tengo (   ).
독감이에요.

⑩ El director general se rompió el brazo (   ).
대표이사가 오른쪽 팔이 부러졌습니다.

2 다음 문장을 스페인어로 써 보세요.

① 나 좀 여기서 꺼내 줴! (내게) 밧줄을 내려 줘. 너무 깊어. 그니까 어제 내가 증조할아버지가 계신 동굴로 가는 길을 찾다가 길을 잃었어. 아버지가 내게 동굴까지 가는 데 대략 3시간이 걸릴 거라고 말씀하셨지.

② 롤라에게 물어보렴. 그 애가 너보다 더 경험이 많으니까. 너도 알다시피, 체벌은 아무짝에도 쓸모가 없단다. 네가 현실에 눈을 떠야 해. 만일 누군가 널 돕기 위해 손을 내민다면 넌 도움을 받기 위해 이를 받아들일 줄 알아야 할 거야.

③ 밧줄을 꼭 잡아라. 천장이 무너질지도 모르니까. 잔해 속에 깔린 루이스의 시체를 찾기가 쉽지는 않을 거야.

④ 주부들은 가족의 도움 없이 많은 집안일을 하면서 사흘간의 연휴를 지낸 뒤에 우울증에 시달리는 경향이 있다. 이 아주머니의 경우 새우와 오징어를 튀기면서 왼쪽 손을 데었다.

⑤ 호세야, 너 무슨 일이야? 왼쪽 눈이 충혈됐네. 피곤하니? 그리고 오른쪽 눈에는 멍이 들었네. 누가 때렸어? 어떻게 자전거를 타다 옆으로 넘어질 수가 있어, 그래? 조심했어야지.

⑥ 그 두 명의 살인자들은 엄청난 영향력이 있는 정치인을 죽였음을 깨달았고 살인 증거가 될 수 있는 모든 것을 태웠다. 그러나 갑자기 벽에 난 갈라진 틈으로 뱀 한 마리가 입에 악어를 물고 들어왔다. 그 둘은 쩔쩔매며 문을 향해 뛰기 시작했다. 그러나 바닥에 놓인 시금치로 인해 미끄러져 버렸고 뒤로 자빠졌다.

⑦ 시간 문제였다. 눈 깜짝 할 사이에 폭탄이 터졌다. 그리고 많은 인질들이 중상을 입게 되었다. 다행히도 아이들은 가벼운 부상만을 입었다. 결국 납치범들은 단념하고 정부에 엄청난 액수의 몸값을 요구하는 걸 그만두었다. secuestrar, raptar 납치하다

⑧ 눈사람과 더불어 인형 때문에 우리는 가장 사랑스러운 딸 앙헬라를 머리에 떠올리게 된다. 사실 1년 반 만에 그 비극적인 과거를 잊기란 쉽지 않다. 맨발로 들꽃 사이를 거닐면서 우리는 옛날처럼 딸과 함께 살고 있음을 느낀다.

⑨ 엄마, 왜 전화기를 꺼 놓으셨어요? 아빠도 지금까지 저에게 답이 없어요. 두 시간 전부터 아빠한테 계속 전화하고 있는데 말이죠. 있잖아요, 페데리꼬가 나도 모르게 정원에 나가서 가운데 있는 나무에 기어 올라갔어요. 지금, 엄마, 걔가 가지에 매달려 있는데 가지가 부러질 것 같아요.

⑩ 그 여자는 앞에 그리고 아들은 뒤따라가고 있었다. 별안간 여자는 뭔가 안 좋은 일이 그들에게 닥칠 것을 느꼈다. 왜냐하면 구름이 끼면서 천둥이 두 번 쳤기 때문이다. 멀리서 치는 번개를 보자 여자는 등을 돌렸고 곰 한 마리가 아들을 물려는 찰나에 있는 것을 보았다. 여자는 소리쳤고 곰과 아들을 향해 뛰기 시작했다. 그리고 미친 여자처럼 그녀는 그 야생 짐승을 두들겨 팼다.

¿De dónde sopla el viento?

바람이 어디서 부니?

스페인 풍력에너지(energía eólica)

¿Contra el viento?

바람을 거슬러서?

¡Marchando viento en popa!

순풍에 돛을 단 듯이 잘되어 가면서!

Photo by nito / Shutterstock.com

Las comunicaciones (1)

커뮤니케이션 (1)

Yo soy todo oídos.

귀를 쫑긋 세워 듣는다고.

Diálogo 1

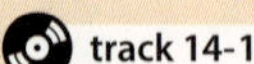

M   Oiga...

F   Diga... ¿Quién es?

M1   Soy Jaime. ¿Podría hablar con el Sr. Martínez?

F   Espere un momento, por favor. Ya se pone.

....

M2   Diga... ¿Con quién hablo?

F2   ... Es que le llamo para saber si puede asistir al taller pasado mañana.

oiga 여보세요(전화를 걸거나 전화 통화 중 말을 붙이기 위해 또는 주의를 끌 때 사용)

diga 말하세요, 여보세요 (전화 받는 이)

dígame 나에게 말하세요, 여보세요(전화 받는 이)

hola / bueno(멕시코) (전화를 받으며) 여보세요

¿Quién habla?(AmL)(전화) 누구세요?

Vocabulario

espere 기다리세요 *eso espero 그러기를 바란다(영 I hope so) espero llegar a tiempo 난 제때 도착하기를 바란다(영 I hope to arrive on time) | **si** ～인지, ～라면 | **asistir a** ～에 참석하다 | **taller**(m) 워크숍, 작업장, 카센터(= *taller de coches), 수리소(~ de reparaciones) *seminario(m) 세미나, 신학교 *escuela(f) normal 사범학교 *academia(f) militar 사관학교 *foro(m) 포럼 *dar una conferencia 강연을 하다 *autoescuela(f) 운전 학원

Gramática

① 복습 가능법(영 would)

부드럽고 정중성을 담은 표현

¿Podría hablar con la madre de Pablo?	제가 빠블로의 어머니와 말할 수 있을까요?
¿Podría decirme cómo se va a la piscina?	수영장으로 어떻게 (사람들이) 가는지 말해 줄 수 있나요?

바람에 대한 표현

Me gusta hacer flexiones de brazos. 영 I like (to)	저는 팔굽혀펴기 하는 것을 좋아합니다.
Me gustaría hacer abdominales. 영 I would like to	저는 윗몸일으키기를 했으면 하는데요.

② **ya se pone**

직역하면　(él)　ya　se　pone
　　　　　　　　　　영 himself 영 put

그가 곧 자신을 (전화 통화에) 놓는다 = 곧 전화를 받을 거예요 = 바꿔 드릴게요

＊Ya te paso con Andrés. 안드레스를 바꿔 주마. / 안드레스 쪽으로 연결해 줄게.

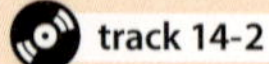
track 14-2

Diálogo 2

M Buenas tardes, departamento de márketing, Carlos al habla.

F Mmmm... perdón, ¿con quién hablo?

M Habla con Carlos Sánchez, jefe del departamento de márketing.

F Buenas tardes. Es que quiero hablar con el Sr. López.

M Ah, en este momento él no está aquí. Tal vez esté en la fábrica o en la oficina central.
Estará aquí dentro de una hora. ¿Quiere dejar algún recado?

F Bueno, entonces, ¿puede decirle que me llame? Mi nombre es Juana Martínez y mi número de teléfono es el 123-45-67...

departamento(m) **de márketing** 마케팅 부서
OOO al habla
(전화) OOO입니다.
(영 OOO speaking)
fábrica(f) 공장
fabricado en 영 made in
impreso en 영 printed in
rellenar un impreso de beca 장학금 신청서(용지)에 기입하다
recado(m) = **mensaje**(m)
메시지

departamento(m) 부서, 과, 아파트(AmL 일부) | **perdón**(m) 영 pardon ***pedir perdón a** sb **por** sth / **disculparse con** sb **por** sth ~에게 ~에 대해 사과(사죄)하다 *presentar sus disculpas 또는 ofrecer sus excusas a sb por sth ~에게 ~에 대해 사죄하다 *le ruego (que) me disculpe 제 사과를 받아 주세요 (영 please accept my apologies)

① 축소사 / 증대사

외형적으로 보여지는 것이 작다거나 사랑스러움, 깜찍함, 경멸 등을 표현하기 위해 단어의 어미를 바꾸어 그 느낌을 전합니다. 여러 형태의 축소사가 있고 성이 바뀔 수도 있습니다.

ahora	지금	→ ahorita	pájaro	새	→ pajarito, pajarillo
hijo	아들	→ hijito	beso	키스	→ besito
hija	딸	→ hijita	enano	난장이	→ enanito
Juan	환	→ Juanito	pueblo	마을	→ pueblito, pueblecillo

마찬가지로 외형적으로 보여지는 것이 크다거나 강한 느낌, 경멸성 등을 표현하기 위해 증대형을 사용합니다. 여러 형태의 증대사가 있습니다.

cuchara	숟가락	→ cucharón(m) 국자
fiesta	파티	→ fiestón(m) 영 huge party
golpe	타격	→ golpazo(m)

② "아마도"에 해당하는 tal vez, quizá(s), acaso, probablemente 등은 접속법/직설법 둘 다 사용이 가능하고 a lo mejor는 직설법만을 사용합니다.

> Tal vez mi supervisor me regale 또는 regala un libro.
> 아마 나의 관리자가 내게 책 한 권을 선물할지도 모른다. (regale 선호)
>
> Probablemente el acusado confiese 또는 confesará ser culpable.
> 아마 피고인은 유죄임을 인정할 것이다.

*confesar 고백하다, 자백하다 | confesarse 고해하다
*pecado 죄악(영 sin) | delito 죄 | delincuencia juvenil 청소년 범죄

③ **¿puede decirle que me llame?** → decir que 용법

전달 기능: ~라 말하다 영 say that...

¿Qué le dice el director?	부장이 무엇을 당신에게 말하던가요?
Me dice que el ascensor no funciona.	내게 말하기를, 엘리베이터가 고장이랍니다.

지시 기능: ~에게 ~하라고(＋접속법) 말하다 영 tell sb to inf.

Me dice que estudie mucho.	내게 열심히 공부하라고 하더군.
Dígale que me llame.	내게 전화하라고 그에게 말하세요. → [직역] 나를 부르라고
¿Puede decirle que me llame?	내게 전화하라고 그에게 말해 주실 수 있나요?

Diálogo 3

M Quiero hacer una llamada a cobro revertido a Corea del Sur.

F₁ ¿Cuál es el número?

M 02-337-1762

F₁ ¿Puede repetirlo, por favor? No le oigo bien... Bueno, un momento, por favor.

M ... oiga, ¿puedo hablar con Su Mi?

F₂ Sí, soy yo.

Vocabulario

repetir 반복하다(= reiterar) *repetición(f) 반복 *reptidas veces = reiteradamente = repetidamente 반복적으로 | **le** 당신을 | **oír** 듣다 (직–현 oigo, oyes, oye, oímos, oís, oyen)

Gramática

① **¿cuál es el número?** 번호가 무엇입니까?

여러 번호들 중에서 골라야 하기 때문에 cuál을 사용했습니다.

② **no le oigo bien** 당신을 잘 듣지 못 합니다 = 잘 안 들려요

전화번호 읽기

123–45–67	uno–veintitrés–cuarenta y cinco–sesenta y siete
	ciento veintitrés–cuarenta y cinco–sesenta y siete
	uno–dos–tres–cuarenta y cinco–sesenta y siete
	uno–dos–tres–cuatro–cinco–seis–siete
△△△-98-02	△△△-noventa y ocho-cero-dos

Diálogo 4

Estás equivocado
네가 틀렸어

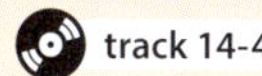
track 14-4

aló(남미 콜롬비아 등) 여보세요
venta 판매
 en venta/a la venta
 팔려고 내놓은(**영** for sale)
 salir a la venta 판매되다
línea 라인(**영** line)
 hacer cola 줄을 서다
 colarse 새치기하다
 han cortado la línea
 = se cortó la línea
 전화가 끊어졌다
 *중남미에서는 문장에 따라
 현재완료 대신 부정과거를
 더 많이 사용함.

M₁ Aló.

F Hola. Comuníqueme con el gerente de ventas, por favor.

M₁ Se ha equivocado de número.

F Lo siento.
... Oiga, ¿puedo hablar con el director de ventas?

M₂ Ahora está hablando en otra línea. ¿Quiere esperar?

F Mmm... No, gracias. Mejor le llamo más tarde.

Vocabulario

comunicar 전달하다, 연결시키다 (접-현 comunique, comuniques, comunique, comuniquemos, comuniquéis, comuniquen) *comunicado(m) 성명서 | **equivocarse de** ~에 대해 착각하다 | **más tarde** 더 늦게, 나중에

Gramática

① **comuníqueme con ~**
중남미에서 쓰는 표현으로 직역하면 '(당신이) ~와 나를 전화 연결시켜 주세요'가 됩니다.

② **(Ud.) se ha equivocado de número.** (당신은) 번호에 대해 착각하셨습니다.
p.p.는 haber 동사 바로 뒤에 오는 경우를 제외하고는 형용사처럼 성·수가 변화됩니다.

He estado en América Latina.	나는 중남미에 있어 본 적이 있어.
¿Todavía no han llegado las mercancías?	상품이 아직 도착하지 않았나요?
La línea está ocupada.	통화 중입니다.
Está comunicando.	(전화가) 통화 중입니다.(Esp)

La Declaración Universal de los Derechos Humanos
세계 인권 선언

track 14-5

M Artículo 1

Todos los seres humanos nacen libres e iguales en dignidad y derechos y, dotados como están de razón y conciencia, deben comportarse fraternalmente los unos con los otros.

F Artículo 2

Toda persona tiene todos los derechos y libertades proclamados en esta Declaración, sin distinción alguna de raza, color, sexo, lengua, religión, opinión política o de cualquier otra índole, origen nacional o social, posición económica, nacimiento o cualquier otra circunstancia. Además, no habrá distinción alguna fundada en la condición política, jurídica o internacional del país o territorio de cuya jurisdicción dependa una persona, tanto si se trata de un país independiente, como de un territorio bajo administración fiduciaria, no autónomo o sometido a cualquier otra limitación de soberanía.

M Artículo 3

Todo individuo tiene derecho a la vida, a la libertad y a la seguridad personal.

F Artículo 4

Nadie estará sometido a esclavitud ni a servidumbre; la esclavitud y la trata de esclavos están prohibidas en todas sus formas.

M Artículo 5

Nadie será sometido a torturas ni a penas o tratos crueles, inhumanos o degradantes.

F Artículo 6

Todo ser humano tiene derecho, en todas partes, al reconocimiento de su persona ante la ley.

ser humano(m) 인간 | **dotado de** ~를 장착한, 갖춘(혱 equipped with) | **comportarse** 행동하다 (= portarse) | **conciencia**(f) 양심, 인식 *tener la conciencia limpia 양심에 비추어 부끄럽지 않다 *me/le remuerde la conciencia (por) 나는(그는) ~ 때문에 자책감이 든다, 양심의 가책을 받는다 *actuar/obrar en conciencia 양심껏 행동하다 | **fraternalmente** 우애 있게 | **toda persona** 모든 사람(= todas las personas 모든 사람들) | **proclamado** 선언된, 공포된 | **alguno** 어떤 *명사 뒤에서 부정어로 사용되어 ninguno 의 뜻으로 번역됨. | **índole**(f) 성질 | **origen**(m) 기원, 출신 | **nacional** 민족의, 국가의 | **posición**(f) 위치, 입장 (= postura) | **circunstancia**(f) 요인, 상황, 사정, 처지(주로 pl) | **fundado** 근거한, 창설된 *infundadamente 근거 없이 | **jurídico** 사법상의 | **jurisdicción**(f) 사법적 관할 | **depender de** ~에 의존하다 | **tanto ~ como ~** ~도 ~도(긍정문에 사용) | **se trata de** ~에 대한 것이다(혱 it's about 무인칭 표현) | **independiente** 독립적인 *candidato independiente 무소속 후보 | **bajo administración fiduciaria** 신탁통치하에 | **autónomo** 자치를 누리는 | **someter** 굴복시키다, ~에 처하게 하다 (전치사 a 사용) | **limitación**(f) 제한, 한정 | **soberanía**(f) 주권 | **individuo**(m) 개인, 개체 | **esclavitud**(f) 노예 신분, 노예 상태 | **servidumbre**(f) 예속, 노예 상태 | **trata**(f) (노예 등의) 매매 | **tortura**(f) 고문 *tortuga 거북 | **trato**(m) 대우, 취급 | **inhumano** 비인도적, 비인간적 | **degradante** 인간 이하의, 품위를 손상시키는, 모욕적인 | **persona**(f) 자신, 사람

① (dotados) como están (dotados) de razón y conciencia
~이므로

문장이 도치된 것으로 보면 됩니다.

② los unos con los otros 서로들에게

전치사를 a가 아니라 con을 사용한 이유는 '~와 함께 있을 때, ~를 가지고' 우애 있게 행동해야 하는 문장이 성립되어야 하기 때문입니다.

Ella es amable con Pedro.	그녀는 뻬드로에게 친절하다.

1 다음 문장을 스페인어로 써 보세요.

① A: 전화하신 분은 어디시죠(de parte)?
　　B: 저는 뻬드로라고 합니다.

____

② 네 지금 통화(llamada) 연결해(pasar) 드릴게요.

____

③ 마리오를 바꿔 줄게(pasar). / 마리오에게 전화 연결해 줄게.

____

④ 전화 좀 받아라(contestar)!

____

⑤ 전화 끊지 마세요(colgar).

____

⑥ 부재 중 통화(llamada perdida)가 찍혀서 전화했는데요(contestar).

____

⑦ 여기에는(por aquí) 마리오라는 사람 없습니다(no hay). 잘못 거셨어요(equivocarse).

____

⑧ 그런(tal) 이름을 가진 사람은 여기 없습니다.

____

⑨ 내 애인이 내 전화(llamada)를 안 받아(recibir). 나한테 화 났나 봐.

____

⑩ 전화 끊으세요(colgar). 나중에 제가 걸게요(걸 거니까요).

____

⑪ 내가 그녀에게 두 번 전화했는(telefonear)데 받지(contestar) 않았다. 전화 답(devolver)을 하지 않아.

____

⑫ 문자(mensaje)를 보냈는데 답이(responder) 없어!

⑬ 무슨(para qué) 용무로 전화하셨나요?

⑭ 성함(apellido)과 전화번호 좀 말씀해 주실래요(dar)?

⑮ 전 빼 주세요!

⑯ 저도 같이 껴 주세요!

⑰ 로뻬스 씨와 통화하려는데 부탁드립니다(poner).

⑱ 호세에게 전화 받으라(ponerse)고 해!

⑲ 장난 전화하지 마라, 혼난다.

⑳ 도착하면 꼭 전화해!

¡Feliz Navidad!

메리 크리스마스!

크리스마스 트리(árbol de Navidad) / 동방박사

대부분이 가톨릭 국가인 중남미에서 크리스마스는 중요한 축일 중 하나입니다. 아이들은 1월 6일 동방박사의 날el Día de los Reyes (공현축일Epifanía)에 선물을 받기도 합니다.

Noche de paz(고요한 밤 거룩한 밤)

Noche de paz, noche de amor,

Todo duerme en derredor.

entre sus astros que esparcen su luz

bella anunciando al niñito Jesús

Brilla la estrella de paz

Brilla la estrella de paz.

Noche de paz, noche de amor

Todo duerme en derredor

Solo velan en la oscuridad

Los pastores que en el campo están;

Y la estrella de Belén

Y la estrella de Belén

Lección 15

Las comunicaciones (2)

커뮤니케이션 (2)

Yo soy una tumba.

난 입이 무거워.

Diálogo 1

M Entonces, envíeme un correo electrónico, por favor.

F Sí, voy a mandárselo pasado mañana. ¿Podría avisarme en cuanto lo reciba?

M ¡Claro! No se preocupe. Y no se olvide de adjuntar el archivo sobre El Proyecto 21 en su e-mail.

F ¡Vale! ¿Cuál es su dirección electrónica?

M Mi dirección electrónica es hispano@anamail.com. Repito, h-i-s-p-a-n-o arroba anamail punto com.

F Por otro lado, mándeme un archivo sobre todo este anuncio, por favor.
Lo necesito para luego hablar con el director ejecutivo.

email(m)[이메일] 이메일
adjuntar 첨부하다
archivo(m) 파일
dirección(f) **electrónica**
  이메일 주소
  cuenta(f) de correo
  이메일 계정
  borrador(m) 임시 저장함,
  초안, 지우개
  bandeja(f) de entrada
  받은 편지함
  @ [아로바] 골뱅이(= arroba)
  . [뿐또] 점, 닷(영 dot)

Vocabulario

mandar 보내다, 명하다 *me han mandado antibióticos 내게 항생제를 처방해 주었다 | **respuesta**(f) 대답
*¡no me respondas! 말대답하지 마라! | **en cuanto** ~하자마자 | **vale** 영 OK | **preocuparse (por)** ~(에 대해) 걱정하다 *no tener ninguna preocupación 걱정거리가 없다 *problemas de dinero 돈 문제, 돈 걱정 | **olvidarse de** ~에 대해 잊어버리다 | **luego** 후에, 나중에(= después, 영 afterwards) | **director**(m) **ejecutivo** (남자) 전무이사(영 executive director, managing director)

Gramática

① **voy a mandár<u>se</u><u>lo</u> = <u>se</u> <u>lo</u> voy a mandar**

le lo (x)

3인칭 간목과 직목이 동시에 오면 간목이 se로 바뀝니다.

② **en cuanto (usted) lo reciba** 당신이 그것을 받자마자

습관이나 이미 발생한 행위인 경우는 직설법을 사용하고 미발생 행위인 경우는 접속법을 사용합니다.

③ **no se preocupe / no se olvide**

재귀대명사 se는 부정명령 시 동사 앞에 위치합니다.

no se preocupe = ¡tómelo con calma! 또는 ¡descuide!	[직역] 당신 자신을 걱정시키지 마세요 [의역] 걱정하지 말아요!

**Lo pasado,
pasado está**
다 지나간 일인데 뭐

Diálogo 2

Querido Pedro:

¡Hola, amigo mío!

Hace mucho tiempo que no te escribo. ¿Qué es de tu vida? Yo estoy muy bien. Mi mujer está embarazada. Tendremos un bebé dentro de tres meses. Estela te echa de menos. ¿Por qué no nos visitas durante las vacaciones de verano? ¡Por favor, si puedes hacerlo, sería genial! Bueno, Pedro, ¿cuánto tiempo hace que vives en México? Quizá tres años y medio, ¿cierto? ¿Te llevas bien con tus colegas? ¿Sigues bebiendo mucho? Je je je. Lo que pasa es que cuando tú vivías en Corea, tú y yo bebíamos soyu casi todas las noches, por eso tu esposa me odiaba tanto, ¿no es así? Sin embargo, yo extraño a tu familia. A propósito, muchas gracias por todos los regalos que le mandaste a mi sobrino, amigo mío, en verdad te agradezco ese lindo detalle. Antes él vivía en México y le gustaba vivir allí, así que él se alegró mucho de recibir tus regalos desde México. Él vivió 11 años en Guadalajara y por eso, de vez en cuando, nos habla de sus experiencias agradables e interesantes que tuvo en esa ciudad. Dice que le gustaba mucho la comida mexicana y que comía muchos dulces. Ah, el otro día yo comí chicharrón en casa de Ramón, un chico mexicano que trabaja aquí desde hace un año. Como tú sabes, ese muchacho es muy abierto y es una persona de trato fácil, mientras que tú eres todo lo contrario... ¡Es broma! Je je je.

Bueno, amigo mío, es hora de despedirme de ti. Estamos ansiosos por verte. Espero que nos visites este verano. Yo no estoy ocupado por esas fechas, así que estoy dispuesto a recibirte con los brazos abiertos y a pasar el tiempo contigo. ¡Hasta la próxima! :)

Saludos

Andrés

PD : Dale recuerdos de mi parte a Lola.

extrañar 그리워하다
(특히 AmL), 이상하다
a propósito 그런데 말이야,
일부러
el otro día 일전에
(영 the other day)
de trato fácil
같이 지내기 편한, 털털한,
수더분한
despedirse de
~와 작별하다
estar ansioso por/de
몹시 ~하고 싶다
(영 be dying to inf.)

vacaciones de verano 여름방학(휴가) | **genial** 굉장한 *본문 내용상 sería 또는 será genial 가능 |
odiaba 싫어하다(odiar = detestar)의 불완료 과거 (odiaba, odiabas, odiaba, odiábamos, odiabais,
odiaban) *el odio 증오 | **sin embargo** 그럼에도 불구하고(= no obstante) | **mandaste** 보내다 (mandar
부정과거 mandé, mandaste, mandó, mandamos, mandasteis, mandaron) | **en verdad** 정말로 |
agradecer ~를 고맙게 여기다 (직-현 agradezco, agradeces, agradece, agradecemos, agradecéis,
agradecen) | **lindo**(AmL) 아름다운 | **detalle**(m) 세부적인 것, 작은 부분에 신경 써 주는 일, (신경 쓴) 조그만
한 선물 | **así que** 그래서, ~하자마자 *se alegró mucho de (recibir) 또는 (haber recibido) | **dulce** 달콤
한(영 sweet), 캔디(영 candy) | **dulces** 달콤한 것들, 케이크나 페이스트리류 | **chicharrón**(m) 돼지껍질 튀김 |
mientras ~하는 동안에, ~하는 한 (이 경우 mientras 뒤에 que는 자주 생략) | **mientras que** ~하는 반면 |
contrario 반대의 | **broma**(f) 농담(짓궂은 장난) *chiste(m) 농담(재미있는 이야기) | **es hora de** ~할 시간이
다 | **hasta la próxima** 영 until the next time | **saludos** 인사, 안부(m)(pl) | **PD / P.D.** 추신(= posdata) |
dale 그에게 주어라 | **recuerdo** 기억, 추억, 기념품, 안부(m)(pl) | **de mi parte** 내 편으로의

① hace mucho tiempo que no te escribo

hace 기간 que 현재형: ~ 동안 ~하고 있다

Hace mucho tiempo que no te escribo.	네게 편지를 안 한지 오랜 시간이 됐구나.
Hace dos años que trabajamos en esta oficina.	우리는 이 사무실에서 근무한 지 2년이 됩니다.
¿Cuánto (tiempo) hace que vives en México? = ¿Desde cuándo vives en México?	너는 멕시코에 산 지 얼마나 되니?

Hace un año y medio que vivo aquí.
  = Vivo aquí desde hace un año y medio.
  = Llevo un año y medio aquí.
	나는 여기에 산 지 1년 반이 된다.

hace 기간 que 부정과거: ~ 전에 ~했다

Hace dos semanas (que) murió el dueño de la tienda. 2주 전에 상점 주인이 죽었다. *que가 생략되면 hace dos semanas는 보통 tienda 뒤에 위치함

② todo lo contrario (완전히) 반대되는 것 ← 중성정관사 lo + 형용사 또는 과거분사 = 추상명사

Lo más importante es...	가장 중요한 점은…

③ no estoy ocupado / estoy dispuesto

100% 미래시제로 맞추면 estoy → estaré이나 내용 이해에 무리가 없습니다.

Diálogo 3

F   Estimado señor López:

¿Cómo ha pasado el fin de semana? Hace dos semanas usted me dijo que había planeado llevar a su familia al campo para gozar de una vida sana. ¿Lo ha pasado bien con toda su familia en el campo? Espero que sí.

Por otro lado, le acuso recibo de su correo electrónico con fecha del 11 de octubre, en el cual decía que le gustaría, de momento, ver nuestros nuevos productos. Por lo tanto, nos preparamos para enviarle unas muestras por DHL en menos de una semana. Si está interesado en comprarlos en gran cantidad, estamos dispuestos a hacerle un descuento del 7%. Seguro que estos productos satisfarán a los consumidores de edades comprendidas entre los 30 y los 40 años.

Le agradezco de antemano la atención prestada y quedo a la espera de su respuesta.

Feliz inicio de semana

Atentamente

Kim Mi So

tacto(m) 촉감, 눈치, 요령 있음
 *intacto (영 intact)
estimado/a 존경하는,
 친애하는 *querido보다 격
 식 있는 표현
hace ~전에 (영 ago)
acusar 고소하다
 (영 accuse)
acusar recibo de
 ~ 받았음을 알리다(통신문)
muestra(f) 샘플
es (una) muestra de
 cariño 애정의 표시입니다
descuento(m) 할인
consumidor/ra 소비자
atentamente/atte.
 영 sincerely yours(통신문)

Vocabulario

planear 계획하다 | **sano** 건강한, 건전한, 몸에 좋은, 탈 없는 | **pasarlo bien** 영 have a good time | **espero que sí** 영 I hope so | **el cual** 관계대명사로 선행사 남성 단수(correo)를 받습니다. | **de momento** 지금으로서는 | **por lo tanto** 그래서(영 so, therefore) | **prepararse para inf.** ~할 준비를 하다 | **en menos de** ~의 (기간) 안에(영 within) | **cantidad**(f) 양 *calidad 질 | **7%**(siete por ciento) | **seguro** 확실히, 확실한, 안전한, 보험 *seguro que ~라는 것은 확실하다 | **satisfacer** 만족시키다 (직-미 satisfaré, satisfarás, satisfará, satisfaremos, satisfaréis, satisfarán) | **edad**(f) 나이 *la Edad Media 중세시대 *la Edad de Piedra 석기시대 *la Edad de(l) Hierro 철기시대 | **comprender** 이해하다, 포함하다(incluir) | **comprendido** 포함된 | **de antemano** 미리 | **prestar atención a** 관심을 기울이다 *llamar (mucho) la atención 관심을 (많이) 불러일으키다 | **quedar** ~에 있다, ~ 상태로 있다, ~가 남아 있다, 약속하다 | **a la espera de** 기다림에 | **inicio**(m) 시작

Gramática

① 복습 **(직설법) 과거완료 [había + p.p.]**

> Cuando él acudió a la cita, ya había oscurecido.
> 그가 약속한 곳에 갔을 때는(부정과거), 이미 어두워져 있었다(과거완료).
>
> *tener una cita a ciegas con alguien
>   누군가와 소개팅(영 blind date)이 있다

*a ciegas 맹목적으로

② 복습 **le gustaría inf.** 당신은 ~하고 싶다

| Nos gustaría hacer una excursión este sábado. | 우리는 이번 토요일에 소풍을 가고 싶어요. |

*¿A qué hora quedamos? 우리 몇 시로 할까?
*¿Cómo quedamos? 우리 어디서 몇 시로 할까?

¿Que no pasa nada?
아무 일도 없다고?

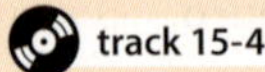
track 15-4

Diálogo 4

M Muy señores míos:

Nos complace comunicarles, por la presente, que ya se ha solucionado completamente el problema de las máquinas que embarcamos en agosto pasado. De hecho, hace más de 22 años que su empresa y nosotros mantenemos buenas relaciones comerciales. En este sentido, sentimos mucho que nuestro envío haya llegado dañado tanto en las 12 cajas de embalaje como en las máquinas. Esperamos que este inconveniente no afecte las buenas relaciones que hemos tenido hasta ahora.

Por otra parte, con respecto a la visita de los ingenieros de su empresa les rogamos que nos avisen cuándo visitarán nuestra fábrica de Busan para que pasemos a recogerlos al aeropuerto.

Muy atte.

Kim Mun Su, gerente de ventas para Sudamérica

que ~이니, ~라고
por la presente
본 서신을 통해
el presente 현재
embarcar 선적하다
embarcarse 승선(탑승)하다
unidad(f) 단위(영 unit)
embalaje(m) 포장
inconveniente(m) 지장,
문제(= problema)
recoger 영 pick up

complacer 기쁘게 하다 | **completamente** 완전하게 | **pasado** 지난, 상한, 과거 | **de hecho** 사실(형 in fact) | **mantener** 유지하다, 부양하다, (모임 등을) 열다 | **relación**(f) 관계, 연관 *복수 시 강세 탈락(relaciones) | **comercial** 상업적 | **sentido**(m) 의미(= significado), 감각(형 sense), 방향(= dirección) | **sentir** 유감이다, 느끼다(형 feel) | **dañado** 해를 입은 *defecto 흠, 결함 | **caja**(f) 박스, 계산대 *caja fuerte 금고 | **afectar** (부정적) 영향을 끼치다 | **visita**(f) 방문, (집에 온) 방문객 *visitante (마을, 박물관 등의) 방문객 | **rogar que + 접속법** ~해 주시기를 간청하다 | **avisen** 동사 avisar(알리다) 접속법 현재 | **recoger** 줍다, 거두어들이다, 챙기다 (접-현 recoja, recojas, recoja, recojamos, recojáis, recojan)

① 통신문에서 사용하는 형식을 갖춘 표현

Muy señor mío, estimado señor	Dear Sir
Muy señores míos,	Dear Sirs
Muy señora mía	Dear Madam

친밀한 관계일 때

querido Pedro	Dear Pedro
querida Yolanda	Dear Yolanda

② en agosto pasado = (en) el mes de agosto pasado

많이 사용함.

*el mes pasado 지난달에

③ sentimos que nuestro envío haya llegado dañado

sentir que + 직설법 : ~임을 느끼다
sentir que + 접속법 : ~을 유감으로 여기다

Siento no haber podido ir.	갈 수 없었던 게 미안하다.
Siento mucho lo que pasó.	그런 일이 생기다니 참 안 좋다.
Siento que pienses de esa manera.	네가 그런 식으로 생각하다니 유감이네.

Comprensión auditiva

M   Les escribo para decirles que ha habido un error en el pedido Nº 14 recibido el 20 de abril. Yo había pedido ropa para luego usarla durante mi viaje por algunos países de clima frío. Sin embargo, me han enviado ropa no deseada. El pedido constaba de los siguientes productos: un abrigo azul para hombre, unos vaqueros marca Likey y una gorra marrón. Por el contrario, he recibido una blusa roja para mujer, dos minifaldas, un cinturón muy llamativo y unos vaqueros marca Zeta. Quedé muy enfadado al recibir dichas prendas.

F   Como decía antes, el problema es que tengo planeado usarlos durante mi viaje y que yo salgo para el extranjero dentro de cuatro días, mejor dicho, el día 24 por la tarde. Así que espero que este error se solucione a la mayor brevedad posible para que yo reciba a más tardar el día 23 las mercancías que había pedido originalmente.

M   Creo que su empresa debe procurar que no se den casos como este. Pues, hace mucho tiempo que realizo compras por televenta, en particular, por el sitio web de su empresa. Es la primera vez que tengo un inconveniente. Y lo más lamentable es que haya sido demasiado grave dadas mis circunstancias. Espero que lo revisen todo con exactitud y que me envíen las mercancías según mi pedido. Por mi parte, acabo de mandarles de regreso las prendas equivocadas.

En espera de sus noticias, les saluda atentamente

José Merino

Vocabulario

reclamar 컴플레인하다, (권리 등을) 주장하다 | **pedido**(m) 주문, 요청(= petición) | **constar (de)** (로) 구성되다(= componerse de), 분명하다(= ser evidente) | **siguiente** 형 following | **gorra**(f) 야구모자(형 cap) | **marrón** 형 brown *castaño (머리카락, 눈) 갈색인 | **llamativo** 눈길을 확 끄는 | **marca**(f) 브랜드, 상표, 트레이드마크 | **prenda**(f) 의류, 옷 | **a la mayor brevedad posible** 가능한 한 빨리(= lo antes posible) | **originalmente** 원래, 독창적으로 | **a más tardar** 늦어도 | **procurar** inf. ∼하려고 애쓰다 | **procurar que** 접속법 | **en particular** 특히 | **sitio**(m) 사이트, 장소(= lugar), 포위(형 siege) | **inconveniente**(m) 지장, 문제, 부적절한 | **mercancía**(f) 상품 | **por mi parte** 내쪽에서는, 나로서는 | **de regreso** 되돌아감에 | **equivocado** 착각된 *Estás equivocado. 네가 틀렸단다. | **dado** 주어진(형 given) | **dadas mis circunstancias** 주어진 내 상황 또는 처지에서는

Gramática

① **tengo planeado usarlos** 나는 그것들을 사용하는 것을 계획해 가지고 있다

tener + 과거분사 + 목적어: ∼을 ∼해놓았다

② **lo más lamentable es que** + 접속법 → 가장 유감스러운 점은 ∼이다

중성 정관사 lo에 형용사 또는 과거분사가 사용되면 추상명사가 되고 비교급과 함께 사용되면 최상급이 됩니다.

③ **lo revisen todo** (당신들이) <u>모든 것을</u> 체크하다

revisar가 원형이고 본문에서는 접속법 현재로 사용되었습니다.

I ate it all. → Lo comí todo.	나는 그것을 몽땅 먹었다. 나는 <u>모든 것을</u> 먹었다.

1 다음 문장을 스페인어로 써 보세요.

① 지금 당장

② 즉시

③ 어제 오전에

④ 내일 오전에

⑤ 영구히 영 for good, eternally

⑥ 4주 안에 영 within four weeks

⑦ (현재로부터) 3일 되면, 3일 후에 영 in three days

⑧ (그로부터) 3일 뒤, 3일 후 영 three days later

⑨ 영원히

⑩ 주중에

⑪ 주 초에

⑫ ～ 3일 전에

⑬ 2시 안에

⑭ 겨울 말경에

⑮ 30세에

⑯ 정오쯤 hacia 이용

⑰ 아침 일찍이

⑱ 오후 중간경에

⑲ 그러는 사이에

⑳ 드물게

2 다음 문장을 해석해 보세요.

① hoy en día = hoy día

② hace apenas tres años

③ en pleno verano

④ el año próximo por estas fechas

⑤ cerca de las dos = a eso de las dos

⑥ en la década de los 90 = en los años 90

⑦ la década de 1990 = los años 1990

⑧ el primer semestre del año 2015

⑨ el segundo trimestre del año 2016

⑩ cada dos días = un día sí otro no

⑪ cada media hora

⑫ todas las noches = cada noche

⑬ tiene poco más de 30 años

⑭ tiene alrededor de 35 años

⑮ tiene cerca de 40 años

⑯ tiene 30 y tantos años

⑰ amanecer

⑱ atardecer

⑲ anochecer

⑳ oscurecer(= anochecer)

¿Qué es el arco iris?

무지개란 무엇인가?

Arco de colores que a veces se forma en las nubes cuando el Sol, y a veces la Luna, a espaldas del espectador, refracta y refleja su luz en la lluvia. También se observa este arco en las cascadas y pulverizaciones de agua bañadas por el Sol en determinadas posiciones.

- Real Academia Española (www.rae.es) -

당신이 일하게 될 분야는 혹시 색color과 함께하는 일은 아닐런지요. 음악música도 색도 언어의lingüístico 장벽barrera을 넘어 마음을 표현합니다. 자연naturaleza에 존재existencia하는 수많은numeroso 아름다운 색들을 찾아봅시다.

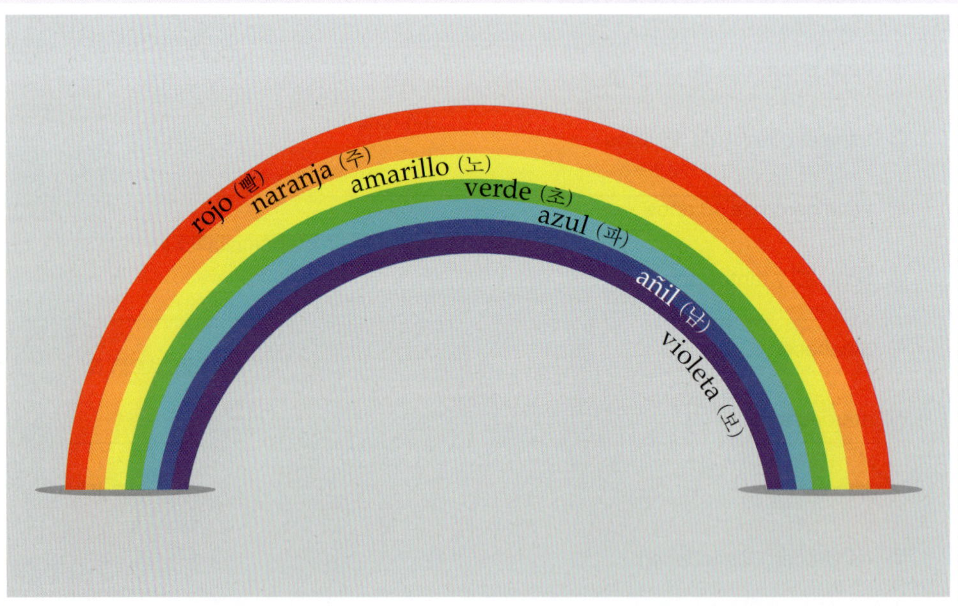

Photo by Iakov Filimonov / Shutterstock.com

Lección 16

La reunión

회의

Busca y encontrarás.

찾으라 그러면 찾을 것이다.

Diálogo 1

F   Señores, vamos a empezar la reunión de hoy. Siéntense, por favor.

M   Haga el favor de decirnos cuáles son los asuntos del orden del día.

F   Hoy vamos a hablar de tres asuntos : primero, mejorar los componentes; segundo, la retirada del modelo 90; y finalmente, la construcción de una segunda fábrica en Chile. Como ustedes ya saben, pensamos construir una segunda fábrica en Chile. ¿Qué les parece este último asunto?

M   Ante todo, vamos a evaluar los posibles riesgos. Es que tenemos que averiguar qué incentivos va a darles el gobierno chileno a los inversionistas extranjeros.

F   Parece que no podemos reducir mucho el coste de la mano de obra, considerando varios factores socioeconómicos. En primer lugar, tenemos que fijarnos en las relaciones laborales.

M   Creo que ahora nos costaría más establecer una fábrica debido a la subida de los precios de las materias primas, sin embargo, lo positivo es que...

orden(m) **del día** 의제
  (영 agenda)
agenda(f) 어젠다, 수첩
retirada(f) 리콜, 철수
incentivo(m) 인센티브
inversionista(m)(f) 투자자
inversor/ra 투자자
materia prima(f) 원자재
  crudo(m) 원유, 날것의

asunto(m) 문제(명 affair) | **componente**(m) 부품(= pieza) | **finalmente** 마지막으로(= por último), 결국 (= al final) | **construcción**(f) 건설 | **construir** 건설하다 | **último** 마지막의(명 last), 최신의(명 latest) | **ante todo** 무엇보다 | **evaluar** 평가하다 | **riesgo**(m) 명 risk | **averiguar** 알아보다(명 find out) | **obra**(f) 작품, 행위, 하기(명 doing), 토목공사 *ingeniero civil 남자 토목기사 | **factor**(m) 요인 | **socioeconómico** 사회·경제적인 | **en primer lugar** 첫째 | **fijar** 고정하다 | **fijarse** 주의를 기울이다 | **establecer** 설립하다, 설정하다 | **debido a** ~ 때문에, ~에 기인해 | **subida**(f) 오름(= el alza(f) 앙등)

① siéntense

sentarse(자신을 앉히다 = 앉다) 재귀동사의 ustedes 긍정명령이라 접속법을 사용하며 se(당신 자신들) 재귀대명사가 긍정명령 시 동사 뒤에 붙는 관계로 붙기 전 sienten의 e에 강세 유지를 위해 se가 붙으면서 강세 부호를 찍어 줍니다.

② haga el favor de ~ 부탁 좀 하겠는데요, ~해 주세요

hacer 동사 usted 명령은 접속법을 사용합니다.

Haga el favor de abrir la ventana.	창문 좀 열어 주실래요.
Hágame el favor de cerrar la puerta.	제게 문을 좀 닫아 주실래요.

＊haga 하세요, 만드세요

③ ¿qué les parece OOO? OOO이 당신들에게 무엇처럼 보이시나요?(어떻게들 생각하세요?)

¿Qué le parece esta casa? 이 집이 당신은 어때요?

Me parece bonita. (집이) 저에게 예쁜 것 같습니다.
＊주어 '집'이 생략되고 bonito는 집이 여성명사라 bonita로 성을 맞추었습니다.

Me parece que es bonita. 나에게 예쁘게 보여집니다.
＊que 이하, 즉 que (esta casa) es bonita가 주어입니다.

④ costaría 비용이 들 듯하네요

costar (비용이 들다)의 가능법(명 would) 시제입니다. 어감이 살짝 부드럽게 약해집니다.

¿Sería mejor decirles la verdad a mis padres?
부모님에게 사실을 말하는 것이 더 좋을 것 같아요?

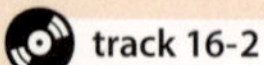

Diálogo 2

M₁ ¿Con qué asunto vamos a empezar el orden del día?

F₁ Sería bueno empezar con el presupuesto publicitario del nuevo celular que va a salir al mercado este verano.

M₂ Estamos planeando hacer un comercial contratando a un famoso futbolista local, y por eso necesitamos aumentar la cantidad presupuestada.

F₂ Para mí sería mejor la imagen de un o una artista del mundo del espectáculo.

M₂ Perdone, pero ya hemos decidido usar la imagen de un futbolista.

F₁ Entonces, ¿hay alguna pregunta al respecto?

presupuesto(m) 예산
mi presupuesto no me permite inf.
예산상 ~할 수 없다
comercial 상업의, 광고
(m)(일부 AmL)(형 ad)
anuncio(m) 광고, 알림
aviso(m)(일부 AmL) 알림, 광고
agencia(f) de publicidad
광고 회사
contratar ~을 (계약하여)
고용하다
contrato(m) 계약

publicitario 광고의 | **futbolista**(m)(f) 축구 선수 | **local** 현지의, 지방의, 점포(m), 영업소 | **aumentar** 증가하다(= incrementarse), 증가시키다(= incrementar) *aumento(= incremento)(m) 증가 ir en aumento 증가되어 가다 | **cantidad**(f) 양 *oveja(f) (동물) 양 | **presupuestado** 예산에 책정된 | **artista**(m)(f) 예술가, 연예인 *cantante 가수 *actor, actriz 배우 *músico/a 뮤지션 | **perdone** 동사 perdonar(영 excuse) Ud. 긍정명령 | **al respecto** 이에 관해 *tomar medidas al respecto 이에 관한 조치를 취하다 *tomar las medidas necesarias para ～하기 위해 필요한 조치를 취하다

① **decidir + 명사** = 영 decide sth

decidir + inf. = 영 decide to inf.

decidirse a inf. = 영 make up one's mind to inf.

Todavía no he decidido nada.	나는 아직 아무것도 결정하지 않았다.
Ella decidió salvar a los niños.	그 여자는 아이들을 구하기로 결정했다.
¿Ya has decidido ahorrar dinero?	너는 이미 돈을 절약하기로 결정한 거야?

② **pregunta 질문**

¿Puedo hacerle una pregunta?	제가 당신에게 질문을 하나 할 수 있나요?
Quiero hacerte dos preguntas.	나는 너에게 두 가지 질문을 하고 싶다.
Tengo una pregunta.	나는 질문이 하나 있어요.

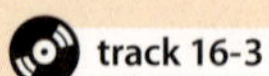

Diálogo 3

M1 De estos dos modelos, ¿sería más competitivo en el mercado peruano este modelo que aquel?

F1 Claro que sí. Lo que pasa es que tenemos que pensar en la competitividad global de nuestra empresa y por lo tanto...

M1 Es muy fuerte la competencia entre las empresas asiáticas por acaparar el mercado iberoamericano cuanto antes, sobre todo, en el campo de los electrodomésticos dotados de tecnología punta.

F2 A decir verdad, en este mercado, todavía son pocos los productos coreanos que tienen superioridad comparativa. Actualmente, el mayor atractivo de nuestros productos es solo el precio al por menor.

M2 Sin embargo, hoy en día estamos desarrollando nuevos modelos cada vez más competitivos y atrayentes.

M1 Tiene razón. Un diseño atractivo es otro punto fuerte. El problema es que debemos centrarnos más en el diseño.

competitividad(f) 경쟁력
competencia(f) 경쟁
acaparar 장악하다
electrodoméstico(m) 가전제품
desarrollar 개발하다, 발전시키다
desarrollarse 발전하다
diseño(m) 디자인

peruano/a 페루의(인) | **claro que sí** 당연히 그렇다 *claro que no 당연히 아니다 | **iberoamericano/a** (스페인어 또는 포르투갈어를 사용하는) 라틴아메리카의(= latinoamericano) | **cuanto antes** 가능한 한 빨리 | **dotado de** ~를 갖춘, 장착한 | **a decir verdad** 사실대로 말하자면 *decir la verdad 사실을 말하다 | **superioridad**(f) **comparativa** 비교 우위 *complejo(m) de inferioridad 열등감 | **mayor** 더 큰, 나이가 더 많은 | **atractivo**(m) 매력(적인) | **hoy (en) día** 오늘날 | **atrayente** 마음을 끄는(영 appealing), 매력적인 | **centrarse en** ~에 초점을 맞추다

① competencia por ~ ~에 대한 경쟁

동사 competir por : ~에 대한 경쟁을 하다

(직-현 compito, compites, compite, competimos, competís, compiten)

> Cinco candidatos compiten por el puesto, pero creo que Juan es el aspirante más capaz de los cinco.
> 5명의 지원자가 그 자리를 놓고 경쟁한다. 그러나, 내가 생각건대 그 다섯 중에서 환이 가장 능력 있는 지원자이다.

② el mayor atractivo 가장 큰 매력

> Esta caja es más grande que esa.
> 이 박스는 그것보다 더 크다.
>
> El representante afirma que Corea del Sur será la décima mayor potencia económica del mundo en un futuro cercano.
> 한국은 가까운 장래에 세계 열 번째 큰 경제 강국이 될 거라고 대표자가 단언한다.

③ cada vez

비교급과 같이 사용하면 '점점 더'의 뜻이 됩니다.

> Es cada vez más difícil criar a mis hijitos. Ellos son muy traviesos y no quieren estudiar. Por eso me siento cada vez más vieja.
> 내 자식 새끼들을 기르는 것이 점점 더 힘이 든다. 얘들은 아주 말썽꾸러기이고 공부를 하려고 안 해.
> 그래서 내가 점점 더 늙는 기분이야.

Diálogo 4

M1 ¿Cómo va lo de aumentar las líneas de producción?

F Ese asunto no es para la reunión de hoy.

M2 El objetivo de hoy es estudiar la posible venta de un segundo nuevo producto en el primer trimestre de este año.

M1 Perdone, digo eso porque tenemos que aumentar la línea de producción lo más pronto posible, pues el modelo anterior ha tenido mucho éxito. En lo que va del año, ha hecho furor.

F Es una buena noticia. Podemos prever que la venta total de este año ascenderá a 2.000 millones de dólares. Me parece que podemos entrar en Europa en un futuro cercano. Es hora de fortalecer la publicidad de nuestra empresa.

M2 Es una buena idea, pero todavía es prematuro expandir nuestras actividades comerciales al mercado europeo. Es urgente modernizar las instalaciones de producción, llevar a cabo una reestructuración drástica para aprovechar al máximo el personal, solucionar los problemas de la logística y crear la imagen ecológica de la empresa para atraer a los consumidores locales.

trimestre(m) 분기
trimestralmente
분기별로, 연 4회, 3개월마다
semestre(m) 반기, 학기
en lo que va del 또는
de año
금년 들어 지금까지
(영 so far this year)
hacer furor 히트를 치다
prematuro 시기상조의
llevar a cabo 실행하다
(= realizar)
ecológico 생태학적,
친환경의, 유기농의
ecologista = ambientalista
환경 운동가

Vocabulario

objetivo 목적, 객관적인(≠ subjetivo) | **prever** 예상하다 (직-현 preveo, prevés, prevé, prevemos, prevéis, prevén) | **ascender a** (총계) ~에 달하다(= cifrarse en), ~로 승진하다, ~로 승진시키다. ~에 오르다 | **mil millones** 십억 | **introducir** 도입하다, 끼워 넣다 | **cercano** 가까운 | **fortalecer** 강화하다 | **expandir** 확장하다 | **actividad**(f) 활동 | **urgente** 긴급한 | **modernizar** 현대화하다 | **instalación**(f) 설치, 장치, 시설(pl)(명 facilities) | **reestructuración**(f) 구조조정 | **drástico** 과감한 | **aprovechar** 이용하다 (명 take advantage of) | **al máximo** 최대로 | **personal**(m) 직원, 개인적인 | **logística**(f) 물류 | **atraer** 끌어당기다. (투자)유치하다

Gramática

① lo de aumentar

중성 정관사 lo를 이용한 용법입니다.

lo de ayer	lo de Lola	lo de aumentar
어제의 그 일, 어제의 것	롤라의 그 일	증가시키는 그 일

② es hora de inf. / es hora de que + 접속법 ~할 시간이다

Es hora de irnos.	우리가 (떠나)가야 할 시간이다.
Ya es hora de que te vayas.	자 네가 떠나야 할 시간이야.
*Es tiempo de tomar una decisión.	결정해야 할 시간이다.

회의 표현

ir al grano	명 get to the point 본론에 들어가다
ir al meollo de la cuestión	명 get down to the nitty-gritty 핵심으로 들어가다
estar en contra de / oponerse a	명 be against
estar a favor de / ser partidario de	명 be in favor of
¿En dónde se basa usted para decir eso?	명 What basis do you have for saying that?
¿Qué piensa usted del proyecto? = ¿Qué opina usted del proyecto?	명 What do you think about the project?
en mi opinión / a mi juicio	명 내 의견으로는 / 내 판단으로는
Hay algo que no puedo entender.	명 There is something that I can't understand.
en cierto modo	명 in a way
hasta cierto punto	명 to a certain extent, in a way
En este punto estamos de acuerdo contigo	명 We agree with you on this point
admito que...	명 I admit that…
¿Alguien tiene alguna objeción?	명 Does anyone have any objection?
No divague, por favor.	명 Don't ramble, please. 이리저리 말하지 마세요.
No entiendo lo que usted dice	명 I don't understand what you're saying.
Estoy de acuerdo con usted.	명 I agree with you.
tener / pedir / conceder 또는 ceder la palabra	발언권을 갖다 / 요구하다 / 주다

Comprensión auditiva

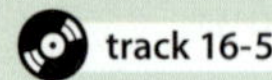

M La economía coreana casi no cuenta con recursos naturales y su mercado interno es pequeño. Al tener lo anterior en cuenta, el comercio exterior es el medio más importante para generar riqueza nacional. Hasta ahora nuestra economía ha crecido por medio de las exportaciones y su ingreso nacional bruto per cápita, que era de solo 80 dólares en el año 1960, ha alcanzado actualmente los 20 mil dólares gracias a la estrategia de industrialización orientada a las exportaciones. No obstante, más allá de la alcanzada era del comercio exterior por valor de un billón de dólares, Corea tiene muchas tareas pendientes para dar un gran salto y alcanzar los dos billones de dólares de volumen comercial en el futuro.

F Para ello, el país tendrá que mejorar sus políticas de apoyo al comercio internacional para enfrentarse activamente a la tendencia proteccionista y para descubrir y asegurar nuevos mercados. Dado que la recesión continúa debido a la crisis de la eurozona, los países desarrollados están reforzando el proteccionismo para generar empleos. En este sentido, para aumentar las exportaciones bajo esta tendencia proteccionista, Corea debe ampliar mercados comerciales estableciendo tratados de libre comercio y formar a expertos en conflictos comerciales para afrontarlos activamente.

recursos naturales(m)(pl) 천연자원, 부존자원 | **mercado**(m) **interno** 또는 **doméstico** 국내시장 |
lo anterior 앞의 사항 | **tener en cuenta** 고려하다 | **comercio**(m) **exterior** 대외무역 | **medio**(m) 수단,
가운데, 절반의(명사 앞), 평균의(명사 뒤) | **generar** 발생시키다, 창출하다(= crear) | **riqueza**(f) 부 *enriquecer
풍요롭게 하다 ≠ empobrecer 빈곤화시키다 | **ingreso**(m) 소득(영 income), 가입, 입금 *examen de ingreso 입학
시험 | **per cápita** 영 per capita | **estrategia**(f) 전략 | **industrialización**(f) 산업화 | **orientado a** ~로
방향이 잡힌 | **no obstante** 그럼에도 불구하고(= sin embargo) | **más allá de** ~ 넘어서(영 beyond) |
alcanzado 도달한 | **era**(f) 시대 *la era de la globalización 세계화 시대 | **por valor de** ~ 액수에 달하는
(영 to the value of) | **un billón** 1조 *뒤에 바로 명사가 오면 de 사용 | **pendiente** 매달린, 현안의, 귀고리(m)
(Esp) *arete(m)(AmL) 귀고리 | **salto**(m) 점프, 도약 *saltar 점프하다 | **soltar** 풀어 놓아주다 | **volumen**(m) 양, 볼
륨 | **ello** 중성 지시대명사 '그것' | **apoyo**(m) 지지, 지원 *apoyar 동사 | **enfrentarse a** ~에 맞서다, 직면하다
(영 face, face up to) | **activamente** 적극적으로, 활동적으로 | **proteccionista**(m)(f) 보호무역주의
(proteccionismo)의(자) | **recesión**(f) 불황, 경기후퇴 | **eurozona**(f) 유로존 | **reforzar** 강화하다 (직-현
refuerzo, refuerzas, refuerza, reforzamos, reforzáis, refuerzan) | **bajo** ~ 아래에 *bajo cero 영하 |
tratado(m) 협정, 조약(영 treaty) *acuerdo = 영 agreement | **afrontar** 대항하다, 맞서다

① **el ingreso era <u>de</u> 80 dólares** [직역] 소득은 80달러<u>의</u> (소득)이었다.

La temperatura mínima es <u>de</u> 20ºC.	최저온도는 20도<u>의</u> (최저온도) 입니다.

1 뜻이 같은 것끼리 연결하세요.

① de un (solo) golpe   •

② con antelación   •

③ en torno a   •

④ santo y seña   •

⑤ correr el riesgo de inf.   •

⑥ sacar partido de   •

⑦ grupo de trabajo   •

⑧ en el acto   •

⑨ dar una bofetada   •

⑩ ofrecerse a inf.   •

⑪ no estar para bromas   •

⑫ jactarse de   •

⑬ ocuparse de   •

⑭ alto el fuego   •

⑮ con toda el alma   •

• (a) 미리

• (b) ~를 중심으로, ~에 관해서, ~ 주위에

• (c) 한꺼번에, 한 번에(🔊 in one go)

• (d) 농담할 기분이 아니다

• (e) 즉시

• (f) 진심으로 *alma(f)

• (g) ~을 최대한 활용하다

• (h) (군대) 암호

• (i) 실무 그룹

• (j) ~의 위험을 무릅쓰다

• (k) 뺨을 때리다

• (l) 휴전, 정전(= cese de hostilidades)

• (m) ~를 자청하다

• (n) ~를 맡아 돌보다

• (o) ~를 뽐내다, 자랑하다

2 같은 뜻이 되도록 빈칸에 알맞은 말을 써 넣으세요.

〈 보 기 〉

punto   hueco   busca   mano   mismo
ostra   vela   buscado   realidad   debilidad

① Mi hija tiene (   ) por el chocolate.

내 딸은 초콜릿이라면 사족을 못 써.

② El jurado está a (   ) de dar a conocer su fallo.

심사원단이 심사 결과를 막 알리려는 상황이다.

③ Más vale pájaro en (   ) que cien volando.

남의 돈 천 냥이 내 돈 한 푼만 못하다.

④ En cuanto tenga un (   ), hablaré con tu padre.

짬이 나면 바로 네 아버지와 이야기를 하마.

⑤ Me aburrí como una (   ), je je.

난 정말 엄청 지루했어, 헤헤.

⑥ Nuestros sueños no siempre se hacen (   ).

우리의 꿈들이 언제나 현실로 이루어지는 것은 아니다.

⑦ Pasé la noche en (   ).

나는 밤샜다.

⑧ Ella no (   ) la fama.

그 여자는 명성을 추구하지는 않아.

⑨ (   )

수배 **형** Wanted

⑩ Ahora no pareces ser tú (   ).

너 같지 않다.

La civilización

문명

잉카제국의 수도, 꾸스꼬(Cuzco)

잉카문명은 남미 안데스산맥을 중심으로 16세기 초까지 번성한 문명으로 마추삐추가 대표적인 상징입니다.

태양의 피라미드(la Pirámide del Sol)

'태양의 피라미드'는 '신들의 도시'라 불리는 Teotihuacán에 있는 피라미드로 폐허가 된 이후 아스텍인들이 정착하면서 붙인 이름입니다. 아스텍인들은 유적의 웅대함에 압도되어 인간이 아닌 신들이 만든 곳이라 생각했기 때문이지요. 이 문화는 기원후 4~7세기가 전성기였습니다.

La presentación

프레젠테이션

Viviendo la época del capitalismo.

자본주의 시대를 살다.

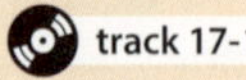

Diálogo 1

F Oye, Marcelino, ¿puedes explicarles a estas personas lo que son la mercadotecnia, el estudio de mercado y la cuota de mercado?

M Sí, con mucho gusto. En primer lugar, la mercadotecnia consiste en establecer una estrategia sobre la venta de mercancías mediante cuatro factores: el producto, el precio, el lugar y la promoción. Segundo, el estudio de mercado es conseguir información sobre lo que quieren y necesitan los clientes. Y finalmente, la cuota de mercado es el porcentaje de ventas que una compañía tiene con respecto al mercado. Además de estos tres conceptos, el lanzamiento de productos es la introducción de un producto en el mercado.

F Excelente, y, ¿cuál es la estrategia de marketing con respecto a un nuevo producto?

M Esta vez nuestro equipo quiere que este producto sea competitivo en el precio. Por supuesto, algunos están en contra de esta tendencia, pues ellos intentan tener éxito enfatizando la calidad insuperable de este producto. Pero vemos que podemos aumentar el número de consumidores destinatarios en gran medida si somos competitivos en el precio. Todo esto servirá de fundamento para mejorar la marca de nuestra empresa y para luego gozar de mucha popularidad, lo cual nos ayudará a lograr establecernos en el mercado latinoamericano y a acercarnos a todo tipo de consumidores.

F Es una buena idea, sin embargo, debemos tener en cuenta que su estrategia puede dañar nuestra imagen, relacionada con la marca de máxima calidad y de alto precio. Es algo arriesgado. Bueno, de momento, en su estrategia, ¿cuáles son las edades objetivo de los diferentes consumidores actuales sobre este tipo de producto?

M Actualmente, los consumidores tienen entre 30 y 50 años. Son consumidores con alto poder adquisitivo. Sin embargo, si contamos incluso con los consumidores de edades comprendidas entre los 20 y 30 años, podremos disfrutar de más fama y más popularidad, lo cual creará un ambiente más favorable para llevar a cabo una campaña publicitaria más agresiva en otros mercados.

---

estrategia(f) **de marketing** 마케팅 전략
= estrategia de comercialización
equipo(m) 팀, 장비
rumbo(m) 방향
  (= dirección)
consumidor(m) **objetivo** 타깃 소비자
objetivo 목표(m), 객관적인
  (≠ subjetivo)
campaña(f) **publicitaria** 광고 캠페인

mediante ~(수단)을 통하여(= por medio de)(형 by means of) | **promoción**(f) 프로모션, 홍보 활동 |
cliente(m)(f) 고객 | **porcentaje**(m) 퍼센티지 | **lanzamiento**(m) 론칭 *lanzar 발사하다 | **introducción**(f) 도
입 *introducir 도입하다 *presenter 소개하다, 제시하다 | ***comercialización**(f) 상업화 | **enfatizar** 강조하다
(= recalcar, subrayar, destacar, poner énfasis en) | **insuperable** 능가할 수 없는 | **destinatario/a** 수취
인 | **en gran medida** 상당히(형 to a great extent) | **servir de** ~로 도움(소용)이 되다 | **fundamento**(m)
토대, 근거 *fundación 창설, 재단 | **popularidad**(f) 대중성, 인기 | ***establecerse** 정착하다, 설립되다 |
acercarse a ~에 접근하다 | **tener en cuenta** 고려하다 | **dañar** 명 damage | **relacionado con**
~에 관계된 | **arriesgado / riesgoso**(AmL) 명 risky | **de momento** 지금으로서는(= por el momento) |
edad(f) **objetivo** 타깃 연령 | **objetivo** 목표, 객관적인 | **actual** 현재의 | **poder**(m) **adquisitivo** 구매력 |
contar con 가지다(= tener), 의지하다 | **comprendido** 포함된

① **... popularidad, lo cual nos ayudará...**

... popularidad, lo cual creará...

본문에서 lo cual은 앞 문장을 받는 관계대명사입니다.

② **lograr** 달성하다

lograr + 명사

> Este país va a lograr un alto crecimiento económico en un futuro próximo.
> 이 나라는 가까운 미래에 높은 경제 성장을 달성할 것이다.

lograr + inf. ~하는 데 성공하다

> Por fin, el partido gubernamental ha logrado llegar a un acuerdo con los partidos opositores.
> 마침내 여당은 야당들과 합의에 이르는 데 성공했다.

③ **심지어**

긍정문에서는 incluso / hasta를 사용하고 부정문에서는 ni siquiera / ni를 사용

> Mi hijo estudia mucho incluso en casa.
> 내 아들은 집에서도 열심히 공부한다.
>
> Hasta mi mujer sabe repararlo.
> 심지어 내 아내도 그것을 고칠 줄 안다.
>
> Amor mío, ¿ni siquiera me has regalado nada? ¿Tú me amas realmente? Hoy es nuestro aniversario de boda.
> 여보, 내게 아무 선물조차도 하지 않았네? 당신, 날 사랑하는 거야 정말? 오늘 우리 결혼기념일이야.

Proyectando el futuro
미래를 설계하면서

 track 17-2

Diálogo 2

M₁ ¿Cuál fue la cuota de mercado de la empresa competidora del año pasado?

F Fue de un 20%. Y representa el doble de la nuestra.

M Este año nuestras ventas han disminuido moderadamente, lo cual nos preocupa mucho.

F En el segundo trimestre del año, la situación mejorará gracias a un efecto publicitario positivo. Además, dentro de cinco meses lanzaremos una nueva marca de alta calidad. Haremos todo lo posible por crear algo así como un furor.

M ¿Cuál es el volumen total de ventas del nuevo producto que salió al mercado el año pasado?

F En lo que va de año hemos vendido 100.000 unidades.

competidor/ra 경쟁하는, 경쟁자
doble(m) 두 배(의)
　duplicar/doblar
　두 배로 하다
　él me duplica la edad
　그 애는 내 나이의 두 배야
moderadamente
　온건하게, 알맞게, 적당히
hacer 또는 **crear furor**
　히트를 치다, 폭발적인 인기
　를 얻다, 대유행이다
　exitazo(m) 대박
unidad(f) 단위, 1개
　(영 unit, unity)

caído 동사 caer p.p.(형 fallen) | **gracias a** ~ 덕분에 | **publicitario** 광고의 | **algo así como** 대충 ~ 같은 그런 것(영 something like) | **volumen**(m) 양, 음량 *bajar el volumen 볼륨을 낮추다 *subir el volumen 볼륨을 높이다 | **vendido** vender 과거분사 *vendedor 판매원

① **la nuestra** 우리의 (시장 점유율) 것

소유대명사로 la (cuota de mercado) nuestra에서 괄호 부분 생략하고 사용되었습니다.

② **100.000 unidades**

숫자 100은 뒤에 자기보다 큰 수 단위가 오면 ciento가 아닌 cien을 사용합니다.
cien mil unidades라고 읽습니다.
＊cientos de 수백의 ← 성 변화 없습니다.
  decenas de 수십의
  decenas de miles de 수만의
  centenares 또는 cientos de miles de 수십만의

Nos están pisando los talones
우리를 바싹 뒤쫓고 있다

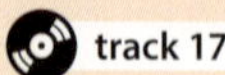 track 17-3

F En la actualidad, el nuevo televisor LED 3D ha tenido un gran éxito de ventas. Además, tenemos mucho interés en el nuevo modelo de nevera que va a salir al mercado dentro de poco.

M₁ Es una buena noticia. En Corea estamos promocionando este modelo, utilizando el concepto de "recién casados" como clientes objetivo.

F Es interesante. ¿Tiene este modelo elementos especiales?

M₂ Aquí tiene el folleto. Si usted echa un vistazo, verá que el modelo destacará por la modernidad.

M₁ ¿Cuál va a ser el precio al por mayor? Estimo que en los mercados locales, el éxito de este tipo de refrigerador dependerá mucho de su precio al por menor.

F Ahora estamos discutiendo la rebaja proporcional a la cantidad del pedido. Esperamos empezar la rebaja del precio desde unas 600 unidades.

televisor LED (en) 3D 3D LED TV
nevera(f)/**refrigerador**(m) /**frigorífico**(m) 냉장고
promocionar 프로모션을 하다
mercado(m) **objetivo** 타깃 시장
folleto(m) 브로슈어, 전단지
precio(m) **al por mayor** 도매가
precio(m) **al por menor** 소매가
baja(f) 하락
 baja médica 병가
 baja maternal 출산·육아 휴가

televisor(m) 텔레비전 (수상기) | **utilizar** 사용하다 | **echar** 던지다 | **vistazo**(m) 흘끗 봄 | **destacar**
두드러지다(= destacarse), 강조하다 | **destacar (por)** (~)로 두드러지다 | **modernidad**(f) 모던함
*lo moderno 모던한 점 | **sensible** 감성적인 | **estimar** 평가하다, 어림잡다, 존경하다 | **depender de**
~에 달려 있다 | **discutir** 논의하다, 말다툼하다 | **proporcional a** ~에 비례한 | **cantidad**(f) 양 | **pedido**(m)
주문 | **rebaja**(f) 인하, 할인(= descuento), 세일(pl)

① **los recién casados**

recién + p.p.: 막 새롭게 ~한

los recién casados	(갓 결혼한) 신혼부부
un recién nacido	갓난아이
los recién llegados	새로 온 사람들

＊recién llegado = 영 newly arrived

Estar bañado en sudor
땀으로 푹 젖었다

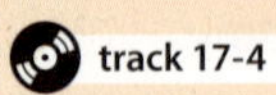
track 17-4

M Buenos días, señoras y señores. Me llamo Andrés López. Hoy me gustaría hacerles una presentación acerca de nuestro nuevo producto y su lanzamiento. Si ustedes tienen alguna pregunta, por favor, háganla al final de mi presentación.

Bueno, aquí les reparto unas notas. Yo empiezo la presentación en la cual trataré principalmente tres puntos. Primero, quiero hablarles del nombre de la marca de nuestro nuevo producto. Segundo, cuándo será lanzado al mercado. Y por último, les detallaré la estrategia para implementar la campaña publicitaria.

Para empezar, les comentaré brevemente las características del nuevo producto. Ante todo, este producto cuenta con tecnología punta, de ahí que los usuarios del mismo puedan disfrutar de muchos programas adquiridos en las tiendas de aplicaciones. Y con respecto a su aspecto, el producto viene en cinco colores, y además ustedes podrán admirar lo moderno y lo llamativo del producto. Sin embargo, lo que más impresiona del modelo es que el producto viene en dos formas, es decir, la forma redonda y la cuadrada. Así que los consumidores tendrán amplias opciones en cuanto a color y forma...

Y ahora permítanme hablarles del nombre de la marca. Tenemos planeado para decidir el nombre del producto invitar a todo el personal de la empresa a participar en un concurso con un premio para el mejor nombre, el cual deberá estar asociado con algo referente al fútbol...

Naturalmente esto quiere decir que el lanzamiento del producto se llevará a cabo poco antes de la Copa Mundial para crear entusiasmo y un ambiente emotivo con la imagen de nuestro producto...

En cuanto a la campaña publicitaria hemos planeado realizarla al mismo tiempo en los principales países hispanos objetivo. Será una campaña publicitaria muy agresiva para impresionar a todos los que ya están bastante desilusionados por las fallas de los productos de nuestros competidores...

Eso es todo. Muchas gracias por su atención. Ha sido un placer estar con ustedes y espero que esta presentación les haya sido útil para informarse bien acerca de este nuevo producto.

detallar 세세히 말하다
implementar 이행하다
tienda(f) **de**
 aplicaciones 앱스토어
redondo 둥근
cuadrado 네모난
 triangular 삼각형의
 rectangular 직사각형의
 diagnoal 사선의, 대각선의
 cono(m) 원뿔
 cucurucho(m) 아이스크림콘
 el Cono Sur
 명 Sothern Cone 칠레,
 아르헨티나, 우루과이
 (가끔 파라과이도 포함)

acerca de ~에 대하여 | **repartir** 분배하다 | **nota**(f) 메모, 핸드아웃, 점수 | **por último** 마지막으로 | **para empezar** 시작으로, 맨 먼저 | **comentar** 형 comment, tell *informar 알리다 | **brevemente** 간단히 | **característica**(f) 특징 | **de ahí que** 그래서 (뒤에 접속법 동반) | **adquirido** 동사 adquirir (형 purchase, acquire)의 과거분사 | **apariencia**(f) 외모, 외관 | **admirar** 찬양하다, 감탄하다, 놀라게 하다 | **lo llamativo** 패셔너블함, 스타일리시함 | **impresionar** 강한 인상을 갖게 만들다, 크게 감동시키다 | **es decir** 즉, 다시 말해(= a saber, o sea) | **amplio** 널찍한 | **opción**(f) 옵션 | **invitar a sb a** sth/inf. ~를 ~에 초대하다/~하도록 청하다 | **concurso**(m) 공모전, 콘테스트 | **premio**(m) 상 | **asociar** 결합시키다 | **poco antes de** ~ 직전에 | **entusiasmo**(m) 열광 | **emoción**(f) 흥분, 감격, 감정 | **desilusionar** 실망시키다 | **falla**(f) 흠, 결함 *fallo 판결, 심사 결과, 결함, 에러 | **informarse de** ~에 대해 정보를 얻다, 알아보다

① tenemos planeado... invitar

tener + ⟨p.p.⟩ + ⟨목적어⟩ : ~을 ~해놓았다   *p.p.와 목적어는 성·수 일치!

| Tengo confirmado mi billete. | 나는 티켓을 컨펌해 놓았다. |
| ¿Ya tienes pensado recorrer Europa? | 넌 이미 유럽으로 여행할 것을 생각해 두었니? |

② todos los que ya están desilusionados

관계대명사 el que는 복합관계대명사로 사용됩니다. 즉, 남성이나 남성형 명사가 이미 내포되어 있습니다. '~하는 사람(남자)' 또는 '~하는 사물(남성형)'로 해석됩니다.

> Pedro es el que tiene mucho dinero. 뻬드로는 돈 많은 사람이다.
> = Es Pedro el que tiene mucho dinero. (도치)
>
> ¡Tienes muchos libros! Quisiera leer el que está sobre la mesa.
> 너는 책이 많다. 난 테이블 위에 있는 것(책)을 읽고 싶다.
>
> (todos) los que ya están desilusionados
> 이미 실망한 상태에 있는 (모든) 사람들

③ espero que esta presentación les haya sido útil

주절에서 희망을 나타내는 esperar 동사가 사용되었으므로 직설법 현재완료(ha sido)가 접속법 현재완료(haya sido)로 변화해야 합니다.

Comprensión auditiva

Los números
숫자

track 17-5

F		
	200 millones	1.000 millones
	2.000 millones	20.000 millones
	200 mil millones	2 billones
	389 millones	78.100.505
	21.000 millones	1856
	579	56.700
	1492	20.305
	892	784 km
	541 hectáreas	0,56
	67gr	1%
	13 millas	3 m^2
	23 cm^2	46 m^3
	2016	554.565.575.855,2
	Son las 15:00h	el 97 % de los encuestados
	a las cero horas	las dos quintas partes

M		
	un tercio	3½
	las dos terceras partes	vigésimo
	trigésimo	cuadragésimo
	barra	
	entre paréntesis	
	entre comillas	
	guión	
	guión bajo	

Vocabulario

encuestado/a 설문조사 응답자 | **vigésimo** 20번째 | **trigésimo** 30번째 | **cuadragésimo** 40번째 | **barra (oblicua)** 슬래시(/) *멕시코에서는 la diagonal이라고 함. | **entre paréntesis** 괄호 안의( ) | **entre comillas** 인용 부호 내에(" ") | **guión**(m) 또는 **guion** 하이픈(–), 대본 | **guion bajo** 밑줄(__) (영 underscore)

Gramática

1.000	mil ← un mil (x)
21.000	veintiún mil
20.000	veinte mil
31.000	treinta y un mil
30.000	treinta mil
1.100.000.000	mil cien millones

1 뜻이 같은 것끼리 연결하세요.

① ¡Fuera de aquí!   •   • (a) 여기서 나가!

② ¡Largo!   •   • (b) 농담 반 진담 반으로

③ entre bromas y veras   •   • (c) 썩 꺼져 버려!

④ a la parrilla   •   • (d) 그릴(석쇠)에

⑤ trabajar como un burro   •   • (e) 말라서 뼈만 남았다

⑥ estar hecho un lío   •   • (f) 동전을 던져 정하다

⑦ estar en los huesos   •   • (g) 목숨을 걸다

⑧ en un abrir y cerrar de ojos   •   • (h) 노예(esclavo)처럼 일하다

⑨ echar ~ a cara o cruz   •   • (i) 고개를 돌리다

⑩ jugarse la vida   •   • (j) 눈 깜짝 할 사이에

⑪ volver la cabeza   •   • (k) 혼란스럽다(estar confuso)

⑫ alejarse de   •   • (l) 사면초가에 처하다

⑬ comunicarse con   •   • (m) ～에서 멀어지다

⑭ estar entre la espada y la pared   •   • (n) ～와 연락을 취하다

⑮ trabajar de sol a sol   •   • (o) 아침부터 밤까지 일하다

2 같은 뜻이 되도록 빈칸에 알맞은 말을 써 넣으세요.

〈 보 기 〉

mirada   tiempo   malo   apetece   libre   alto
tiene   llevan   largo   entrecejo

① Todos los rehenes se alinearon a lo (   ) de la calle.

모든 인질들이 길을 따라 죽 정렬했다. rehén 인질

② El (   ) lo dirá.

시간이 말해 준다.

③ No debéis pasar por (   ) estos detalles.

너희는 이 세부사항들을 간과해서는 안 된다.

④ Haga el (   ) que haga, tendremos que salir.

날씨가 어떻든 간에 우린 출발해야 될 겁니다.

⑤ El coronel le dirigió una (   ) de sospecha.

대령은 그에게 의심스러운 듯한 눈초리를 보냈다.

⑥ ¿Qué (   ) de malo?

(그게) 뭐 어떻다는 거야, 뭐 잘못된 거라도 있어? 보기는 주어 생략됨.

⑦ ¿Qué te (   ) comer?

뭐가 먹고 싶니?

⑧ La jefa nos lo dijo frunciendo el (   ).

여 상사는 이맛살을 찌푸리면서 우리에게 그것을 말했다.

⑨ Todos los caminos (   ) a Roma.

모든 길은 로마로 향한다.

⑩ Menos mal que pude tomarme un día (   ).

다행히도 하루 휴가를 낼 수 있었다.

Entre los mayas existieron diferentes tribus...

마야인들 사이에는 여러 부족이 존재했다…

과떼말라 띠깔(TIKAL) 마야 유적지

'마야문명'은 기원전 수세기 전부터 중앙아메리카에서 스페인의 아메리카 정복 때까지 과테말라에서 유카탄 반도에 걸쳐 이루어진 고대 문명입니다.

Las negociaciones

협상

> Den al César lo que es del César.
>
> 시저의 것은 시저에게 바치라. – Jesús

Diálogo 1

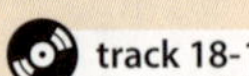

F ¿Están ustedes de acuerdo con estos puntos indicados en el contrato?

M Todavía no podemos estar de acuerdo. ¿Por qué no ceden un poco más?

F Por el momento, no podemos ceder más. Ahora les estamos dando varias concesiones en la medida de lo posible.

M Pero, con estas condiciones nuestro negocio nunca será rentable.

F Es difícil. ¡Vamos! Vamos a relajarnos un poco. Hablemos después de tomar el fresco.

M De acuerdo. En esta situación, es difícil llegar a una conclusión concreta. Descansemos un poco. Ustedes también, tómense el tiempo necesario.

contrato(m) 계약(서)
trabajador con contrato temporal 계약직 근로자
trabajador con contrato indefinido 정규직 근로자
ceder 양보하다, 양도하다
toma y daca(m)
= dar y recibir 주고받기
(영 give-and-take)
concesión(f) 양보, 양도
concesiones(pl)
rentable 채산성 있는
(영 profitable)
organización(f) no lucrativa 비영리단체

estar de acuerdo con ~에 동의하다 *ponerse de acuerdo 형 come to an agreement | **por el momento** 지금으로서는(= por ahora) | **medida** (f) 정도(형 extent), 치수, 조치(pl) | **relajarse** 긴장을 풀다 | **concreto** 구체적인 *conceder 주다(형 grant, give, award)(= otorgar) *galardonar 상을 수여하다

① **en la medida de lo posible**

중성 정관사 lo는 형용사 혹은 과거분사를 명사화시킨다고 했습니다. 그러면 lo posible는 '가능한 점(것)' 등으로 해석되고 medida가 '정도(형 extent)'의 뜻이면, '가능한 선에서 최대로'라고 의역할 수 있겠습니다.

② **¡vamos!**

영어 come on에 해당하고, venga라는 표현도 학습했습니다.
멕시코에서는 ¡ándale! 또는 ¡ándele!라고도 합니다.

③ **tómense el tiempo necesario** 당신들은 자신들에게 필요한 시간을 취하세요

의역하면 '급할 것 없습니다(no hay prisa)'라는 뜻입니다.

Tómate el tiempo que necesit<u>es</u>.	천천히 해.
Tómese todo el tiempo que qu<u>iera</u>.	원하는 대로 (모든) 시간을 (자신에게) 가져요.

＊밑줄은 접속법

track 18-2

Diálogo 2

F ¿Están de acuerdo con este contrato?

M Estamos de acuerdo en un 90%. No completamente, lo sentimos.

F ¿Cómo es eso? ¿Cuál es la razón?

M En cuanto a este artículo hay ambigüedades. Es necesario precisar esas frases. Por ejemplo, si encontramos otros fallos, excepto los posibles problemas estipulados en el contrato mismo... ¿Qué hacemos?

F Por supuesto que las atenderemos. Si ustedes consideran que hemos adquirido fama de dar un buen servicio y ser formales, y si pronto firman un contrato con nosotros, no tendremos inconvenientes en servir su pedido puntualmente.

M Está bien. Es hora de firmar este contrato. Pero, antes, afirmamos que sí estamos contentos con el precio y la calidad de sus productos, sin embargo, esperamos que ustedes prolonguen la garantía por un año.

fallo(m) / **falla**(f)(AmL)
흠(= defecto), 결함, 에러
Fallas
스페인 발렌시아 파야스 축제
inconveniente(m) 지장
pedido(m) 주문, 오더, 요청
(= petición)
garantía(f) 보증
prolongar 연장하다, 늘이다
prolongar la vida
수명을 연장하다
prolongarse hasta la madrugada
새벽까지 이어지다

completamente 완전히 | **artículo**(m) 조항, 물건, 재화 | **ambigüedad**(f) 모호함 *ambiguo 모호한 |
***frase** 구(명 phrase), 문장(명 sentence) | **precisar** 명확히 하다, 필요로 하다(= necesitar) | **estipulado**
규정된 | **mismo** 같은, 바로 이 (강조할 때 사용하기도 함) | **por supuesto que** ～인 것은 물론이다 |
atender ～(사항, 일, 탑승객, 고객, 환자 등)을 유의해 돌보다(응대하다) (직–현 atiendo, atiendes, atiende,
atendemos, atendéis, atienden) | **tener fama de** ～ 명성을 가지고 있다 | **servicio** 서비스, 용역, 화장실
(영 toilet) | **formal** 형식적, 정식의, 신뢰할 만한(영 reliable) | **servir un pedido** 주문 물품을 인도하다
(영 deliver an order) | **puntualmente** 정확히, 시간에 맞추어

① **¿cómo es eso?** 그게 어떻게 왜 그런 건가요?

　　eso는 중성 지시대명사입니다. '그것', '그 일' 등으로 해석할 수 있고, 영어 how come 정도에 해당하는 말입니다.

② **esperamos que ustedes prolonguen la garantía por un año (más)**

생략 가능

　　*prolongar 접속법 현재
　　prolongue, prolongues, prolongue, prolonguemos, prolonguéis, prolonguen

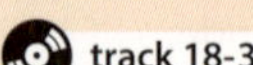

Diálogo 3

M ¿Han estudiado la oferta que les mandamos?

F Claro que sí. Ahora mi jefe la está revisando, y luego les avisaremos si la aceptamos o no.

M Como ustedes ya saben, nos encargamos del coste de seguro y transporte, porque es un tipo de descuento para las compras al mayoreo.

F Entiendo. Con respecto a ese punto, estamos bien enterados. Solo lo que nos preocupa es que...

M Dígannoslo francamente, por favor.

F Queda en pie la incógnita sobre la reacción de los consumidores con respecto a esta mercancía. Por supuesto que hemos realizado la investigación de mercado ampliamente, no obstante, siempre hay variables según las situaciones.

Vocabulario

revisar 체크하다 | **si** ~면, ~인지 | **encargarse de** 담당하다 | **tipo**(m) 타입, 율(= tasa), 자(놈, 녀석) |
estar enterado (de) ~에 대해 (들어) 알고 있다 | **francamente** 솔직하게 | **pie**(m) 발, 피트(영 feet) |
reacción(f) 반응 *reaccionar 반응하다 | **investigación**(f) 연구, 수사 *I+D(Investigación y Desarrollo)
연구개발(영 R&D) | **no obstante** 그럼에도 불구하고 | **variable**(f) 변수 *en gran escala / a gran escala(AmL)
대규모로(영 on a large scale)

Gramática

① **solo lo que nos preocupa es que ~** 단지 우리가 걱정하는 바는 ~입니다
      ~하는 바   우리에게   걱정이다

② **dígannoslo**
   nos와 직접목적대명사 lo가 동사 뒤에 붙으면서 강세 부호를 찍어 주었습니다.

③ **quedar en pie** 그대로 있는 상황이다

Diálogo 4

Dejarse persuadir
설득당하다

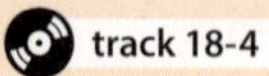
track 18-4

F Podemos asegurar que producimos las mercancías en instalaciones modernas con tecnología punta y que son casi nulas las fallas en la mercancía. Y aunque haya algunas fallas, les garantizamos un año y medio de servicio post-venta gratis, lo cual va a maximizar la satisfacción de todos los usuarios.

M En comparación con su competidor Santaflores, el precio que ustedes establecen es relativamente alto.

F Podemos decir que no tiene sentido la comparación en precio, porque nuestras mercancías son ecológicas, por el uso de materiales inocuos para el cuerpo humano, por consiguiente, es un poco alto; sin embargo, al tener en cuenta todos los aspectos, desde la asistencia post-venta disponible a nivel nacional, nuestra mercancía es número uno en este rubro. Estamos orgullosos de este resultado.

M Por el momento, compararemos más las características y el precio de diferentes mercancías. Sin embargo, parece que haremos un pedido a su empresa. ¿Hay algunos beneficios según la cantidad de pedido?

F Claro. Ustedes obtienen un 8 % de descuento a partir de 50 unidades. Es el máximo descuento posible.

M Bueno, después de discutir con nuestro director de materiales, les avisaremos. Por supesto que les hablaremos de las condiciones de pagos. ¡Estamos en contacto!

nulo 제로의, 무효의
　*본문 cero 대체 가능
servicio(m) **post-venta**
　영 A/S
gratis 공짜로(부사로 불변)
　conciertos gratis
　무료 콘서트들
asistencia(f) **post-venta**
　영 A/S
disponible 가용할 수 있는
　(영 available)
contacto(m) 접촉
　ponerse en contacto con
　= contactar con
　~와 접촉하다
　mantenerse en contacto
　con ~와 접촉을 유지하다

asegurar 확언하다(= afirmar), 보장하다(= garantizar), 확보하다, 보험에 들다 *aseguradora 보험회사 |
maximizar 최대화하다(≠ minimizar) | **satisfacción**(f) 만족 | **usuario/a** 사용자 | **en comparación
con** ～와 비교해서 | **relativamente** 상대적으로 | **tener sentido** 의미가 있다(영 make sense) | **uso**(m)
사용 | **material**(m)(형용사) 재료, 물질적 | **inocuo** 해가 없는 | **por consiguiente** 결과적으로, 그래서
(= por (lo) tanto, como consecuencia) | **rubro**(특히 AmL) 부문(= área) | **estar orgulloso de /
enorgullecerse de** ～에 대해 자랑스럽다 *orgullo 자존심, 긍지 *estar orgulloso de que + 접속법 |
resultado(m) 결과(≠ causa) | **comparar** 비교하다 | **diferente** 다른(명사 뒤), 여러(명사 앞)(= diverso) |
beneficio(m) 이익 | **partir** 떠나다, 쪼개다 *punto de partida 출발점 | **a partir de** ～부터

① aunque haya algunas fallas

aunque + 직설법	어느 상황을 사실로 받아들인 경우
aunque hay algunos defectos	어떤 흠들이 있지만
aunque + 접속법	어느 상황을 사실로 받아들이지 않는 경우나 불확실한 가정성
aunque haya algunos defectos	어떤 흠들이 있다고 할지라도

② estamos en contacto [직역] 우리는 접촉 속에 있다

의역하면 '서로 계속 연락하고 있자'는 뜻입니다.

El virus ébola
에볼라 바이러스

track 18-5

M **La OMS dice que el mundo "subestima la magnitud" del actual brote de ébola**

La Organización Mundial de la Salud (OMS) declaró el jueves que el nivel que ha alcanzado el brote de ébola en África occidental ha sido enormemente infravalorado por la comunidad internacional y que es necesario tomar "medidas extraordinarias" para detener la enfermedad, que ya les ha costado la vida a 1.069 personas. En un severo comunicado, la ONU ha anunciado que está coordinando "un masivo aumento de la respuesta internacional", en un intento de detener la peor epidemia de esta fiebre hemorrágica desde que fue descubierta en 1976.

Fuente : http://sociedad.elpais.com/sociedad

la OMS(f)[옴스] 세계보건기구(= la Organización Mundial de la Salud) | **subestimar** 과소평가하다
(≠ sobre(e)stimar) *devaluar 평가 절하하다 ≠ revalorizar 평가 절상하다 | **magnitud**(f) 중대성,
규모 | **brote**(m) 돌발(영 outbreak), (돌연한) 발생, 싹(영 shoot) | **ébola**(m) 에볼라 바이러스(고열과 내출혈을 일
으키는 열대 전염병 바이러스) | **infravalorar** 과소평가하다 *valorar 평가하다 | **tomar medidas** 조치를 취
하다 | **extraordinario** 특별한, 비상한 | **detener**(vt) 멈추다(= parar), 정지 시키다, 체포하다(= arrestar) |
severo 엄한, 가혹한 | **comunicado**(m) 성명서 | **coordinar** 조정하다, 조율하다 | **masivo** 대규모의, 대대적
인 | **intento**(m) 시도(영 attempt) | **epidemia**(f) 역병, 전염병 | **hemorrágico** 출혈성 *el derrame cerebral
뇌출혈, 뇌일혈 | **fue descubierto/a** 영 was discovered | [관련 단어] **Médicos sin fronteras** 국경없는
의사회 | **contagio**(m) 전염 *동사 contagiar | **infección**(f) 감염 *동사 infectar *enfermedad(f) transmisible
또는 contagiosa 전염병 *fiebre(f) aftosa 구제역

① **el nivel que ha alcanzado el brote**
         동사   주어

관계대명사 que가 nivel을 목적어로 받았습니다.

② **enfermedad que les ha costado la vida a 1.069 personas**
             주어

관계대명사 que가 enfermedad을 주어로 받았습니다.

[직역] 질병은 그들에게서 (1,069명의 사람들에게서) 목숨이라는 비용을 치렀다.
[의역] 질병으로 인해 1,069명의 사람들이 목숨을 잃었다.

Ejercicios

1 뜻이 같은 것끼리 연결하세요.

<table>
<tr><td>

① andar de puntillas

② a la ligera

③ ponerse morado

④ hacerse a la mar

⑤ costar un ojo de cara

⑥ hacer juego con

⑦ vivir al día

⑧ echar la casa por la ventana

⑨ anunciar a bombo y platillo

⑩ trabajar codo a codo

⑪ estirar la pata

⑫ estar hecho polvo

⑬ romperse la cabeza

⑭ poner los cuernos a

⑮ sonar la flauta

</td><td>

(a) 가볍게 (여기다)

(b) 배부르게 먹다, 배 터지게 먹다

(c) 살금살금 (발끝으로) 걷다

(d) ~와 (한 세트처럼) 조화를 이루다

(e) 출항하다

(f) 파김치가 되다

(g) 떠들썩하게 알리다

(h) 허리가 휘청거리게 돈이 들다

(i) 머리를 쥐어짜다

(j) 비용을 아끼지 않다

(k) 세상을 뜨다

(l) 그날그날 벌어 먹고 산다
그날그날 다 쓰고 산다

(m) 나란히 (협력해) 일하다

(n) ~를 속이며 바람을 피우다

(o) 우연히 운이 맞아 된 것이다

</td></tr>
</table>

2 같은 뜻이 되도록 빈칸에 알맞은 말을 써 넣으세요.

〈 보 기 〉

don	leña	andadas	mano	las
insultos	cariño	encuentro	dejar	tonterías

① La tradición es que primeramente el novio le propone matrimonio a su novia en privado. Es decir, le pregunta: "¿Te quieres casar conmigo?" Una vez que la novia le dice que sí, el novio va a la casa de la novia a pedir su (　　　　　　　). El novio, generalmente acompañado de (또는 por) sus padres, va a la casa de la novia y le pregunta al padre de esta si le permite casarse con su hija. Esto es lo que se hace estos días. En el pasado, el padre del novio era el que pedía la (　　　　　　　) de la novia para su hijo al padre de esta. Las madres de ambos estaban presentes, pero ellas no hablaban.

전통적으로는 무엇보다 먼저 신랑이 될 남자가 자기 애인에게 개인적으로 청혼을 한다. 다시 말해서 애인에게 "나랑 결혼해 줄래?"라고 묻는다. 일단 여자가 그러겠노라고 말한다면 남자는 여자의 집에 가서 따님

을 달라는 결혼 허락을 구하게 된다. 보통 남자는 부모님을 동반해서 신부 측 집을 찾아가 신부 아버지에게 따님과의 결혼을 허락하는지 묻는다. 이는 요즘의 일이다. 과거에는 신랑 측 아버지가 바로 신부 측 아버지에게 아들을 위한 청혼을 했었다. 두 남녀의 어머니들은 자리는 함께하지만 말없이 가족 예식(ceremonia familiar)에 자리할 뿐이었다.

② (   ), dondequiera que vayas, iré también.

여보, 자기가 가는 데가 어디일지라도 나도 갈 거야.

③ Poderoso caballero es (   ) Dinero.

돈이면 다 된다.

④ ¡Déjate de (   )! ¡Déjate de bromas!

바보짓 좀 작작해! (말)장난 그만해!

⑤ Quiero (   ) el trabajo.

일을 그만두고(영 quit) 싶다. (= quiero renunciar al puesto 사직하고 싶다)

⑥ Me (   ) muy mal.

내가 지금 상태가 아주 나빠.

⑦ Absténgase de echar (   ) al fuego.

불에 기름 붓는 짓은 삼가세요.

⑧ El escarabajo dijo: Ya me (   ) arreglaré yo solo.

딱정벌레가 말했다 — 이제 나 혼자 알아서 해 나갈 거야.

⑨ ¡Vuelves (또는 Has vuelto) a las (   ) presumiendo de algo de tu vida!

네 자랑하기가 또 시작됐구나 !

⑩ Sofía se dio cuenta de que se estaba sacrificando por la familia, de la misma manera que su madre, murmuró (   ) y se dijo que ya no llevaría la misma vida que ella.

소피아는 자신의 어머니와 같은 방식으로 가족을 위해 희생하는 삶을 사는 자신을 발견하고는 욕들을 중얼거리고는 이제 더는 엄마와 같은 삶을 살지 않을 거라고 속으로 말했다.

¡Arriba, abajo, al centro y pa'dentro! ¡Salud!

위로, 아래로, 가운데로, 그리고 안으로! 건배!

스페인 Jamón

스페인어권에서는 식사나 대화 도중에 화장실을 가거나 전화를 받기 위해 잠시 일어날 때는 "con permiso(허락과 함께)"라고 말합니다.

스페인에서는 una caña (de cerveza)라고 하면 작은 유리잔으로 맥주 한 잔을 의미해요. 우리가 좋은 사람들과 어울려 소주를 한잔하듯이 스페인어권 사람들도 와인vino, 떼낄라tequila, 삐쓰꼬pisco, 아구아르디엔떼aguardiente 등을 마시며 대화를 하거나 춤추며 즐기는 것을 좋아합니다. 술을 마실 때는 제목과 같이 "¡Arriba, abajo, al centro y pa'dentro! ¡Salud!"라고 말하면서 그 방향대로 잔을 움직인 다음 술을 넘깁니다. '원샷'을 나타내는 말에는 ¡Fondo blanco!, Hasta el fondo, De un trago 등 다양한 표현이 있습니다. 참고로, 중남미의 멕시코, 페루 등에서는 맥주cerveza를 chela라고도 부릅니다.

La oficina

사무실

La falta de noticias es
una buena señal.

무소식이 희소식이다.

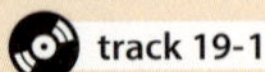
track 19-1

Diálogo 1 

F   Juan, ¿qué te pasa? Parece que estás preocupado.

A   Todavía no ha llegado la carta de crédito de Melosa, S.A.

F   ¿Cómo? ¿Por qué no me lo habías dicho antes?

A   Ellos dijeron que nos la enviarían para el día 23, así que esperaré un poco más.

F   Según eso, la recibiremos dos semanas más tarde de lo previsto. Busca una respuesta bien confirmada.

A   Sí, jefa... No sé por qué ellos se han retrasado tanto en abrir la carta de crédito, después de haber aceptado nuestra oferta y agilizado el pedido.

carta(f) **de crédito**
= **cta. cto.** 영 L/C(신용장)
carta(f) **de amor** 연애편지
sufrir mal de amores
상사병을 앓다
S.A. = Sociedad(f)
Anónima 주식회사(inc.)
pequeñas y medianas empresas 중소기업들
empresa(f) **pública** 공기업
privatización(f) 민영화
nacionalización(f)
국영화(영 nationalization),
귀화(영 naturalization)

pasar 발생하다(영 happen) 패스하다(영 pass) 보내다(영 spend) *veranear 여름을 보내다(영 spend the summer), 피서하다 | **cómo / cómo dices / cómo dice** 뭐라고(요)? | **para** (늦어도) ～까지(영 by) | **previsto** 예정된, 예상된 *pronosticar 예측하다 | **confirmado** 확인된(영 confirmed) | **retrasarse** 지연되다, 뒤처지다 | **agilizar** 빠르게 하다 *según confirmaron fuentes policiales 경찰 소식통이 확인한 바에 의하면 *fuentes fidedignas 믿을 만한 소식통 *aplicación(f) 애플리케이션, 응용, 적용

① **más de lo previsto**

중성 lo가 오면 영어 than(～보다)에 해당하는 que가 아닌 de를 사용합니다. 〈문법편 심화 참조〉

> Los compradores llegaron a la fábrica tres horas más tarde de lo previsto
> 　　　　　　　　　　　　　　　　　　　더　　　　　보다　예정된 것
>
> 바이어들은 예정보다 3시간 늦게 공장에 도착했습니다.

② **después de haber aceptado nuestra oferta y agilizado el pedido**
영 having accepted

Diálogo 2

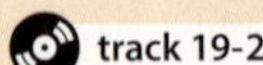

F Hágame el favor de explicarme el uso de este aparato.

M Con mucho gusto. A ver, ¿es una muestra que le hemos enviado a Monte por Fedex?

F Sí, pero lo mandamos por Dhl.

M Primero, enchufe el aparato, y luego apriete el botón de encendido. ¡Ya está!

F Gracias. Es que hay algunos errores pequeños en el manual traducido al español. Por eso, Monte, S.A. está reclamando.

M Monte, S.A. es uno de los compradores más importantes de nuestra empresa. Por esta razón, tenemos que hacer todo lo posible por corregir incluso problemas pequeños lo más pronto posible.

muestra(f) 샘플, 표시
  es muestra de cariño
  애정의 표시다
enchufar 콘센트에 연결하다
  enchufe(m) 콘센트, 플러그
  toma(f) de corriente 플러그
botón(m) **de encendido**
  전원 버튼
  encendedor/mechero(Esp)
  라이터
manual(m) 매뉴얼
  trabajador(m) manual
  (남) 육체 노동자
  obrero(m) (남) 노동자
  oficinista(m)(f) 사무직 근무자

hágame 저에게 ~해 주세요 | **explicarme el uso de / enseñarme a usar** ~의 사용법을 알려 주다 | **aparato**(m) 기기, 기구, 기계(= máquina) *al aparato (전화) 네, 저예요. / 전화 받아라! | **traducido** 동사 traducir p.p. *traductor/ra 번역가 | **al español** 스페인어로 (변환해서) (영 into Spanish) | **reclamar** 클레임을 제기하다 | **arreglar** 정리하다, 해결하다(= solucionar), 준비하다(= preparar, organizar), 수리하다(= reparar) *arreglarse la corbata 넥타이를 (자신에게서) 바로 하다

① **hágame el favor de inf.** ~해 주시기를 부탁합니다

Hágame el favor de abrir la ventana.	부탁 좀 드리는데 창문 좀 열어 줄래요?
¿Puedes hacer el favor de entregar este documento al señor López?	부탁 좀 하겠는데, 이 서류를 로뻬스 씨에게 건네줄래?
¿Puede hacerme un favor?	제 부탁 하나 좀 들어 주실래요?
Vengo a pedirle un favor.	부탁 하나 하러 왔는데요.

② **lo más pronto posible** 가능한 한 빨리

비교급 más에 중성 정관사 lo가 사용된 최상급 표현입니다.

같은 표현으로 cuanto antes, a la mayor brevedad posible, lo antes posible가 있습니다.

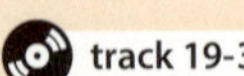
track 19-3

Diálogo 3

F Bienvenido a Corea y a nuestra empresa.

M Gracias por su hospitalidad. Él es el director de ventas y es mi hermano. Me acompaña hoy para recorrer su fábrica.

F Mucho gusto. Me llamo Park Mi So. Estoy encargada de los negocios internacionales de telecomunicaciones móviles de próxima generación. Hoy les llevo a la fábrica ubicada en Ulsan, donde el jefe de la sucursal de Venezuela les invitará a almorzar

M Está bien, señorita Park. Lo que pasa es que ya decidimos hacer un pedido después de evaluar su oferta. Sin embargo, he oído que ustedes tienen problemas en entregar pedidos grandes. ¿Es verdad?

F No es así. Hoy ustedes verán que estamos en las mejores condiciones para llenar todas las expectativas tanto de ustedes como de los consumidores venezolanos.

M Me alegro de oírlo, señorita. Bueno, por el momento, nos hace falta ir a la fábrica y comprobar la situación real.

hospitalidad(f)
환대, 대접을 잘해 줌
hospitalario 대접을 잘하는, 환대하는
recorrer(vt) 시찰하다, 투어를 하다, ~를 거쳐 다니다
recorrer el trayecto en una hora 그 구간을 1시간에 통과하다
tren(m) de largo reccorido 도시간 (장거리) 철도
encargado/a
담당하는 (사람)
a cargo de ~담당하는, 관리하고 있는
(영 in charge of)
hacerse cargo de ~를 담당하다
retirar los cargos contra ~에 대한 모든 혐의를 철회하다

acompañar 동반하다 | **telecomunicación**(f) 전기통신 | **generación**(f) 세대 *de generación en generación 자자손손 대대로 *brecha generacional 세대 차이 | **ubicado** 위치한(= situado) | **evaluar** 평가하다 (직-현 evalúo, evalúas, evalúa, evaluamos, evaluáis, evalúan) | **entregar** 건네주다 *entregar un pedido = servir un pedido(Esp) *ceremonia(f) de entrega de premios 시상식 *galardonado / premiado 남자 수상자 | **llenar** 채우다, 충족시키다(= satisfacer) | **necesidad**(f) 필요성, 니드 *es poco lo que necesitamos 우리가 필요로 하는 건 별로 없다 | **tanto A como B** A도 B도(긍정문에 사용) | **por el momento** 지금으로서는(= por ahora, de momento) | **falta** 부족(명 lack), 파울, 과실, 흠 *faltar a sb al respeto ～에게 무례를 범하다 *faltar al trabajo 결근하다 *faltar a clase 결석하다

① **bienvenido a sb**

sb의 성·수에 따라 bienvenido의 어미가 바뀝니다.

> Bienvenida a París, Srta. Kim.

② **invitar a** sb **a ~** ～을 ～에 초대하다

| ¿Por qué no tomamos cerveza? Te invito yo. | 맥주 마시는 거 어때? 내가 살게. |
| Quiero invitarle a cenar. | 당신을 (집으로 또는 밖에서) 저녁 초대하고 싶습니다. |

③ **nos hace falta(n)** + 주어

직역하면 '～이 우리에게 부족을 만들다', 즉 '부족하다, 필요하다'는 뜻이 됩니다.

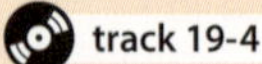
track 19-4

Diálogo 4

M1 ¿Ya ha terminado de seleccionar quiénes serán los proveedores?

F Hace tres días que tres compañías se presentaron a esta licitación. Y ya hemos elegido una.

M1 ¿Cuál es el período de garantía?

F Es de año y medio.

M2 Atención, por favor. Si logramos que nuestro nuevo producto satisfaga las necesidades de los consumidores objetivo, es decir, si tenemos éxito, seguro que aumentará nuestra cuota de mercado en el mercado norteamericano.

F Entonces, tendremos que apresurarnos a entrar al mercado sudamericano. Así, nuestro sueldo será mayor y nuestro ascenso será cuestión de tiempo, ja ja ja.

proveedor/ra 공급자
proveer a sb de sth
공급하다(圖 provide sb with sth)
suministrar todo lo necesario 필요한 모든 것을 공급하다
licitación(f) 입찰
cuestión(f) 이슈, 사항
cuestionar 문제시하다
en cuestion 문제의, 문제시 되고 있는
sueldo(m) 봉급
(= paga, salario)
ascenso(m) 승진, 상승

seleccionar 선정하다 *la selección italiana 이탈리아 대표팀 | **presentarse** 나타나다, 참석하다, 제시(제출)
되다 | **elegir** 고르다, 선출하다 (직–현 elijo, eliges, elige, elegimos, elegís, eligen) | **período/periodo**(m)
기간 | **satisfacer** 만족시키다 (접–현 satisfaga, satisfagas, satisfaga, satisfagamos, satisfagáis,
satisfagan) *estoy satisfecho 난 배부르다(AmL), 만족한다 | **seguro que** 확실히 ~이다 | **norteamericano**
북미의, 미국의(= estadounidense) | **introducir** 도입하다 *asalariado 샐러리맨 *día de paga 봉급날

① **lograr 동사**

> Corea del Sur ha logrado un alto crecimiento económico durante los últimos 10 años.
> 한국은 최근 10년 동안에 높은 경제 성장을 달성했다.
>
> El año pasado el país asiático logró figurar entre las diez mayores potencias económicas del
> mundo. 작년에 이 아시아 국가는 세계 최대 10대(10위권) 경제 강국에 드는 데 성공했다.

lograr que + 접속법

> si logramos que nuestro nuevo producto satisfagan...
> 만일 우리가 새로운 생산품이 만족시키는 데 성공한다면…
>
> Los campesinos lograron que las tierras de cultivo *fueran bastante fértiles para producir
> frutas, trigo y arroz.
> 농민들은 과일, 밀 그리고 쌀을 생산하기 위하여 경작지가 충분히 비옥해지도록 하는 데 성공했다.

＊주절이 lograron 과거시제이므로 종속절도 접속법 과거를 사용했습니다.

② **apresurarse (a inf.)**

Apresúrense, ya vienen los invitados.	여러분 서두르세요, 곧 초대 손님들이 옵니다.
La empresa se apresuró a atender las quejas de los clientes enojados.	회사는 서둘러 화가 난 고객들의 불만들에 응대했다.

＊국제 무역(el comercio internacional)

aplicación de carta de crédito	L/C 애플리케이션
letra de conocimiento	선하증권(B/L)
aduana	세관
derechos arancelarios	관세
derechos de aduana	관세
tarifas aduaneras	관세
imponer	부과하다
levantar	들어올리다(철폐하다)
barrera comercial	무역 장벽
contenedor / contáiner	컨테이너
la Organización Mundial del Comercio	세계무역기구
la OMC	WTO
tratado de libre comercio	자유무역협정
TLC	FTA

Comprensión auditiva

El Museo

박물관

track 19-5

M **Museo Picasso Málaga**

Palacio de Buenavista

c/ San Agustín, 8. 29015 Málaga, España

GPS: N 36.72169º W 04.41852º

F **Horario**

De martes a jueves: de 10:00h a 20:00h

Viernes y sábados: de 10:00h a 21:00h

Domingos y festivos: de 10:00h a 20:00h

El 24 de diciembre, el 31 de diciembre y el 5 de enero de 10:00h a 15:00h

M Cerrado todos los lunes*, el 25 de diciembre, el 1 de enero y el 6 de enero

La taquilla permanecerá abierta hasta media hora antes del cierre del Museo.

El desalojo de las salas se inicia 10 minutos antes del cierre del Museo.

F **Tarifas**

Colección permanente: 8,00 €

Exposición temporal: 5,5 €

Combinada (Colección y exposición): 10 €

M **Tarifas reducidas**

Mayores de 65 años (-50%)

Estudiantes acreditados de menos de 26 años (-50%)

Previa reserva: grupos de mínimo 10 personas y máximo 25 personas (-20%)

Fuente : http://museopicassomalaga.org

c/(f) calle의 약자 | **de menos de 26 años** 26세 미만의(= menores de 26 años 더 많이 사용) *menor de edad 미성년 *mayor de edad 성년 *en edad escolar 취학 연령의 *ya tener edad de 벌써 ~할 나이가 되다 *no tener edad para ~할 나이가 아니다 *persona de edad 나이 있으신 분 | **acreditado** 공인된, 인정받은, 평판이 좋은, 유명한 | **museo**(m) **de arte** 미술관 | **galería**(f) **de arte** 또는 **de pintura** 화랑

① **c/ San Agustín, 8. 29015**

→ calle san Agustín número ocho, veintinueve cero quince

N 36.72169º W 04.41852º

→ treinta y seis coma siete dos uno seis nueve grados latitud norte, cuatro coma cuatro uno ocho cinco dos grados longitud oeste

② **(personas) mayores de 65 años** 65세가 넘는 사람들 → 65세 이상의 사람들

65세인 사람은 이미 1초라도 나이가 더 먹었으므로 위의 대상에 들어갑니다.

1 뜻이 같은 것끼리 연결하세요.

① no es cosa de ayer	(a) 생방송으로
② en vivo / en directo	(b) 어제오늘의(새삼스러운) 일이 아니다
③ con el pie izquierdo	(c) 불운(= mala suerte)을 가지고
④ meter la pata	(d) ～에게 말 한마디도 건네지 않는다
⑤ estar dispuesto a	(e) 자기가 한 말을 지키다
⑥ no cruzar (una) palabra a	(f) 뻔뻔하다
⑦ cumplir (con) su palabra	(g) 널브러지게 푹 자다
⑧ ser un/una aguafiestas	(h) 수준에 달하지 않다
⑨ tener mucha cara	(i) 흠뻑 젖다
⑩ dormir a pierna suleta	(j) 얼빠진 짓을 하다, 적절치 않은 짓이나 말을 하다, 실수를 저지르다
⑪ hincar los codos	(k) ～의 눈을 보다
⑫ no dar la talla	(l) ～할 용의(준비)가 되어 있다
⑬ mirar a los ojos	(m) 억수로 공부해 대다
⑭ mantenerse en forma	(n) 분위기를 깨는 사람이다
⑮ ponerse como una sopa	(o) 건강을 유지하다(형 keep fit)

2 같은 뜻이 되도록 빈칸에 알맞은 말을 써 넣으세요.

〈 보 기 〉

nunca cuenta hora plazo

donde hora que cabo dedos hora

① ¡Está para chuparse los (　　　　　　　　　)!

(손가락으로 쪽쪽 빨아먹을 정도로) 무척 맛나게 되었네!

② En este barrio hay varios lugares por (　　　　　　　　　) caminar 또는 pasear.

이 동네에는 산책할 장소들이 여러 개 있다.

③ El detective privado nos lo leyó de (　　　　　　　　　) a rabo.

사설 탐정은 우리에게 그것을 처음부터 끝까지 다 읽어 주었다.

④ ¿Tienes (　　　　　　　　　)?

몇 시니?

⑤ ¡Es la (　　　　　　　　　)!

시간 다 됐어요!

⑥ Tengo (　　　　　　　　　) para el dentista.

나 치과 예약 있어.

⑦ Más vale tarde que (　　　　　　　　　).

늦더라도 안 하는 것보다 낫다.

⑧ A mí me gusta trabajar por (　　　　　　　　　) propia.

나는 프리랜서로 일하는 것을 좋아해.

⑨ Tenemos que establecer planes a largo (　　　　　　　　　).

우리는 장기 플랜을 세워야 한다.

⑩ Mi hijo tiene la nariz igual (　　　　　　　　　) yo.

내 아들은 나와 코가 똑같이 생겼어.

¿Sabes disfrutar de la vida?

인생을 즐길 줄 아니?

깡꾼(Cancún)

깡꾼Cancún은 멕시코의 해안 도시로 이 나라 남동부 유카탄 반도la Península Yucatán에 위치하며 카리브해el Mar Caribe와 마주하고 있는 국제 관광도시입니다.

¿Estás libre?

한가하니?

¡Cada cual es libre de hacer lo que quiera!

누구나 저마다 하고 싶은 것을 할 자유가 있다!

La discusión y la charla

토론과 담소

Me lo dijo un pajarito.

소문으로 들었어요.

Diálogo 1

F1 Últimamente mi hijo de en medio no nos hace caso ni a su padre ni a mí. Siempre que le riño, no me responde con palabras sino peleándose con sus amiguitos. Esa es la reacción que tiene a mis regañinas. A medida que crece, aumenta su rebeldía contra su padre. No sé cómo criar a los hijos.

F2 Seguramente habrá empezado la pubertad, ¿no lo crees? ¿Recuerdas? Cuando mi pequeño terminó su educación secundaria, me alegré muchísimo de que él se hubiera convertido en un joven sensato. Pues era un hijo prudente, bien educado y obediente además de ser estudioso. En aquel entonces nos parecía que él ya se había convertido en un adulto.

F1 Mujer, sin embargo, tu hija es un sol. Si tuviera una niña como ella, yo sería una madre afortunada.

F2 Dices eso porque de hecho no la conoces. Ella y yo nos parecemos físicamente casi cien por ciento. En casa ella no hace nada ni en los días festivos. Siempre le digo: Pareces de sangre azul.

F1 Ayer vi a mi hija saliendo de casa sin ordenar su cuarto, la reprendí y le dije: Tú me entenderás cuando tengas una hija exactamente como tú.

F2 Una vez yo también le dije lo mismo a la mía. ¿Sabes cuál fue su respuesta? A que no adivinas.

F1 Me lo puedo imaginar. Seguro que habría reaccionado contestando : Mamá, jamás viviré de la misma manera que tú.

Vocabulario

últimamente 최근에는(= recientemente)(형 of late) *recientemente 최근 얼마 전(= hace poco)
(형 not long ago) | **en medio** 가운데에 | **hacer caso a** (주로 sb) / **de** (주로 sth) ~에 유의하다, 신경 쓰다,
관심을 두다 | **reñir** 나무라다, 꾸짖다, 야단치다(vt)(= regañar, reprender), 다투다(vi) (직-현 riño, riñes, riñe,
reñimos, reñís, riñen) | **pelear** 싸우다 | **pelearse** 서로 싸우다, 말다툼하다, ~와 사이가 틀어지다(~ con) |
amiguito(m) 친구 *amigo의 축소형, 동무 | **reacción**(f) **a** 또는 **ante** (~에 대한) 반응 *reacción en cadena
연쇄반응 | **a medida que** ~함에 따라 (직설법 – 습관, 기발생) (접속법 – 미발생) | **criar**(vt) 기르다 *crianza 양육
(직-현 crío, crías, cría, criamos, criáis, crían) | **seguramente** (거의, 아마) 확실히 | **educación**(f)
secundaria 중등 교육 | **prudente** 신중한(≠ imprudente) | **bien educado** 가정교육이 바른, 예의 바른
(= cortés ≠ descortés, maleducado) | **obediente** 복종하는 | **en aquel entonces** (과거에 대한 정
서가 가미되면서) 그 당시에는 | **mujer**(감탄사) 아이고 이 여자야, 에구구 얘는, 어구구 자기야 | **afortunado** 행운
을 입은 | **día festivo**(Esp) / **día feriado**(AmL) 축일, 명절 | **(ser) de sangre de azul** 귀족 혈통의(이다)
| **lo mismo** 같은 것(일, 효과) | **a que no adivinas** 너는 전혀 짐작도 못할 걸 | **imaginar** 상상하다, 생각
하다 | **imaginarse** 자신을 또는 자신에게 그려 보다(상상해 보다) | **reaccionar** 반응하다 | **de la misma
manera que** ~와 같은 식으로

Gramática

① **siempre que**

직설법(습관, 기발생): ~할 때마다

> Siempre que subo al autobús, me encuentro con el chico de al lado.
> 버스에 탈 때마다 옆집 남자애와 마주친다.

접속법(미발생): ~이라면, ~할 때마다

> No olvidéis que os ayudaremos siempre que tengamos tiempo.
> 우리가 시간이 되면 너희를 도울 거라는 것을 잊지 말아라.

접속법(siempre y cuando): ~이면, 하는 조건으로

> Si tenéis algún problema, el príncipe vendrá a ayudaros siempre y cuando su prometida le
> permita hacerlo.
> 만일 너희에게 문제가 생기면 왕자님이 너희를 도우러 올 것이다, 그분의 약혼녀께서 그러도록 허락하기만
> 한다면 말이다.

② **me alegré muchísimo de que él se hubiera convertido**

　　　감정의 단어　　　　　　　　　　　　　　　　접속법 형 had p.p.

*hacerse (부자, 간호사, 백만장자, 친구 등등) ~가 되다

Diálogo 2

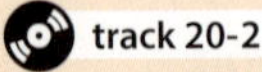
track 20-2

F   Como vemos en otras sociedades de los países desarrollados, la nuestra está envejeciendo tan rápidamente que tenemos que tomar medidas para hacer frente al problema del envejecimiento de la población.

M   Para colmo de males, la tasa total de fecundidad del país está disminuyendo, mientras que cada día es más difícil para los licenciados encontrar trabajo. Antes el diploma universitario, en cierto modo, funcionaba para que los jóvenes consiguieran un empleo estable y bien pagado.

F   Lo mismo pasa con los mayores. La verdad es que la gente vive más años que antes y está obligada a retirarse más pronto debido a la edad límite. A fin de cuentas, muchos se enfrentan a una larga vejez sin trabajo.

M   Ante este problema, hay que establecer diversos sistemas y políticas para la salud y el bienestar de la población de los ancianos en cuanto a pensión, desempleo, pobreza, sanidad, abandono por parte de sus familiares, etc. Con respecto a esta lamentable situación lo más importante es nuestra percepción sobre el envejecimiento. Aunque uno tenga mucha edad, querrá y podrá trabajar hasta donde le permita la salud. De ello no cabe duda.

envejecer 늙어 가다
envejecimiento(m) 노령화
tasa(f) **total de**
   fecundidad 합계 출산율
   infecundo/estéril
   불임의, 불모의
licenciado (Esp) /
   egresado(AmL) 남자 학사
graduado(m) 남자 졸업생,
   학사
edad(f) **límite** 정년, 연령 제한
   ella se conserva bien
   para la edad que tiene
   잘 관리해서 그 연세로
   안 보인다
bienestar(m) 복지, 웰빙
sanidad(f) 보건, 위생
percepción(f) 인식

hacer frente a ~에 맞서다 | **disminuir**(vt)(vi) 감소시키다(= reducir), 감소하다(= reducirse) | **diploma**(m) 학위, 증서, 졸업장 | **en cierto modo** 어느 정도로는(영 in a way, to a certain extent) | **consiguieran** 동사 conseguir 접속법 과거 | **estable** 안정적인(≠ inestable) *estabilizar 안정화시키다 *estabilidad(f) 안정성 | **bien pagado** 보수가 좋은(= bien remunerado) | **mayores**(pl) 어르신들, 노인들, 어른들 | **verse** 또는 **estar obligado a** ~해야 하는 상황이다 *A obligar a B a inf. 또는 a que 접속법 (A는 B를 ~하도록 강요하다) | **retirar** 치우다, 리콜하다, 후퇴시키다, 철수시키다, 철회하다, 인출하다(= sacar) | **pronto** 곧, 일찍, 빨리, 빠른 | **debido a** ~에 기인해서(영 owing to, because of)(= a causa de, por causa de) | **a fin de cuentas** 결국 마지막은 | **enfrentarse a** ~에 맞서다, 직면하다 *con과 쓰이기도 함. | **vejez**(f) 노후 | **ante** (위협, 어려움, 현실 등등) 앞에 | **diverso** (명사 앞에서) 여러, (명사 뒤에서) 다른 *diversidad biológica 생물학적 다양성 | **sistema**(m) 시스템, 제도 *ecosistema 생태계 | **por parte de** ~편에서 의한 | **lamentable** 유감스러운

① **está envejeciendo <u>tan</u> rápidamente <u>que</u> tenemos que tomar medidas**
   영 so   영 that

② **mientras 기능**

mientras yo leo el periódico	내가 신문을 보는 동안에
mientras yo sea el jefe	내가 상사인 한
mientras que se consumen más caracoles	더 많은 달팽이들이 섭취되고 있는 반면에
mientras (tanto)	그러는 사이에 *tanto를 함께 사용하는 게 일반적임.

＊세 번째 경우를 제외한 처음 두 예문에서는 que가 대부분 생략됩니다.

③ **hasta donde le <u>permita</u> la salud** 건강이 그에게 허락하는 선까지
동사 permitir 접속법이 사용되어 어디까지 허락이 되는지 모르는 불확실성을 보여 줍니다.

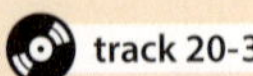
track 20-3

Diálogo 3

M1 Es muy natural que muchos padres varones de mi edad se sientan incomprendidos en casa.

M2 Claro que sí. Me pasa exactamente lo mismo. Ni mi esposa ni mis hijos ya de adultos quieren hablar conmigo. Ella no pasa ni un solo día sin darme la lata y suele quejarse conmigo de unas u otras cosas.

M1 Eso es. Fuera de casa yo estoy afrontando retos día tras día, pero no debería compartir mis dificultades con mi familia. No me gustaría que sufrieran por mí, por eso prefiero callarme a hablar con cara larga. Todo el estrés del trabajo nos impide tener una comunicación amena y alegre con nuestros seres queridos. Yo trato de mostrarme feliz, pero pronto pongo cara larga, haciendo lúgubre el ambiente del hogar.

M2 A propósito, ¿has oído la noticia de José? Él dejó el trabajo en su compañía y montó un negocio. Al principio estaba en serios aprietos, pero con el tiempo todo empezó a marchar sobre ruedas. Le envidio la suerte que tiene.

M1 ¿De veras? No me enteré de lo de José. ¿Sigues pensando autoemplearte porque sufres alguna carga económica?

M2 Cómo no. Mi hija se casará pronto, mi hijo ha entrado en la universidad este año y el coste de vida va en aumento. Mi sueldo actual no me alcanza para costearlo todo.

---

rumiar 반추하다, 곰곰이 생각하다

reflexionar sobre 반성하다

cabeza(m)(f) **de familia**
= jefe/jefa de familia
가장

padres(m)(pl) **varones** 아버지들
tendencia a tener hijos varones 남아 선호 사상

dar la lata / dar lata(AmL)
(잔소리, 졸라댐, 소음 등) 성가시게 하다, 짜증 나게 하다

montar un negocio 사업체를 차리다

aprieto(m) 곤경, 궁지, 어려운 상황

marchar sobre ruedas 순풍에 돛을 단 듯 잘되어 가다

autoemplearse 자영업을 하다, 개인사업을 하다

varón(m)(형용사 또는 명사) 명 male | **se sientan** 동사 sentirse (접-현 me sienta, te sientas, se sienta, nos sintamos, os sintáis, se sientan) | **claro que sí** 당연히 그렇다(≠ claro que no) | **de adulto** 성인으로서의 | **fuera de** 명 out of | **afrontar** 맞서다. 대질시키다 | **tras** 후에(= después de). 뒤로(= por detrás de) | **día tras día** 매일같이(명 day after day) | **callarse** 입다물고 있다 *callado 말없는 | **(poner) cara larga** 시무룩한 얼굴(을 하다) | **impedir a sb inf.** = (impedir a sb que 접속법) ~에게서 ~하는 것을 막다. 저지하다. 방해하다 | **ameno** 즐거운, 흐뭇한 | **alegre** (estar +) 기쁜. (ser +) 명랑한 | **ser querido** 사랑하는 사람(명 loved one) | **mostrarse + 형용사** ~임을 보이다 | **lúgubre** 우울한. 음울한(명 gloomy) | **con el (paso del) tiempo** 시간이 흘러감에 따라 | **enterarse de** ~에 대해 (들어) 알다 | **carga**(f) 짐, 부담, 화물 | **cargo**(m) 직. 담당. 혐의. 요금(명 charge) | **cómo no**(특히 AmL) 명 of course | **ir en aumento** 증가되어 가다 (= estar aumentando) | **alcanzar**(vi) 충분하다(= ser suficiente) (vt) 도달하다(명 reach). 따라잡다 *fuera del alcance de los niños 얘들 손이 닿지 않는 곳에 *al alcance de la mano 손 닿는 곳에 *al alcance de su bolsillo 당신의 주머니 사정에 맞게 | **costear** 비용을 대다

① **es muy natural que muchos padres varones se**
주관적 가치 판단

sientan incomprendidos…
접속법 현재

＊[당연하다]는 말을 [분명하다]는 것과 같다고 여기면 직설법이겠지만. 그렇지 않으니 주의하세요.
마찬가지로 lógico(논리적, 당연한)라는 단어도 위의 문장에서는 접속법을 필요로 합니다.

② **ni** → 부정문에서 접속사 역할 또는 부정 강조

No fumo ni bebo. = Ni fumo ni bebo. Ni Pedro ni Lola vienen. = No vienen ni Pedro ni María.	난 담배도 술도 하지 않아. 뻬드로도 롤라도 오지 않아요. Ni Pedro ni Lola no vienen (x)
No estudias (ni) en casa ni en la escuela. Ni (siquiera) me saludaste. = Ni me saludaste siquiera.	넌 집에서나 학교에서나 공부하지 않는구나. 내게 인사조차 하지 않았잖아. 괄호는 생략 가능하나 쓰도록 하세요! me = 나를

③ **no me gustaría que (ellos) sufrieran** ~하지 않았으면 한다
명 I would like　　　　　　　　　接속법 과거

＊현재의 바람이지만 gustaría는 영어 would, 즉 과거에서 바라본 미래, 즉 과거시제와 쓰는 용법이므로
que 이하가 접속법 현재가 사용되지 않습니다.

No me gusta que me llamen Nacho.	사람들이 나를 나초라고 부르는 걸 좋아하지 않아.

Diálogo 4

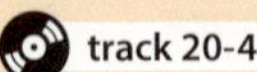
track 20-4

M Me doy cuenta de que nosotros no somos realmente conscientes de la escasez energética. Se derrocha mucha cantidad de agua y electricidad. En verdad es increíble todo el desperdicio de recursos que generamos.

F Por mucho que el gobierno y las agrupaciones cívicas concienticen a la gente de la carencia de los recursos naturales, esta manera de actuar tiene límite. En particular, los esfuerzos por parte de las autoridades y de las organizaciones ecologistas van encaminados a concientizar al pueblo para que ahorre energía en la medida de lo posible, pero no es fácil orientar a la gente a cambiar su manera de vivir quitándoles la comodidad de la cual ha gozado hasta ahora.

M Ante esta realidad, es preferible educar a los niños desde muy pequeños tanto en casa como en la escuela.

F Tienes toda la razón. Además deberíamos apresurarnos a desarrollar fuentes de energía alternativas. No podemos depender de combustibles fósiles para siempre.

M Está claro que dichos combustibles como el petróleo tendrán su fin algún día. A estas alturas, la mayoría de los países ricos habrán invertido mucho dinero en investigación y desarrollo de energías limpias, o sea, no contaminantes.

F Si mal no recuerdo, en esta ciudad una vez hubo un apagón debido a una sobrecarga eléctrica. A lo mejor el caos causado por el suceso habría sido enorme. Supongo que este incidente habría causado desorden y pánico.

M Espero que haya suficientes fuentes de energía verde antes de que se agote el crudo.

ser consciente de
= estar consciente de
(멕시코) ~에 대해 인식하고 있다
desperdicio(m) 낭비, 폐물
또는 쓰레기(pl)(= residuos)
desperdicios nucleares
핵폐기물
concientizar(Esp) /
concienciar(AmL)
의식 함양을 하다
capacitar 양성하다,
훈련(연수)을 시키다
ecologista(m)(f) 환경운동가
(= ambientalista),
환경 운동의
sobrecarga(f)
과부하, 과적재
suponer 가정하다, 생각이
들다, 뜻하다
pánico(m) 패닉, 공황, 공포

escasez(f) 부족(= carencia)(영 shortage) *carecer de ~가 부족하다 | **energético** 에너지의 *enérgico 정력적인 | **derrochar** 낭비하다(= malgastar, desperdiciar) | **electricidad**(f) 전기 *vehículo eléctrico 전기 차량 | **en verdad** 정말로, 정말이지 | **recurso**(m) 자원, 수단(= medio) *recursos humanos 인적자원 | **generar** 야기하다, 창출하다(= crear) | **agrupación**(f) **cívica** 시민 단체 | **en particular** 특히 | **por parte de** ~편에서 의한 | **autoridad**(f) 권한, 당국(pl) | **encaminado a inf.** 영 aimed at ing, designed to inf. | **en la medida de lo posible** 최선을 다해 | **comodidad**(f) 안락함 | **orientar** 방향을 잡아 주다, 이끌다(= guiar) | **alternativo** 대체의, 양자택일의 *alternativa(f) 대안, 양자택일 | **depender de** 영 depend on(≠ independizarse de) *Depende 그때그때 달라요 | **para siempre** 영구히(영 forever, for good) | **dicho** 상기의, 속담(m)(= refrán) | **algún día** 영 some day *영 have you ever p.p....? = ¿has p.p. alguna vez...? | **altura**(f) 높이, 키, 신장(= estatura) *estatua de la librertad 자유의 여신상 | **a estas alturas** 현재, 이 국면에서는, 이 나이에는 | **o sea** 즉, 다시 말해(= es decir, a saber, en otras palabras) | **contaminante**(m) 오염 물질, 오염시키는 *patrículas contaminantes 미세먼지 *polvo amarillo 황사(영 yellow dust)라고 중국에서 불어 오는 미세먼지를 일컫기도 했음. | **si mal no recuerdo** 내 기억이 틀림없다면 | **una vez** 영 once | **apagón**(m) 정전, 소등 | **suceso**(m) 사건 *suceder 발생하다(vi), 계승하다(vt) sucederse (전쟁 등이) 연속되다 | **habría sido** 가능법 완료(~가 되어져 있었을 것이었다, ~가 되어져 있었을 텐데)

① **por mucho / más que ~** 설사 많이 ~할지라도 → aunque와 동일한 용법 적용!

② **de la cual ha gozado**
관계사 la cual이 선행사 comodidad을 받았습니다.
*gozar de ~을 향유하다(= disfrutar de)

Comprensión auditiva

La clonación humana
인간 복제

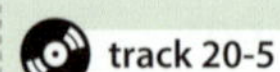
track 20-5

F   Sin ciencia no habría bomba atómica. Durante mucho tiempo se pensó que la ciencia nos proporcionaría un progreso ilimitado. A partir de Hiroshima y Nagasaki esto se replantea. ¿Cree usted que esta reconsideración afecta a toda la ciencia?

M   La actividad científica es la actividad científica. La ciencia se ocupa de descubrir lo que hay en la realidad. Después este conocimiento se puede utilizar para bien o para mal. Se ha hablado de Hiroshima y Nagasaki, y en verdad que hay mucho que tratar de ello, pero no se ha hablado tanto de todos los beneficios que ha producido la ciencia. Yo creo que el problema no está en la actividad científica, sino en la escala de valores que manejamos. Cada vez tenemos más posibilidad de actuar sobre la naturaleza. En biología molecular, por ejemplo, podemos interferir con la creación de un ser humano. El problema es que no hay un desarrollo paralelo de la escala ética de valores que se utiliza para actuar.

F   Precisamente se habla mucho de la clonación, tema candente que ha estado en boca de todos últimamente. ¿Qué importancia tiene a nivel científico para usted? ¿Cuáles deberían ser los límites?

M   Tiene un gran potencial para la prevención y cura de las enfermedades más importantes que afectan a las personas, pero al mismo tiempo tiene el problema de la interferencia con la creación de un ser humano.

Yo creo que desde el punto de vista actual, la clonación para fines terapéuticos es algo que debemos considerar seriamente, teniendo en cuenta que hay un límite que no se puede cruzar ya que hay una serie de problemas técnicos que resolver y éticos que discutir.

http://news.bbc.co.uk 살바도르 몬카다 인터뷰

Vocabulario

bomba(f) 폭탄, 펌프 | **atómico** 원자의 | **proporcionar** 제공하다, 주다 | **ilimitado** 무제한적인 | **replantear** 다시 제기하다(= plantear de nuevo) | **reconsideración**(f) 재고 | **ocuparse de** ~를 맡아 살피다 | **bien** 좋게, 잘, 선(m), 행복, 안녕, 이익, 재산(pl), 재화들(pl), 상품들(pl) | **mal** 나쁘게, 악(m), 폐해, 질병 | **para bien o para mal** 어떻든지 간에(형 for better or worse) | **vaya** 원, 어어, 저런, 어랍쇼 | **ello** (중성 지시대명사) 그것, 그일 *eso가 더 자주 사용됨. | **escala**(f) 영 scale 또는 stopover *sin escalas 논스톱 | **manejar** (손으로) 다루다, 운용하다, 운전하다(AmL)(= conducir) | **actuar** 행동하다, 처신하다, 작용하다, 연기하다 | **biologia**(f) **molecuar** 분자 생물학 | **interferir** 간섭하다, 훼방을 놓다 | **paralelo** 평행의, 나란히 하는, 동시 진행의 | **preciso** 필요한, 정확한 | **precisamente** 정확히, 바로 | **tema**(m) **candente** 핫이슈 *polémico, controvertido 논쟁거리인 | **prevención**(f) 예방 *prevenir 예방하다 | **interferencia**(f) 간섭, 훼방, 전파방해 | **punto**(m) **de vista** 관점 | **fin**(m) 끝, 목적 | **terapéutico** 치료의 *fisioterapia(f) 물리치료 | **serie**(f) 시리즈, 일련 | **resolver** 해결하다(= solucionar), 결정하다(= decidir) | **ético** 윤리적

Gramática

① **lo que** **hay** **en la realidad** 현실에 있는 것
   ~하는 것   있다   현실에

② **actuar sobre** ~에 효과를 내다

Esta crema actúa sobre la herida.	이 크림이 상처에 효력을 보입니다.

actuar como ~로 활동하다 / 역할을 하다 / 작용하다

Él actúa como mediador.	그가 중재자의 역할을 한다.

* 직-현 actúo, actúas, actúa, actuamos, actuáis, actúan

1 뜻이 같은 것끼리 연결하세요.

① como sardinas en lata   •

② sin rodeos   •

③ datar de   •

④ jugar limpio   •

⑤ tomar el pelo a sb   •

⑥ ser irascible   •

⑦ (conocer) de oídas   •

⑧ jugar con fuego   •

⑨ irse a pique   •

⑩ gente de a pie   •

⑪ a temperatura ambiente   •

⑫ aparte de   •

⑬ echar en saco roto   •

⑭ estar como un roble   •

⑮ yo que tú   •

•   (a) 상온에

•   (b) 말을 돌리지 않고

•   (c) 콩나물 시루처럼 빽빽이

•   (d) 페어플레이를 하다

•   (e) 허사가 되다, (배가) 가라앉다

•   (f) 들어서 사람 ~을 (알다)

•   (g) 놀리다 (~에게)

•   (h) 경솔하게 다루다, 위험한 짓을 하다

•   (i) 망각하다

•   (j) 욱하는 사람이다, 성깔 있다

•   (k) 아주 정정(건강)하다

•   (l) (시기가) ~비롯되다

•   (m) 보통 사람들, 일반인들

•   (n) ~와는 별도로

•   (o) 내가 너라면

2 같은 뜻이 되도록 빈칸에 알맞은 말을 써 넣으세요.

> 〈 보 기 〉
>
> seda   corre   gesto   pulgas   ancho   pelo
> corazón   vigor   hora   bandeja   benjamín

① José es el (   ) de esta familia.

호세는 이 가족의 막둥이입니다.

② A perro flaco todo son (   ).

엎친 데 덮치기

③ Aunque la mona se vista de (   ), mona se queda.

콩 심은 데 콩 나고 팥 심은 데 팥 난다.

④ La criada dejó caer la (   ).

하녀는 쟁반을 떨어뜨렸다.

⑤ (   ) el rumor de que los dos drogadictos van a fugarse de la cárcel.

그 두 명의 마약중독자들이 탈옥할 것이라는 소문이 나돌고 있다.

⑥ La ley sobre la eutanasia entra en (   ) en este país con el 78% de la población a favor.

이 나라에서 전체 인구의 78% 찬성으로 안락사에 대한 법이 발효된다.

⑦ A veces, los hijos les rompen el (   ) a sus padres lanzándoles una mirada penetrante y algunas palabras hirientes sin querer.

가끔 자식들은 부모를 째려보고 무심결에 마음에 상처를 주는 말을 내던지면서 그들의 마음을 찢어 놓는다.

⑧ No me fío un (   ) de ti.

난 털끝만큼도 널 믿지 않아.

⑨ Muchas veces, vale más un (   ) que mil palabras.

종종 천 마디 말보다 한 번의 움직임이 더 낫다.

⑩ Mis padres viajaron a lo largo y a lo (   ) de Europa.

부모님은 유럽 방방곳곳을 여행하셨다. *두 번째 a lo는 자주 생략됨.

El universo se creó de la nada

우주는 無로부터 창조되었다

해바라기(girasol)

ITINERARIO → ÉL → RUTA → CAMINO → CALLE → SENDA → SENDERO → TÚ

ESTRELLA ← IMÁN ← VACILAR ← BRÚJULA ← NORTE

JÚPITER → SATURNO → ASTRO → LUNA → SOL

¿YO? ← MARTE ← ESPACIO ← PLANETA

El ocio y la familia

여가와 가족

Él es como de la familia.

그는 가족이나 마찬가지다.

Diálogo 1

track 21-1

F   Cariño, en el baño se fue la luz. Averigua qué pasa, por favor.

M1   Se tratará de un simple apagón. Espera a que vuelva la electricidad.

F   No, señor. Mira, en esta habitacion funciona bien todo aparato eléctrico. No finjas estar cansado y arregla la luz del baño. ¡Muévete! Si te decides a hacer algo a conciencia, lo terminarás en un abrir y cerrar de ojos, ¿sí o no? ¡Despierta ya!

M1   Vale... Oh, la bombilla se fundió. Tengo que cambiarla por una nueva...uf, no entra bien en el casquillo... Ya está. Oprime el intrruptor para probar. ¡Perfecto! Tesoro, tú eres mucha mujer para mí. Siempre me motivas a ser ágil y práctico. Pero, mujer, tengo derecho a disfrutar de un tranquilo sábado. No me pidas más cosas, por lo que tú más quieras.

F   Cariño, haz el favor de mirar el fregadero. Gotea agua por el grifo y por el caño de desagüe. Ahí tienes una llave inglesa y unos alicates en la caja de herramientas.

M1   Mi vida, ¿se da vuelta hacia la derecha para abrir la tuerca? ¿Al revés?... ¡Ay! Se me raspó la muñeca. Bueno, intento, otra vez. A la una, a las dos, a las tres. ¡Ay! Me hice daño en el dedo. ¿Por qué no llamas a tu fontanero de confianza? Para él es pan comido reparar los grifos, además cobra muy barato.

F   ¿Por qué no te callas? ¡A trabajar!

M2   Mamá, ¡Hay un problema! En el baño yo hice pipí y luego Toño hizo caca, y... la taza del inodoro está bloqueada. Ya hemos echado agua caliente. ¡Papá! Desatasca el inodoro, por favor. El desatascador se ha roto, pero no te desanimes.

---

a conciencia 의식하고, 제대로, 성의껏

¡despierta ya!
= ¡abre los ojos!
= ¡espabila! 정신 차려!, 정신 바짝 차리라고!, 잘 좀 해!

bombilla(f) 전구
casquillo(m) 소켓
interruptor(m) 스위치
tesoro(m) 보물, 여보
fregadero(m) 싱크대
gotear 한 방울씩 떨어지다, 비가 찔끔찔끔 내리다
alicates(m)(pl) (끝이 납작 또는 둥근) /**tenazas**(f)(pl) 펜치
desatascador(m) / **destapacaños**(m)(멕시코) 배수구나 변기를 뚫는 흡입식 도구, 뚫어뻥

se fue la luz 전기가 나갔어(= se cortó la luz) | **averiguar** 캐다, 알아보다 (직-현 averiguo, averiguas averigua, averiguamos, averiguáis, averiguan) | **se tratará de** ~에 대한 것일게다 | **simple** (*명사 앞 한 낱, 일개의, 단순한) 간단한, 단순한, 우둔한 | **esperar (a) que + 접속법** ~하기를 기다리다 | **arreglar** 정리하다(= ordenar), 수리하다(= reparar), 조직하다(= organizar, preparar), 해결하다(= solucionar) | **mover(se)** (자신을) 움직이다(직-현 muevo, mueves, mueve, movemos, movéis, mueven) | **en un abrir y cerrar de ojos** 눈 깜짝할 사이에(= en un santiamén, en un instante) | **ya está** 이제 됐다 | **oprimir** (버튼) 누르다, 억압하다 *opresión(f) 탄압 | **mucha mujer para mí** 나에게는 과분한 여자 | **motivar a sb a inf.** ~를 하도록 동기 부여하다 | **ágil** 날쌘, 민첩한 | **por lo que tú más quieras / por el amor de Dios** 제발 좀 말이지 | **grifo**(m) 수도꼭지 | **caño**(m) (짧은) 관(= tubo corto) | **desagüe**(m) 배수 | **llave**(f) 열쇠, 수도꼭지(AmL) | **llave inglesa**(f) 멍키스패너 | **herramienta**(f) 도구(형 tool) | **mi vida** 우리 자기야 | **darse vuelta** 회전이 주어지다 | **hacia** ~를 향하여, ~경에 | **tuerca**(f) 너트, 암나사 *tornillo(m) 볼트 | **al revés** (위아래, 안팎, 앞뒤) 거꾸로, 뒤집어 | **raspar** 긁어서 (아리게) 까지게 하다 *rascar 긁다 *ven y ráscame la espalda 와서 내 등 좀 긁어 줘 | **muñeca**(f) 손목, 인형 *muñeco de nieve 눈사람 | **fontanero**(m) 남자 배관공(= plomero(AmL)) | **es pan comido** 누워서 떡 먹기다 | **cobrar** 징수하다(≠ pagar), (수표를) 현금으로 바꾸다 | **barato** 싼, 싸게(부사) | **callarse** 입다물고 있다, 잠자코 있다 *¡cállate!, ¡a callar! 또는 ¡silencio!(형 be quiet!) | **¡a trabajar!** 일해요!(형 down to work!) | **hacer pipí / hacer del uno**(멕시코) 오줌을 누다 | **hacer caca / hacer popó**(멕시코) 똥누다 → 이 표현들은 아이들이나 가족끼리 사용하는 말이고 "화장실 간다(ir al baño)"고 하면 됩니다. "볼일보다(hacer mis necesidades)"라는 표현도 있습니다. *estoy estreñido 나 변비야 | **taza**(f) **del inodoro** 또는 **taza del retrete** 또는 **taza del váter** 형 toilet bowl(수세식 변기 몸체) | **desatascar** 막힌 데를 뚫다 *중남미에서는 destapar(마개를 벗기다, 숨겨지거나 가려진 것을 들어내다) 동사를 이 경우에 사용하기도 함. | **romperse** 부서지다, 부러지다, 망가지다, 찢어지다 | **desanimarse** 낙담하다, 기가 죽다 *¡anda!(멕시코) 자, 어서!(형 come on)

① **no finjas estar cansado**

fingir(~척하다)의 tú에 대한 부정명령으로 접속법이 사용되었습니다.

② **cambiar** 바꾸다, 바뀌다

cambiar A	A를 바꾸다
cambiar de (무관사) A	A를 바꾸다 (채널, 이름, 번호, 차선, 의견, 주제, 태도, 방향, 집 등등)
cambiar A por B	A를 B로 바꾸다
cambiar a la línea 2	2호선으로 갈아타다

cambiarse

cambiarse	갈아입다
cambiarse A	A를 바꾸다 (헤어 스타일, 옷 등등)
cambiarse de (무관사) A	A를 바꾸다 (차선, 의사, 집 등등)

③ **a la una, a las dos, a las tres** 하나, 둘, 셋!

A la voz de tres, corramos. ¿Listos? A la una, a las dos, a las tres. ¡Ya! 셋 하면 뛰자. 준비들 됐어? 하나, 둘, 셋. 땅!

Diálogo 2

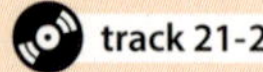
track 21-2

F1   ¿Dónde estamos? Haz el favor de parar el coche. Estoy mareada.

M1   Faltan unos 20 minutos para llegar al camping. Aquí tomemos aire fresco un rato

M1   Ya hemos llegado. Como el lugar está situado en plena montaña, el aire es purísimo. Niños, respirad hondo con calma.

F1   ¡Qué paisaje más bonito! Mirad, allí, de la cascada está brotando agua a chorros. Parece poder refrescarnos todo el cuerpo y toda el alma. Chiquitos, divertíos a vuestras anchas. Aquí no habrá nadie que os pida que no hagáis ruido. ¡Sois libres! No andéis descalzos ni desnudos. Estando en un bosque, os picarán insectos como abejas u hormigas. Y cuidaos de las culebras o con los osos. ¿Os acordáis de lo del año pasado? Lucas se subió a una gran roca y después gritó a voz en cuello para oír su eco. Pero se cayó de ella desde una altura de tres metros. ¡Qué terrible fue el incidente!

M1   Lucas, vete a por el agua. Llévate este contenedor de agua plegable. Está sucio por dentro, así que primero límpialo y luego lo llenas de agua.

M2   Papá, yo también quiero estar libre de los quehaceres, que suelo hacer en casa.

F1   Lucas, ven y ayúdame a poner la tienda de campaña. Sujeta bien este palo para que no se incline hacia ningún lado. Eso es. Aprenderás mucho de mí a través de este viaje.

M1   Lucas, ven aquí. Te necesito. Me he olvidado de traer los utensilios de cocina para el camping. Acude a aquel refugio y la conseguirás. Mientras tanto, tengo que calentar agua para tomar una infusión.

F2   Hermanito Lucas, ¿nos ayudas a doblar estos sacos de dormir? Federico los acaba de tender y de repartir por todas partes en un santiamén.

M1   Lucas, date prisa. Estamos muriéndonos de hambre. Vamos a hacer una barbacoa a la orilla del arroyo. Hoy te toca preparar la parrilla para asar la ternera y los mariscos. Esta vez no dejes de darles la vuelta correctamente para que no se quemen. ¿Lucas? ¿Lucas?

---

mareado 멀미가 난
brotar 싹이 트다, 움트다, 쏟아내다
  arrojar 던지다, 내뿜다
cascada(f) 폭포 /
  catarata(f) (아주 큰) 폭포
a chorros 콸콸, 세차게 듬뿍, 가득 분출되어
abeja(f) 꿀벌
  avispa 말벌
  libélula 잠자리
contenedor(m) **plegable de agua** =
  recipiente(m) **de agua plegable** 접이식 물통
  recipiente 용기
utensilio(m) 집기, 용품(주로 pl)
  batería(f) de cocina 식기 세트, 코펠
palo(m) 스틱, 막대기, 몽둥이
  pala 삽
refugio(m) 대피소, 피난

parar 멈추다 | **cámping/camping**(m)[깜삥] 캠핑(장) | **hondo** 깊은, 깊게 | **divertirse** 재미있게 놀다 (영 have fun) | **cuidar(se)** (자신을) 돌보다 | **andar** 걷다, 상태이다, 나다니다, 사귀어 어울리다 | **con calma** 조용히, 차분히 | **paisaje**(m) 경치, 풍경 | **refrescar** 시원하게 하다 | **alma**(f)(단수 시 관사는 남성형 사용) 영혼 *con toda el alma, con toda mi alma(영 with all my heart) | **chiquito/chiquillo** 축소형으로 원형은 chico | **ser libre** 자유로운 사람이다 *estar libre de ～가 면제된(없는) 상태이다 *estoy libre 난 한가하다 | **desnudo** 벌 거벗은 | **estando** ～에 있으면서, ～한 상태이면서 | **picar** (벌레, 뱀 등이) 물다, (군것질을 위해) 집어먹다, (마 늘, 고기 등을) 다지다 *morder (깨)물다, muela picada 썩은 이(= la caries) | **hormiga**(f) 개미 | **culebra**(f) 뱀 *la serpiente (크고 독성이 강한) 뱀 | **acordar** 합의하다 | **acordarse de** ～에 대해 기억하다 | **caerse de** 영 fall off sth | **ir a por**(Esp) / **ir por**(AmL) ～를 가지러(사러, 구하러) 가다 | **llevar** 가지고 가다(영 carry), 데리 고 가다, 지니다, 휴대하다, 착용하고 있다 | **llevarse** (같은 공간 속에서) 가져가 버리다, 가지고 떠나다(영 take 또는 take sth with one), 데리고 가 버리다 | **por dentro** 속으로는, 안에는, 안쪽으로는 | **llenar A de B** A를 B로 채우다 | **quehacer**(m) 해야 할 일 *quehaceres domésticos 가사 | **(yo) suelo inf.** 영 I usually do *el suelo 땅바닥 | **tienda**(f) **(de campaña)** / **carpa**(f)(AmL) 텐트 *poner / montar (텐트를) 치다 | **sujetar** 붙잡아 쥐다, 붙잡아 누르다 | **inclinarse** 기울어지다 | **olvidarse de** ～에 대해 잊다 *juego de mesa 정찬용 식기류 한 벌 | **acudir a** (약속 등)에 가다, ～에 호소하다 | **calentar** 뜨겁게 하다(≠ enfriar) (직-현 caliento, calientas, calienta, calentamos, calentáis, calientan) *hervir 끓이다, 끓다 | **infusión**(f) 허브티 | **doblar** 접다, 구부리다, 두 배로 하다(= duplicar), 더빙하다, 방향을 틀다 | **saco**(m) 자루 *saco de dormir 침낭 *saco de arena 샌드백 | **tender** 펴다 (직-현 tiendo, tiendes, tiende, tendemos, tendéis, tienden) *tender a 또는 tener tendencia a ～하는 경향이다 | **por todas partes** 사방으로 | **barbacoa**(f) 바비큐 | **dar la vuelta** 뒤집다(= voltear(특히 AmL)) *pasado (우유 등이) 상한, (고기, 파스타 등이) 너무 익은

① **haz el favor de inf. / haga el favor de inf.** ～ 좀 부탁해 / ～ 좀 부탁합니다

② **faltar 기간 para ~** ～까지 ～만큼 남았다

> Falta una semana para las elecciones presidenciales surcoreanas.
> 한국의 대통령 선거가 일주일 남았군요.

③ 영어 **a while**(잠시)을 스페인어로 옮길 때는!!!

며칠, 몇 달, 몇 주	(por) un tiempo
몇 시간, 몇 분	un rato
몇 순간	un ratito

④ **vosotros**

긍정명령은 r을 버리고 d를 붙입니다. 뒤에 os가 붙는 경우에는 d는 생략합니다.
부정명령은 접속법 2인칭 복수를 그대로 사용합니다.

respirar	respirad
divertirse	divertidos → divertíos *d 탈락 전 강세 유지 위해 강세 표시 찍음!
cuidarse	cuidados → cuidaos
andar	no andéis

Diálogo 3

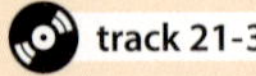
track 21-3

F   ¿Cuánto mides?

M₁   Mido uno diecinueve.

F   Entonces, no puedes subir a esta atracción. ¡Cálmate! Mira el letrero que dice: "Atracción no recomendada a personas con dolencias de columna, hipertensas, embarazadas o enfermas del corazón".

M₁   Je je. No se menciona el límite de estatura. No quiero perder tiempo en un carrusel que solo me provoca vértigo. Quiero gozar de la velocidad contra el fuerte viento.

F   Niños, ahora merendaremos allí debajo del árbol y luego jugaremos a algunos juegos.

M₁   ¿Algo así como el juego de tira y afloja con una cuerda? ¿Jugar al ajedrez o a las cartas? ¿Luchitas? ¿Echar un pulso?

M₂   Jugamos al 3-6-9. ¿No sabes jugarlo? Es muy divertido. Nos sentamos formando un círculo. Uno empieza diciendo "uno" y por la derecha el otro dice "dos", y cuando le toca a la siguiente persona decir algún múltiplo de tres, es decir, tres, seis o nueve, debe dar una palmada sin decir nada. ¡Es así de fácil! Si alguien se equivoca diciendo un mútiplo de tres, tiene que cumplir un castigo como cantar.

F   Je je, parece muy divertido, menos el castigo. Niños, os dejamos un rato. Papá y yo tenemos que sacar algunas mochilas de la furgoneta que dejamos aparcada. Os rogamos que no os peléis. Y no piséis a los insectos solo por pensar que son repugnantes. Estaremos aquí en media hora. El pronóstico del tiempo dice que lloverá esporádicamente. Si cae un chaparrón, no os acerquéis al arroyo.

(El matrimonio anda del brazo por el sendero.)

---

echar un pulso / jugar a las vencidas(멕시코) 팔씨름하다
letrero(m) 간판
columna(f) 기둥, 척추 (= columna vertebral)
hipertenso 고혈압 증세가 있는
estatura(f) 신장, 키 (= altura) *riñón 콩팥
carrusel(m) 회전목마
vértigo(m) 현기증
tira(m) y afloja / juego(m) de la soga 줄다리기 *jugar al tira y afloja 줄다리기 하다
ajedrez(m) 체스 *peón 인부, 폰(줄) (형 pawn)
mochila(m) 배낭, 백팩 (형 backpack), 메는 학생 가방
esporádicamente 산발적으로

Vocabulario

medir 키가 ～이다, 재다, 측정하다 (직-현 mido, mides, mide, medimos, medís, miden) | **atracción**(f) 끌어당김, (유원지) 탈것 *montar en/subir a/tomar una atracción = 한 개의 놀이기구를 타다 | **calmar(se)** (자신을) 진정시키다 | **dolencia**(f) 편찮음, 병 | **mencionar** 언급하다 | **gozar de** 누리다, 향유하다(= disfrutar de) | **velocidad**(f) 속도 | **cuerda**(f) 줄, 로프, 현 *cordón(m) 코드, 끈, 가는 줄 | **divertido** 재미있는(형 fun) | **círculo**(m) 원 | **por la derecha** 오른쪽으로 해서 | **múltiplo**(m) 배수 *múltiple 다중인 | **es decir** 즉, 다시 말해(= o sea, a saber, en otras palabras) | **palmada**(f) 손뼉 침 *palma 손바닥, 야자나무 *batir palmas 손뼉을 치다(= dar palmadas) | **menos** 제외하고 | **dejar aparcado** 주차해 놓다 *párking(m)(빠르낀) 주차(지)(= aparcamiento, estacionamiento(AmL)) | **rogar** 간청하다(= suplicar) (직-현 ruego, ruegas, ruega, rogamos, rogáis, ruegan) | **repugnante** 혐오스러운 | **chaparrón**(m) 소나기 | **acercarse a ~** ～에 접근하다(≠ alejarse de) (접-현 me acerque, te acerques, se acerque, nos acerquemos, os acerquéis, se acerquen) *se me acercó una mujer 한 여자가 내게 다가왔다

Gramática

① **신장이 119cm 입니다.**

Mido un metro diecinueve centímetros 또는 간단히 uno diecinueve라고 주로 말합니다.

② **me toca + 주어(inf.)**
나에게   차례이다

| ¿A quién le toca hacer la lectura? | 누가 읽을 차례입니까? |

③ **es así de fácil** 참 쉽죠잉

그렇게나 → [직역] 쉬운 것에 대해 보자면 그렇습니다

예를 보여 주면서 쉽다는 면을 부각합니다.

Diálogo 4

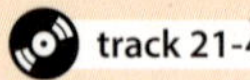

M Mamá, no quiero jugar al fútbol. Cómprame un algodón de azúcar y un polo.

F1 De acuerdo, niña. Siéntate a la sombra. Aquí se te derretirá pronto el helado. Y si te aburres, ¿por qué no Juanito y tú transmitís el partido? Tú eres una comentarista femenina y Juan un locutor.

M El árbitro pita. ¡Acaba de comenzar el primer tiempo del partido por el tercer puesto entre el equipo de papá y el de mamá! Es la primera vez que este último se enfrenta a un equipo bien organizado con dos delanteros súper ágiles. Desde aquí vemos al portero Luis muy nervioso. Ah, diciendo esto, el delantero José regatea... hace un tiro de media distancia. José, con el número 7, salta y cabecea. En general, el equipo de mamá muestra un juego desorganizado, sin sacar ventaja de estar jugando en casa. Sin embargo, su capitán da un pase largo y preciso... Ah, el defensa de su equipo no lo recibe. Ya se ve que el equipo de mamá se encuentra en desventaja física... Ah, en este mismo momento, el líbero supera la entrada lateral de un adversario... vuelve a quitarse la marca de tres defensas y empieza a incursionar en campo enemigo. Ah Joaquín desborda por la banda peligrosamente. ¿Podrá marcar el primer gol? Ah, está a punto de anotar un gol~~. Ah, fuera de juego. ¿Cómo ves el flujo de juego? Ah, el equipo de papá, da un concierto de pases precisos con lo cual lidera el juego. Ah, qué magnífico el movimiento rápido y hábil de los dos jugadores veteranos del equipo de papá...
El segundo tiempo está empezando con un marcador de 0 a 0...
José cobra un saque de esquina. Mario, que juega de centrocampista, toma el balón y lo conduce hacia su campo... Él es un jugador zurdo, ayer en el partido contra el equipo del bisabuelo cobró dos penaltis y los falló por desgracia. Pero hoy desempeña su papel de volante. En verdad hoy está haciendo gala de su habilidad individual... Ah, ambos equipos han empatado a dos. Ya empezará la prórroga...
Ha terminado el tiempo suplementario... El partido ha terminado en empate, con lo cual se van a la tanda de penaltis... Tras los tiros penales el equipo de papá ocupó el tercer puesto de La IV Bonita Liga. Muchas gracias por su atención.

F2 ¿Por qué no me dejas hablar? Hazlo todo tú solo. ¡Bruto!

---

algodón(m) 솜, 면
  algodón de azúcar 솜사탕
polo helado(m)(스페인) /
  paleta helada(f)(AmL) 하드
  *el Polo Ártico 북극
  *cucurucho(m)
  아이스크림콘
árbitro(m) 남성 주심, 심판
regatear 드리블하다
  (= driblar), 흥정하다
**jugar en casa / jugar
  de local** 홈경기를 하다
fuera de juego
  오프사이드
flujo(m) 흐름(영 flow)
zurdo 왼손(왼발)잡이
empate(m) 동점, 무승부
tanda(f) **de penaltis**
  = tiros(m)(pl) libres
  승부차기

derretirse 녹다 | **transmitir** 전하다, 방송하다 | **comentarista**(m)(f) 해설자 | **pitar** 호루라기를 불다
(= tocar el pito) | **primer tiempo**(m) 전반전 | **puesto**(m) 자리(= lugar), 노점 *puesto de trabajo 일자리 |
enfrentarse a ~에 맞서다, ~와 대결하다 | **delantero**(m) 남자 공격수, 포워드 | **portero**(m) 남자 골키퍼,
수위, 포터 | **tiro**(m) 발사(= disparo), 발포, 사격 *tiro con arco 양궁, tiro libre 프리킥, 자유투 | **saltar**
점프하다 *soltar 풀어 주다, 놓아주다 | **cabecear** 헤딩하다(= golpear la pelota con la cabeza) | **sacar**
ventaja de 형 take advantage of | **capitán** 주장, 선장, 대위 | **pase**(m) 패스 | **preciso** 정확한, 필요한 |
defensa(m)(f) 수비수 | **encontrarse** ~에 있다, ~ 상태이다, 발견되다, 서로 (우연히) 만나다, (con) ~와 마주
치다 | **desventaja**(f) 불리(함) | **líbero** 리베로(공격과 수비가 자유로운 선수) | **entrada**(f) **lateral** 측면 태클 |
adversario/a 상대 (선수) | **quitarse** ~을 벗다 *본문에서는 마크를 벗어난다는 의미로 librarse de 또는
sacarse(AmL)로 대체 가능함. | **marca**(f) 마크, 상표, 브랜드, 트레이드마크 | **incursionar** 침입하다 |
desbordar 상대 수비를 피하면서 진격해 가다, (~를) 넘쳐나다, 넘치다 | **banda**(f) 사이드라인, 밴드 | **marcar**
(또는 **meter** 또는 **anotar un gol**) 골을 넣다 *gol 대신에 tanto도 사용 | **anotar** 적다(= tomar nota de,
apuntar) *apuntar 적다, 겨냥하다, 조준하다 *apuntarse 등록하다(= inscribirse) | **fuera de** 형 out of |
liderar 리드하다 | **magnífico** 멋진 | **hábil** 솜씨 있는, 능숙한 | **jugador**(m) **veterano** (남자) 노장 선수 |
marcador(m) 스코어보드, 마커(AmL) *rotulador 마커 | **cobrar** 징수하다(≠ pagar), (수표를) 현금으로 바꾸다 |
saque(m) **de esquina** 코너킥(= córner 또는 tiro de esquina) | **esquina**(f) 모퉁이, (바깥) 코너 *el rincón
구석, (안쪽) 코너 | **centrocampista**(m)(f) 미드필더 | **fallar** 잘 안 되다, 실패하다(vi), 판결(정)을 내리다, ~를
실패하다(vt), ~에 에러를 내다 | **por desgracia** 불행히도 | **desempñar** (역할을) 수행하다 | **volante**(m)
운전대, 남자 볼란치(수비수로부터 공을 패스 받아 공격 진영으로 공을 배급하면서 팀플레이를 조율하는 선수로 신체는
물론 기술적 능력이 매우 중시되는 미드필더) | **hacer gala de** ~를 자랑하다, 뽐내다 | **habilidad**(f) 능숙함,
노련함, 잘하는 것(개인기) | **empatar**(vt) ~(게임)을 동점을 만들다(vt), 동점이 되다(vi) | **prórroga**(f) / **tiempo**(m)
suplementario 연장전 (= tiempos extra(멕시코)) | **tras** ~ 후에(= después de), 뒤쪽으로(= por detrás de)

① hazlo todo tú solo

영어 I ate it all(난 전부 먹었다)를 스페인어로 바꾸면 it에 해당하는 lo가 동사 앞에 위치하거나 원형 또는 현재분
사 뒤에 찰싹 붙을 수 있습니다. 따라서 (Yo) lo comí todo가 됩니다. 본문에서는 긍정명령이라 lo가 동사 뒤에 찰
싹 붙어야 합니다.

Lo entiendo todo.	모든 것을 이해합니다.	Quiero verlo todo.	모든 것을 보고 싶다.

② 운동 시 하는 말

¡Preparados, listos , ya!	제자리에, 준비! 땅! (형 on your marks, get set, go!)
cabezazo	헤딩
*Al diputado le dieron un tomatazo.	*하원 의원은 토마토 세례를 당했다.
	tomatazo = golpe dado con un tomate
¡Mano!	핸들링!

③ banda = banda de línea (축구) 사이드라인

unilateral	일방적인	a seis bandas	6자의
bilateral	양자의	multilateral	다자의
trilateral	삼자의(= a tres bandas)	la quinta ronda	제5차

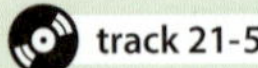

Comprensión auditiva

M Gisela canta. ¡Suéltalo!

F

La nieve brilla esta noche aquí más

Ni una huella queda ya

Soy la reina en un reino de aislamiento y soledad

El viento aúlla y se cuela en mi interior

Lo quise contener pero se escapó

No dejes que sepan de ti

Que no entren, siempre me dijo a mí

No has de sentir, no han de saber

¡Ya qué más da!

Suéltalo, suéltalo, no lo puedo ya retener

Suéltalo, suéltalo, ya no hay nada que perder

Qué más da, ya se descubrió

Déjalo escapar, el frío a mí nunca me molestó

＊디즈니 〈겨울왕국〉 중에서 〈Let It Go〉의 스페인 버전으로 라틴아메리카 버전은 〈Frozen: una aventura congelada〉로 노랫말(Libre soy)이 다릅니다.

soltar 풀어 놔주다(= dejar libre)(형 set free, let go, loosen)(직-현 suelto, sueltas, suelta, soltamos, soltáis, sueltan) | **brillar** 빛나다 | **huella**(f) 발자국 *seguir las huellas de sb ~의 발자국을 따라가다 *sin dejar huella 흔적을 남기지 않고 *huella dactilar /huella digital 지문 | **reino**(m) 왕국 *el Reino Unido 영 the United Kingdom | **aislamiento**(m) 고립, 절연 | **aullar** (동물이) 울부짖다, (바람이) 윙윙거리다 (직-현 aúllo, aúllas, aúlla, aullamos, aulláis, aúllan) | **colarse** (액체가) 걸러지다, 새치기하다, 끼어들다 (직-현 cuelo, cuelas, cuela, colamos, coláis, cuelan) | **contener** 함유하다, 억누르다 | **escapar** 달아나다 | **escaparse** 달아나 버리다 | **haber de inf.** ~ 해야 한다, ~할 것이다 *¿cómo he de interpretar su conducta? 그의 행동을 내가 어떻게 해석해야 하는 거니? | **retener** 잡아 두다

① **no dejes que sepan de ti**
내버려 두지 말아라   saber 접속법 현재

주절에서 사역동사 사용 시 종속절은 접속법 사용합니다!

② **¡qué más da! / ¡da igual!** 중요하지 않아!

영 it doesn't matter! 또는 never mind!

[참고]

me da que Amanda no va a venir	아만다가 오지 않을 거라는 느낌이 드는데

③ **no hay nada que perder** ~해야 할 ~가 없다
                  목적어   동사원형

1 뜻이 같은 것끼리 연결하세요.

① estar como un flan •

② patas arriba •

③ la niña de los ojos •

④ percatarse de •

⑤ echar raíces •

⑥ ser agua pasada •

⑦ saltarse un semáforo •

⑧ de la noche a la mañana •

⑨ hacer oídos sordos •

⑩ asomarse a la ventana •

⑪ dar de alta a •

⑫ dar de comer a •

⑬ tener presente •

⑭ estar acostumbrado a •

⑮ no dudar en inf. •

• (a) 뒤죽박죽으로

• (b) ~하는 데 주저하지 않다

• (c) 매우 긴장하다, 불안해 벌벌 떨다

• (d) 명심하다, 마음에 두다(영 bear in mind)

• (e) ~에 익숙하다, 예사이다

• (f) 이미 지나간 일이다

• (g) 눈에 넣어도 아프지 않을 존재

• (h) 창문으로 몸을 내밀다

• (i) 알아채다, 눈치채다, 인식하다

• (j) 빨간 신호등을 무시하고 가다

• (k) 뿌리를 내리다

• (l) 갑자기, 하룻밤에

• (m) ~ 퇴원시키다

• (n) 들은 척도 않다

• (o) ~에게 뭔가 먹을 걸 주다

2 같은 뜻이 되도록 빈칸에 알맞은 말을 써 넣으세요.

〈 보 기 〉

| perro | gotas | meterme | tiro | gordo | sordo |
| tarde | cara | cuesta | llaman |

① ¡No te metas donde no te (　　　　　　　　　)!

남의 일에 쓸데없는 참견하지 말아라!

② (　　　　　　　　　) que ladra, no muerde

위협만 할 뿐 행하지는 않는다.

③ A mal tiempo, buena (　　　　　　　　　).

삶이 힘들지라도 인상을 펴게나.

④ Matar dos pájaros de un (　　　　　　　　　).

일석이조.

⑤ Ya es (　　　　　　　　　) para quejarse.

불평하기에는 늦었다.

⑥ Me (　　　　　　　　　) hacer amigos.

친구 사귀기가 버겁다.

⑦ El futbolista se hizo el (　　　　　　　　　).

축구 선수는 못 들은 척했다.

⑧ Yo no sabía dónde (　　　　　　　　　) de pura vergüenza.

난 너무 창피해서 어디로 숨어야 할지 몰랐다.

⑨ Andrés y Ramón se parecen como dos (　　　　　　　　　) de agua.

안드레스와 라몬은 붕어빵처럼 빼닮았다.

⑩ Mi abuelita sacó el premio (　　　　　　　　　).

우리 할머니가 (특히 크리스마스 복권) 1등에 당첨됐어.

¿Por qué eres hincha del Barça o de Real Madrid?

왜 당신은 바르샤 또는 레알마드리드 서포터가 되셨나요?

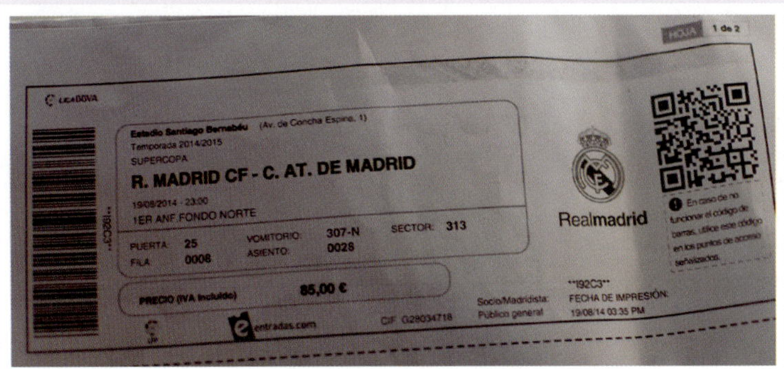

estadio 경기장   puerta 게이트   vomitorio 스탠드 출입구

sector 섹터   fila 열   asiento 좌석

La historia humana es una serie de desafíos y respuestas.

인류 역사는 도전과 응전의 연속이다. - A. J. Toynbee

스페인 레알마드리드 홈구장 〈싼띠아고베르나베유〉

Los locales del vecindario

동네 가게들

¿El cliente siempre tiene la razón?

손님은 왕이다?

Diálogo 1

F   Ramón, si te pilla de camino una tintorería, ¿puedes dejarles esta falda?

M₁   Sí, lo haré. De camino a la gasolinera hay una. De hecho tengo que repostar gasolina porque el depósito está casi vacío. Pasaré por la tintorería y luego iré a llenar el tanque.

(En la tintorería)

M₁   Estos pantalones necesitan un lavado en seco. Y quiero saber si podrás quitar esta mancha de pintura de la blusa.

M₂   No parece fácil. Lo intentaré. Descuida. ¿Son urgentes los pantalones? ¿Para cuándo los necesitas?

M₁   Los pantalones los quiero recoger mañana por la mañana Ummm... quiero que estén listos para las 10:00. Ah, y ponles una nueva cremallera. En cuanto a la blusa, no hay prisa.

M₂   Bueno, entonces, vuelve por ella cuando quieras.

(Al día siguiente)

M₁   Vengo por los pantalones que dejé encargados ayer.

M₂   Aquí tienes.

M₁   Aquí traigo otros pantalones y un jersey. Estos azules me quedan algo largos. ¿Puedes recortarlos unos 3cm? Ah, muy bien. Y por favor, amplía un poco la anchura del jersey. Es que he subido de peso y me queda muy ajustado.

M₂   Lo creo imposible.

M₁   Ah, se me ha olvidado preguntar una cosita.

M₂   Dime.

M₁   Una chaqueta mía se arruga muy fácilmente. Se ve muy mal. Así que la lavé y planché varias veces pero en vano. Probablemente se habrá desgastado un poquito.

M₂   No lo hagas. Me preocupa que se haya encogido. ¿De qué tela es? ¿Cien por ciento algodón? ¿Sintética? Tráemela para darte consejos. Algunas prendas no deben lavarse en agua. Es posible que pierdan el color... Eso es. Se decolorarán.

pillar(vt)(vi) 붙잡다 | **tintorería**(f) 드라이클리닝 세탁소 *lavandería 빨래방 | **repostar**(Esp)
gasolina(combustible) 기름(연료)을 채우다 | **vacío**(형용사)(m) 빈, 공석인, 비어 있음, 공허함, 진공 *vaciar
비우다 | **pasar por** 통과하다(영 go through), 들르다(영 stop by) | **llenar** 채우다 *llenarse de ~로 가득 차다
| **lavado**(m) 세탁 | **mancha**(f) 얼룩 | **pintura**(f) 페인트, 물감, 회화 *lápiz de color / crayón(멕시코) 크레파스 |
descuidar 걱정하지 않다(vi), 소홀히 하다(vt) | **para cuándo** (늦어도) 언제까지 | **jersey**(m)(Esp) / **suéter**(m)
스웨터 | **quedar** 상태이다, ~에 있다, 만날 약속을 정하다, 남아 있다 | **algo** 약간(부사)(m)(영 somewhat), 뭔가(명사)
(영 something, anything) | **recortar** (많은 부분)을 잘라내다, 삭감하다 | **verse** ~ 상태이다, 보여지다, 서로
만나다 | **planchar** 다림질하다 | **en vano** 영 in vain | **desgastarse** 닳아 없어지다 | **tela**(f) 천 | **cien por
cien sintético**(Esp) 100% 합성의 *일반적 수치상 100%는 cien por ciento임. *1% = uno por ciento |
prenda(f) 의복(= prenda de vestir) | **pierdan** 동사 perder 접-현 3인칭 복수

① **si te pilla de camino** 만일 (세탁소가) 너에게 가는 길에 있는 상황이라면

pillar 자동사 용법으로 '뭔가가 누군가에 대해 일정한 상황에 있다'라는 표현으로 스페인에서만 사용하는 표현입
니다. 본문에서 quedar 동사로 대체할 수 있습니다.

② **vuelve por ella** ~가지러, 찾으러, 구하러, 사러, 때문에, 위해, 의해서, 쪽으로, 대신에, 의 대가로

Mi novio salió por pan.	내 애인은 빵을 사러 나갔다.
Elena fue a por vino(Esp) 또는 fue por pan(AmL)	엘레나는 와인을 구하러 갔다.
¡Por mí no lo hagas!	날 위해 그러지 마!
Te lo digo por tu bien.	널 위해 말해 주는 거야.

[참고]

Juan me quitó la novia.	환이 내 여자친구를 뺏었다.
Él me ha quitado la pelota.	걔가 내 공을 뺏어 갔어.
El café nos quita el sueño.	커피는 우리의 졸음을 날려 버린다.
Él se quitó la vida.	그는 자신의 목숨을 끊었다.

Diálogo 2

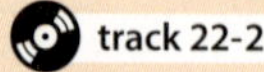
track 22-2

F ¿Cómo quiere el pelo? ¿Quiere hacerse una permanente?

M Solo he venido a lavármelo. Pero he cambiado de opinión. Córteme las puntas, por favor. Y arrégleme las patillas y córteme el bigote.

F Entiendo. ¿De qué lado se hace la raya? ¿Del derecho? Perfecto.

M Oiga. Quiero muy corta la parte de atrás. Córteme de los lados hasta aquí.

F Muy bien. ¿Qué tal el largo del flequillo? ¿Lo quiere más corto?

M Así está bien. Gracias. ¿Tiene una servilleta? Tengo mocos. Creo que tengo alergia al perfume que lleva puesto usted.

F Lo siento. Estoy a punto de terminar. Tenga un poco de paciencia... Ya está. Venga por aquí. Le enjuagaremos el pelo... ¿Está bien la temperatura del agua?

M Sí, sí, está bien. Hoy en día me pica mucho el pelo. ¿Será algún síntoma de alguna enfermedad dermatológica? Me gustaría raparme la cabeza.

F ¿Que le pica mucho el cuero cabelludo? Si se tiñe el pelo a menudo, cambie de producto. Acaso, ¿usa algún producto para prevenir la caída del cabello? Ah, nada más que poner gel al peinarse. Ya está. Le queda muy bien este peinado. ¡Felicidades!

hacerse una (또는 la) permanente 자신에게 파마를 하다 | **cambiar de opinión (또는 parecer, idea)** 생각을 바꾸다(영 change one's mind) | **hacerse la raya** 자신에게서 가르마를 만들다 | **atrás** 뒤로, 뒤에 | **largo**(m) 길이(= longitud), 기다란 | **llevar puesto+sth** (입은, 바른, 뿌린) 상태이다 | **picar** 가렵다, (벌레, 뱀 등이) 물다, (마늘 등을) 다지다, (주전부리나 입이 궁금해) ~를 집어먹다 | **síntoma**(m) 증상 | **dermatológico** 피부과의 | **cuero**(m) 가죽 *cuervo 까마귀 | **teñirse (el pelo)** 염색하다 (직–현 tiño, tiñes, tiñe, teñimos, teñís, tiñen) | **acaso** 혹시, 아마 | **nada más que** 단지 ~일뿐, (+inf.) ~하자마자 | **gel**(m) 젤 *rizado 곱슬머리의 liso 생머리의(= lacio), 무늬가 없는

① **que ~**

문장에 따라 '이니, ~이므로, ~하니까, ~라고, ~라고요, ~라고라, ~인지라, 결과적으로 …이다' 같은 의미로 해석됩니다.

En ese taller de coches tienen fama de ser tramposos

저 카센터는 속이고
장사하는 것으로
악명 높다

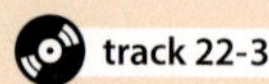

Diálogo 3

F   Me compré este coche de segunda mano de un conocido mío. Hace apenas poco tiempo conducía sin percibir nada extraño. Pero, fíjese que ayer subí una cuesta muy empinada para ver su fuerza y cuanto más subía por el camino, menos fuerza tenía el motor.

M   Bueno, abramos el capó del coche. Ummm, tengo que revisar el coche detalladamente. Por el momento veo una fuga de aceite en el motor y la batería está muy baja. Ah, señor, si suelta el volante en un camino plano y derecho, ¿siente que el coche tira para algún lado? Eso puede pasar por varias razones. Una de ellas es que los neumáticos están inflados de manera dispareja. O debe haber otro fallo grave.

F   Es que ayer tuve un accidente. Y resulta que el chasis tuvo una abolladura leve y el picaporte de la puerta derecha trasera no funciona, y se rompió el espejo retrovisor.

M   Ah, se debe enderezar esta parte abollada. ¿Da luz bien el faro?

F   ¿Cuál será el presupuesto?... ¿Tiene alguna idea de en cuánto me saldrá?... ¿Cuánto me costará? Ojalá no me cueste mucho repararlo todo.

(Al día siguiente)

F   Ayer conduje este coche. Es de mi yerno. Y tuve un accidente debido a que el freno no funcionaba bien y resulta que el coche está un poco torcido y no arranca bien.

M   Ya veo. ¿Cómo? Ah, ya es hora de cambiar el aceite del motor. Comprendo. Umm, parece que tendré que verificar el radiador y echar un vistazo al aceite de la transmisión.

empinado 경사가 가파른, 급경사의
capó(m) 보닛
fuga(f) 도주, 도망, 유출
neumático(m)(Esp) / **llanta**(f)(AmL) 타이어
inflado 팽창된, 부풀어 오른
fallo(m) 심사 결과, 결정, 판결, 결함
chasis(m) 섀시, 차대
abollado 움푹 패인
faro(m) 헤드라이트, 등대

de segunda mano 중고의 | **conocido** (남자) 지인, 잘 알려진 | **apenas** 간신히, 겨우, 거의 ∼가 아니다 (= casi no), ∼하자마자 | **percibir** 감지하다, 인식하다 | **fijar** 고정시키다 | **fijarse** 관심을 기울이다, 알아 채다 | **fíjese** (뭔가 얘기를 꺼내거나 보라고 관심을 유도하면서) 봐 봐요! | **cuesta**(f) 비탈길, 언덕길, 경사면 | **detalladamente** 자세하게 | **por el momento** 지금으로서는 | **batería**(f) 배터리, 드럼, 드러머(m)(f) | **soltar** 풀어 주다 (직–현 suelto, sueltas, suelta, soltamos, soltáis, sueltan) | **plano** 편평한, 도면, 시가지 지도 | **derecho** 곧은, 오른쪽의, 똑바로, 권리 *el derecho internacional 국제법 *derechos arancelarios 관세 | **tirar** 방향을 돌리다, 던지다 | **disparejo** 균등하지 않은(= dispar) | **debe (de) haber** ∼가 있을 것임에 틀림없다 | **resultar** ∼ 결과이다 | **resulta que** ∼인 것으로 나오다, 결과를 보이다, 드러나다 | **abolladura**(f) 움푹 패임(= hundimiento de una superficie a causa de un golpe) *hundimiento(m) 가라앉음, 침몰, 함몰 *hundirse 가라앉다 | **leve** (정도가) 가벼운 *ligero 가벼운 | **picaporte**(m) (레버식) 손잡이 | *atrancado 빗장이 걸린, 움직이지 않는 | **espejo**(m) **retrovisor** 백미러 | **enderezar** 굽은 것을 똑바로 펴다 | **cueste** 동사 costar 접–현 1, 3인칭 단수 | **freno**(m) 브레이크 | **torcido** 비틀어진, 삐뚤어진 *torcer (영 twist) | **arrancar** (vi)시동이 걸리다, 움직이기 시작하다 / (vt)시동을 걸다, 뽑아내다, 뜯어내다, 낚아채다 | **ya veo** 영 now I see | **verificar** 입증하다, 확인하다 | **vistazo**(m) 흘끔 봄 | **echar un vistazo a** 영 glance at 또는 have a (quick) look at | **transmisión**(f) 트랜스미션, 전달, 중계, 방송

① **cuanto más ∼, (tanto**거의 생략됨**) más ∼** ∼하면 할수록, 더 ∼하다

cuanto más + 직설법(기발생 또는 습관) / 접속법(미발생)

Cuanto más dinero se tiene, (tanto) más se quiere.	돈을 가지면 가질수록 넌 더 많이 원한다.
Cuanto más dinero tendrás, (tanto) más querrás.	돈을 가지면 가질수록 넌 더 많이 원할 것이다.
Cuanto más mejor	다다익선 (불가산명사에 대한 것)
Cuantos más mejor	다다익선 (가산명사에 대한 것)

＊tanto는 명사를 수식하는 경우 성·수 변화하며 거의 안 쓰는 편입니다.

En el gimnasio no damos ejercicios aeróbicos
저희 피트니스 클럽에는 에어로빅은 없어요

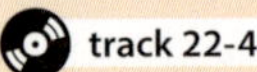
track 22-4

Diálogo 4

M ¿A qué curso piensas apuntarte? ¿Qué dices? ¡Que harás yoga! ¡Genial!

F Dicen que el yoga ayuda a uno a profundizar en sí mismo, para equilibrarse y cuidar su salud. Asistiré a la sesión de las 8:00 de la noche. Se realizarán ocho sesiones por mes, los lunes y los miércoles. ¿Sabes algo del yoga?

M No mucho. Solo que se practica con los pies descalzos para estar en contacto directo con el suelo y se presta atención a la respiración. Hay que inhalar y exhalar por la nariz y... a menos que se especifique lo contrario...

F ¿Es igual que la meditación? Es que me pesa mucho quedarme sentada con las piernas cruzadas y vaciarme la cabeza. Bueno, y tú, ¿qué curso vas a tomar?

M Pues no sé. En cuanto a mí, cada noche hago abdominales y levantamiento de pesas y luego practico meditación en casa. Ummm, tengo ganas de aprender a bailar danza del vientre. Dicen que es una buena manera de poner el cuerpo en mucho movimiento para quemar la grasa del bajo vientre.

F Pero su curso ya está completo. No hay plazas. ¿Qué tal la natación?

M Es una buena idea. Perdone, señor, ¿cuándo hay cursos de natación? Necesito aprender a nadar a mariposa. Quiero que el instructor sea una mujer.

F ¿Por qué quieres tener una profesora, Juan?

M Porque sí.

apuntar 메모하다, 겨냥하다
 apuntarse(과정 따위에) 등록하다
sesión(f) 회, 세션, 회기
inhalar 들이 마시다, 흡입하다
exhalar 숨으로 내쉬다, 발산하다
 exhalar por la boca 입으로 내쉬다
hacer abdominales 윗몸일으키기를 하다
levantamiento(m) **de pesas** 역도, 웨이트트레이닝
danza(f) **del vientre** 벨리댄스

genial 대단한, 훌륭한, 천재적인, 끝내주는 | **profundizar** 깊이 들어가다 | **en sí mismo** 바로 자신 속에 | **equilibrarse** 균형이 잡히다 | **solo que** ～일 뿐이다 | **respiración**(f) 호흡 | **especificar** 명기하다, 구체화하다 | **lo contrario** 반대되는 것 | **igual que** 또는 **a** ～와 같은 | **meditación**(f) 명상 | **pesar** 버겁다, 힘겹다, 어렵다, 무게가 나가다, 무게를 달다 | **vaciar** 비우다 (직-현 vacío, vacías, vacía, vaciamos, vaciáis, vacían) | **vaciarse la cabeza** 자신에게서 머리를 비우다 | **abdominal** 복부의 | **gana**(f) 욕구 | **tener ganas de** 영 feel like -ing *tener ganas de que S+V 접속법 | **danza**(f) 무용 | **vientre**(m) 배, 복부 *벨리 댄스를 danza árabe라고도 함. *quemar 태우다, (태양이, 수프가) 타는 듯이 뜨겁다 *quemarse 타버리다, 데다 | **natación**(f) 수영 | **perdonar** 영 excuse | **nadar a mariposa**(f)(Esp) / **nadar (estilo) mariposa** 접영하다 *espalda(f) 등, 배영

① prestar atención a

영 pay attention to

se presta atención a ~	～에 관심이 기울여지다 *수동 se
llamar la atención a sb	～에게 관심을 불러 일으키다
llamar mucho la atención	많은 관심을 불러 일으키다

② ¿Qué tal si te invito a trabajar conmigo?
너보고 나와 함께 일하자고 청하면 어떻겠어(어떨까)?

Comprensión auditiva

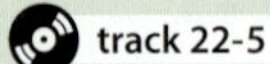
track 22-5

M   **Los expertos de la OMS concluyen que el tabaquismo pasivo es causa de cáncer.**

El humo de los cigarrillos aumenta un 30% el riesgo de sufrir tumores de pulmón.

Uno de cada cinco habitantes del planeta (unos 1.200 millones de personas) fuma, según la Organización Mundial de la Salud (OMS). Pero el humo del tabaco no les perjudica solo a ellos. Los expertos de la OMS han concluido y establecido que el humo del tabaco causa cáncer a los fumadores pasivos. En concreto, el riesgo de padecer cáncer de pulmón aumenta en un no fumador hasta un 30% si vive en un ambiente con humo.

F   Uno de cada dos fumadores persistentes morirá de una enfermedad relacionada con el consumo de tabaco. Pero los perjuicios del tabaco no los sufren solo los fumadores, y, por extensión, sus familias. El humo del tabaco está compuesto por unas 4.000 sustancias. Entre los productos que lo forman hay más de 40 agentes cancerígenos, como benzopirenos, monóxido de carbono, amoniaco y formaldehídos, y otras 400 sustancias 'venenosas', según la Agencia de la Alimentación y el Medicamento estadounidense (FDA).

M   **Bastan dos horas**

Los no fumadores están expuestos a los mismos carcinógenos que los fumadores. La Univesidad de Minnesota cacula que pasar dos horas en una habitación con una persona que fuma equivale a consumir cuatro pitillos.

http://elpais.com/diario

humo(m) 연기 *húmedo 습한 | **cigarrillo**(m) (한 개비) 담배 | **riesgo**(m) 영 risk | **tumor**(m) 종양 *~ benigno/
maligno 양성/악성 ~ | **pulmón**(m) 폐 | **habitante**(m)(f) 거주자 | **según** ~에 의하면 | **tabaco**(m) (집합)
담배 | **perjudicar**(vt) 해를 끼치다 | **establecer** 설정하다, 설립하다, 규정하다 **padecer** 동의어 sufrir |
persistente 끈질긴 | **relacionado con** ~와 관계된 | **consumo**(m) 소비, 소모 | **extensión**(f) 연장,
넓이 | **por extensión** 나아가, 연장선상에서, 확장해서 | **estar compuesto por** ~로 구성되어 있다 |
sustancia(f) 물질 | **agente**(m)(f) 영 agent | **agente cancerígeno**(m) 발암인자, 발암물질 | **venenoso**
독성의 *veneno(m) 독 | **alimentación**(f) 음식물, 음식물(영양) 섭취, (영 feeding) | **medicamento**(m) 약 |
bastar 충분하다, 족하다 | **estar expuesto a** ~에 노출되어 있다 *exponer 노출시키다 | **carcinógeno**(m)
발암물질 | **calcular** 계산하다, 판단하다, 추정하다 | **equivaler a** ~에 상응하다(영 be equivalent to)
| **pitillo**(m) (한 개비) 담배(= cigarrillo) *pajita(Esp) = popote(멕시코) = pitillo(콜롬비아) 빨대 | [참고]
combustión(f) 연소 | **gran fumador**(m) 남자 골초 | **combustible**(m) 연료 | **palillo**(m) (**de dientes**)
이쑤시개

① **los perjuicios del tabaco no los sufren solo los fumadores**
    해들   그것들을   흡연자들이(주어)

목적어 perjuicios를 강조하기 위해 동사 앞에 위치시킨 후 직접목적대명사를 한 번 더 사용해 perjuicios가 남성
복수 목적어임을 알려 줍니다.

② **bastar** 족하다

¡Basta ya de llorar!	우는 건 이제 그만 (됐어)!
¡Basta de hablar!	그 정도 말하면 됐다!
Con eso basta.	그걸로 됐어.
¿Basta con esto?	이걸로 될까?
Basta con decir que...	~라고 말하면 족하다

1 뜻이 같은 것끼리 연결하세요.

① poner 또는 someter a prueba •

② a lo sumo •

③ se hace tarde •

④ quedarse helado •

⑤ estar en una nube •

⑥ ser un/una manitas •

⑦ se me ponen los pelos de punta •

⑧ echar flores a sb •

⑨ tener una chuleta •

⑩ estar por las nubes •

⑪ no dar un palo al agua •

⑫ surtir efecto •

⑬ hacerse famoso •

⑭ estar en las nubes •

⑮ estar como el pez en el agua •

• (a) 늦었다

• (b) 유명해지다

• (c) 기껏해야

• (d) (물가 등이) 치솟다

• (e) 빈둥대며 손가락 하나 까딱 않다

• (f) 효과를 보이다

• (g) 시험하다(영 put to the test)

• (h) 구름 위에 있는 듯 기쁘다

• (i) 손재주가 있다

• (j) 소름 끼치다

• (k) 공상에 빠져 있다

• (l) 커닝 페이퍼를 갖고 시험을 보다(Esp)

• (m) (여자, 상사 등) 알랑거리다, 구슬리다

• (n) 편안히 제대로 된 상황을 누리다

• (o) 얼어붙은 듯 믿기 어렵다, 무서워 얼어붙다

2 같은 뜻이 되도록 빈칸에 알맞은 말을 써 넣으세요.

〈 보 기 〉

alto	tronco	cosa	siente	sacas
zapato	ya	asunto	furia	palo

① No es (　　　　　　) tuyo.

그건 네 일이 아니다.

② Eso es (　　　　　　) mía.

그건 내 일이다.

③ Ojos que no ven, corazón que no (　　　　　　).

본인이 문제가 되는 상황을 알지 못하면 실제로 없는 것이나 다름없다.

영 What you don't know won't hurt you 또는 Out of sight, out of mind로 번역됨.
*La distancia hace el olvido. 떨어져 안 보면 잊게 된다.

④ El fontanero durmió como un (　　　　　　).

배관공은 정신 없이 잠을 잤다.

⑤ De tal (　　　　　　), tal astilla.

부전자전.

⑥ Cada uno sabe dónde le aprieta el (　　　　　　).

사람은 저마다 자신의 문제를 안다.

⑦ Mi madre está hecha una (　　　　　　).

어머니가 엄청 화가 난 상태야.

⑧ ¿Por qué siempre me (　　　　　　) de quicio?

왜 항상 내 신경을 미치게 건드려?

⑨ Mide 7 metros de (　　　　　　) por 4 de ancho.

그것의 크기는 7x4m이다. 영 it is 7 metres high by 4 wide.

⑩ Déjate de tonterías. (　　　　　　) no siento nada por ti... ¿Cómo? ¿Que nunca podré abandonarte?

바보 같은 짓 좀 작작 해. 난 더 이상 너에게 어떤 감정도 없어…. 뭐라? 내가 널 차 버릴 수 없다고?

La competición de torres humanas de Tarragona

따라고나 인간 탑 쌓기 대회

인간 탑 쌓기 대회

까딸루냐Cataluña의 따라고나Taragona 전통 행사로 수호성인을 기리기 위해 많은 사람이 한 팀을 이루어 인간 탑 쌓기 대회를 치릅니다. 13세기에 시작된 전통인 Los Castells는 10명 이상의 사람이 층을 이루는 인간 탑torre humana으로 보통 맨 위에 작은 아이가 올라 그 끝 장식을 이룹니다.

Cada año miles de personas llenan las calles para
presenciar el acontecimiento.

매년 이것을 보러 수천 명의 사람이 현장을 찾아 거리를 가득 메웁니다.

El nacimiento, la vejez, la enfermedad y la muerte

생로병사

La vida sigue.

삶은 계속된다.

Diálogo 1

M   Irene, ¿a dónde vas? Te veo muy triste y desconcertada... ¿Cómo dices? ¿Cómo que el señor de la casa de al lado murió? Oh, Dios mío... Él era muy buena gente... ayudaba a los pobres.

F   Tienes razón. Como era profesor de arqueología, siempre nos contaba algo interesante. Ah, me marcho, Juan. Tengo mucha prisa por dar el pésame a la viuda... ¿Sí? Bueno. Si quieres acompañarme, ahora te espero en la salida No.3 de la estación del metro de Trino. Ven rápido... Vale, vale. Hasta ahora.

    ....

F   Señora, la acompaño en su dolor. Mi madre no ha podido venir a visitarla a usted, pues está de viaje. Y me pidió que le diera a usted sus condolencias. Ah, parece muy pálida, señora. ¿Ha comido algo? Le traigo galletas... El señor Hernández, aunque no está aquí, respirará un aire pacífico en el cielo y, claro, estará siempre dentro de nosotros...

¿cómo (es) que? como 어쩌다가 ~인 거야? *영어 how come?으로 ¿cómo es eso?, ¿cómo así? 또는
¿por qué?라고 합니다. | **marcharse** 떠나가다(= irse) | **acompañar** 동반하다, 따라가다 | **salida**(f)
출구, 나가기 | **vale** 오케이, 그래 | **hasta ahora** 좀 이따 봐, 금방 올게 | **estar de viaje** 여행 중이다 | **pidió**
(그녀가) 요구했다 (pedir 부정과거 pedí, pediste, pidió, pedimos, pedisteis, pidieron) | **traer** 가지고 오다
(직-현 traigo, traes, trae, traemos, traéis, traen) | **pacífico** 평화적인 | **cielo**(m) 하늘, 천국

① **dar el pésame a sb = acompañar a sb en su dolor
= acompañar a sb en el sentimiento**

고인의 죽음에 애도하면서 유가족들에게 하는 표현으로 Le doy mi más sentido pésame a la familia라고도
합니다.

② **me pidió que le diera a usted sus condolencias**

주절에서 요구하는 동사 pedir의 과거시제가 사용되어 종속절에서 동사 dar가 접속법으로 바뀌고 시제 일치를 위
해 접속법 과거로 바뀌었습니다.

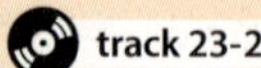
track 23-2

Diálogo 2

F   Cada vez que visito a mis padres, les veo con más canas. Eso me apena mucho.

M   También me pongo triste, pensando que a medida que pase el tiempo, mis padres se harán más viejos.

F   ¿Sabes? Así como mis padres, yo estoy envejeciendo. Lo noto.

M   Se te nota. A mí también me pesan los años.

F   ¿Qué dices? ¿Qué notas en mí? Yo no dejo de cuidar mi físico. Tu comentario me afecta muchísimo.

M   Perdona si he sido imprudente. Pero la verdad es que ya están apareciendo algunas arrugas en tu frente y veo que tu papada está creciendo. Lo mismo pasa conmigo. Son cosas naturales del envejecimiento. Seguro...

F   Umm... es demasiado... tú eres muy grosero. ¿Cómo que pudiste comentar a una dama como yo eso de que tengo arrugas? Ahora ya sé por qué tu mujer te ata corto. No sabes nada de lo que queremos las mujeres. ¡Pche!

Una cosa es eso de envejecer y otra es hablarme tan directa y francamente... Ummm, bueno, de todas maneras no habrá nadie que pueda esquivar el tiempo que está transcurriendo.

M   Yo preferiría saber envejecer con dignidad a eludir el transcurrir del tiempo.

F   ¡Ya era hora! Venga, nos está llamando tu mujer.

cana(f) 흰머리
calvo 대머리인
apenar / afligir
마음이 안 좋게 만들다,
마음을 힘들게 만들다
físico(m) 몸매, 물리적, 신체적
papada(f) 턱 밑의 처진 살
michelines(m)(pl)(스페인)
허리의 군살
grosero 상스러운, 무례한,
거친(형 rude)
atar 동 tie (≠ desatar)
transcurrir 흘러 지나다,
경과하다

cada vez que＋**직설법**(습관, 기발생) / **접속법**(미발생) 매번 〜할 때마다 | **a medida que**＋**직설법**(습관, 기발생) / **접속법**(미발생) 〜함에 따라서 | **envejecer** 늙어 가다, 늙게 만들다 | **notar** 알아채다 | **pesar** 부담이 되다 | **comentario**(f) 발언, 말, 의견 | **afectar**(vt) (부정적) 영향을 끼치다 | **imprudente** 경솔한 | **aparecer**(vi) 나타나다 *surgir 나타나다 | **arruga**(f) 주름 | **frente** 이마(f), 정면(m) | **envejecimiento**(m) 노령화 | **seguro** 확실히, 확실한, 안전한, 보험 | **eso de** 〜라고 하는 그거 | **atar corto a sb** 〜를 억눌러 놓다, 움켜쥐고 다루다 | **francamente** 솔직히 | **de todas maneras** 영 anyway | **esquivar** 피해 가다, 비켜 가다 *영 avoid ＝ evitar, evadir, eludir 등등 | **dignidad**(f) 존엄, 위엄, 품위 | **ya era hora** 이제서야!, 지금에서야!

① **notar 활용**

Te noto muy raro.	네가 아주 이상해. 네가 낯설다.
¿No te notas rara con esta blusa?	그 블라우스 입은 네가 이상해 보이지 않니?　＊주어가 여자임(tú)
Se le nota indeciso.	그는 우유부단해 보인다.　＊le ＝ 그를, se ＝ 사람들
Se le nota mucho el acento.	그의 억양이 튄다(확 알아보겠다).　＊le ＝ 그에게서

② **me pesan los años** 나이가 나에게 무겁다 / 부담이 된다 / 나이가 느껴진다

영어 I feel my age와 같은 의미의 문장입니다.

③ **preferiría** ＝ 영 would prefer

Preocupado por su vejez
자신의 노후를 걱정하며

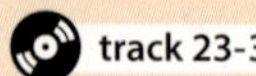

track 23-3

Diálogo 3

M Por muy bueno que sea el sistema del seguro social, es muy importante que nos cuidemos para prevenir enfermedades que suelen aparecer en los adultos tales como: la diabetes, la alta tensión arterial, la obesidad, la osteoporosis, por no hablar de la demencia senil.

F ¿Es posible impedir este último mal?

M Aunque no existe una perfecta manera de hacerlo, contamos con algunos medios que sirven al menos para hacer lento su avance. En todo caso, no está de más insistir en la importancia de hacer ejercicio regularmente.

F Aparte de las actividades físicas, debemos tener una mentalidad positiva. Si uno fracasa en algo, tiende a bajar su autoestima o a ser pesimista. En ese caso, tiene que consultar a un psiquiatra o a un mentor para salir de tal sensación negativa.

M En cuanto a mí, mi madre me consuela repitiendo: "No hay éxito sin fracaso. Todo saldrá bien, ya verás". Es así como ella me ayuda a ser más fuerte y a superar todo tipo de adversidades. Ah, está sonando tu teléfono. Contesta.

F Hola, Andrés. ¿Cómo? ¿Que estás en cama? Bueno, no salgas de casa hasta que te cures...Vale, te dejo. ¡Que te mejores!

ancianidad(f) 노후
diabetes(f) 당뇨병
tensión(f) arterial 혈압
 (= presión arterial)
obesidad(f) 비만
osteoporosis(f) 골다공증
demencia(f) 치매
mentalidad(f)
 정신 체계, 마인드
 *la mente 마음(명 mind)
psiquiatra(m)(f) 정신과 의사
autoestima(f) 자존감
baja autoestima
 낮은 자존감, 자기 비하

prevenir 예방하다 *prevención(f) 예방 *preventivo 예방의 | **tal como** ～와 같은 그러한(영 such as) / ～인 그대로 (영 just as) | **arterial** 동맥의 | **por no hablar de** ～는 말할 필요도 없이 | **senil** 노인성 | **impedir** 가로막다, 저해하다, 방해하다 (직-현 impido, impides, impide, impedimos, impedís, impiden) | **mal**(m) 악, 해악, 불행, 폐해, 재앙, 병 | **avance**(m) 영 advance | **estar de más** 불필요하게 과다하다 | **no estar de más** 지나치지 않다, 넘치지는 않다 | **aparte de** ～와는 별도로 | **tender a** 영 tend to (직-현 tiendo, tiendes, tiende, tendemos, tendéis, tienden) | **pesimista** 비관적인, 비관론자(≠ optimista) | **mentor/ra** 멘토 | **salir**(se) (벗어)나가다, (새어)나오다 *본문에서 se 사용 가능 | **sensación**(f) 느낌, 기분 (영 feeling 또는 feel), 센세이션 | **consolar** 위로하다 | **repetir** 반복하다(= reiterar) *repetición(f) 반복 repetidas veces 되풀이해서, 거듭거듭 | **superar** 극복하다, 능가하다 | **estar en cama** (아파서) 누워 있다 | **estar en la cama** 침대에 (누워) 있다 | **curarse** 낫다, 치료되다 | **te dejo** 내가 널 놔둔다, 그럼 있어라, 난 이만! | **mejorar** 더 좋게 만들다(vt), 더 좋아지다(vi) *el mejoramiento / la mejora 개선 | **mejorarse** 쾌차하다

① **es así como** ～된 것은 그렇게 된 것이다

así es como가 도치된 것으로 영 that is how와 같은 뜻입니다.

| Fue así como perdí la casa | 바로 그렇게 해서 내가 집을 잃었단다. |
| Fue así como encontré a mi esposa. | 내가 아내를 만난 게 그렇게 해서였단다. |

* así como의 다른 뜻 = 영 as well as 또는 the same way as

Venir al mundo
세상에 오다

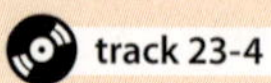
track 23-4

Diálogo 4

M1 ¡Noticia, noticia! Anoche mi hija dio a luz a unos gemelos: un niño y una niña. Ah, ¡qué alegría! Al fin, tengo dos nietecitos que serán verdaderamente cariñosos.

F Felicitaciones, don Sancho... ¿Cómo? ¿Que su hijo ha sido ascendido a jefe de departamento? Vaya, vaya. ¡Qué bien! ¡Enhorabuena! ¿Perdón?... ¿Que usted nos invita a cenar? Muchas gracias. Me encargo yo de las botellas. Esta noche brindemos por los bebés recién nacidos y por Ángela.

M2 Claro que sí. La verdad es que eran tantos los dolores de parto, que mi mujer por poco estira la pata. Cuando vi a Ángela tan acostado y agotada en el quirófano, me moría de ganas de estar acostado en su lugar. Ella y yo nos empapamos de sudor frío de pies a cabeza. Me asombré muchísimo cuando oí que el médico le haría una cesárea.

F Ah, pobre mujer. Necesitará descansar como Dios manda. Y tú, Manuel, buen trabajo.

M1 ¿Ya todos están reunidos? Oh, Federeico, siéntate junto a tu padrino. Perfecto. Bueno, recemos. Ah, Teresa, tú no tienes religión, ¿no es verdad? En esta casa todos somos católicos.

F Soy cristiana y mi marido es budista. Mi hija dice ser agnóstica y mi hijo suele decir que es ateo. Pero, ¿quién sabe? Al cabo de unos años puede que los dos sean creyentes.

M1 Me contarás luego, ja ja ja. No es fácil ser unilateral en el tema religioso y político. Bueno, aquí rezamos antes de comer. Independientemente de la religión, demos gracias a Dios por esta grata cena y por la llegada de los dos gemelos al mundo...

Rezamos en el nombre del Padre y del Hijo y del Espíritu Santo. Amén.

---

gemelo(m) 남자 쌍둥이 중 한 명, 커프스단추
  gemelos(m)(pl) **idénticos** 일란성 쌍둥이
  las torres(f)(pl) **gemelas** 쌍둥이 타워
  mellizos(m)(pl) (이란성) 쌍둥이
¡enhorabuena! 축하해요!
  *생일을 제외한 승진, 입학 등의 축하 인사
encargarse de ~ ~을 담당하다(맡다)
cava(f)(Esp) / **champaña**(f) (AmL) 스파클링 와인, 샴페인
estirar la pata 저세상으로 가다
quirófano(m) 수술실 (= sala de operaciones)
cesárea(f) 제왕절개술
rezar 기도하다 (por 위해)

Vocabulario

nietecito 손자(nieto)의 축약형 | **sexo**(m) 성(性) | **cariñoso** 사랑스러운 | **felicitaciones** 축하합니다 | **don** 세례명에 붙여 쓰는 경칭어 *여자는 doña를 사용합니다. | **ascender** 승진시키다, 승진하다, 오르다 | **qué bien** 아이고 잘됐네 | **perdón**(f) 용서, 뭐라고요?, 실례해요 *pedir perdón a A por B = A에게 B에 대해 사과하다 | **brindar** 건배하다 (*por ~을 위해), 제공하다 | **bebé**(m)(f) 아기 | **por poco** 거의 하마터면 ~할 뻔했다 *현재시제를 쓰면서 과거시제로 해석하기 | **pata**(f) (주로 동물이나 가구의) 발, 다리 | **morirse de ganas de inf.** ~하고 싶어 죽겠다 | **empaparse de** ~로 흠뻑 젖다(= ensoparse(AmL) = 영 get soaked) | **de pies a cabeza** 머리에서 발끝까지 | **asombrar** (감탄이나 이상함으로) 놀라게 하다 | **asombrarse** 영 be amazed, be astonished, take fright | **reunido** 모인, 회의 중인 | **cristiano/a** 기독교인 | **budista**(m)(f) 불교신자 | **agnóstico** 불가지론의, 불가지론자 | **ateo**(m) 남자 무신론자 | **al cabo de** ~(기간) 지나서 | **puede (ser) que + 접속법** ~일 수 있다 | **creyente**(m)(f) 신자(영 believer) | **unilateral** 일방적인 | **dar (las) gracias a sb** ~에게 감사 드리다 *사전에는 늘 las가 있으나 자주 생략함. | **creencia**(f) 믿음, 신앙(영 belief) | **grato** 기분 좋고 즐겁게 해 주는 | **en nombre de** ~의 이름으로 (대신하여)(위하여) *a nombre de ~ (예약) ~ 이름으로, 앞으로

Gramática

① **eran tantos los dolores de parto, que** 그렇게나 ~ 해서 결과적으로 ~하다

형용사나 부사를 강조하면 tan, 동사를 강조하면 tanto, 본문에서처럼 명사를 강조하면 성·수에 따라 tanto, tantos, tanta, tantas를 사용합니다.

② **me encargo yo de las botellas 또는 de las bebidas** 술은 내가 맡을게

③ **independientemente de** ~와는 상관없이

independientemente de que tú vengas o no	네가 오든 말든

Comprensión auditiva

F El actor y director de cine británico Richard Attenborough ha asistido a un emotivo funeral en memoria de su nieta, su hija y la suegra de esta, fallecidas por el maremoto que arrasó el Sureste Asiático el pasado 26 de diciembre.

Mientras tanto, en su primer mes de funcionamiento, el mayor centro de identificación de cadáveres jamás construido ha puesto nombre y apellidos a 784 cuerpos de las víctimas del tsunami en Tailandia. Aún quedan por identificar 1.700 personas. Cinco policías españoles forman parte del equipo, y estiman que los trabajos terminarán dentro de seis meses.

La devastación que causó el maremoto del pasado diciembre en Asia fue mayor en las zonas que ya tenían daños medioambientales serios, donde ni corales ni vegetación pudieron actuar como barreras ante las olas gigantes, según un informe de la ONU hecho público en Nairobi.

Fuente: http://www.elmundo.es

asistir a ~에 참석하다 | **emotivo** 감동적인, 눈물겨운 | **funeral**(m) 장례(= entierro) | **en memoria de sb / en conmemoración de sth** 형 in memory of | **suegra**(f) 시어머니, 장모 | **fallecido** 사망한 | **maremoto**(m) 해일 *terremoto 지진 | **arrasar** 휩쓸다 *arrastrar 질질 끌다(형 drag) | **el Sureste Asiático**(m) 동남아 *el Nor(d)este Asiático 동북아 | **funcionamiento**(m) 작동, (기계) 운전, 작용 | **identificación**(f) 식별, 신원 확인 | **cadáver**(m) 시체 | **Tailandia**(f) 태국 *tailandés/tailandesa 태국의(사람) | **identificar** 신원을 확인하다 *identificarse con ~와 자신을 동일시하다 | **formar parte de** ~의 일부를 구성하다 | **estimar** 평가하다, 존경하다, 어림잡다, 추정하다 | **devastación**(f) 황폐화, 파괴 *devastar 황폐화시키다 | **coral**(m) 산호 | **vegetación**(f) (집합) 초목 | **actuar** 작용하다, 활동하다, (배우가) 연기하다 | **barrera**(f) 장벽 | **gigante** 엄청 큰, 거인(≠ enano, enanito) | **hacer público + 목적어** ~를 발표하다(목적어와 성·수 일치) *hecho público 발표된

① **quedan por identificar 1.700 personas**
   아직 다 하지 못한(그래서 해야 할)   주어

Ejercicios

1 뜻이 같은 것끼리 연결하세요.

① y pico •

② ¡A ver, una sonrisa! •

③ a fin de cuentas •

④ ser un/una bocazas •

⑤ hacer manitas(Esp) •

⑥ hacer la pelota •

⑦ estar hasta los topes •

⑧ ya no cabe más •

⑨ ¿con qué frecuencia? •

⑩ ser un rollo •

⑪ andarse por las ramas •

⑫ no estar para fiestas •

⑬ de una vez •

⑭ en el seno del hogar •

⑮ de un empujón •

• (a) 결국은

• (b) 밀어서

• (c) (시간, 가격, 나이 등이) 조금 더 됨

• (d) 한 번에, 최종적으로

• (e) 가족의 품(속)에서

• (f) 말을 빙빙 돌리다

• (g) 아부하다

• (h) 엄청 지루하다, 지겹고 싫은 것

• (i) 엄청 수다스럽다

• (j) 스킨십하다

• (k) (전철, 컨테이너 등이) 꽉꽉 차 있다

• (l) 얼마나 자주?

• (m) (가방 따위에) 더는 들어가지 않아

• (n) 심기가 불편하다

• (o) 자, (사진 찍어요) 스마일!

2 같은 뜻이 되도록 빈칸에 알맞은 말을 써 넣으세요.

〈 보 기 〉

diente	testigo	caro	narices
corriente	sé	cirugía	poco	digno	más

① Lo barato sale (   ).

싼 게 비지떡이다.

② A caballo regalado no le mires el (   ).

공짜 선물로 받은 물건의 흠집을 잡지 말아라.

③ Fernando es valiente y (   ) de elogio.

페르난도는 용감하고 칭찬받을 만하다.

④ A ellos no les importa que el (   ) presencial llegue tarde.

그들은 그 목격자가 늦게 오더라도 괜찮다.

⑤ No tengo (   ) que dos hijas.

난 단지 딸만 둘이야.

⑥ Ella está al (   ) de lo que sucedió.

그 여자는 발생한 일에 대해 알고 있다.

⑦ Aprobé las matemáticas, pero por (   ) me suspenden.

수학 시험에 통과했는데 하마터면 낙제당할 뻔했어.

⑧ Ella se hizo la (   ) estética.

그 여자는 (자신에게) 성형수술을 했다.

⑨ Este tío me hincha las (   ).

이 인간은 날 짜증 나게 해.

⑩ (   ) tú mismo.

너대로 해(자연스럽게 해).

Poco a poco se llega lejos

천 리 길도 한 걸음부터

스페인 Camino de Santiago
싼띠아고로 가는 순례자(peregrino)의 길을 마치면서

Se me antojaba ir allá,
그곳으로 가고 싶었습니다

Me moría de ganas de caminar.
걷고 싶었습니다, 너무나도

¡No! Más allá del horizonte
아닙니다! 지평선 너머로

quería abandonarme a mí mismo,
나 자신을 버리고 싶었습니다

y finalmente lo he hecho
그리했습니다

sin dudar ni voltear atrás
성큼성큼, 뒤로 돌리지 않았습니다

Encerrado en tenues recuerdos,
아련한 기억들 속에 틀어박힌 채로

me había atrapado en mí mismo
내 안에 붙들려 있었습니다

hasta escuchar mi propio eco.
이제 내 마음의 메아리를 들었습니다

Lección **24**

Los días festivos y las celebraciones

명절과 축하 행사

¡Deséame suerte!

행운을 빌어 줘!

Diálogo 1

puente(n) 연휴, 징검다리
   휴일, 교량
hacer puente 휴일 사이의
   평일을 쉬는 날로 하다
   (영 link up holidays)
cosecha(f) 수확
una vez 한번, 일단
   poner la mesa 상을 차리다
confección(f) 제조, 조제,
   양재(영 preparation,
   dressmaking)
arreglo(m) 배열, 정리, 수리,
   합의, 편곡, 치장
altar(m) 제단
hacer una reverencia
   머리 숙여 인사하다, 절하다
golosina(f) 맛난 것, 단 것
albóndiga(f) 미트볼
aplastar 납작하게 누르다,
   압연하다
   saltear 센 불에 볶다
   molido (맷돌이나 분쇄기에)
   간, 제분한

M　¿En qué día cae Chuseok este año?

F　A ver. Como es el 15 de agosto según el calendario lunar, esta vez cae en jueves.

M　¿Cuándo es? Ah, el 22. Entonces, tendremos un puente de cinco días, de miércoles a domingo.

F　¿Sabes lo que es el Chuseok?

M　Claro. Es uno de los días festivos más importantes de Corea, junto con el Solnal, primer día de enero según el calendario lunar.

F　Wow, ya sabes mucho. ¿Qué hace la gente ese día?

M　Tradicionalmente Corea era una sociedad agrícola. En esta línea, el Chuseok es un día para dar gracias a los antepasados por la abundante cosecha. Así que por la mañana los familiares se reúnen y preparan buenos platos con productos recién recogidos del campo. Especialmente, el songpyon, el cual es un tipo de pastel de arroz, relleno de semillas de sésamo y otros ingredientes. Una vez terminada la confección del altar, todos hacen reverencias a sus ancestros, comparten la abundancia otoñal y se lo pasan bien disfrutando de golosinas y charlando en familia.

F　Por la televisión me he enterado de que en ese día las amas de casa se ven estresadas cocinando un montón de platos. Dicen que padecen "la enfermedad del día de fiesta".

M　Ja ja ja. En cierto modo así se puede decir. Pero depende. Las cosas han cambiado. En mi casa, mi padre ayuda mucho a mi mamá. Él se encarga de cocinar los dongranteng en la sartén con aceite y pelar castañas... ¿Nunca has probado los dongranteng? Son similares a las croquetas o a las albóndigas pero aplastadas. Umm, cada dongranteng es una bolita aplastada. A mí no me gusta cocinar aspirando el olor a aceite. Por eso me abstengo de ayudar... Umm, para ser sincero, no quiero hacer nada, je je.

F　¿Eres de sangre azul?

M　Je je. Pero da gusto comer mucho. Creo que tengo un estómago sin fondo.

Vocabulario

caer en (생일, 결혼기념일 등이) ～날에 있다, (유혹 등에) 빠지다 | **Chuseok**(m) 추석 *풀어 설명하면 día familiar de agradecimiento por la cosecha | **calendario**(m) **lunar** 음력 | **junto con** ～와 더불어서(图 together with, along with) | **antepasado**(m) 조상(图 ancestor ≠ descendiente) | **reunirse** 모이다 | **recién recogido** 갓 거둔 | **relleno de** ～로 채워진 | **semilla**(f) 씨 | **reverencia**(f) 공경 | **compartir** ～와 함께 나누다, 공유하다 | **abundancia**(f) 풍부함 | **otoñal** 가을의 *veraniego 여름의, primaveral 봄의, invernal 겨울의 | **estresado** 스트레스가 쌓인(图 stressed) *estresante(图 stressful) | **montón**(m) 더미 | **padecer** 동의어 sufrir | **en cierto modo** 어느 정도는(图 in a way, to a certain extent) | **sartén**(f) 프라이팬 *asar 굽다(图 roast) | **castaña**(f) 밤 | **similar a** ～와 비슷한 | **croqueta**(f) 크로켓 *picado 다진, (치아가) 썩은 | **bolita**(f) bola(볼, 구슬)의 축소형 *bola de nieve 눈뭉치, 눈덩이 *bala 탄환 | **aspirar** 흡입하다, 들이마시다, 빨아들이다, ～을 열망하다(전치사 a) | **olor a aceite**(m) 기름 냄새 *olor a quemado 타는 냄새 | **abstenerse de** ～하는 것을 삼가다 | **da gusto** 기쁨(즐거움, 만족감, 기분 좋음)을 주다 | **tener un estómago sin fondo** 배 속에 거지가 들었다

Gramática

① **[lo que es + 주어]** ～라는 것, ～란 무엇인지, ～의 실체

② **terminada la confeccion = terminado el arreglo** 준비가 끝난 뒤에
　→ [과거분사 + 명사] 용법 → ～가 ～되어진 뒤
성·수를 일치시키도록 합니다.

③ **ser de sangre azul** 귀족 신분이다
힘든 노동을 하지 않은 사람의 하얀 피부 아래 보이는 파란색 핏줄의 모습을 떠올리면서 이해합니다.

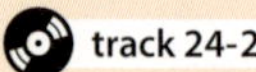

Diálogo 2 

F₁ Mamá, no te sorprendas. Me caso antes que Josefina. Es que por fin, Jaime me propuso matrimonio. ¿Mamá? ¿Tengo monos en la cara?

F₂ ¿Qué diablos estás diciendo? ¿Que te casarás con Jaime? Ni hablar, cariño. Entiendo que estás loca por él. Sin embargo, en mi vida te permitiré casarte con ese chico. El casamiento no es solo contraer matrimonio con una persona sino también con su familia. El mozo no está cualificado para recibirte como cónyuge. Él mismo lo sabe de sobra. Te repito que me opongo a tu matrimonio con él. Mejor cásate con Javier y podrás vivir a todo tren.

F₁ Dices eso porque no le conoces del todo bien. En el fondo, es demasiado esnob. Presume de intelectual y suele mirar a los demás por encima del hombro. Preferiría vivir en la soltería a casarme con él. No me trates como a una niña de 10 años. No soy menor de edad. Ya me he independizado de ti. Tengo derecho a elegir a mi pareja. Jaime y yo estamos hechos el uno para el otro.

F₂ No puede ser, hija. ¿Por qué tienes prisa por casarte? Ya te llegará el momento de encontrar al chico que te mereces.

(Tres meses después)

F₂ ¡Felicidades! Hija. Estás guapísima. No habrá nadie a quien le vaya tan bien este vestido de boda como a ti. Yoel y tú formaréis una familia formidable.

F₁ Gracias, mamá. Y siento mucho haberte hecho daño insistiendo en casarme con Jaime. No sabía que él me engañaba cuando andábamos de novios. Te prometo que ya no lo volveré a hacer. Ya entendí que era por mi bien todo lo que me decías.

F₂ Oh, hija, soy yo la que te hizo pasar un trago amargo. Te juro que velaré por tu bien. No sabía que Javier era tan egoísta y se concentraba solo en ganar dinero. En cambio, Yoel, mi yerno, es digno de confianza y elogio. Te felicito por haber encontrado a un hombre como él.

Cuando le dije a mi madre que me iba a casar, ella me dijo: Vivir casada o soltera muy a menudo trae consigo algo de arrepentimiento. El matrimonio es lo que uno quiere que sea...

tener monos en la cara
얼굴에 뭐 이상한 것이라도 묻은 듯하다, 외계인이나 되다
contraer 수축시키다, (빚을) 지다, (혼인을) 맺다, (병에) 걸리다
cualificado / calificado 자격을 갖춘
cónyuge(m)(f) 배우자 (= consorte)
*간단히 pareja 사용
de sobra 여분으로
vivir a todo tren 화려하게 살다
esnob / snob 속물
soltería(f) 독신 상태, 독신 생활
me gusta vivir en la soltería 싱글로 사는 게 좋아
estoy bien en mi soltería 싱글로 잘 살고 있어
jurar 맹세하다 (~를 걸고 por)
velar por ~에 마음을 쓰다, 극진히 보살피다

antes que ～보다 먼저, ～하기보다는 | **sorprenderse** 놀라워하다 | **proponer** 제안하다 (직–부정과거 propuse, propusiste, propuso, propusimos, propusisteis, propusieron) | **mono**(m) 원숭이, 귀여운 (혱 cute) | **diablo**(m) / **demonio**(m) 악마 | **qué diablos** 도대체 뭘(혱 what the hell) | **ni hablar** 당치도 않은 소리, 천만의 말씀, 말도 안 되는 소리 | **estar loco por sb** 혱 be crazy about sb | **contraer matrimonio** 혼인하다 | **mozo**(m) 남자 젊은이, 웨이터(일부 AmL)(= mesero) | **sobra**(f) 넘쳐 남, 먹다 남은 것(pl) | **oponerse a** ～에 반대하다 | **oponerse a que + 접속법** | **del todo** 완전히(혱 wholly, entirely) | **en el fondo** 속은, 본질은, 안을 들여보면, 실제는(= en realidad) *a fondo 철저히, 완벽하게(혱 thoroughly) | **presumir** 추정하다, ～라고 우쭐대다(de와 함께) | **intelectual** 지적인, 지식인 | **encima de** ～ 위에 | **como a una niña** 여자애를 (다루는) 것처럼 | **independizarse de** ～로부터 독립하다(≠ depender de) | **estar hechos el uno para el otro** 서로를 위해 만들어져 있다 = 천생연분이다 | **no puede ser** 그럴 리가, 말도 안 돼 | **tener prisa por** ～하는 데 급하다 | **merecer / merecerse**(강조형) 혱 deserve | **ser guapo / estar guapo** (원래) 예쁘다 / (지금 새로운 치장 등으로) 예쁘다 | **vestido**(m) **de boda** 웨딩드레스 | **formidable** 가공할 만한, 만만찮은, 두려운, 근사한 | **haberte hecho daño** 혱 having hurt you로 현재완료 동명사임 *herir 부상이나 상처를 입히다 (직–현 hiero, hieres, hiere, herimos, herís, hieren) *hierro = 철 | **engañar** 속이다, 속이고 바람 피우다 | **andar de novios** 애인으로서 사귀어 어울려 지내다 | **prometer + 동사원형 / prometer que + (미래시제)** ～하겠다고 약속하다 | **por mi bien** 나를 위해서 | **trago**(m) 한 모금 *tragar 삼키다 | **digno de** ～를 받을 만한 | **elogio**(m) 칭찬 *elogiar 칭찬하다 | **me iba a casar = me casaría** | **consigo** 자기 자신과 함께 ← (con+se) *bodas de oro/plata 금(은)혼식

Gramática

① **tres meses después** = 혱 three months later (또는 tres meses más tarde)

   tres meses después de... = 혱 three months after...

② **no hay nadie a quien le vaya bien ... como a ti**

a quien = le	그 아무 누구에게

＊관계대명사 quien이 nadie를 선행사로 받았고 부정어이므로 동사는 접속법 va가 아닌 vaya가 사용됨.

como a ti	너에게 만큼

＊como te (x)

＊te, me, le, se 등은 동사가 있어야 사용할 수 있습니다.

Diálogo 3

F   Carlos, ¿qué es el pan de muertos? Me espanta tan solo oír el nombre.

M   Je je je. En México una de las celebraciones más importantes es el Día de Muertos. Es una celebración mexicana de origen prehispánico que se celebra el 2 de noviembre y en la cual se honra a los difuntos. Ese día se hornea pan en diferentes figuras, desde simples formas redondas hasta cráneos, se adorna con figuras en forma de hueso y se le espolvorea azúcar. Es muy dulce. Mañana te lo traigo para que lo pruebes.

F   Ah, ¿en verdad sus orígenes son anteriores a la llegada de los españoles?

M   Eso es. Es que creemos que las almas de los niños regresan de visita al mundo el día 1 y las de los adultos vienen el día 2. Algunos visitan las tumbas de sus seres queridos muertos y otros elaboran detallados altares en casa, en los cuales ponen ofrendas para sus difuntos.

F   ¿Qué preparan como ofrendas?

M   Comida, pan de muerto, juguetes, licores si tomaban, cigarrillos si fumaban y vasos de agua. Ah, estos últimos los dejamos porque las almas tienen sed después de su viaje hasta aquí. Colocamos todo esto junto al retrato de los difuntos en el altar que se encuentra rodeado de veladoras.

F   ¡Qué interesante y curioso! ¿Qué más hacen los familiares cuando visitan las tumbas de los muertos?

M   Ese día es como un día de fiesta. Lo pasamos con mucha alegría rindiendo homenaje a los muertos y recordando la vida que llevaban en este mundo. Mejor dicho, no desconectamos la vida y la muerte. Admitimos la muerte como parte de nuestra vida, así que podemos sentirnos felices cantando y bebiendo ese día, reviviendo los buenos momentos que tuvimos con los muertos.

muerto 죽은, 고인(= difunto) | **celebración**(f) 축하, 축하 행사, 거행 | **origen**(m) 기원 *A tener su origen en B = A는 B에 기원을 두다 | **prehispánico** 스페인 아메리카 정복 이전의 *precolombino 콜럼버스 아메리카 발견 이전의 | **hornear** 오븐에 굽거나 요리하다 | **figura**(f) 형상, 인물, 인형 같은 형태의 사물 | **redondo** 둥근 | **adornar** 장식하다 | **hueso**(m) 뼈 | **probar** 먹어 보다, 마셔 보다, 입어 보다(+se), 시험하다, 테스트하다, 증명하다 | **en verdad** 정말로, 참말로 | **anterior a** ~보다 이전의(≠ posterior a) | **de visita** 방문차, 방문 중에 | **tumba**(f) 무덤 *sepultar 매장하다 *entierro 매장, 장례식 | **ser**(m) **querido** 사랑하는 사람 | **elaborar** 가공하다, 공들여 만들다 | **detallado** 상세한 | **licor**(m) 술 | **un cigarrillo**(m) 담배 한 개비 *tabaco 담배(집합명사) *campaña antitabaco 금연 운동 | **colocar** 배치하다 | **junto a** ~ 옆에 (영 beside, next to, close to) ← 이 경우 junto는 성·수 불변 | **rodeado de** ~로 둘러싸인 | **veladora**(f) (AmL) 초 | **familiar** 집안 사람, 친척(= pariente), 가족의, 친밀한 | **pasarlo bien** 영 have a good time (가끔 pasarla bien 사용을 볼 수 있음.) | **rendir homenaje** 경의를 표하다, [의역] 추모하다 *rendirse 항복하다 *rendición 항복 | **desconectar** 끊다(≠ conectar) | **admitir** 시인하다, 인정하다, 용인하다

Me da un vuelco el corazón
가슴이 쿵쾅거린다

track 24-4

Diálogo 4

F Faltan 10 días para la Navidad. En ese día mi novio y yo cumplimos 100 días de novios. Espero que nos llegue una Blanca Navidad. ¿Qué tal este vestido para cautivar a mi novio? Llevo unos días sin telefonearle. Ya es hora de hacerme notar para que él tenga más interés en mí.

M ¡Qué coquetona eres! En todo caso, le das mucha importancia al estratagema psicológico. Yo no hago caso de tal consumo de nervios. Por cierto, ¿qué hace tu familia en Nochebuena y en Navidad? ¿Espera a Papá Noel?

F Al acercarse la Navidad ponemos el Nacimiento en la sala de estar. Y los niños están ansiosos por recibir regalos de Papá Noel y posteriormente de los Reyes Magos. Las madres preparan turrón, sidra, pavo, etc. para la Navidad. A propósito, ¿sabes cantar algún villancico en español? ¿Ninguno? Bueno, te enseñaré uno aunque soy desafinada.

¡Sigue bien el ritmo! Primero yo canto una estrofa y después tú la repites... Bueno, ahora cantemos en coro al compás de la música. Después de contar hasta tres, empezamos. Una, dos, ya.

M/F Es la Navidad, la nieve ya cayó, alegre es correr los montes sin temor.

En mi trineo azul cantando vuelo yo, resuenan cascabeles al compás de mi canción.

Clin, clan, clon, clin clan clon corre, corre más

soy feliz, libre y feliz deslizándome sin fin.

F Bravo. Min Su. Que pases una feliz Navidad. Nos vemos el siguiente martes, no este martes.

---

dar un vuelco 두근거리다, 뒤집히다, 전복되다
cautivar 사로잡다, 홀딱 반하게 하다
estratagema(m)
psicológico 밀당
(영 mind game)
Nacimiento(m) 탄생, 아기 예수(niño Jesús) 탄생 장식 미니어처 세트
Reyes Magos 3인의 동방박사
turrón(m) 누가(무른 엿 종류)
*tiburón 상어
trineo(m) 썰매
cascabel(m) (장난감, 옷, 고양이의 딸랑거리는) 방울
deslizarse 미끄러지다
(영 slide)

Vocabulario

Navidad(f) 크리스마스, 크리스마스 시즌(pl) | **(en) ese dia** 그날 *en 생략 가능 | **cumplir** ～살이 되다, 이행하다 *cumplimiento 이행 | **qué tal** 어떻게, 어떻게 지내? | **telefonear** 전화하다 | **hacerse notar** 눈에 띄다(형 get noticed) | **coquetona** (여자) 아양을 떠는, 교태를 부리는 | **estratagema**(m) 책략, 계략 | **hacer caso a (또는 de)** 형 pay attention to, take notice of ← 사람인 경우 주로 a 사용 | **consumo**(m) 소비, 소모 | **nervio**(m) 신경 | **por cierto** 그런데 말이야 | **Nochebuena**(f) 크리스마스이브 *víspera 이브 | **acercarse** 가까워지다, 다가서다, 접근하다(≠ alejarse de) | **Papá Noel / Santa Claus** 산타클로스 | **mago**(m) 남자 마법사, 마술사 *magia 마술, 마법, 요술 | **sidra**(f) 사과술 *el SIDA 에이즈, la sigla 약자 | **pavo**(m) 칠면조 *pato 오리 *ganso 거위 | **villancico**(m) 크리스마스 캐럴 | **desafinado/a** 음치 | **seguir el ritmo** 박자를 맞추다 | **estrofa**(f) 연 | **en coro** 합창으로 | **al compás de la música** 음악(템포, 박자, 리듬)에 맞춰 | **temor**(m) 무서움, 겁 | **volar** 날다 | **resonar** 울려 퍼지다, 울리다 (직-현 resueno, resuenas, resuena, resonamos, resonáis, resuenan) | **fin**(m) 끝, 목적 | **bravo** 브라보, 사나운 | **estar entusiasmado 또는 ilusionado con algo** 형 be excited about sth | **emocionado** = conmovido(형 deeply moved), entusiasmado(형 excited)

Gramática

① **llevar + 기간**

Llevo dos años estudiando griego.	난 그리스어를 배운 지 2년 된다.
Lleva un año casada.	그 여자는 결혼한 지 1년째야.
Llevo tres meses aquí.	난 여기 산 지 3개월 된다.
Llevamos un año en Seúl.	우리는 서울에 산 지 1년 됩니다.

② **¡(A la) una, (a las) dos, ya!** 하나, 둘, 시작!

Comprensión auditiva

M   Ernest Hemingway (1899-1961) llegó por primera vez a Pamplona, procedente de París, el 6 de julio de 1923, recién iniciadas las fiestas de San Fermín. El ambiente de la ciudad y, en particular, el juego gratuito del hombre con el toro y con la muerte le impactaron tanto que la eligió como escenario de su primera novela de éxito "The Sun Also Rises" (Fiesta), publicada tres años después. El estadounidense regresaría a los Sanfermines en ocho ocasiones más, la última en 1959, cinco años después de obtener el premio Nobel de Literatura y dos años antes de poner fin a su vida en Ketchum (Idaho), precisamente en vísperas de San Fermín.

F   El gran escritor americano fue un heraldo universal de las fiestas de Pamplona. Su contribución fue decisiva para que unos festejos domésticos, apenas conocidos fuera de España, se convirtiesen en una de las citas festivas más famosas del mundo y centro de atracción desde entonces de miles y miles de turistas extranjeros, muchos de ellos seducidos por la pluma del autor de Fiesta.

http://pamplona.es

* Las Fiestas de San Fermín tienen un origen que se remonta a varios siglos atrás. Los Sanfermines son una celebración en honor a San Fermín y tienen lugar anualmente en la ciudad española de Pamplona. Una de las actividades más famosas de dichos festejos es el encierro. Todos los años las calles de Pamplona se llenan de miles de hombres valientes, preparados para correr delante de unos diez toros.

procedente de ~발(發)의 | **iniciado** 시작된 | **gratuito** 무료의 | **impactar** 강한 인상을 주다 (= impresionar), 충격을 주다 | **elegir** 고르다 (부정과거 elegí, elegiste, eligió, elegimos, elegisteis, eligieron) | **escenario**(m) 무대 | **regresaría** 직설법 would 시제 (과거에서 본 향후 미래) | **en ocho ocasiones** 8차례, 8번 | **la última (ocasión)** 마지막 번 | **poner fin a** 영 put an end to | **en vísperas de** 영 on the eve of | **víspera**(f) 영 eve | **heraldo**(m) 전령 | **decisivo** 결정적인, 단호한 | **festejo**(m) 축하 파티, 축제 행사(pl) | **doméstico** 국내의, 집안의 | **apenas** 거의 ~않다, 간신히, ~하자마자 | **fuera de** 영 out of | **cita festiva**(f) 축제 이벤트 | **seducir** 꼬드기다, 유혹하다, 사로잡다(= cautivar) | **remontarse a** ~로 거슬러 올라가다 | **atrás** 뒤로 | **celebración**(f) 개최, 거행, 축하, 축하 행사 | **en honor a** ~에게 경의를 표하여 | **dicho** 상기의, 속담(m)(= refrán) | **encierro**(m) 가두어 넣음, 소몰이 민속 축제(영 running of the bulls) *encerrar 가두어 넣다 | **llenarse de** ~로 가득 차다 | **valiente** 용감한(= 과감한, 대단한 atrevido, osado, audaz ≠ cobarde) *fuegos artificiales 폭죽, 불꽃(놀이)

① **recién + iniciadas + las fiestas** [의역] 이제 막 축제가 시작된 때에
　갓　　　　시작된　　　　축제

② **le impactaron tanto que~** 너무나도 그를 감동시켜서 결국 ~하다

③ **tres años después** (앞의 문장 행위 발생 후) 3년 뒤 영 three years later

　　tres años después de (after 뒤의 행위 발생 후) ~후 3년 뒤 영 three years after

④ **para que se convirtiesen**
　과거 문장이므로 para que 다음에 접속법 과거 se convirtiesen이 사용되었고
　se convirtieran을 사용할 수도 있습니다.

1 뜻이 같은 것끼리 연결하세요.

① en regla	(a) 거푸(᠍ again and again)
② con pelos y señales	(b) 아주 상세하게
③ hacer el pino	(c) (챙김, 준비 등) 제대로 되어 있는
④ actuar de buena fe	(d) 성실하게 임하다
⑤ una y otra vez	(e) 허튼소리(넌센스)다
⑥ en el quinto pino	(f) ～를 분명히 하다
⑦ echar un vistazo	(g) 아주 먼 곳에
⑧ punto por punto	(h) 물구나무서다
⑨ Muchos pocos hacen un mucho	(i) 아이콘에 클릭을 하다
⑩ quedar ciego	(j) ～하겠다고 고집하다
⑪ hacer click en un icono	(k) 정말 분명하다
⑫ eso es un ridículo	(l) 한번 (흘깃, 대충, 얼핏) 봐 보다
⑬ empeñarse en	(m) 티끌모아 태산
⑭ dejar (en) claro que	(n) 눈이 멀다
⑮ ser claro como el agua	(o) 일일이, 하나하나, 자세히

2 같은 뜻이 되도록 빈칸에 알맞은 말을 써 넣으세요.

〈 보 기 〉

menos	pan	deferencia	último	atajo
médula	llegaron	fulano	bicoca	respecto

① El déficit por cuenta corriente cae un 10% con (　　　　　) al mismo período del año pasado.

작년 동기 대비 경상수지가 10% 하락함.

② Este trabajo es una (　　　　　).

이런 일은 별것도 아니야.

③ El chófer no pudo (　　　　　) que cambiar de carril.

운전사는 차선을 바꾸지 않을 수 없었다.

④ Si tomáis el (　　　　　), llegaréis antes.

너희가 그 지름길로 간다면 먼저 도착할걸.

⑤ Eso es el (　　　　　) nuestro de cada día.

그것은 번번히 일어나는 일이다.

⑥ Ahora ya sé que eres machista hasta la (　　　　　).

이제 난 네가 뼛속들이 남성우월주의자라는 것을 알고 있어.

⑦ En la puerta un (　　　　　) pregunta por ti.

문에 어느 아무개가 너에 대해 묻는다.

⑧ Me trató con (　　　　　) solo para quedar bien.

그는 체면상 할 수 없이 날 정중히 대했다.

⑨ Sus palabras nos (　　　　　) al corazón.

그의 말이 우리의 가슴에 와 닿았다.

⑩ Pedro es el primero en llegar por la mañana y el (　　　　　) en marcharse por la noche.

뻬드로는 아침에 제일 먼저 도착하고 밤에 제일 나중에 간다.

¿Te complicas la vida?

스스로 삶을 힘들게 하니?

산페르민 축제(Fiestas de San Fermín)

그건 내일로 미뤄라!
(¡Déjalo para mañana!)

그건 냅둬! 그건 그대로 놔둬!
(¡Déjalo! ¡Déjalo tal como está!)

청취 연습  track 24-6

다음은 '극지방 해빙' 관련 기사 뉴스입니다. 반복해 들으면서 받아 적으세요.

다음 페이지에서 청취 내용을 읽어 본 후, 다시 들어 보세요.

Comprensión auditiva

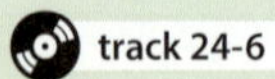

M   El deshielo polar es más rápido de lo que se creía

El cambio climático es aún más grave de lo que se creía, según las nuevas pruebas aportadas por la mayor investigación internacional de los últimos 50 años en las regiones polares, que son los auténticos barómetros del fenómeno del calentamiento de la Tierra.

"El impacto de la situación en los Polos se transmite a todo el planeta, y en estos dos años se ha constatado que el grado de calentamiento, de retroceso del hielo y de pérdida de masa, incluso en las capas profundas es mucho más importante de lo que se creía", señaló el científico español Jerónimo López Martínez.

F   Los científicos destacan que el calentamiento en la Antártida está mucho más extendido de lo que se pensaba y que el hielo de Groenlandia se funde cada vez más rápido.

"Parece seguro que tanto el manto de hielo de Groenlandia como el de la Antártida están perdiendo masa y, en consecuencia, elevando el nivel del mar, y que el hielo de Groenlandia se está perdiendo cada vez más rápido", señala el informe.

Fuente: http://www.elmundo.es

deshielo(m) 해빙 | **polar** 북극(남극)의 | **prueba**(f) 증거, 테스트 | **aportado** 제공된 | **según** ~에 의하면 | **región**(f) 지역 | **auténtico** 진짜의, 진품의, 믿을 만한 | **barómetro**(m) 바로미터, 척도 | **impacto**(m) 충돌, 충격, 영향 | **polo**(m) 극 | **transmitir** 전파시키다, 전하다, 방송하다 | **constatar**(vt) 확인하다 *주의 constar(vi) 확실하다, ~로 구성되다(~ de)(= componerse de) | **grado**(m) 등급 | **retroceso**(m) 후퇴 | **hielo**(m) 얼음 | **masa**(f) 덩어리, 반죽 | **incluso** 심지어(= hasta) *부정문에서는 ni, ni siquiera를 사용함. | **capa**(f) 층, 망토 | **señalar** 표시하다, 가리키다 | **destacar** 강조하다(= enfatizar, recalcar, subrayar), 두드러지다 (= destacarse) | **extendido** 동사 extender p.p. | **fundir** 녹이다(영 melt) | **parece seguro que** ~확실한 것 같다 | **manto**(m) 맨틀, 막 | **antártida**(f) 남극대륙 | **en consecuencia** 결과적으로 | **elevar** 올리다 | **nivel**(m) **del mar** 해수면 | **informe**(m) 보고(서)

① **de lo que se creía** 생각했던 것보다 ← [직역] 생각되어지고(수동) 있었던 것보다

② **aún más** 더욱, 가일층, 훨씬 더 ← 영어 even more, still more에 해당합니다.

③ **los últimos 50 años** 최근 50년

Diálogo 1

F₁ 아, 선생님, 이렇게 와 주셔서 감사해요.

M₁ 초대해 주셔서 감사합니다. 마드리드의 한 가정집에 초대받은 게 처음입니다. 제 아내입니다.

F₁ 아, 반가워요. 음, 낯이 익은데. 저희가 서로 알지요, 아니에요? 네, 참석해 주셔서 큰 영광이에요. 어서 들어오세요. 정원에 식탁을 차리고 있는 중이에요…. 이리로 오세요. 요엘과 제 옆에 앉으세요. 맛있게 많이 드세요.

M₁ 생일 파티에 참석한다는 게 저로서는 큰 기쁨입니다.

F₂ 집이 정말 아름다워요. 게다가 이 요리는 정말로 맛있네요! 보기에 참 예뻐요! 부인께서 아주 요리를 잘하신다고 들었어요.

M₂ 고맙습니다, 하하하. 집사람 부모님이 갈리시아 분들입니다. 그래서 늘 그곳 조리법으로 요리를 하곤 한답니다. 갈리시아의 대표적인 요리들이 입맛에 맞았으면 합니다. 자, 어서 드세요! 샴페인 한 잔 더 드릴까요?

Diálogo 2

M₁ 네게 호세를 소개할게. 나의 가장 친한 친구야. 우리는 예전부터 죽 서로 알아 온 사이야.

F 반가워, 난 아나라고 해.

M₂ 반가워. 너에 대해 들어 알고 있어. 까를로스가 내게 말했거든. 네가 눈치 구단이라서 고객을 만족시키는 데 명수고 또 지금 한밑천 잡고 있다고. 정말, 너의 성공 스토리는 대단하더구나.

F 헤헤. 걔는 항상 말을 부풀린다니까. 그런데 말이야, 넌 까를로스와 같은 회사에서 일하니?

M₂ 아니. 난 회계사야. 프리랜서로 일하고 있어. 내 명함이야.

F 고맙다. 내 것도 받아. 난 무역협회에서 일해.

M₂ 이 나라에서 일한 지는 얼마나 됐니?

F 대략 4년쯤. 더 많이 하고 싶어. 왜냐하면 지금

이곳의 남자를 사랑하게 됐거든. 그와 결혼하고 나서도 여기서 계속 살 생각이야. 왜냐하면 그 친구는 내가 자기 고향 땅 문화와 풍습에 대해 배우기를 원하거든. 게다가 벌써 이 나라의 모든 것이 좋아지기 시작했어.

Diálogo 3

F 카를로스, 저 분은 이름이 무엇이죠?

M 그는 안또니오 로드리게스입니다.

F 아, 이름은 들어 알고 있어요. 허풍쟁이이자 트집 잡는 선수로 악명 높아요. 우리 쪽으로 다가오네요! 그를 못 본 체하고 날 따라와요. 그 남자와 관계를 맺고 지내야 좋을 게 아무것도 없어요. 봐요. 저기 호세피나가 있네요. 저보다 다섯 살 나이가 많은데 그 나이 같지 않아 보여요. 나이보다 젊어 보여요. 제대로 말하자면 다섯 살은 젊어 보여요.

M 보아하니 이 파티가 지루한가 봐요. (그녀에게서) 얼굴에 티가 나네요. 소문으로는 아버지가 주식으로 큰 횡재를 했다던데요. 그의 새 자동차와 집을 보면 그 소문이 확실한 게 분명해요. 그가 부럽네요, 헤헤.

F 그리고 저기 여러 느끼한 남자애들에게 둘러싸인 저 아가씨는 이름이 뭐라고 했죠? 보니까 사탕버터 같은 젊은 애들이 비위에 맞지 않는 눈치네요.

M 아나입니다. 제가 그녀와 약혼했어요. 다음 달에 저희가 결혼합니다.

F 오! 저렇게 우아하고 분별 있는 아가씨와 혼인하시다니 축하합니다. 건배!

M 이번에는 당신의 성공을 위해서 건배합시다. 건배!

Diálogo 4

F 무슨 일로 이쪽으로 오신 건가요?

M 저희 회사가 이번에 이곳에 지사를 설립합니다. 제가 지사장이 될 거예요.

F 멋지군요. 그런데 말이죠. 여가 시간에는 무엇을 하세요? 좋아하시는 것(취미)들이 뭔가요?

M 겨울 스포츠를 아주 좋아합니다. 특히 스키와 스노보드 타기를 좋아합니다.

F 정말요? 저도 그래요. 그러니까 제가 시어머니에게 이끌려 익스트림 스포츠를 하기 시작했어요. 어머니는 운동을 아주 잘하시고 제가 스피드와 짜릿한 흥분을 즐기게 가르쳐 주셨죠. 사실 전 좀

소심하기도 하고 대담한 것과는 너무 거리가 멀거든요. 그리고 뭐랄까, 좀 위험한 상황에 처하는 것을 전혀 좋아하지 않았었죠. 하지만 지금은 주말마다 이같은 스포츠를 한답니다. 그리고 물론, 어머니와 전 더더욱 가까워졌어요. 두려움을 함께하고 육체적·정신적 어려움을 같이 극복하면서 말이죠.

M 그렇군요(알겠어요). 확실히 스포츠나 캠핑을 함께하는 것은 우리가 서로를 뒷받침해 주는 법을 가르쳐 주기도 하고, 독립을 지키면서도 동시에 다른 사람에게 의존하는 법도 가르쳐 주더군요. 저는요, 캠핑을 다니면서 아이들과 더 잘 지내게 되었습니다. 캠핑 활동이 (저희가) 충분히 대화를 하도록 해 줘요. 이렇게 해서 전 깨닫게 되었어요. 우리 사이에 많은 오해가 있었다는 것을요. 아, 다음번에는 제가 스카이다이빙을 해 볼 생각입니다.

F 정말요? 저도 (그걸) 생각하고 있어요. 우리는 뭔가 공통점이 있군요. 그거 아세요? 제가 한 달에 한 번 파티를 합니다. 당신을 초대하고 싶어요. 다음 번(파티)에 참석할 수 있기를 바랍니다.

M 오! 저야 영광이고 기쁨이지요.

Comprensión auditiva

M 미국의 새로운 과학 연구에 의하면 기후변화가 끼치는 해로운 영향은 대부분 되돌릴 수 없다고 한다. 미국 국립해양대기청(NOAA) 연구에 의하면 CO_2 배출이 완전히 멈추는 상황에 이를지라도 지표면 온도, 강우 및 해수면에서 변화들이 천 년 이상 계속 진행될 것이라고 한다.

F 과학자들이 지적하기를 변화의 가능성에는 건조한 시즌에 강우의 지속적인 감소가 포함된다. 그것은 인간이 사용할 물 공급을 감소시킬 수 있을 것이고, 산불 빈도수의 증가, 사막의 팽창, 그리고 옥수수와 밀 생산에 타격을 줄 수 있을 것이다. 또한 학자들이 발견한 것은 금세기 동안의 CO_2 증가가 향후 천 년 동안에 해수면의 지속적인 증가를 야기할 것이라는 것이다. 그러한 높아져 가는 해수면이 많은 섬과 해안 지역을 침몰시키는 지경에 이를 것 같다.

Lección 02   Las telenovelas

Diálogo 1

M 꼰수엘로, 왜 내게 우리가 이미 끝났다고 말하는 거야?

F 저기, 네가 나를 외롭게 만들어. 아주 외롭게 말이야. 넌 전혀 나와 어떤 것도 함께 나누지 않아!

M 아, 첼로! 왜 내게 전에 미리 그렇게 말하지 않았니? 사실은 말이야, 널 사랑해, 자기야. (널) 사랑해, 내 마음을 다해서 말이야. 하지만 요즘 가족 모두가 아버지 사업으로 많이 걱정하고 있어. 난 아버지 일로 널 걱정시키고 싶지 않았어. 그래서 너에게 아무것도 말하지 않았던 거야.

F 어머나, 저런! 정말 이해심이 많구나! 넌 내가 아무짝에도 쓸모없다고 생각하는 거니?

M 진정해, 자기야. 이제 내 실수를 알겠어. 내 탓이야. 나 용서하는 거지, 자기야?

F 모르겠어. 너와 더 말하고 싶지 않아. 난 갈게. 문까지 배웅하러 나오지 마, 됐거든. 너는 잘난척쟁이라기보다는 오히려 위선자야. 네가 미워, 세상이 끝날 때까지 널 미워할 거야. 한 가지는 말해야겠어. 우리 사이에는 그 어떤 오해도 없지. 지금 이제야 알겠어, 너라는 인간을. 난 간다. 다시 보지 말자. 이제 더는 볼 일 없어.

Diálogo 2

M 만일 네가 내게서 달아날 수 있다고 생각한다면, 그건 잊어버려! 난 이제 더는 너의 거짓말들을 참을 수가 없어. 다른 한편으로, 왜 너는 내가 널 위해 해 준 것을 돌려주려고 하지 않지? 어쨌든, 이번엔 널 내버려 두지 않겠어, 네가 뜻하는 대로 되도록 내버려 두지 않겠다고.

F 하, 넌 내가 뭘 해 주기를 원하니? 날 내버려 둬. 넌 항상 날 이용해 먹지. 내 말 잘 들어. 난 너에게 설명할 게 아무것도 없어. 알았니? 그리고 네게 말하는데 실비아의 죽음은 뻬레스 씨의 파산과 아무런 관계가 없어.

M 어떻게 뻬레스 씨의 부도와 전혀 관계가 없다는 거지? 너는 실비아가 뻬레스에게 복수하려고 했던 걸 알고 있던 유일한 사람이잖아. 넌 내가 바보라고 생각하니? 내게 사실대로 말해.

F 실비아와 말하지 그래? 그녀는 죽지 않았어. 내

가 거짓말한 거야, 헤헤헤.

M 이런, 이런! 결국 이렇게까지! 질렸어! 마침내, 너와 내가 동점이 됐구나…. 그렇다면, 우리 원점에서 시작하자. 어찌 됐든, 넌 내 도움이 필요하다고, 어떻게 생각해? 잘 생각해 봐.

F 가 버려, 가 버리라고. 널 더는 보고 싶지 않아! 내 눈앞에서 사라져! 지옥에나 떨어져라!

Diálogo 3

F 아빠, 요즘 엄마가 말도 별로 안 하시고 우리에게 신경도 안 쓰세요. 우리가 공부하지도 않고 늦잠을 자는데도 말이죠. 뭐 문제라도 있으신가요? 엄마 때문에 많이 걱정돼요. 엄마와 싸우신 거예요?

M 그렇지 뭐. 그러나 전혀 심각한 것은 아니란다. 걱정 말아라. 사실은 네 엄마는 우리 가족이 뉴욕으로 여행 가기를 원한단다. 난 가족 여행을 하고 싶어. 하지만 뉴욕에는 가고 싶지 않구나. 왜냐하면 너희 이모 남편인 호르헤를 보고 싶지 않아서란다. 그는 나의 친구이고 네 엄마의 전 애인이야. 난 그가 싫단다.

F 아이, 아빠, 전혀 심각한 게 아니네요. 뉴욕에 가요. 많이 설레요. 제발요.

M 어쩌겠니. 네 엄마와 네가 원한다면…. 호르헤는 날 놀리는 걸 그만두어야 해. 실은 말이지 그 친구는 항상 네 엄마에게 내가 어렸을 때 공포영화를 볼 때 바지에 오줌을 �싼다고 말하곤 했단다. 젠장! 어떻게 내 부끄러운 과거를 모두에게 말할 수 있는 거니? 내가 그놈을 뉴욕에서 보면 밝히고야 말 거야, 그의 전 여자친구가 뺨 세 대 때린 것, 주먹 한 방 날린 것, 발로 두 번 무릎을 걷어찬 걸 말이야. 왜 그랬냐면 호르헤가 자기 여자친구를 바람맞혔거든.

Diálogo 4

M 새해 복 많이 받으세요! 새해 복 많이 받으세요!

F 고맙다, 호세야. 너에게 많은 행복이 찾아오길 바란다. 그래 다시 말한다, 최고 최고로 좋은 일이 있길 기원한다. 그리고 올해에 너의 삶에 아주 놀랍고 기쁜 일들이 충만하기를 바란다. 작년에 넌 힘겨운 일들을 많이 겪었지. 그럼에도 불구하고 넌 정신적으로 더 성장했구나. 난 확신한단다, 네가 이제는 안 좋은 일들뿐만 아니라 역경들로도 가득한 이 세상에 살기 위해 충분한 강인함을 지니고 있음을 말이다. 넌 강하고 자신감 있는 남자

다. 친구, 만일 문제들에 부딪히면, 정면으로 맞서거라. 물론 가끔 삶을 있는 그대로 받아들일 줄도 알아야 한단다. 그럼에도 불구하고 싸워야 한다, 싸워야 해. 현실에서 가치 있는 것은 피, 노력, 눈물 그리고 땀을 통해서 얻어진단다. 우리는 행동해야 한단다. 말로가 아니라 실천으로 말이야. 기쁨, 슬픔, 용기, 눈물, 희망 그리고 무엇보다 인간적 온정, 이런 것들이 인생을 이룬단다. 인생이 그렇단다.

Comprensión auditiva

M 에두아르도는 회사의 새로운 환경에 적응하기 시작한다. 그의 개인적 매력은 여직원들 사이에서 엄청난 인기를 끈다. 욜란다조차도 가장 친한 친구인 끌라우디아의 반대에도 불구하고 그에게 호감을 느끼기 시작한다. 끌라우디아는 이 남자를 좋게 보지 않고 있는데 왜냐하면 이 남자가 원하는 것은 순진한 아가씨들을 꾀어내고 속이는 거라고 생각하기 때문이다. 그러는 한편, 에두아르도의 낙천성은 일자리를 구하지 못한 채 여동생 알리시아의 병을 걱정하고 있는 그의 애인이 겪고 있는 슬픔과 대조를 이루고 있다. 알리시아는 그녀가 겪은 험한 과거와 연관된 악몽을 계속 꾸고 있다. 한편 알리시아는 기분 전환을 위해 댄스 수업에 등록하고 싶어 한다. 게다가 아프리카 여행을 몹시 하고 싶어 한다. 그러나 그녀의 부모는 알리시아가 애인과 결혼한다면 그러한 청에 응하겠노라고 딸에게 설명하고 있다. 한편 리카르도는 호세피나로부터 정치적 말썽에 휘말리지 말라는 경고를 받는다. 그녀는 그에게 상사와 다시 다투는 것을 금지한다. 그러나 그는 그리 쉽사리 두 손을 들 생각도 없고 모두가 자신의 권리와 인간적 존엄성을 위해 싸워야 한다고 모두를 설득한다.

Lección 03 El mundo del espectáculo

Diálogo 1

F 보아하니 기분이 안 좋아 보이네. 무슨 일이야? 공연이 곧 시작할 건데.

M 좋지가 않아. 알기나 해? 난 심신이 다 지쳤어.

F 웃기지 마! 넌 이번 연휴 동안 충분히 쉬었잖아. 무슨 일이야?

M 매니저! 난 남을 웃게 하는 일에 넌덜머리가 나. 뭔가 다른 일을 해 봤으면 해.

F 음… 넌 훌륭한 개그맨이 되려면 아직 멀었구나. 개그맨은 관객을 그저 웃기는 게 아니라 그들을 행복하게 해 주는 거야. 내가 분명히 말하는데 개그맨이 된다는 것은 엄청난 축복이란다.

M 네 말이 맞아. 아빠가 항상 말씀하시곤 해, 웃음이 명약이라고. 다른 사람들이 행복하게 살 수 있게 도울래! 사실대로 말하자면 내가 훌륭한 개그맨이라는 것 이외에도 잘생겼다는 것은 더 이상 말할 나위도 없지. 왜 날 그렇게 바라보는 거야? 팝콘 던지지 마! 음… 나의 새 유행어에 대해 생각해 봐야겠어. 그거 알아? 만약 누군가 아주 슬프다면, 그는 웃을 준비가 안 되어 있지. 난 절망적이고 슬픈 사람들을 위로할 수 있는 개그맨이 되고 싶다.

Diálogo 2

F 이제 당신은 가요계 유명 인사 중 한 명이군요. 그런데요, 가수가 되기로 결심한 어떤 동기가 있었나요?

M 네. 사실 제가 십 대 때 미국 배우 톰 크루즈 같은 배우가 되고 싶었어요. 이 사람이 주연한 영화들이 모두 마음에 들었죠.

F 아, (스턴트맨처럼) 위험을 무릅쓰면서 일했던 게 그래서군요?

M 바로 그거죠, 헤헤. 그러나 엄마가 강하게 제 계획에 반대하셨죠. 엄마는 변호사 아들을, 아버지는 요리사를 원하셨죠. 있잖아요, 아버지는 늘 제가 만든 가스빠초가 입맛 당기게 맛있다고 하셨어요. 와우!

F 재미있군요! 그리고 당신은, 모든 상황에도 불구하고, 자신의 장래를 부모님에게 납득시키기 위해 뭘 하셨죠?

M 가출 이외엔 방법이 없었어요. 결코 주방이나 로펌에서 일하고 싶지 않았죠. 지금 제 새 앨범이 히트 치고 있지만 아직도 전 슈퍼맨 역할을 하는 꿈을 계속 꾼답니다.

Diálogo 3

M1 조명, 카메라, 액션!

F 이게 나한테 하는 너의 복수 방식이니? 넌, 내가 누구라고 생각하니?

M2 이제 더는 아부하고 싶지 않다. 내가 뭐라고 말하기를 바라는 거야?

F 천치 같은 인간아! 네가 지금 날 비웃는 중이라고 생각하니? 하!

M1 컷!

마리아, 남자 주인공이 권총을 꺼내는 걸 보고 어떻게 반응해야 하는지 잊어버린 거야?

F 아, 죄송해요. 정말이지 제가 너무 놀라 이 사람을 바닥으로 미는 걸 잊어버렸어요.

Diálogo 4

M1 안녕하세요, 전국에 계신 TV 시청자 여러분. 본 프로그램에 오신 걸 환영합니다. 와우! 스튜디오가 꽉 찼군요. 네, 찾아와 주신 여러분. 저는 하비에르이고 본 방송의 MC로 여러분과 함께할 것입니다. 오늘 이 자리에 영화계에서 가장 잘 알려진 조연 중 한 분을 모시고 이야기를 나누게 되어 기쁩니다. 오늘 게스트는 알베르로또 무뇨스입니다! 뜨거운 박수 부탁드립니다!

이와 같은 이야기 프로에 오신 것은 처음이시죠, 그렇지 않나요?

M2 네, 사실 제게 이 프로그램에 나와 달라고 (사람들이) 요청하셨을 때마다, 거절하곤 했죠. 왜냐하면 저의 사생활에 대해 말하는 걸 한번도 좋아하지 않았으니까요. 그러나 마음을 바꿨어요. 그게, 제 딸이 영화와는 별개로 제가 TV에 모습을 보이기를 졸랐거든요. 헤헤헤.

M1 잠시 전하는 말씀 듣겠습니다

M1 당신에게 있어 영화란 무엇인지 말씀해 주실 수

있나요? 당신의 일로 언젠가 실망한 적 있으세요?

M2 영화는 우리가 현실주의자 또는 비현실적으로 되도록 도와줍니다. 가끔 이것은 우리로 하여금 우리를 둘러싼 비이성적인 현실에 대해 반성하게 해 주기도 하고 또 가끔은 현실을 덮으면서 우리를 위로해 주기도 하지요. 두 번째 질문에 대해서는 거짓말처럼 들리겠지만 아니라고 말하겠습니다. 한 번도 없었어요. 제 일에 만족합니다.

Comprensión auditiva

M 브뤼셀 – 기업 및 정보사회 위원은 12월 스위스 제네바에서 열릴 UN 정보사회 정상회담에서 인터넷상의 스팸 메일과 보안에 대한 통제 조치를 요구할 것이다. (이 부문 책임자) 그는 성명서에서 정보사회와 연관된 새로운 문제들을 토의하기 위하여 이번 기회를 이용하는 것이 중요하다고 확언했다. 게다가 그는 보편적 가치들의 보급자로서 정보사회의 역할을 강조했으며 인터넷이 억압과 불리한 상황에 처한 개인과 단체에게 주는 권한은 훼손될 수 없음을 지적했다. 마지막으로, 정보사회가 국가와 지역의 경계선을 넘어 존재하는 것으로 특징을 이루며 범지구적 차원에서 이를 논의할 필요가 있음이 분명하다고 단언했다.

F 170여 개 국가들이 빈부에 따른 정보 격차 해소를 촉구한다.

제네바 – 170개가 넘는 국가들이 인터넷과 IT혜택이 지구 상의 최극빈한 구석구석에 이르게 하기 위한 의욕적인 촉구를 이루어냈다. 비록 이를 이루기 위한 난관들 가운데 일부에 대해서는 피해 갔지만 말이다. 특히, 아프리카 국가들이 크게 압력을 가하며 요구했던 필요기반시설 재정 지원을 위한 특별 기금 설립에 대한 결정은 연기했다.

Lección 04 **El mundo del trabajo**

Diálogo 1

F 당신의 하루(근무일)에 대해 저희에게 말씀해 주세요.

M 네. 주중에는 항상 매일 일찍 일어납니다, 그러니까 오전 5시에 기상합니다. 아내를 사무실에 데려다 주고 나서 오전 7시에 사무실에 도착해요. 1시간 뒤에 팀 부하 직원들과의 회의를 주재합니다. 제가 팀장이거든요. 기발한 아이디어를 이끌어 내기 위해 머리를 맞대고 씨름하는 일은 상당히 고된 일입니다. 저희는 종종 아무 생각이 떠오르지 않아 좌절감을 느끼기도 한답니다.

F 알겠어요. 그런데 말이죠, 얼마나 자주 해외 출장을 가시나요?

M 한 달에 대략 두 번 정도요. 사실 본사가 여기가 아니라 브라질에 있습니다. 일부 책임자들과 직접 대화를 나누기 위해 비행기로 그곳에 갈 필요가 있어요. 그러나 시간을 절약하기 위해 화상회의에 더 의존하는 편입니다.

F 당연합니다. 요즘 가장 걱정되시거나 힘들게 하는 주된 문제들은 무엇인가요?

M 지금 신 경영진이 새로운 프로젝트를 생각하고 있습니다. 제가 이 프로젝트가 성공적으로 결과물을 낼 책임자가 될 것입니다.

F 결과가 어찌 되든 늦어도 연말에 가서 당신을 대표이사로 승진시킬 거예요. 곧 아시게 될 걸요.

Diálogo 2

F 기자로서 당신에게 어떤 주제들이 가장 관심이 가나요?

M 글쎄요, 실제로 제겐 모든 이슈가 관심거리입니다. 무엇보다, 언론을 통해 사회문제들을 알리거나 또한 동시에 신고하고도 싶죠. 이를테면 빈곤, 자살, 학교폭력 등이요. 다른 한편으론, 제겐 환경 문제들이 걱정거리입니다. 지구온난화에서부터 쓰레기 재활용까지요. 이런 배경에서, 전 계속해서 음식물 쓰레기에 대한 글을 씁니다.

F 안 좋았거나 혹은 재미있는 일화(에피소드)가 있으신가요?

M 물론이죠, 엄청요. 언젠가 한번 산업폐수 불법 유출로 오염된 개천이 있는 지방에 갔죠. 물을 잘

살펴보려고 경사가 심한 냇가로 내려갔는데요. 거기서 미끄러져 앞으로 넘어졌죠. 몸은 진흙투성이의 독성 물에 빠진 채요. 일어서려고 하다가 균형을 잃었고 다시 넘어졌는데. 이번엔 뒤로 넘어졌어요. 안경이 깨졌죠. 다행히 눈은 다치지 않았어요.

Diálogo 3

M 아나야, 너는 외교관이 되기 위해 필요한 자질이 뭐라고 생각하니? 내가 판단하기에는 외국어를 잘할 줄 알아야 한다고 보는데.

F 그래, 네 말이 맞아. 하지만 그건 충분조건이 아니라 필요조건이야. 몇 가지 어떤 외국어들을 잘 구사하는 것 이외에 설득력, 소통, 협상, 상황 판단과 훌륭한 결정을 할 줄 알아야 해.

M 난 외교관이 되어 한국을 있는 그대로 알리는 데 기여하고 싶어. 국가 이미지를 향상시켜 이를 해외에 심을 수 있도록 말이지. 왜냐하면 나의 해외 체류 경험상 한국은 그다지 잘 평가받지 못하고 있고 겉으로 보기에도 아직 세계 일부 국민들은 한국에 대해 거의 아무것도 알지 못하는 듯 싶어. 이런 의미에서 난 UN 같은 기구들에서 각종 활동을 하는 데 관심이 있단다. 바로 한국 국가 브랜드 강화에 일조하기 위해서 말이야.

F 아, 멋지다! 마찬가지로 나도 한국의 매력을 전 세계에 퍼지게 하고 싶어. 내가 생각건대 한국은 외국인을 끌어당길 만한 매력적인 것들이 많거든. 의심할 여지 없이 외교관이란 최선의 방식으로 외국에서 한국을 대표하고 동시에 소개하기 위해 최선을 다하는 사람이지. 멀지 않은 장래에 외교관이 되기 위해 노력할 거야.

Diálogo 4

M1 중대, 받들어 총! 조준. 발사. 조준… 정지. 소대 뒤로 돌아! 차렷! 열중쉬어! 차렷! 열중쉬어…! 해산! 전원 집합! 집합! 차렷! 경례! … 바로! 집합!

M2 잘 듣게나, 제군들. 14시 정각, 공군이 첫 대공세를 시작할 것이며 14시 20분 육군과 해군이 전선 전체에 걸친 공격을 한다. 적들의 반격이 만만치 않을 것이다. 하지만 이번 독수리 작전에서는 어떤 희생을 치러서라도 적의 요새를 무너뜨려야 한다.

(작전 개시 30분 전.)

M2 현재 상황 보고하게, 중위.

M1 현재까지 적군의 병력 이동 및 특이 상황 없습니다.

M3 날 엄호하게!

M4 위험합니다, 소대장님 이미 퇴각 명령이 떨어졌습니다.

M3 나의 가장 용감한 부하 중 자네를 둔 것이 자랑스럽네. 소대 전체는 준비에 만전을 기해 기지 사수를 위해 죽을 각오로 싸운다. 이것이 나의 마지막 명령이다. 서두르게.

M4 네, 명령대로 하겠습니다, 중위님.

Comprensión auditiva

F 계속해서 내일 날씨를 알려 드립니다. 기상 캐스터 하비에르와 함께합니다. 안녕하십니까, 하비에르.

M 안녕하세요. 남부 지역에서 오늘 날씨를 알려 드립니다. 내일은 정말로 봄이라 할 만한 날씨를 보이겠습니다. 내륙 지역에서 일부 구름과 폭풍성 소나기가 보이겠지만 전반적으로 해가 뜨며 지금 시기의 전형적인 기온을 보이겠습니다. 최저 온도는 13도로 낮에는 18도까지 기온이 상승하겠습니다.

F 안녕하세요? 아주 좋은 오후입니다. 현재 기온은 29도로 꽤 높고 습도는 70%입니다. 내일은 매우 무더운 날이 예상됩니다. 낮 동안에 최고 온도 33도를 기록하겠지만 밤이 되면 27도 아래로 떨어지고 적당량의 비나 이슬비가 내리겠습니다. 낮 동안에 해안들에서는 산들바람이 함께 동반되면서 동쪽에서 시속 10~15km의 바람이 불겠습니다. 동쪽 해안에서는 물결이 일겠으나 북쪽 해안에는 잠잠하고 남쪽 해안에서는 조용한 바다가 예상됩니다.

M 계속 시청해 주셔서 대단히 감사합니다. 내일 12일 월요일에는 남부 지역은 부분적으로 구름이 끼겠으며 나머지 지역들은 흐린 날씨를 보이지는 않겠습니다. 수도 지역에서는 수은주가 일요일 기록 수준 밑으로 떨어질 것으로 보여 월요일 하루에는 영하 15도로 최고 온도가 예상되는 반면 중부 산악 지역들에서는 기온들이 현저히 떨어지며 늦은 오후에 짙은 눈이 내리겠습니다.

F　여러분 즐거운 아침입니다. 현재 온도계가 16도를 가리키고 있으며 전국적으로 옅은 안개가 껴 있고 간간이 흐린 하늘을 보이고 있습니다. 그러나 오늘 아침 중반 지나면서 전국 대부분이 맑은 날씨를 유지하겠습니다. 오늘 밤 천둥 번개를 동반한 비가 올 확률이 100%입니다. 여러분 우산 챙기시는 것 잊지 마세요. 내일은 낮 동안 선선한 날씨가 될 것으로 남부 지방에 천둥 번개를 동반한 소나기가 내리는 것 말고는 전국 나머지 지역에서는 쾌적한 기온을 보이겠습니다. 시청해 주셔서 대단히 감사합니다.

Lección 05　Las relaciones humanas

Diálogo 1

M1　아들아, 볼펜을 이(입)에 물고 뭘 그렇게 골똘히 생각하고 있니?

M2　엄마가 날 세우고 제게 으르렁하시는 이 상황에서 아무것도 할 의욕이 없네요.

M1　너 뭐 말썽 피운 거야? 엄마를 실망시키지 않도록 좀 해라. 엄마가 가장 많이 밀어주고 사랑을 주는 이가 바로 너란다.

M2　그렇긴 한데 제가 만일 다른 가정에서 태어났다면, 지금 엄마가 귀찮게 하는 걸 피할 수 있을 텐데요. 거의 뭔가 일상사가 됐잖아요. 제가 이 집의 기둥이고 절 믿으신다는 말을 듣는 게 넌덜머리 나요.

M1　이제 넌 엄마의 버팀목이 될 정도로 충분히 컸다. 너 없이 네 엄마의 삶은 의미가 없단다. 보니까 넌 알면서 투덜대는구나. 에, 그리고 애, 루이사야 왜 넌 팔짱을 끼고 이리저리 왔다 갔다 하니?

F　제가 지금 남자친구에게 화가 나 있어요. 우리가 서로 만나면 만날수록 더 분명히 알게 돼요, 걔가 남성우월주의자임을요. 지금으로서는 걔와 끝낼 생각이에요.

M1　(어찌 되어가는지 나중에) 곧 말해 주거라, 얘야.

F　처음에는 걔가 끝내주는 신사라고 생각했죠. 차를 탈 때 항상 문을 열어 주고, 앉을 때 의자를 당기면서 절 살펴 주고, 인도를 걸을 때는 저를 안

쪽으로 가게끔 챙겨 주곤 했어요. 그런데 언제부터인지는 모르겠는데, 그 친구가 저의 모든 것을 문제시하더군요. 뭔가 사소한 것에서부터 저의 행동까지 말이죠. 여자는 여자답게 행동해야 한다네요. 그러니까 저더러 진짜 여자로 될 수 있을, 아주 여성적인 여자가 되라고 요구하네요. 그 친구의 남성우월주의적이고 꼴사납게 거친 점을 더는 참을 수가 없어요. 설상가상으로 저더러 치마를 입으라고 강요해요.

M1　나 원 참!

F　이제 전 남들과 같은 성인인데. 열 살 여자애를 다루듯 하거나 감시하는 게 싫어요.

Diálogo 2

F　안드레스. 당신이 망하게 되는 것과는 상관없이 당신에 대한 나의 사랑은 절대 변하지 않을 거야. 이미 난 알고 있어, 당신이 파산의 문턱에 와 있다는 걸. 상관없어, 여보. 나 돈 벌어. 당신에게는 내가 있잖아. 최근 당신이 다른 사람들의 눈치를 너무 보더라. 내 눈조차도 보지 않잖아. 기를 펴란 말이야. 그게 당신다운 거야. 주저 말고 숨기는 게 있으면 고백해. 그래야 당신이 혼자가 아님을 느끼고 편안할 거야.

M　나다웠다는 게 뭐야? 이제 더는 내 가족의 행복을 보장할 수도 없다고.

F　안드레스, 삼촌이 그러는데 회사 돈 횡령한 당신 파트너 벤하민의 행방이 거의 파악될 단계라던데. 그러면 당신은 모든 돈을 회복하게 될 거야. 곧 보게 될 거야. 그리고 소문으로는 벤하민의 맨션이 불타 버렸고 현장에서 바로 갈비뼈가 부러지면서 중상을 입었다네.

M　하, 쌤통이군. 내가 처음부터 그놈을 감시했어야 했는데. 내가 너무 순진했어. 심지어 그런 사기꾼에게 신뢰를 두면서 말이야.

F　아, 내가 잊어버렸었네. 에밀리오가 우리에게 빌려준 돈에 대해 말하는 걸. 걔가 우리를 무척 걱정해.

M　우리를? 말도 안 돼. 우리에게 뭐 좀 해 주고 대놓고 생색내는 꼴이 화딱지나.

Diálogo 3

F　에스떼반은 누구와 지내니? 걔 친구들이 누구들이야?

M 아, 요즈음 그 친구는 인사과 어떤 동료들과 지내.

F 어라, 그는 친구를 아주 빨리도 만드는구나, 그렇지? 헤헤헤.

M 실제로 좋은 인간관계는 중요하지. 하지만 걔는 내 비위를 거슬러. 이제 그 우쭐대는 걸 보는 게 피곤해진다고.

F 이봐, 아직도 그와 안 좋게 지내는 거야? 혹시나 해서 말인데 그가 너의 새로운 라이벌이니?

M 당치도 않아. 그가 우리에게 이미지를 좋게 보여주지만 들여다보면 그는 다른 사람들을 깔본다고. 그 지나친 자신감이 어디서 오는지 모르겠어. 그러는 와중에 그는 상사들에게 아부 못 해 죽을 지경이지. 이런 속담이 있지, '열 길 물속은 알아도 한 길 사람의 속은 모른다'고.

F 그래, 지금 우리는 그가 언제나 남들을 무시하는 것을 잘 알고 있고 그를 신뢰하지 않잖아. 장기적으로는 그는 자기를 지지해 줄 사람이 없을 거야. 다른 속담 하나가 떠오르는군. '시간이 말해 줄 것이다'.

M 바로 그거야. 그의 미래를 점치는 게 어렵진 않지. 자기 행동을 고치지 않으면 결코 새 프로젝트가 시작될 때 자기 뜻대로 이루지 못할 거야, 왜냐하면 내 도움이 시급하고도 절대적으로 필수불가결할 테니까.

F 살살해라. 어쨌든 개인 관계와 일로 인한 관계를 구분해서 팀워크를 유지하면서 조화롭게 일해야 하니까.

M 알겠어. 초 치지 마. 그저 걔 험담하며 숨 좀 돌린 거니까, 헤헤. 그렇게 해서 내 마을 달래는 거지. 그 한계는 안다고. 회사에 영향을 끼칠 맘은 없어.

F 그래, 알겠어. 어찌 됐든 넌 절대로 근거 없이 남에 대해 푸념을 늘어놓진 않지.

Diálogo 4

F 들기로는 넌 아버지와 별로 말을 하지 않는다던데.

M 그래, 왜냐하면 아버지의 말하는 방식이 좀 그래.

F 그러면 넌 네 개인 문제들을 누구와 말하니?

M 보통 엄마, 형제들 또는 친구들에게 가지.

F 음… 아버지가 네 말에 귀 기울이지 않으셔?

M 나에게 아주 엄격하셔. 가끔 날 안 좋게 대하시기도 하고. 알아? 집에서 아버지는 나의 상사처럼 계시고 나는 아버지의 부하야. 아 그런데, 너는 새로 온 이웃집 여자와 어떻게 되어 가니? 그 여자는 털털하고 서로 사이가 좋다고 네가 그랬잖아.

F 뭐 그렇지. 무던한 사람이야. 그런데 상황이 바뀌었어. 그 여자 딸과 우리 가운데 아들 새끼가 데이트하기 시작하면서 말이지.

M 그게 뭔 상관이래? 걔들은 벌써 부모와 독립했어야 했는데. 그 둘의 연애는 뭐 자연스럽고 별로 놀랄 일도 아니잖아.

F 이론상으로는 그래야 하지. 보니까 아직 걔들은 철이 없는 것 같아. 문제는 그 둘이 요즘 사이가 멀어졌다는 거지. 아들 얘기로는 이미 여자친구와 끝낼 결심이라더군. 그리고 잘못은 여자애 쪽이래. 여자애 쪽에서는 자기 엄마에게 그러더래, 내 아들이 바람을 피웠다고. 그때서부터 이웃 마리솔과 나도 소원해지기 시작했지 뭐.

M 네게 해 줄 말이 없다. 네 아들이 원한다면 여자친구와 화해하도록 도와줘. 그래야 네가 이전처럼 그 이웃과 잘 지낼 수 있잖아. 내 나이가 되니까 생각이 드는 게 있는데, 우리가 말을 조심해야 하고 다른 사람의 입장에서 생각도 해야 하고, 한마디로 말해 우정의 연을 바람직하게 유지하려는 노력을 해야 한다는 거야. 사실 누군가가 전혀 중요한 것이 아니라고 생각하는 게 그의 가족이나 친구들의 감정에 상처를 줄 수 있는 일들이 많거든.

F 네 말이 다 맞아. 이 일이 우리의 우정에 장애를 주지 않기를 바라고 있어… 아, 네게 말할 게 있어….

Comprensión auditiva

F 베니따는 스스로 목숨을 끊는 것과 글로리아와 아델리나를 죽이려는 순간에 안드레스에 의해 중단되고 경찰에 체포되는 것으로 끝이 난다. 이 소식은 동네에 확 퍼져 나가고 아무도 발생한 게 무슨 일인지 이해하지 못했다. 호된 타격 뒤에 아델리나는 병원에 입원하고 마놀리따는 그동안 글로리아를 자기 집에 맞이하겠다고 자청하고 나선다. 그러나 이레네가 글로리아가 자신과 함께 지낼 것을 제안한다. 에우랄리아가 상황을 알게 되자 알무데나와 하이메가 놀랍게도 글로리아를 자기 집으로 데려가겠다고 결심한 사람이 바로 에우랄리아인 것이다. 안드레스는 그

녀의 행동을 고맙게 여기고 자식들에게 자신의 글로리아와의 혈연관계 및 헤어짐에 대한 사실을 털어놓을 결심을 한다. 페데는 레오나와 아순시온과 친근한 관계를 맺는다. 하이메는 산초와 자신의 여동생과의 관계를 확실히 하려고 하며 이 와중에 자신과 산초 둘은 자신들의 정치적 문제 제기들이 많은 접점을 갖고 있음을 확인한다. 하나의 실수로 인해서 산초는 가게에 몇 장의 중요한 사진들을 놔두게 될 것이다.

Lección 06 El coflicto y el hábito

Diálogo 1

F 어이 안녕, 별일 없나?

M 별일 없지 뭐.

F 너, 코가 막히고 목도 아픈 것 같은데.

M 응응, 맞아. '성질이 난(irritada)'이란 말 잘했다.

F 진정해, 어이. 너희 뭔 일이야? 서로 싸웠니? 걔와 싸우는 일 없이 오랜 시간이 흘렀잖아. 기운 내고 좀 마음을 편히 해라.

M 나는 걔의 일하는 방식이 이해가 안 돼. 내가 하라는 걸 거의 하지도 않는다고. 걔는 세부적인 것에는 관심을 기울이지 않고 항상 실수하지. 결국 그는 팀으로 일하는 우리의 훌륭한 능력을 먹칠하고 있다고. 이놈은 더 꼼꼼하고 더 책임감이 있어야 해. 결코 내 말을 듣지 않아…. 이미 난 그와 말다툼하는 것에 지쳤어! 그의 주의부족이 끔찍할 따름이야. 정말 부주의한 인간이야!

F 아고고, 자네 불쌍하네. 그에 대해 뭔가 칭찬할 것은 없니? 그저 단지 밉상일 뿐이야?

M 헤헤, 그래. 만일 내가 그 친구의 좋은 면을 보려고 한다면, 음, 아냐, 그에게서는 어떤 긍정적인 면을 못 보겠어. 그 친구는 입만 살았어. 빈 수레 같이 소리만 요란해.

F 알겠어. 음… 말로만 다 하는군. 설사 네가 제아무리 이해심이 있다 할지라도, 넌 그와 함께 일할 수 없을 거야. 지금으로서는, 그에게 돌림 없이 직접적이고 솔직하게 대해. 그리고 그의 그릇된 행동을 못 본 체하지 마. 그리고 네가 그에 대해 생

각한 바를 말한 뒤에 그래도 변한 게 없다면, 할 수 없지. 뭐 어쩌겠어. 내버려 두고 신경 꺼. 아마 그가 네가 넘어가 주는 걸 즐기는 건지도 몰라. 그런 일들이라면 그의 윗사람들이 그가 자신의 잘못을 인식하게 해야 해. 곧 그와 어깨를 나란히 하고 일하자고 청할 사람이 없을 때가 올 거야.

M 아, 난 많은 일 처리를 맡았잖아, 그러면서 그 천치 때문에 신경, 시간, 노력, 인내심을 써서 난 지쳤어. 녹초가 됐어. 그는 언제나 내 힘이 쫙 빠지게 하거든.

F 힘내게, 여보게! 자, 자, 내가 한잔 살게.

Diálogo 2

M1 당신들은 상사의 말에 신경을 써야겠습니다. 부탁드립니다.

M2 왜 우리에게 그렇게 말하죠? 우리는 효율적으로 일하기 위해서 최선을 다하고 있는 중입니다. 뭐가 더 우리에게 필요한가요?

F 우리는 항상 당신들이 말하는 것을 틀림없이 하려고 애씁니다. 그러나 당신들은 한 번도 우리의 작업에 만족하지 않고 우리가 태만하고 파업하기 일쑤라고 비난합니다. 이제 더 이상 저희는 의견 차이를 좁힐 의도는 없습니다. 저희를 설득해 경영진으로부터의 더 많은 부조리하고 말도 안 되는 요구를 수락하게 하는 일은 그만두세요. 우리는 더 이상 회사와 타협할 용의가 없습니다. 부탁인데, 뭐 정리해고를 하겠다고 우리를 위협하는 것은 삼가 주세요.

M1 좀 진정하세요. 여러분이 우리를 오해하는 겁니다. 작년 이맘때쯤 노사 간에 많은 불화가 있었지요. 더욱이 회사 재정 상태가 악화되고 있었어요. 다행히 양측이 입장들을 절충하기에 이르러 모든 일이 만족스럽게 해결되었지요. 지금 단계에서는 앞서 언급한 그 점에서는 문제가 없습니다. 제가 말하고자 하는 것은 당신들이 상사의 지침에 좀 더 주의를 시켰으면 하는 것입니다.

M2 알겠습니다. 저는 회사가 전처럼 자금 부족으로 해결하기 어려운 딜레마에 다시 처하는 것을 원치 않습니다. 지금 현실적인 문제점이 무엇인지 인식하고 있습니다. 그렇다면 내일 오전에 그것에 관해 이야기하시죠?

F 제가 직원을 모두 소집하겠습니다. 몇 시가 괜찮으신가요? … 좋습니다. 9시에. 내일 봅시다.

M1 좋습니다. 나중에 얘기하지요.

이런! 내일 대화가 주도권 다툼으로 안 가도록 저들을 설득하기가 쉽지 않을 텐데. 아, 에밀리오는 뒤끝이 있는 사람은 아니지만 자신의 문제점을 쉽사리 시인하지 않을 거야. 밤새 고민해 봐야겠다.

Diálogo 3

F   넌 뭐 나쁜 버릇이 있니?

M   응. 뭔가에 집중하고 있을 때마다 나도 모르게 손톱을 물어뜯어. 우리 엄마는 내가 그러는 걸 질색하셔. 엄마가 그러시는데 내가 손톱 물어뜯는 걸 볼 때마다 머리가 쭈뼛쭈뼛 선대. 나조차도 이놈의 버릇을 끊을 수가 없네.

F   내 남자친구의 경우에는 의자에 앉아서는 늘 오른쪽 다리를 떨어. 그게 싫어. 사람들이 그러는데 그렇게 하는 사람은 복이 달아난다는데. 걔가 다리를 움직일 때마다 나조차도 초조해져. 본인은 그게 편안해지는 방법이라지만.

M   남에게 해가 되지 않는다면 뭐, 그 친구를 참아 줄 수 없니? 아무것도 아닌데.

F   걔와 나 둘만 있으면, 걔가 막 방귀를 뀌어. 그리고 저녁 외식을 할 때 시시각각으로 트림을 하고 그거로는 안 되겠나 싶은지 트림을 하는데 소리가 엄청나게 커서 마치 다른 사람이 있는 건 전혀 개의치 않는다는 듯이 말이야. 창피해 미쳐 내가. 그리고 지금은 제대로 행동한다고 약속하지 않으면 내가 걔와 데이트를 거절해.

M   헤헤. 네 말 들으니 내 애인의 일은 그저 빙산의 일각이라고 생각되는구나.

F   아, 한 가지 잊고 있었어. 이사벨 소식 들은 지 한참 됐는데. 너 이제 더 이상 걔와 연락 안 해?

M   응(없어).

F   뭔 일이래? 문제가 뭐야?

M   걔는 너무 직설적이라 악명 높아. 항상 돌리지 않고 말하잖아. 처음에 걔가 솔직한 애라고 생각했어. 하지만 시간이 흐르면서 거리낌 없이 까놓고 말하는 걸 보고 엄청나게 화가 나기 시작했어.

F   무슨 얘긴지 느낌 알 것 같다. 가끔 걔는 누군가에 대해 뭔가 필요도 없는 얘기를 꺼내 말하고 그러더라. 혀 잘못 놀리면 안 되는데. 어떤 때는 가려 가며 기술적으로 말하는 걸 배웠으면 좋겠어.

Diálogo 4

F   수프가 턱으로 줄줄 흐르잖아, 호세. 입으로 소리

좀 내지 말고 먹을 수 없니? 쩝쩝 소리가 죽겠네 정말!

M   제발 별것 아닌 일에 비난 좀 하지 마. 아이, 팔 꼬집지 마. 많이 아프다니까. 아이, 아이, 좋아. 이제 내가 복수할 차례다.

F   아이, 간지럽게 하지 마. 차라리 내 등을 긁어 주는 게 어때? 거기 간지러워. 아, 왼쪽 발도 간지럽다.

너무하는군! 난 그런 바보짓을 하는 네 하녀가 아니야. 아, 넌 양말을 뒤집어 신었네. 제대로 신어.

디에고. 지금 내가 내가 아니야. 넌 집을 죄다 더럽히고 항상 피곤한 얼굴에 한 번도 옷을 세탁기에 넣지도 않잖아. 게다가 오늘은 일하러 나가지도 않고. 참 한량이군. 네 삶의 방식이 날 멘붕시킨다고. 제발 양말을 도넛처럼 말지 좀 말아.

M   이봐. 이제 더 이상은 계속 현실을 숨기지 않을 거야. 난 1년 내내 너의 늘 나오는 바가지(짜증 나는 소리)를 참으면서 똑같은 걸 먹어야 하는 게 짜증 난다고. 한 번도 난 어떤 맛있는 걸 먹는 호사도 못 누린다고. 뭔가 좀 다른 걸 먹는다면 그걸로 족할 텐데.

F   하. 잊은 거야? 내게 청혼할 때 네가 말한 걸? 내게 약속했잖아, 내가 물 한 방울조차도 만질 필요 없을 거라고 말하면서 날 아주 멋지고 마음껏 살도록 해 줄 거라고.

M   가까운 장래에 널 호의호식하면 번지르르하게 사는 여왕으로 만들어 줄게. 맹세해. 응응, 약속해!

F   허풍 좀 떨지 마! 하나부터 열까지 너의 모든 게 맘에 안 들어. 욕실에 가서 색깔 있는 옷과 속옷을 따로 분리해.

M   네, 네, 분부대로 하죠. 나처럼 너에게 100% 복종하는 사람이 있다면 공처가가 그 이름일 거다.

F   입 다물어! 생산적으로 좀 굴어. 언젠가 나 같은 여자가 너와 함께 산다는 게 아주 감사한 일이라는 걸 알게 될걸. 네게 난 과분한 여자야. 아, 어디에 있는 거야? 숨바꼭질할 시간이니?

Comprensión auditiva

M   이와 관련하여 해외 언론은 한국인들이 세종대왕이 발명한 한글에 대해 대단한 자부심을 갖고 있다고 전한다. 마찬가지로 한 언어학자는 한글은 소리와 글이 서로 체계적인 연계성을 지닌 과학적인 문자라면서 한글은 어느 문자에서도 찾을 수 없는 위대한 성취이자 기념비적 사건이라고 평가하고 있

Lección 07 Corea y América Latina

Diálogo 1

F 한국의 수도는 무엇(어디)입니까?

M 대한민국의 수도는 서울입니다. 인구는 대략 5천만 명이고 현재 한반도는 두 개로 분단된 상태입니다. 즉 남한과 북한으로 말입니다. 북한은 공산주의 국가입니다.

F 한국의 1인당 GDP는 얼마나 되나요? 한국의 1인당 총국민소득은 얼마나 되죠?

M 1인당 GNI는 대략 2만 달러입니다. 사실, 한국은 아시아의 경제 강국 중 하나로 OECD 회원국 중 11번째 혹은 12번째 경제 강국입니다. 우리나라는 자동차, 조선, 반도체, IT 등의 분야에서 높은 성장을 보이고 있습니다. 더욱이 과학기술 수준이 빠른 속도로 발전하고 있습니다. 이런 배경 속에 최첨단 기술 분야에서의 급속한 성장이 전 세계를 놀라게 하고 있습니다.

F 대단해요. 그리고 한국의 문화를 설명해 주실 수 있나요? 제가 듣기로는 한국이 단일민족 국가라던데요.

M 네, 그러나 실은 상황이 이미 바뀌기 시작했습니다. 실제로 한국은 이미 다문화 다민족 국가로 탈바꿈하고 있는 중입니다. 실은 이미 우리는 사방에서 외국인들을 봅니다. 그것은 뭔가 흔한 일이 되었죠. 한국 문화에 대해 말하자면, 특히 한국은 유교 사상이 근간이 되는 나라입니다. 그래서 우리는 어르신(어른)들을 존경합니다. 다시 말해서, 우리는 나이에 많은 중요성을 둡니다. 예를 들어 두 남자가 서로 잘 알고 지내고 긴밀한 관계를 맺고 있습니다. 그 둘은 친구 사이입니다. 그럼에도 불구하고, 한국에서는 만일 그 둘 중 한 명이 상대보다 나이가 더 많으면 그를 '선배'로 간주하고

상대는 '후배'로 간주합니다. 선배란 일종의 형 같은 거죠. 그리고 후배는 선배를 예우합니다. 이 또한 다른 형태의 우정이랍니다.

Diálogo 2

F 가족이 어떻게 되세요?

M 저를 포함해 7명입니다. 저의 부모님, 제 아내, 제 두 아들, 딸아이 한 명입니다. 딸아이는 칠레에서 유학 중입니다.

F 아, 그래요? 칠레는 한국과 FTA를 체결한 국가죠?

M 네, 한국이 처음으로 자유무역협정을 체결한 국가입니다. 칠레는 포도, 자두, 와인 및 구리를 주요 수출 품목으로 가지고 있어요.

F 한국과 중남미는 무슨 관계를 맺고 있을까요?

M 특히, 역사적으로 말하자면, 한국 전쟁 발발 당시 콜롬비아가 파병을 한 적이 있지요…. 그리고 60년대에 한국 정부가 국제사회에서 그 합법성을 인정받기 위해 중남미 국가들의 외교적 지지를 이끌어 내려고 노력했었죠. 마찬가지로 현재 양측은 에너지, 환경 및 경제 분야에서 협력하려고 노력하고 있죠. 이런 맥락에서 볼 때 한국–중남미 관계는 결코 그 어느 때보다도 더욱 깊어지리라고 봅니다.

Diálogo 3

M 아메리카는 어디를 말하는 겁니까?

F 미국인들은 미국을 언급하기 위해 그렇게 말합니다. 그러나, 아메리카는 또한 대륙 전체를 언급하죠. 라틴아메리카뿐만은 아닙니다. 이 대륙은 세 부분으로 나뉘어져 있죠. 북미, 중미 그리고 남미로 말이죠. 또한 Norteamérica, Centroamérica 및 Sudamérica라고도 말합니다.

M 많은 한국 기업들이 중남미 시장에 진출해 있죠, 그렇죠?

F 물론입니다. 이 지역 많은 국가가 한국의 중요한 무역 파트너들이 될 겁니다. 사실, 한국 기업들은 중남미 시장에 진출하기 위해 계속 노력하고 있으며 성공을 보여 주었습니다. 그들은 좋은 이미지를 중남미 사람들에게 심어 오고 있는 모습을 보입니다.

M 한국이 중남미에 수출하는 주요 생산품들은 무엇인가요?

F   우리는 자동차 및 TV, 냉장고, 세탁기, 휴대폰 같은 가전제품, 그리고 기타 우수한 품질의 생산품을 수출합니다. 마찬가지로 우리는 적극적으로 이 지역 인프라 건설에 참여하고 있습니다. 양측은 이제 경제 분야뿐만 아니라 문화(분야)에서도 중요한 파트너입니다.

Diálogo 4

F   한-칠레 FTA가 언제 체결되었나요?

M   2003년에요. 이것은 아시아 국가와 서양 국가 간의 첫 자유무역협정입니다. 무역관계를 긴밀하게 하는 것 외에 한국은 중남미와 여러 분야에서 협력하려고 합니다. 매년 한-중남미 포럼, 강연 및 세미나가 개최되어 심지어 지속 가능한 발전, 재생 가능 에너지 및 녹색성장에 대해 다룹니다.

F   한국은 동북아에서 무슨 역할을 합니까?

M   앞으로는 쭉 우리나라가 이 아시아 지역에서 주도적 역할을 할 수 있을 것입니다. 왜냐하면 우리는 전 세계에서 12번째 큰 경제 강국이며 현재 기술 및 문화 강국으로 탈바꿈하는 중입니다.

F   제가 생각하기로 국제무역과 관광에서 국가 브랜드 개념에 대한 관심이 커지고 있습니다.

M   맞습니다. 우리가 세계에서 우리나라의 이미지 향상을 위해 큰 노력을 해야 하는 것이 바로 그래서입니다.

Comprensión auditiva

F   현재 중남미에서 점점 더 많은 사람이 한국을 배우는 데 관심을 보이고 있으며, 이렇게 새롭게 관심을 갖게 된 대부분 사람들이 대학생이거나 젊은 전문가들이라는 점은 좋은 소식이다. 그러나 한국과 중남미 간의 지리적 거리, 역사·문화적 차이, 미미한 정치 및 경제 교류 등을 고려해 볼 때 중남미 지역에서의 한국학 진흥은 많은 어려움에 직면해 있다. 그러므로 민간 분야 및 정부 관계자들은 학술, 경제, 문화 교류를 지속적으로 증진시킴으로써 중남미에서 우리나라에 대한 관심을 불러일으키도록 더욱 노력해야만 한다.

Lección 08   Buscar trabajo

Diálogo 1

F   그런데 말이야, 그게 뭐니?

M   내 이력서야.

F   그래? 나는 지금 네슬레 홈페이지에서 막 지원서를 작성해서 보냈는데.

M   정말? 나도 다국적 기업에서 일하는 것에 관심 있는데. 이력서 쓰는 것이 쉽지가 않아.

F   당연해. 오늘 이력서를 인터넷으로 회사에 보내?

M   응.

F   나도 일자리를 위한 지원서를 제출해야 하는데.

M   행운을 빌어! 나중에 보자.

....

F   너는 저 외국인 회사에서 일하는 데 관심 있지, 그렇지?

M   응. 실은 저기에서는 근무(노동)환경이 매우 좋아.

F   너는 훌륭한 비즈니스맨이 되기 위한 자질을 갖춘 사람이야.

M   고마워, 하지만 나는 더 경쟁력이 있기 위해서는 노력해야 한다는 걸 알고 있어.

F   나의 경우에는 더 공부할 필요가 있어. 그래서 지금 초조해.

M   힘내, 너는 능력 있는 여자야. 아나야, 은행에서 일하는 것에 관심 있니?

F   나는 성격이 개방적이고 활동적인 사람이라서, 자극제(동기)들로 가득한 일을 필요로 해.

M   바로 그거지. 음… 이봐, 나는 책임감 있는 사람이야, 그렇지 않니?

F   물론이야, 너는 꽤 부지런하고 완벽주의자야.

M   내가 완벽주의자? 하하하. 난 정말 흥미로운 분야에서 일하기를 바라고 있어.

F   음… 호텔이나 항공회사에서 일하는 건 어때?

Diálogo 2

F   만일 당신의 상사가 술을 많이 마시게 강요하면, 어떻게 반응하실 건가요?

M   술을 많이 마시는 편은 아니지만 개인적으로 술자리를 즐깁니다. 왜냐하면 좋은 분위기 속에서

즐겁게 사람들과 대화할 수 있고 이것은 다른 사람들과의 인간관계를 친밀하고 깊게 만드는 데 도움을 줍니다. 물론 만일 많이 마시게 되면 문제점들이 있어요. 그러나 말씀드리는 것처럼 늘 저는 이런 자리들을 즐깁니다. 그래서 술기운이 올라오는 것을 피하기 위한 저만의 방법을 가지고 있습니다. 술을 마시는 동안 물도 충분히 마시고 즐겁게 노래도 부릅니다.

F 당신의 장점과 단점들을 우리에게 말해 보세요.

M 저는 세 가지 장점을 가지고 있다고 생각합니다. 창의적이고 상상력이 있고 인내심이 있습니다. 뭔가 새로운 것을 생각해 내어 추진하는 것을 좋아합니다. 예를 들어, 가족 생일을 축하할 때도 깜짝 이벤트를 준비합니다. 다른 한편, 리포트 준비를 할 때도 문제의 주제에 새로운 접근 방식을 항상 궁리합니다. 단점에 대해 말해 보자면, 뭔가 창의적인 것을 실행으로 옮길 때, 서두르지 않습니다. 다시 말해, 성공적인 결과에 도달하기 위해 많은 인내심을 가지고 추진합니다. 여기에서 저는 가끔 문제에 빠집니다. 모든 세부적인 것에 많은 신경을 씁니다. 바로 이런 이유로 해서 계획해 놓은 것을 달성하는 데 있어 시간이 오래 걸립니다. 이 모든 것에도 불구하고, 제 생각에는 계획한 것을 실행하기 위한 시간을 가지는 일은 필요한 것입니다. 그러나 많은 시간 소요와 관련해서는, 앞으로는 다른 사람들 그리고 가용할 수 있는 정보들에 도움을 구하면서 시간을 단축할 생각입니다, 즉, 미래의 동료들과는 협력 속에서 효율적이고 신속하게 일 처리를 하도록 노력할 것입니다.

Diálogo 3

F 지금까지 당신이 달성한 성공들은 무엇이 있나요?

M 두 가지 성공에 대해 말하고 싶습니다. 첫 번째는 제가 고구려 모터스 공모전에 나가 2등을 차지한 것입니다. 이를 통해 한 기업과 생산품의 해외에서의 이미지 개선을 위해 광고 캠페인을 어떻게 발전시켜야 하는지에 대해 생각하기 위한 좋은 기회가 되었습니다. 두 번째 성공은 도미니카 공화국에서 봉사활동을 한 것입니다. 그곳에서 태권도와 컴퓨터 사용법을 빈민가 아이들에게 가르쳤습니다. 저의 조그만 도움은 그들이 자기 계발과 꿈과 희망을 품도록 이끌어 주었습니다. 동시에 이러한 일을 통해, 저 자신도 국제 공동체를 생각할 수 있고 타인, 소외된 계층 그리고 저의 가족들에 대해 더 많은 배려심을 가질 수 있는 더욱 성숙한 사람이 될 수 있었습니다. 이것이 바로

저에게 있어 또 하나의 정신적 성공이라고 생각합니다.

F 우리 회사에 대해서 더 구체적으로 말해 보세요. 예를 들어 국내외에서의 시장 점유율이라든지.

Diálogo 4

F 인생 가치관은 무엇인가요? 그리고 삶의 목표는 뭔가요?

M 우리에게서 인생은 타인과의 관계를 이룰 때 의미가 있다고 생각합니다. 누구의 동반 없이 나 혼자 존재한다고 한다면 돈, 맛있는 음식, 오락이 의미를 갖지 못할 것입니다. 다시 말해, 그 어떤 것도 아무 소용이 없을 것입니다. 실제로 우리 인생은 슬픔, 증오, 절망 그리고 분노에 노출되어 있고, 이는 우리를 좌절시키고 지치게 합니다. 그럼에도 불구하고, 행복할 수 있습니다. 왜냐하면 친구, 가족, 이웃들 사이에 사랑, 우정, 연민 같은 긍정적 요소들이 존재하기 때문입니다. 이런 긍정적 감정들이 생기는 것은 바로 우리가 타인과 함께 살고 있기 때문입니다. 요컨대, 우리 각각은 건강한 사회를 만들기 위해 노력해야 합니다. 사회의 해악과 부정적 요소들을 제거하면서, 다른 한편으로는 공동의 선을 최대화하면서 말입니다. 결국에는 이런 노력이 바로 아름답고 가치 있는 삶의 부분입니다. 이런 이유로 저는 영리적 목적 때문뿐만 아니라 사회의 행복을 위해 기업을 경영할 수 있는 능력 있는 기업인이 되고 싶습니다.

F 우리 회사의 경쟁 상대는 누구라고 생각하십니까? 비교해 줄 수 있나요?

M Genio사가 가장 큰 라이벌이라고 생각합니다. 분명한 것은, 국내 시장 점유율은 Victoria사가 40%로 업계 1위이지만 20%의 시장을 점유하는 Genio사는 현재 지속적인 기술혁신과 인재육성을 통하여 품질 및 기업 이미지에 반영되게 하고 있으며 특화된 디자인으로 젊은 층을 사로잡는 제품을 개발하면서 해외시장에서도 관심이 커지고 있습니다. 실용도 면에서 귀하의 회사가 앞선 기술을 가지고 있지만 후속 제품의 디자인 및 가격에서의 경쟁력 제고를 위한 노력이 계속 이루어져야 한다고 봅니다.

F 지중해 지역 식단은 균형 잡힌 다양한 음식물에 기초를 둔 라이프 스타일로 되어 있으며 여기에는 지리상 지중해 연안의 이 지역에서 밀, 올리브 나무, 포도나무 같은 전통적 경작에서 얻어진 음식물이 그 주를 이룬다. 이 식단의 기초를 이루는 먹을거리는 다음과 같다.

- 탄수화물의 주요 원천으로서 빵과 파스타
- 지방의 주된 원천인 올리브유
- 식사 때마다 적당량의 포도주
- 채소, 과일, 견과류 및 콩류는 지중해 식단에 상당량의 섬유질과 항산화제를 공급한다.
- 생선, 가금류, 유제품 및 달걀은 단백질의 주요 원천이고 육류와 동물성 지방 섭취를 줄인다.

M 이 음식물들과 조리 방식을 통한 라이프 스타일은 이 지역 기후가 이끌어 내는 몇 가지 습관들 (불행히도 점점 더 줄어든다), 즉 햇빛 날 때의 산책이라든지 각종 모임이나 시에스타 같은 것들을 통해 더욱 보완된다.

권장 사항

- 당과류를 섭취하지 말아야 한다.
- 하루 2리터의 물을 마셔라.
- 과일은 다른 음식물과 3시간 여유를 두고 섭취하라.
- 특정한 음식이 받지 않으면 다른 유사한 것으로 대체할 수 있다.
- 올리브유로 요리하기.

Lección **09** La entrevista

Diálogo 1

M 안녕하십니까, 저를 소개하겠습니다. 제 이름은 김문호입니다. 안데스 대학교를 행정학 전공으로 졸업했습니다. 이 회사에 지원하는 이유는 저의 학력과 경력이 이 회사에서 열정적으로 일하기에 적합하다고 생각해서입니다. 무엇보다도 저는 수출 부서에서 일하고 싶습니다.

F 네, 미스터 김. 당신이 말하는 바 여기서 일하기에 적합한 사람이라는 것이군요. 이 분야에서 갖고 계신 경력을 좀 설명해 주실 수 있나요? 그리고 왜 우리 회사에서 일하려고 하는 거죠?

M 한국은 전자산업을 선도하는 국가 중 하나이며 국가 생산품, 특히 반도체는 최고의 품질로 세계적으로 인정받고 있습니다. 개인적으로 이 분야에 관심이 많고 이 분야에서 일한 경험이 있는데, 외국계 회사 Semiconsa에서 6개월 인턴십을 했습니다. 이 경험 덕분에 한국의 첨단기술을 알리기 위하여 많은 비즈니스맨들이 매우 중요한 역할을 하고 있음을 깨달았습니다. 귀사에서 일할 기회가 주어진다면 제 능력과 잠재력을 펼치고 싶습니다.

Diálogo 2

F 지금까지 살아오면서 인생에서 가장 영향을 준 사람은 누구인가요?

M 고등학교 선생님 중 한 분에게서 많은 것을 배웠습니다. 그분은 제게 꿈을 키우는 법, 현실에 대면하는 법, 그리고 사회에서 훌륭하게 평가받기 위한 몸가짐을 어떻게 해야 하는지 가르쳐 주셨습니다.

F 만일 당신이 초과근무를 해야 한다거나 주말에도 일해야 한다면, 이를 기꺼이 받아들이시겠습니까?

M 개인적 사생활과 일을 구분하는 것은 중요합니다만 일을 제쳐 두고 사생활을 즐긴다는 것도 가능하지는 않습니다. 저는 제 개인 삶과 일을 적절한 방식으로 조화를 이루도록 애쓸 것입니다. 이 둘은 중요하고 필요한 것입니다. 그렇지만, 회사가 언제든 저를 필요로 하는 때는 기꺼이 책임감을 가지고 일할 준비가 되어 있습니다. 또한, 제 생각에 효율적으로 일을 처리하다 보면, 항상일 수는

없지만, 주말에 가족과 보낼 시간도 마련될 수 있
을 거라고 생각합니다.

F 당신의 장점과 단점을 우리에게 말해 보세요.

Diálogo 3

F 10년 뒤 당신의 모습은 어떨 것 같나요?

M 10년 뒤에 저는 비즈니스맨으로서 세계 구석구석
을 누비고 있을 것이고 마케팅, 광고 캠페인, 리
더십 및 IT 관련 지식을 축적하면서 담당 분야 전
문가로서 일하고 있을 것입니다. 또한 글로벌 최
신 흐름을 항시 따라가는 훌륭한 마케팅 전략가
가 되기 위해 필요한 경력과 인간관계를 확대하
고 있을 것입니다.

F 당신이 보는 삶에 대한 본질적 가치관은 어떤 건
가요? 어떤 가치들이 당신에게 있어 다른 무엇보
다 더 중요한가요? 인생에서 당신이 우선시하는
것들은 무엇인가요? 그리고 삶의 목표는 뭔가요?

Diálogo 4

F 어려운 상사가 있다고 하면 어떻게 하실 것 같아
요?

M 한 조직의 성공은 훌륭한 팀워크입니다. 가끔 상
사 혹은 부하 직원과 함께 일할 때 제 생각이나
일 처리 방식이 달라 곤란을 겪을 수 있습니다.
이런 경우, 가장 좋은 해결 방식은 그들과 나 사
이의 솔직하고 직접적인 의사소통이라고 생각합
니다. 상사에게 저의 분명하고 진정한 의견을 전
달하고 싶습니다. 뒤에서 그에 대해 험담하기보
다는 말입니다. (사실 이런 험담을 하는) 이것은
관계를 더 안 좋게 만들 수도 있고 종종 공동 작
업을 위해 필요한 업무 처리에 지장을 초래할 것
입니다. 제 생각에, 상사와 말을 할 때, 가장 중요
한 것에 대해 생각할 수 있고 또한 정말로 내가
해야 할 것이 무엇인지에 대해 깨달을 수 있습니
다. 덧붙여 말하고 싶은 것은, 여기와 같은 인재와
능력을 중시하는 회사에서 재능 있고 유능한 상
사들에게서, 설사 잘 지내는 일이 쉽지 않을지라
도, 저도 많은 것을 배우게 될 것입니다. 그리고
제가 많은 것을 배우려고 노력한다면, 이는 사회
생활에서 저 자신의 발전에 필요한 요소 중에 하
나가 될 것입니다. 그리고 이 모든 것에도 불구하
고, 만일 제가 상사들로 인해 많은 스트레스를 받
게 되거나 침체된다면 제게 이해와 위로 그리고
지지를 해 줄 직장 동료들과 한잔하는 것도 잊지

않을 겁니다.

F 가장 큰 도전은 무엇이었나요?

M 두 가지의 큰 도전이 있었습니다. 대학생이었을
때 띠엠뽀 일간지 후원의 마라톤에 참가했습니
다. 정신과 육체적 극기를 통한 인간적 성숙을 위
해 뛰었습니다만 제 페이스를 놓치고 초반부에
무리하다 결국 중도에 포기했습니다. 다소 실망
했지만, 실패가 나를 더 강하게 만들고 다른 승리
들을 위한 밑거름이라는 생각에 지금 다시 도전
을 위해 준비하고 있습니다. 또 하나의 시련은 작
년에 이 회사에 지원했으나 성공하지 못했습니
다. 회사에서 필요한 스펙을 갖지 못해 낙방했다
고 생각했고 이 실패로 크게 낙심했습니다. 그때,
제가 가진 잠재 능력에 대해 면접관분들을 확신
시켜 드리지 못했습니다. 그러나, 저는 확신합니
다. 상황(처지)이란 항상 변할 수 있다는 것을요.
그래서 더욱 저 자신을 능력을 갖추고 일과 삶에
있어 더 큰 포부를 가지고 지금 이 자리에 섰습니
다. 인생은 42.195km가 넘는 마라톤 같은 것입니
다. 따라서, 비록 누군가(우리가) 선두 자리에 가
는데 실패한다 해도, 괜찮습니다. 왜냐하면 마라
톤은 바로 자신과의 싸움입니다. 만일 그가 자기
자신의 페이스를 잃어버렸다면, 페이스와 완주를
위한 힘을 회복하여 다시 시작할 수 있습니다. 해
외 영업을 하면서 복잡한 협상, 세계 모든 곳으로
의 출장서 시작해서 경쟁자보다 먼저 현지 시장
선점을 위한 치열한 경쟁까지 갖가지 역경에 처
할 것입니다. 이런 길 속에서, 저는 강한 정신력,
합리적 페이스 조절 능력과 같은 마라톤 정신을
일에 담고자 합니다.

Comprensión auditiva

M 반기문 유엔 사무총장은 화요일 마나과를
방문하여 니카라과가 주요하게는 국가 남부
지역에 자리 잡은 광범위한 풍력에너지 생
산 지역 조성을 통한 재생 가능 에너지 발전
과 관련해 이루어 놓은 진전 상황을 살펴보
았습니다. 이 풍력에너지 생산 지역 조성으
로 니카라과는 이 부문 추진에 있어 가장 큰
진전을 보이는 중남미 3개 국가에 속하게 되
었습니다. 반 총장은 니카라과의 풍력발전
지대 중 한 곳을 방문하여 이 나라가 현재
청정에너지 생산에 있어서 중미 선두 주자
임을 인정하였습니다.

Diálogo 1

Buen Viaje 여행사에서

F 안녕하세요. 말씀하세요.

M 안녕하세요. 마드리드로 가는 비행편 예약을 해야 하는데요.

F 언제 출발하시기를 원하십니까?

M 9월 2일에 출발하고 싶습니다.

F 아주 좋습니다. 9월 2일 월요일에 비행편이 하나 있습니다.

F 좋습니다. 왕복표를 원합니다. 얼마인가요?

....

체크인 데스크 앞에서

F 선생님, 체크인하시겠습니까?

M 아! 네, 네. 이것이 제 가방입니다.

F 당신의 티켓과 여권 좀 주시겠어요?

M 여기 있습니다, 여기 여권 그리고 티켓요.
   고맙습니다. 좋은 아침 보내세요.

F 기다리세요, 선생님. (당신은) 탑승권을 받으셔야 합니다!

M 이런! 오늘 제가 매우 정신 팔려 있네요. 대단히 감사합니다.
   저기요, 탑승 게이트 번호는 무엇인가요?

Diálogo 2

기내에서

M₁ 물 좀 주시겠어요? 목이 말라서요.

F 네, 선생님. 잠깐만 기다리세요.

M₁ 이봐, 호르헤. (너는) 안전벨트를 매야 해.

M₂ 그래, 그래…. (승무원) 아가씨, 화장실에 티슈 있나요? 감기에 걸려서요.

F 물론이죠. 클리넥스가 있습니다. 잠깐만 기다리세요.

M₂ (너) 아퍼, 호르헤? 어쩌지! 이 비행은 13시간 계속되는데….

....

출입국 카운터에서

M 이것들이 당신의 가방입니까? (당신의) 여행 목적은 무엇인가요?

F 비즈니스입니다.

M 얼마간 체류하실 건가요?

F 뭐라고요? 더 천천히 말씀해 주시겠어요? 아, 일주일이요.

M 뭔가 신고할 것이 있나요?

F 아니요. 옷과 세면용 화장품류만을 가지고 있습니다.

Diálogo 3

호텔에서 (1)

F 안녕하세요. 무엇을 원하세요?

M (당신들은) 쓸 수 있는 방이 하나 있나요? …
   네, 네, 싱글룸이요.

F 얼마 동안을 위한 건가요(얼마나 묵으실 겁니까)? … 네, 뭐라 하신 거죠? 며칠 밤을 위한 것이죠?

M 사흘 밤입니다(을 위한 것입니다). 요금이 어떻게 되나요?

F 싱글룸은 80유로이고, 아침 식사 포함입니다.

M 좋습니다. 그런데 룸에 인터넷이 연결되어 있나요?
   … 뭐라고요? … 아니오, 저는 스마트폰은 가지고 있지 않습니다. 아이패드도 없어요.

....

호텔에서 (2)

M 체크인을 하고 싶습니다. (저는) 예약을 했습니다.

F 뭐라 하셨죠? 성함이 어떻게 되세요?

M 김민기입니다…. 뭐라고요? 김민기라는 이름으로 예약했습니다. 네, 네, 제 이름이 김민기입니다.

F 잠깐만요. 아, 더블베드 룸을 위한 것이군요.
   (저에게) 여권을 보여 주시겠어요? 아, 당신은 한국인이군요.
   좋아요, 감사합니다.
   숙박부에 서명하시겠어요?
   이 벨보이가 당신의 가방을 가져갈 겁니다, 307호실로요.

Diálogo 4

호텔에서 (3)

M 저는 모닝콜을 좀 했으면 합니다. 휴대폰를 잃어버려서요.

F 뭐라 하셨죠?

M 내일 저는 일찍 일어나야 합니다. 그래서… (호텔 관계자들, 당신들이) 내일 오전에 저를 깨워 주실 수 있나요?

F 아, 이제 알겠습니다. 네, 선생님. 그러면, 몇 시가 (당신에게) 적당하신지요?

M 오전 6시요.

F 좋습니다. 문제없습니다. 더 필요하신 게 있으세요?
   … 선생님, 죄송합니다. 실은 저는 중국어도 일본어도 모릅니다.
   스페인어나 영어로 말해 주실 수 있나요?

호텔에서 (4)

M 체크아웃을 했으면 합니다.

F 아, 오늘 떠나시는군요. 몇 호실에 있으신가요?

M 307호요. (당신들은) 신용카드 받으시죠, 그렇죠?

F 물론이죠. (당신은) 여행자수표로 내실 수도 있습니다.

M (저에게) 택시를 불러 주실 수 있나요?

F 물론이죠. 여기 계산서요. 그리고 잠시 기다리세요. 아, 택시가 곧 도착할 겁니다.

Comprensión auditiva

M 볼리비아 대선에서 좌파 모랄레스 당선
   미국 바로 밑의 중남미에서 반미와 좌파 바람이 거세다. 특히 이번 좌파 돌풍은 투표를 통해 이뤄진다는 점에서 과거 '혁명'과 '무력'에 의존했던 좌파 바람과는 성격이 다르다는 평가를 받고 있다. 이미 시장경제로 대표되는 자본주의와의 효율성 경쟁에서 패배한 것으로 입증된 사회주의가 중남미에서 다시 세력을 키우고 있는 이유는 무엇일까? 이는 시장경제를 내세운 세계화와 민주화가 중남미에서 빈곤층을 줄이는 데 실패했기 때문이라는 분석이다. 특히 인종 및 빈부 갈등이 어느 지역보다 심하기 때문에 빈곤층과 소외계층을 중심으로 좌파 후보에 대한 기대감이 커지고 있다는 것.

Diálogo 1

자동차 렌트

M 차를 한 대 렌트하고 싶습니다.

F 어떤 타입의 차를 원하십니까? SUV나 밴이요? 소형이요 아니면 대형이요?

M 중형차를 원합니다, 오토로요.

F 좋습니다. 요금은 VAT, 무제한 마일리지 및 종합보험(A/R)을 포함한 가격입니다.

M 좋습니다. 10일 간 그것을 사용할 생각입니다. 그런데, 시내 지도를 구할 수 있나요?

F 물론이죠. 여기 하나 있습니다. 아, 선생님, 한 가지 있는데요, 차를 반환할 때 탱크를 채우셔야 해요. 좋습니다. 운전면허증과 여권 좀 주세요. 감사합니다.

택시 승차장에서

F 택시!

M 안녕하세요, 부인.

F 안녕하세요. (저를) 떼껜다마 호텔(로 데려다 주세)요.

M 네, 네. 알겠습니다.

F 도착하는 데 시간이 얼마나 걸릴까요?

M 공항에서 시내까지 보통 2시간이 걸립니다. 그런데 러시아워에는 교통 체증이 심해요. 2시간 넘게 걸릴 것 같습니다.

Diálogo 2

전철역에서

M 실례합니다, 이 열차가 사당역에 가나요?

F 으흠… 네, 선생님. 그러나 다음 역에서 4호선으로 갈아타셔야 해요.

기차역에서

M 대구행 다음 열차는 몇 시에 출발하나요?

F 10시 20분에 출발합니다.

M 편도 티켓 한 장 주세요. 몇 시에 도착하나요?

F 2시 5분에요. 3만 원입니다. 열차는 6번 승강장에

서 출발해요, 선생님.

....

버스 정류장에서

F   제가 광장에 가려고 하는데요. 전철이나 버스를 타야 할까요?

M   버스로 가시는 게 더 좋습니다, 아가씨.

F   몇 번 버스가 시청으로 가나요?

M   저 버스예요. 23번.

F   대단히 감사합니다. 매우 친절하세요.

M   천만에요. 아가씨, 시청 앞에서 내리고 싶다고 운전사에게 말하는 게 더 좋겠어요. 그리고 아가씨, 소매치기를 조심하세요! 핸드백도 조심하고요!

(아, 이 아가씨는 내 딸 롤라와 무척 닮았네. 넌 어디에 있는 거니? 보고 싶구나, 딸아!)

Diálogo 3

M   이 근방에 경찰서가 하나 있나요?

F   네. 저 주유소 보이시죠?

M   네, 보여요. 하지만 경찰서는 전혀 없는데요.

F   빵집이 하나 있어요, 주유소 뒤편에 그리고….

M   천천히 말씀해 주실 수 있나요? 실은 제가 스페인어를 잘 못해요.

F   좋아요, 만약 잘 이해를 못 하신다면… 이 시간(들)쯤 되면 그 빵집 앞에 항상 경찰관이 한 명 있어요. 그 경찰관이 당신을 도와 줄 거예요.

....

M₁   실례해요, 한국 대사관에는 어떻게 가나요?

F   몰라요, 죄송해요. 하지만 아마 제 아들이 대사관 위치를 알 거예요.

M₂   남한 대사관이요? 물론, 알아요. 세 블록 가시면 슈퍼마켓을 하나 찾으실 거예요. 거기에서 길을 건너시면 국립은행이 보일 거예요. 그 은행을 찾는 게 어렵지는 않아요. 왜냐하면 매우 크거든요.

M₁   거리가 얼마나 되나요? 오, 여기서 매우 먼 곳에 있는 것 같아요.

M₂   아니요, 아니요. 그렇지 않아요. 은행 오른쪽에 다른 하얀색 빌딩이 있어요. 대사관이 그 빌딩 안에 있답니다. 아시겠지요, 선생님?

F   아들아, 네가 직접 이분을 그 장소로 모셔다 드리면 좋겠구나. 넌 지금 할 일이 아무것도 없지 않니…. 뭐라고 하는 거니? 뭔가 할 게 있다고? 네가 말하는 것은 거짓말이야. 왜 내게 거짓말을 하니?

Diálogo 4

F   증권거래소는 어떻게 가나요?

M   거기 가는 길은 모르는데…. 잠깐만요. 제가 관광 안내서에서 그곳을 찾아볼게요.

F   (제가) 직진해요? 아니면 좌회전해요?

M   먼저, 직진하세요, 이 거리로 주욱, 그리고 다음 거리에서 우회전해요.

F   그러고 나서요?

M   조금 더 걸으세요, 그러면 보실 겁니다. 증권거래소가 길 건너편에 있는 것을요. 만일 횡단보도를 발견하시면 길을 건너세요. 조심! 만일 신호등이 녹색이 아니면 (사람들은) 길을 건너서는 안 됩니다. 왜냐하면 경찰이 항상 사람들에게 벌금을 물리거든요, 헤헤헤.

M   어디로 해서 (사람들이) 아테네 영화관으로 가나요? 길을 잃었는데…. 네, 네, 길을 잃었습니다.

F   모퉁이를 도세요, 그리고 대략 5분 걸으세요. 교회 옆에 있어요.

M   대단히 감사합니다. 그리고 ATM이 어디에 있는지 아시나요?

F   이 슈퍼마켓 2층 복도 끝에 있어요. 뭔가 더 궁금하세요?

M   네, 네. 이 근처에 병원이 하나 있나요?

F   네, 병원이 2개 있어요. 하나는 광장 모퉁이에 있어요. 왜 그래요? 무슨 일이에요?

Comprensión auditiva

F   많은 지역에서 발생한 엄청난 환경 파괴 때문에 환경 주제는 이제 농업 주제와 연관되어 있다. 특히 물 부족 문제가 나타난다. 가뭄이 발생하면 모두 똑같이 고통을 겪는다. 사람들은 땔나무나 동물사료용 풀을 위해 숲들을 베어 버리고선 이제 포플러나 참나무의 그늘을 갈망하고 있다. 사방으로 우물을 뚫으면서 가끔 물이 발견된다. 그러나 불모지에 물을 대기 위해 대규모 수로 건설 프로젝트들이 가끔 더 많은 물 손실과 프로젝트에 쓰인 자금 손실의 결과를 낳는다. 타버리고 닳아빠진 땅은 큰 수확을 내지 못한다. 그러는 사이에 사막 지대는 전 세계 곳곳으로 계속 확대되고 있다.

Lección 12   El mercado y la comida

Diálogo 1

M 무엇을 도와드릴까요? 아가씨.

F 수건을 하나 사고 싶은데요.

M 어떤 것을 원하세요?

F 노란색 있나요? 모자도 사고 싶은데요.

M 여러 타입의 모자들이 있습니다. 이것이 매우 모던하죠. 무슨 색을 원하세요?

F 검은 것이요. 이 모자는 얼마예요? 청바지 있지 않아요?

....

M 저는 이 휴대폰이 좋아요. 그런데 좀 비싸군요.

F 이 모델은 그것보다 더 가격이 싸요. 그리고 특징(제품사양)적 차이는 별로 없습니다. 그 두 모델은 좋은 품질의 것입니다(품질이 좋아요).

M 네, 그렇군요. 그럼에도 불구하고, 음… 무슨 차이가 있나요?

F 그러니까 저기 이 휴대폰이 저것보다 더 모던합니다. 디자인은 우리에게 바다를 떠오르게 해 줍니다. 최고죠! 그렇지 않나요, 선생님?

M 네, 그러네요. 빨간 것이나 갈색으로 된 것이 있나요? 신용카드를 받지요, 그렇지 않나요?

F 물론 그렇습니다. 선생님, 일시불이요? 아니면 할부로요? 뭐라고요? 외상으로요? 불가능합니다!

Diálogo 2

F 안녕하세요. 뭘 원하세요, 젊은 양반?

M 이 대구들과 저 대구들 중에 어느 것들이 더 신선한가요?

F 모든 생선들이 좋아요. 게다가 과일들도 다 좋고요.

M 대구 두 마리랑 포도 1.5kg 주시고요…. 자두나 오렌지 있어요?

F 물론이죠. 사과도 신선해요. 킬로그램당 90뻬소예요.. … 여기 잔돈이요. 뭐 더 필요해요? 됐어요? 야채 좀 들여가요. 자 어서요, 자 어서. 수박 한 통을 사면, 한 통 더 무료! 수박은 80뻬소에 팔아요.

....

F 이 디지털카메라를 환불(반품)하고 싶어요.

M 어떤 문제라도 있나요? 문제가 뭔가요, 부인.

F 잘 작동하지 않아서요.

M (당신에게) 그것을 다른 새 것으로 바꿔 드리기 원하세요?

F 아니요, 아뇨. 저는 구매를 취소하고 싶습니다. 제게 돈으로 환불해 주셨으면 해요. 그러기보다는, 신용카드 정산을 (제게) 취소해 주세요.

M 원하신다면… 좋습니다. 영수증은 가지고 계시죠?

Diálogo 3

M 지금 아침 식사를 할 수 있나요?

F 물론이죠, 선생님. 이것이 메뉴입니다. 무엇을 원하세요?

M 커피 한 잔 하고… 아니. 어떤 주스들이 있나요?

F 블랙베리 주스나 오렌지 주스가 있습니다. … 네? 죄송합니다, 망고 주스는 없습니다.

M 네, 그러면, 저는 오렌지 주스 한 잔 마시고, 깔도 하나 그리고 계란 프라이 2개 주문할게요.

F 그렇게 하겠습니다, 선생님. 곧 (당신에게)(그것을) 갖다 드릴게요. 오늘 신문을 보고 싶으시면 저에게 (그렇다 함을) 말씀해 주세요.

....

F 정오에 점심 식사에 초대하고 싶은데요. 어떠세요?

M 좋지요. 저야 영광입니다. 그런데 바쁘지 않으세요? 일이 많지 않아요?

F 오늘은 (쫌) 시간이 있어요. 몇 시가 (당신에게) 괜찮으세요? 정오예요? 좋아요. 무슨 음식을 좋아하세요?

M 제가 페루 음식을 아주 좋아해요. 특히 세비체를요. 당신도 좋아하세요?

F 물론이죠. 맛있지요. 그런데 곁들여 밥을 드시나요, 아니면 빵을 드시는 것을 좋아하세요?

M 저는 빵보다 밥을 더 좋아해요. 그리고 항상 음식과 함께 포도주 한 잔을 마십니다. 아, 배가 많이 고프네요. 가요, 즉시. 배고파 죽겠습니다. 오리엔탈 드레싱을 한 야채 샐러드를 먹고 싶습니다.

Diálogo 4

M 저는 구운 고기를 먹겠습니다.

F 어떻게 해 드릴까요?

M 실례지만, 이 음식이 소고기인가요, 돼지고기인가요? 음… 웰던으로 해 주세요.

F   두 가지 수프가 있습니다. 하나는 양파 수프이고 다른 하나는 치킨 수프입니다. … 아, 양파 수프요. 그리고 빵을 아니면 밥을 원하세요? … 네, 밥이요, 선생님. 후식으로 뭘 원하세요?

M   후식으로는 뭐가 있나요? 음… 전 딸기 아이스크림을 먹을래요.

~~~

여기요. 계산서 부탁해요.

···

F   왜 물을 그렇게나 마시고 있니? 보니까 이 요리를 좋아하지 않는 것 같네. 내가 이 음식을 준비한 건 네가 항상 아로쓰 꼰 뽀요가 맛있게 느껴진다고 직접 이것을 요리해 보고 싶다고 말해서야. 안 그래?

M   그냥 목이 말라서…. 아, 거짓말하고 싶지는 않다. 실은 이 요리가 맛있게 되긴 했지만 너무 짜. 소금을 많이 넣었니?

F   헤헤, 미안해. 네가 알다시피 나는 요리를 잘 못해. 자 여기 과일 샐러드 받아(먹어).

M   내가 제일 좋아하는 음식이네. 어디 보자, 우이, 너무 시고 써. 과일에 뭘 넣은 거야?

F   정말? 어머, 세상에나. 여기 설탕 좀 받아. (그것에) 설탕을 조금 넣어 봐. 내가 식초를 많이 넣었나 봐.

M   너는 아무것도 요리할 줄 모른다고 봐. 사실대로 말해 봐. 네 남편이 네가 한 음식을 잘 먹니? 뻬드로에게 요리를 가르쳐 달라고 하자. 걔가 음식을 아주 잘해. 실은 올해에 내가 요리하는 법을 배울 거야. 내년에 결혼하기 전에 말이지.

Comprensión auditiva

M   욜란다에게

안녕! 어떻게 지내니? 못 본 지 한참 됐네. 내가 알기로는 마지막으로 널 본 게 3년 전에 있었던 마리아 생일파티 때였는데, 그렇지? 정말이지 참 재미있었지, 너하고 우리 옛 친구들과 술도 마시고 얘기도 하면서 말이야. 그런 기회가 또 오면 좋겠다.

그래, 욜란다야, 네가 아주 중요한 저녁 식사를 준비해야 한다며. 신경이 좀 쓰이니? 걱정 마. 내게 아무나 실패 없이 할 수 있는 레시피가 있어. 네가 알다시피 내가 한국에 온 지 1년째잖아. 이제는 한국어도 많이 배웠고 순대라는 한국 남자애도 알고 있어. 있잖아,

일전에 어느 날 걔 가족이 날 저녁밥 먹으러 오라고 했는데 그 집 어머니가 아주 맛있는 음식을 해 주셨어, 불고기 말이야. 이 음식은 여러 재료와 양념을 섞어 소고기로 만든 거야. 스테이크와는 아주 달랐어. 맛이 약간 달콤하고 적당히 소금 간이 돼 있었어. 아주 좋아해. 이걸 만들려면 여러 채소가 필요한데, 이렇게 하면 불고기가 훨씬 더 맛나더라고. 게다가 당연히 몸에 좋은 음식이야. 친구 엄마에게 이 조리법을 물어봤어. 나중에 내가 직접 만들어 보려고. 내 생각에는 다들 좋아할 것 같아. 왜냐하면 내가 그런 한국적인 음식을 즐기는 데 어려움이 하나도 없었거든.

처음에, 소고기 500g을 준비해야 하고, 양파 2개, 고추 5개, 대파 2개, 배 1/2개 그리고 당근 1개도 준비해. 그리고 양념으로는 간장 1/2컵, 설탕 1/4컵, 후추 1스푼, 참기름 1/4컵 그리고 참깻가루 3스푼(만일 마지막 두 재료가 없다면 로뻬스 씨 집 근처에 있는 한국 음식점에서 구입하면 돼. 어디에 있는지는 이미 알고 있지, 그렇지?)

본론으로 들어가자. 소고기를 얇고 길쭉하게 자르고 설탕에 버무려. 채소들을 슬라이스로 썰거나 채를 썰어. 배를 강판에 갈아서 액상 양념으로 사용해. 모든 양념을 볼 같은 깊은 용기에 담아. 고기와 채소를 넣어. 손으로 다 섞은 뒤 그렇게 1시간 넘게 놔둬. 그러면 고기와 채소에 양념이 잘 배일 거야. 그러고 나서, 잘 달궈진 팬에 고기가 잘 익을 때까지 양념으로 섞은 것을 익히면 끝! 채소는 완전히 익히지 않아도 돼. 입맛에 따라 하면 되고. 이게 다야.

이렇게 특별하고 기가 막힌 불고기 요리로 저녁 식사 성공하기를 바란다. 또 손님들이 엄청나게 좋아해서 널 또 보러 오면 좋겠다, 헤헤.

항상 그랬듯이 좋은 일이 있기를 바란다, 욜란다야. 네가 참 그립구나. 아, 욜란다야, 분명히 말하는데 이 불고기 요리법은 절대 실패하지 않을 거야, 헤헤. 그러니까 나중에 내 부탁 하나 들어줘. 실은 내가 루이스와 연락이 안 돼, 왜 그런지 모르겠어. 걔를 찾아봐서 나한테 가능한 한 빨리 전화하라고 해 줘.

잘 지내.
친구 호세가
~~~

Diálogo 1

M (저를) 도와주세요, 제가 아파서요. 숨을 쉴 수가 없습니다.

F 진정하세요. 어디가 아프세요. 두통인가요?

M 아뇨, 아뇨. 배가 아파요. 그리고 또 왼쪽 눈이 아파요. 눈을 잘 뜰 수가 없어요.

F 보니까 열이 많군요. 오늘 오후에 무엇을 드셨나요?

M 몰라요. 기억이 안 나요. 아, 정어리로 만든 요리를 먹었는데요. 1시 반 점심 식사 후 죽 구역질이 나요. 아, 몸이 다 아파요(몸살이에요).

F 어디 봅시다. 설사가 있나요? 입을 여세요. 코로 숨을 쉬세요. 깊게 숨을 쉬세요. 그리고 편안히 긴장을 푸세요. 침대에 누우세요. 제가 이 부분을 누르면 많이 아픈가요?

Diálogo 2

M 여권을 잃어버렸어요(← 여권이 내게서 없어져 버렸어요). 네, 네, 여권을 분실했어요. 어떡하죠? 어찌해야 할지 모르겠어요.

F 먼저, 경찰서에 가셔야 합니다. 그리고 나서 대사관이나 영사관에 가셔야 해요.

M 돈이 없어요. 제 지갑과 신용카드를 훔쳐 갔어요.

F 오, 세상에. 진정해요. 한국은행 지사에 가세요, 당신 가족이 당신에게 돈을 보낼 수 있도록요. 지금은 제가 당신에게 돈을 빌려 드리죠.

M 정말 감사합니다. 지금 저는 매우 걱정이 돼요. 경찰서에 가서 제가 상황을 잘 설명할 수 없을까봐 걱정입니다. 저는 영어도 스페인어도 잘 못합니다.

F 걱정하지 마세요. 만일 당신이 천천히 말하면 (그들이) (그것을) 이해하려고 할 거예요. 만일 원하시면 제가 기꺼이 함께 가겠습니다. 자, 제가 직접 경찰서에 모셔다 드리죠. 먼저 이것을 그쪽으로 놓은 후에요. 잠깐만요.

Diálogo 3

M 트럭 한 대가 중앙선을 넘어 제 차와 충돌했습니다. 트럭 운전사가 심각하게 부상을 입었어요. 부탁입니다, 구급차를 보내 주세요.

F₁ (당신은) 상태가 어떠세요?

M 저는 왼쪽 팔이 부러졌습니다, 그리고 움직일 수가 없습니다. 저는 까라꼴(달팽이)가에….

F₁ 지금 바로 (당신에게) 갑니다.

M 아, 도와줘요! (저를) 도와주세요! 부탁이에요, 경찰을 불러 주세요.

F₂ 선생님, 진정하세요. (당신에게서) 머리에서 피가 납니다. 이미 제가 경찰을 불렀고요. 참아 보세요. 아, 저기 오고 있습니다, 경찰, 구급차 그리고 견인차가요. 끔찍한 교통사고군요. 이런, 트럭 운전하는 남자가 술이 취한 상태인 것 같아요.

Diálogo 4

M 손 들어! 돈 내놔!

F 네, 네, 돈 있어요, 잠깐만요, 제발.

M 움직이지 마! 꼼짝 마. 움직이는 것 조심해!

F 네, 네. 뭐든지 다 할게요. 제발, 제가 스페인어를 잘 이해하지 못해요.

M 손 들어, 내가 말하잖아. 눈을 감아. 돈 있지? 등 뒤로 돌아서. 지갑, 보석들을 내놔…. 빨리, 빨리.

F (도둑이 뒷문으로 나간 것을 본 후에)

(전화상에서)

경찰이죠? 도둑이 집에 들어왔어요. 무서워요. 겁나 죽겠어요…. 안 오시나요? 바로 좀 오세요.

Comprensión auditiva

F 한국 해안이 검게 물들고 있습니다. 한국에서 유조선과 화물선이 충돌해 바다에 유출된 원유가 거의 13km에 달하는 해안에 영향을 끼치면서 기름띠가 이 지역에서 강풍으로 인해 빠른 속도로 확산되고 있습니다. 총 10,500톤의 석유가 유출된 것으로 보고 있습니다. 원유는 이미 이 지역의 가장 유명한 해변 중 한 곳의 모래를 뒤덮고 있으며 다른 관광 및 어촌 지역을 위협합니다. 강풍과 큰 파도가 계속 몰아치며 기상 조건이 방제 작업을 힘겹게 합니다. 한국 역사상 가장 큰 재난 사태로 인해 당국뿐만 아니라 주민들이 동원되어 수단을 가리지 않고 방제 작업에 참여하고 있습니다. 유출된 기름은 1km거리에서조차 냄새가 느껴질 수 있습니다.

Lección **14** Las comunicaciones (1)

Diálogo 1

F2   여보세요….

F   여보세요…. 누구세요?

F2   하이메입니다. 마르띠네쓰 씨와 통화할 수 있을까요?

F   잠깐 기다리세요. 곧 받으십니다(바꿔 드리죠).

....

M2   여보세요…. 말씀하시는 분은 누구신가요?

F2   … 실은 모레 워크숍에 참석하실 수 있는지 알기 위해 (당신에게) 전화드리는 겁니다.

Diálogo 2

M   좋은 오후입니다. 마케팅 부서입니다, 저는 까를로스입니다.

F   음… 실례합니다. 누구신지요(제가 누구와 말하고 있나요)?

M   (당신은 말하고 있습니다) 까를로스 산체쓰(와), 마케팅 부장입니다.

F   안녕하세요. 실은 제가 로뻬스 씨와 통화하고 싶은데요.

M   아, 지금 여기에 없습니다. 아마 공장에 있거나 본사에 있을 거예요.
한 시간 뒤에 여기에 계실 거예요. 뭔가 메시지를 남기시겠어요?

F   아 네, 그럼 만일 사무실에 돌아오면요, 제게 전화해 달라고 좀 해 주세요. 제 이름은 후아나 마르띠네쓰이고 전회번호는 123 45 67입니다….

Diálogo 3

M   한국으로 콜렉트 콜을 하고 싶습니다.

F1   번호가 무엇인가요?

M   02-337-1762 입니다.

F1   그것(번호)을 반복해 주실 수 있나요? 잘 안 들려서요. 네, 잠시만요.

M   …… 여보세요, 수미와 통화할 수 있을까요?

F2   네, 전데요.

Diálogo 4

M1   여보세요.

F   여보세요. 판매 부장님과 통화 연결 부탁드려요.

M1   잘못 거셨습니다.

F   죄송합니다. … 여보세요, 판매 부장님과 통화할 수 있을까요?

M2   지금 다른 전화를 받고 계세요. 기다리시겠어요?

F   음… 됐습니다. 나중에 거는 게 낫겠어요.

Comprensión auditiva

M   제1조
모든 인간은 태어날 때부터 자유롭고, 존엄성과 권리에 있어서 평등하다. 인간은 이성과 양심을 부여받았으므로 서로에게 형제자매의 정신으로 대하여야 한다.

F   제2조
모든 인간은 인종, 피부색, 성, 언어, 종교, 정치적 또는 그 밖의 견해, 민족적 또는 사회적 출신, 재산, 출생 기타의 지위 등에 따른 그 어떤 종류의 구별 없이, 이 선언에 제시된 모든 권리와 자유를 누릴 자격이 있다. 나아가 한 개인이 속한 나라나 영역이 독립국이든 신탁통치 지역이든, 비자치 지역이든 또는 그 밖의 다른 어떤 주권상의 제한을 받고 있는 곳이든, 그 나라나 영역의 정치적·사법적·국제적 지위를 근거로 차별이 행해져서는 아니된다.

M   제3조
모든 인간은 생명권과 신체의 자유와 안전을 누릴 권리가 있다.

F   제4조
어느 누구도 노예의 신분이나 예속 상태에 놓여지지 아니한다. 노예제도와 노예매매는 어떤 형태이건 금지된다.

M   제5조
아무도 고문이나 잔혹하거나 비인도적이거나 모욕적인 처우 또는 형벌을 받지 아니한다.

F   제6조
모든 인간은 어디에서나 법 앞에서 한 인격체로 인정받을 권리를 갖는다.

Diálogo 1

M 그러면, (당신이) 제게 이메일을 보내 주세요.

F 네. (당신에게) (그것을) 모레 보내 드릴게요. 메일을 받으시면 바로 제게 알려 주실 수 있으신가요?

M 물론이지요! 걱정하지 마세요. 그리고 프로젝트 21에 대한 파일을 (당신의 이메일에) 첨부하시는 거 잊지 마세요.

F 그러죠! 당신의 이메일 주소는 무엇인가요?

M 저의 이메일 주소는 hispano@anamail.com입니다. 다시 말할게요. h-i-s-p-a-n-o@anamail.com 이요.

F 이건 이렇고 이 모든 광고에 관한 파일을 하나 보내 주세요. 나중에 전무이사와 얘기하기 위해서 필요합니다.

Diálogo 2

M 친애하는 뻬드로에게

안녕, 내 친구여!

편지하지 않은 지 오래됐네. 그간 어떻게 지내고 있었니? 나는 아주 잘 지낸단다. 내 아내가 지금 임신 중이란다. 3개월 뒤에 우린 아이를 가지게 돼. 에스뗄라가 너를 그리워한단다. 여름휴가 때 우리를 방문하지 않을래? 제발 그래라, 그걸 할 수 있으면(그럴 수 있으면), 멋진 일이 될 듯하다! 그래, 뻬드로야, 네가 멕시코에서 산 지 얼마나 되지? 아마 3년 반, 그렇지? 넌 동료들과 잘 지내니? 계속 술 많이 마시는 거야? 헤헤헤. 실은 네가 한국에 살았을 때, 너와 내가 소주를 거의 매일 밤 마시곤 했지, 그래서 너의 아내가 나를 그렇게나 많이 싫어했었지, 그렇지 않니? 그럼에도 불구하고, 나는 네 가족이 그립단다. 그런데 말이야, 네가 내 조카에게 보내 준 모든 선물들 무척 고맙다. 친구야, 정말로 너의 그런 멋진 세심함에 고맙다. 전에 걔가 멕시코에 살았었고 거기에 사는 것을 좋아했었거든. 그래서 걔가 멕시코에서 온 너의 선물들을 받고 기뻐했어. 걔가 11년을 과달라하라에서 살았었어. 그래서 이따금 우리에게 그 도시에서 있었던 즐겁고 재미난 경험들을 우리에게 말해 준단다. 말하기를, 멕시코 음식을 많이 좋

아했고 달콤한 것들을 많이 먹곤 했다고 하더라. 아, 일전에 어느 날 내가 치차론(돼지껍질 튀김)을 먹었단다. 라몬이라는 1년 전부터 여기서 일하는 멕시코 남자애의 집에서 말이야. 네가 알다시피 그 아이는 매우 개방적이고 지내기 편안한 사람이야. 네가 정반대인 것임에 반하여 말이지…. 농담이야! 헤헤헤.

그래, 친구야, 이제 헤어질 시간이군. 우리는 네가 보고 싶어 죽겠다. 난 네가 이번 여름에 우리한테 왔으면 하는데 말이야. 그맘때에는 내가 바쁘지 않아. 그래서 두 팔 벌려 널 맞이하고 놀 준비가 되어 있단다. 또 편지하마! ^^

안부 전한다.

안드레스가

추신 : 롤라에게 안부 전해 줘.

Diálogo 3

F 친애하는 로뻬스 씨에게

주말은 어떻게 보내셨습니까? 2주 전에 말씀하시기를 건강하게 삶을 즐기러 시골로 가족을 데리고 갈 계획을 세워 놓았다고 하셨죠. 가족 모두와 즐거운 시간을 보내셨나요? 그랬기를 바랍니다.

그리고, 여기 당신의 10월 11일자 이메일을 받았음을 알려 드립니다. 메일상으로 귀하께서 우선은 우리의 신제품들을 보고 싶다고 하였습니다. 그래서 1주일 안에 DHL로 샘플들을 당신에게 보내려고 준비합니다. 만일 귀하께서 대량으로 이 생산품들을 구입하는 데 관심이 있으시다면 저희 쪽에서 7%의 할인을 귀하에게 해 드릴 용의가 있습니다. 이 물건들이 30~40살 연령대의 소비자들을 확실히 만족시킬 것입니다.

기울여 주신 관심에 미리 감사드리면서 귀하의 답변을 기다리겠습니다.

즐거운 한 주의 시작을 보내시기를 바랍니다.

그럼, 이만 인사드리면서.

김미소 드림

Diálogo 4

M 담당자 귀하

본 서신을 통해 지난 8월에 저희 쪽에서 선적한 기계들의 문제점이 완전히 해결됨을 알리게 됨을 저희는 기쁘게 생각합니다. 사실 귀사와 저희

는 원만한 사업 관계를 유지한 지 22년이 넘습니다. 이런 점에서 저희는 이번 저희 발송이 12개의 패킹 박스에서도 그렇고 기계들에서도 손상이 난 채 도착된 점을 무척 죄송스럽게 생각합니다. 이번 지장이 지금까지 우리가 가져온 좋은 관계에 영향을 주지 않기를 바랍니다.

다른 한편, 귀사의 엔지니어들의 방문과 관련하여 청하오니 언제 부산 공장을 방문할 것인지를 저희 측에 알려 주세요. 공항으로 그들을 픽업하러 가고자 합니다.

그럼 이만 인사드리면서

김문수, 남미 판매 부장

Comprensión auditiva

M　이렇게 글을 보내는 이유는 4월 20일에 받은 주문번호 14에서의 실수를 말하고자 하기 위해서입니다. 저는 추운 나라들에서 여행할 때 사용하려고 옷을 주문해 놓았었죠. 그런데 저에게 원치 않는 옷을 보내 왔습니다. 주문은 다음 물건들로 이루어졌습니다. 남성용 파란색 외투, 리키 브랜드 청바지와 브라운 야구모자입니다. 반대로, 제가 받은 것은 여성용 하얀 블라우스, 미니스커트 두 벌, 눈에 아주 확 띄는 허리띠 한 개 그리고 쎄따 브랜드 청바지입니다. 상기의 옷들을 받고 무척 화가 났습니다.

F　앞서 말했던 것처럼, 문제는 제가 여행 중에 그것들을 쓰려고 계획해 놓았고 나흘 뒤에, 더 정확히 말해 24일 오후에 외국으로 출발한다는 것입니다. 그래서 저는 이 실수가 빠른 기간에 시정되어 제가 원래 주문했던 상품을 늦어도 23일에 받기를 바랍니다.

M　귀사는 이같은 사례들이 벌어지지 않도록 하셔야 된다고 봅니다. 제가 홈쇼핑, 특히 귀사 웹사이트를 통해 쇼핑한 지 한참 되었습니다. 제가 처음으로 불편 사항을 겪게 되었네요. 가장 유감스러운 것은 제 상황에서 너무 심각했다는 겁니다. 정확하게 모든 일을 체크하시고 제 주문에 따른 상품을 배달해 주세요. 저로서는 잘못 온 옷들을 지금 막 돌려보냈습니다.

귀사의 연락 기다리면서 정중히 인사 드립니다.

호세 메리노

Lección 16　La reunión

Diálogo 1

F　여러분, 오늘의 회의를 시작합시다. 앉아 주세요.

M　의사 일정의 사항들이 무엇인지 부탁드립니다.

F　오늘 우리는 세 가지 문제에 대해 말할 겁니다. 첫째, 부품 개선 문제, 둘째, 모델90 리콜 건 그리고 마지막으로 여러분이 이미 아시다시피 우리는 칠레에 제2의 공장을 건설할 생각입니다. 이 마지막 문제에 대해 여러분은 어떻게 생각하십니까?

M　무엇보다도 우리는 리스크 가능성을 평가해야 할 것입니다. 실상 우리는 칠레 정부가 외국인 투자자들에게 어떤 인센티브들을 제공할 것인지 알아봐야 합니다.

F　보아하니 여러 사회·경제적 요인들을 고려해 보면 우리가 인건비를 많이 줄일 수가 없는 것 같습니다. 첫째로 우리는 노동관계에 유의해야 합니다.

M　제가 생각하기로는 원자재 가격 상승 때문에 우리에게 공장 설립 비용이 더 들 듯합니다. 그럼에도 불구하고 긍정적인 점은….

Diálogo 2

M₁　의제로 무엇부터 시작할 건가요?

F₁　이번 여름에 출시될 신형 휴대폰을 위한 광고 예산으로 시작하는 것이 좋을 듯합니다.

M₂　우리는 현지 유명 축구 선수와 계약을 해서 광고를 만들 것을 계획하고 있습니다. 그래서 예산 책정을 늘릴 필요가 있습니다.

F₂　제 생각에는, 남자 혹은 여자 연예인의 이미지가 좋을 듯한데요.

M₂　죄송하지만, 이미 우리는 축구 선수의 이미지 사용을 결정했습니다.

F₁　그렇다면, 이에 관한 어떤 질문이 있나요?

Diálogo 3

M₁　이 두 모델들 중에서 이것이 페루 시장에서 더 경쟁력이 있을까요?

F₁　당연히 그렇습니다. 실상 우리는 회사의 글로벌 경쟁력에 대해 생각해야 합니다. 그래서….

M₁ 아시아 기업들 간에 가능한 한 빨리 중남미 시장
    을 장악하기 위한 경쟁은 매우 치열합니다. 특히
    최첨단 기술들을 내재한 가전제품 분야에서요.

F₂ 사실을 말하자면, 이 시장에서 아직 비교 우위를
    가진 한국 생산품은 별로 없습니다. 현재 우리 제
    품들의 가장 큰 매력은 단지 소매가뿐입니다.

M₂ 그럼에도 불구하고 (오늘날) 우리는 (매번) 점점
    더 경쟁력도 있고 관심을 끌 신 모델들을 개발하
    고 있는 중입니다.

M₁ 맞습니다. 매력적인 디자인이 또 다른 장점입니
    다. 문제는 우리가 더 디자인에 초점을 맞춰야 한
    다는 것입니다.

Diálogo 4

M₁ 생산라인 증가 건은 어떻게 되어 가나요?

F   그 일은 오늘 회의를 위한 사항이 아닙니다.

M₂ 오늘의 목적은 금년 1/4분기에 제2 신상품 판매
    가능성 검토입니다.

M₁ 죄송합니다, 제가 그것에 대해 말씀드린 것은 우
    리가 가능한 한 빨리 생산라인을 늘려야 하기 때
    문입니다, 왜냐하면 이전 모델이 크게 성공했기
    때문입니다. 금년 들어 지금까지 히트였습니다.

F   좋은 소식이군요. 우리가 예상할 수 있는 것은, 금
    년 총 매출이 20억 달러에 이를 것이라는 것입니
    다. 제가 보기에는 우리가 가까운 장래에 유럽으
    로 진출할 수 있을 것 같습니다. 지금 우리 회사
    의 광고를 강화할 시간입니다.

M₂ 좋은 생각입니다만, 아직은 유럽 시장으로 진출
    을 확대하는 것은 시기상조입니다. 생산설비 현
    대화, 과감한 구조조정을 통한 인력의 최대 활용,
    물류상의 문제점 해결 및 현지인들에게 강하게
    어필하기 위해 우리 회사의 친환경적 이미지를
    만들어 내는 일이 시급합니다.

Comprensión auditiva

M   부존자원이 거의 없고 내수시장이 작은 우
    리 경제에서 국부를 창출할 수 있는 가장 중
    요한 방법은 무역이다. 그동안 우리 경제는
    수출을 통해 성장했으며 수출 지향적 산업
    화 전략으로 1960년 1인당 국민소득 80달러
    에서 현재 2만 달러로 도약했다. 그러나 무
    역 1조 달러 시대를 넘어 앞으로 2조 달러
    국가로 도약하기 위해서는 많은 과제가 남
    아 있다.

F   무역지원 정책을 개선해 세계적 보호무역
    추세에 적극적으로 대처하고 신시장을 개척
    해야 한다. 유로존 위기로 경기침체가 지속
    되자 선진국들은 일자리를 창출하기 위해
    보호무역을 강화하고 있다. 세계적 보호무
    역 추세 속에서 수출을 늘리기 위해서는 자
    유무역협정(FTA) 체결로 무역시장을 확대
    해야 하며 무역분쟁 전문가를 양성해 늘어
    날 무역분쟁에 적극적으로 대처해야 한다.

Lección 17 La presentación

Diálogo 1

F   이봐! 마르셀리노, 마케팅, 시장조사 그리고 시장
    점유율이 뭔지 이 사람들에게 설명해 줄 수 있나?

M   네, 기꺼이. 첫째, 마케팅은 4가지 요소를 통한 상
    품 판매 전략입니다. 이 요소는 제품, 가격, 장소
    그리고 프로모션입니다. 둘째, 시장조사는 고객들
    이 무엇을 원하고 필요로 하는가에 대한 정보를
    얻는 것입니다. 그리고 마지막으로 시장점유율
    (market share)은 한 기업이 시장에 대해 가지는
    판매(백분)율입니다. 이 3가지 개념 이외에 상품
    론칭은 시장에 상품 도입을 말합니다.

F   좋아요, 그리고 신상품에 대한 마케팅 전략은 무
    엇입니까?

M   이번에 저희 팀은 가격 경쟁력으로 나가고 싶습
    니다. 물론 일부는 이 경향에 반대합니다. 왜냐하
    면 그들은 이 제품의 넘볼 수 없는 품질을 강조하
    면서 성공하고자 합니다. 그러나 가격을 매력적
    으로 하면 타깃 소비자의 폭을 상당히 넓힐 수 있
    습니다. 이 모든 것이 우리 회사 브랜드의 개선
    그리고 이후 큰 인기를 누리기 위한 초석이 될 것
    이고, 이로써 우리가 중남미 시장에 자리 잡고 모
    든 층의 소비자에게 접근할 수 있게 뒷받침이 되
    어 줄 것입니다.

F   좋은 생각이군요, 그런데 당신들의 전략이 최고
    퀄리티와 고가의 브랜드와 관련된 우리의 이미지
    를 손상시킬 수 있다는 것을 고려해야 합니다. 뭔
    가 리스크가 수반됩니다. 자, 지금으로서는, 이러
    한 타입의 제품에 대한 현재 여러 소비자들의 타
    깃 연령대는 어떻게 되나요?

M 현재, 소비자들은 30, 40대 사람들입니다. 이들은 높은 구매력을 가진 소비자들입니다. 그럼에도 불구하고, 만일 20~30세 연령층의 소비자까지 우리가 확보한다면 우리는 더 큰 명성과 인기를 누릴 수 있고 이는 타 시장에서 더 공격적 광고 캠페인을 하기 위한 더 유리한 환경을 이끌어 낼 것입니다.

Diálogo 2

M 작년에 경쟁사의 시장 점유율은 얼마입니까?

F 20%입니다. 저희 2배입니다.

M 올해에 우리 판매 증가가 둔화됐으니 큰일이군요.

F 2/4분기에는 상황이 호전될 것입니다, 긍정적인 광고 효과 덕분이에요. 게다가, 5개월 뒤 고품질의 신규 브랜드 론칭이 있을 겁니다. 최선을 다해 폭발적 히트 비슷한 뭐 그런 걸 이끌어 내도록 하겠습니다.

M 작년에 출시된 신상품은 현재 판매량이 얼마나 되나요?

F 올해 들어 지금까지 10만 대가 판매되었습니다.

Diálogo 3

F 현재 3D LED TV 신제품이 큰 판매를 올렸습니다. 그래서 곧 출시될 신모델 냉장고에 대해서도 저희는 관심이 큽니다.

M1 반가운 소리군요. 한국에서는 이 냉장고는 타깃 고객층으로 신혼부부 콘셉으로 프로모션을 하고 있습니다.

F 흥미롭군요. 이 모델이 특별한 사양들을 갖고 있나요?

M2 여기 브로셔가 있습니다. 한번 보시면 이 모델의 모던한 디자인이 돋보일 거라는 걸 아실 겁니다.

M1 도매가는 얼마가 될까요? 현지 시장들에서 이 정도 냉장고의 성패는 소매가(retail price)에 크게 달려 있을 것이라고 평가합니다..

F 주문량에 따른 가격 인하는 논의가 이루어지고 있습니다. 대략 600대부터 할인을 시작하기를 바라고 있습니다.

Diálogo 4

M 안녕하세요, 내외 귀빈 여러분. 저는 안드레스 로페스입니다. 저는 오늘 저희 신제품과 (이것의) 론칭에 대하여 프레젠테이션을 하고자 합니다. 만일 질문이 있으시면 프레젠테이션이 끝난 뒤 해 주십시오.

자 여기 인쇄물(핸드아웃, 프린트)을 나누어 드립니다. 저는 세 가지를 중심으로 시작합니다. 첫째, 신제품 브랜드 네임에 대해 말하고, 둘째, 론칭 시점, 그리고 마지막으로 광고 캠페인을 어떻게 행할지에 대해 다루고자 합니다.

우선 시작으로, 여러분에게 간단히 신상품의 특징들을 알려 드리겠습니다. 무엇보다, 이 생산품은 최첨단 기술을 내재하고 있습니다. 그래서 본 상품 사용자들은 앱스토어에서 구매한 많은 프로그램(소프트웨어)을 즐기게 될 것입니다. 그리고 외관에 대해 말하자면, 상기의 상품은 다섯 가지 색의 제품으로 각각 나옵니다, 그리고 더욱이 여러분들은 본 상품의 패셔너블(모던)하고 시선을 이끄는 디자인에 감탄하실(와! 하실) 수 있을 것입니다. 그럼에도 불구하고, 이 모델의 가장 인상적인 것은 바로 이 상품이 2개의 형태로 나온다는 점일 것입니다. 다시 말해서, 둥근 것과 네모난 것입니다. 그래서 소비자들은 색과 모양에 있어 폭넓은 선택을 즐길 것입니다….

그리고 이제 브랜드 네임에 대해 말하겠습니다. 우리는, 상품명을 결정하기 위해 모든 직원들에게 네임 공모전을 열 계획입니다. 그리고 그 이름은 축구 이미지와 연관되어야 할 것입니다….

당연히 이것이 의미하는 것은 상품 론칭이 월드컵 직전에 이루어질 것이라는 겁니다. 그 열광과 흥분의 분위기를 우리 상품 이미지와 함께 조성하기 위해서입니다….

광고 캠페인에 대해서는 이를 주요 타깃 스페인어권 국가들에서 동시에 이를 행할 것을 계획해 놓았습니다. 이는 매우 공격적인 광고 캠페인이 될 것이고 이미 경쟁사의 제품들의 결함들에 꽤 실망한 모든 사람들에게 감동적 인상을 심어 주기 위해서입니다….

여기까지입니다. 관심을 가져 주셔서 감사드립니다. 여러분들과 함께하게 되어 반가웠으며 이 프레젠테이션이 이번 신상품에 대해 여러분이 잘 알 수 있도록 유익했기를 바랍니다.

Diálogo 1

F 계약서에 명시된 이 점들에 여러분은 동의하십니까?

M 아직은 동의할 수 없습니다. 좀 더 저희에게 양보해 주시면 어떨까요?

F 지금으로서는 더 이상은 안 됩니다. 지금 최대한 선에서 많이 양보해 드리고 있는 거예요.

M 그러나 이 조건으로는 저희도 수지를 맞출 수가 없어요.

F 어렵군요. 자! 긴장들을 좀 풉시다. 바람을 쐬고 다시 이야기합시다.

M 좋아요. 지금 상황에서는 구체적 결론에 이르기 어렵습니다. 잠시 쉽시다. 당신들도 필요한 시간을 좀 가지세요(천천히 시간을 두고 하세요).

Diálogo 2

F 이 계약서에 동의하시나요?

M 90%는 동의합니다. 완전히 동의하지는 못합니다. 미안합니다.

F 어떻게 그렇죠? 이유가 무엇입니까?

M 이 사항에 애매한 문구가 있습니다. 명확히 할 필요가 있습니다. 예를 들어, 바로 이 계약서에 명시된 발생할 수 있을 문제점 이외의 결함이 발견되면… 우리는 어떻게 하나요?

F 물론 저희가 그것들을 맡아 처리할 겁니다. 저희의 우수한 서비스와 신뢰성(reliable)에 대한 명성을 고려하시고 곧 계약서에 서명해 주셔야 주문 물품 인도에 차질이 없을 것입니다.

M 좋습니다. 계약서에 서명할 시간입니다 그러나 그전에, 네, 그래요. 저희 측은 가격 및 품질에는 만족하다고 확실히 말씀드립니다만 저희 측에서는 보장을 1년 (더) 연장을 해 주시기를 바랍니다.

Diálogo 3

M 저희가 보내 드린 오퍼를 검토하셨나요?

F 네, 물론이지요. 현재 저희 상사가 재검토하고 수락 여부를 알려 드릴 것입니다.

M 이미 아시겠지만 보험료와 운송비를 저희가 부담하는 이유는 대량 구매에 따른 일종의 할인입니다.

F 알고 있습니다. 그 점에 대해서는 저희도 모두 잘 알고 있습니다. 단지 저희가 걱정하는 것은….

M 솔직히 말씀해 주시죠.

F 저희가 우려하는 것은 이 제품에 대한 소비자의 호응도에 대한 미지수입니다. 물론 철저한 시장 조사가 이루어지고 있긴 하지만 항상 모든 일에는 변수가 있지요.

Diálogo 4

F 당신에게 확언할 수 있는 것은 저희 제품은 첨단 기술을 내재한 현대적 설비를 통해 생산되기 때문에 제품 결함이 거의 제로에 가깝고 설사 결함이 발생하더라도 구입 후 1년 반 동안 보장되는 무상 A/S는 모든 소비자의 만족도를 최대화시킬 수 있습니다.

M 귀사의 경쟁사인 Santaflores의 제품 가격과 비교해 보니 귀사가 설정하는 가격이 비교적 높군요.

F 가격면에서의 비교는 무의미하다고 말할 수 있습니다. 왜냐하면 저희 제품은 친환경제품으로 인체에 무해한 소재 사용으로 제품 가격은 조금 높지만 전국 A/S를 포함한 모든 면에 있어 현재까지는 동종 업계 1위의 제품으로 저희도 자부심을 느끼고 있죠.

M 일단은 여러 제품들의 사양 및 가격과 더 비교해 보겠지만 아무래도 귀사 쪽으로 오더를 주게 될 것 같습니다. 주문 수량에 따른 혜택이 따로 있나요?

F 네, 물론입니다. 50개부터 8% 할인이 적용됩니다. 해 드릴 수 있는 최대치입니다.

M 저희 측 자재 부장님과 회의를 한 뒤 알려 드리죠. 물론 지불 조건도 그때 함께 알려 드리겠습니다. 연락합시다!

Comprensión auditiva

M 세계보건기구(WHO)는 세계가 현재의 에볼라 발생 규모를 과소평가하고 있다고 경고하고 있다.

WHO는 목요일 서아프리카에서 에볼라바이러스 출현 규모가 국제사회에서 너무 과소평가되고 있다고 밝히면서 벌써 1,069명의 목숨을 앗아간 에볼라 바이러스를 차단하기 위한 특단의 조치를 취해야 한다고 했다. 격렬한(성토적) 성명서에서 UN은 1976년 발견 이래 가장 심각한 에볼라 바이러스 통제 차원에서 국제적 대응의 대규모 강화를 조율하고 있다고 발표했다.

Diálogo 1

F 후안, 무슨 일이야. 걱정거리가 있는 듯한데.

M 아직 (주)멜로사 측에서 L/C가 도착하지 않았어요.

F 뭐야? 왜 나에게 그것을 미리(그전에) 말하지 않았니?

M (늦어도) 23일까지는 우리에게 보낼 거라고 말했으니까. 좀 더 기다려 보려고요.

F 그것에 따르면(그러면), 우리는 이미 예정보다 2주일 늦게 받는 거야. 확실한 답을 구하게.

M 네, 상사님…. 우리의 오퍼를 수락하고 주문을 신속히 처리하고 나서 도대체 왜 이리 L/C 오픈을 지연시키는지 모르겠어.

Diálogo 2

F 부탁 좀 드리겠는데요, 이 기구 작동법을 가르쳐 주세요.

M 네 그러죠. 어디 보자, 우리가 Fedex로 몬떼사에 보낸 샘플이죠?

F 네, 그러나 DHL로 보냈죠. 이 전원 버튼을 켜는 거죠.

M 먼저, 기계를 콘센트에 플러그를 꽂으세요 그러고 나서 전원 스위치를 누르세요. 됐어요!

F 고마워요. 실은 스페인어 번역 매뉴얼에 얼마간의 작은 실수들이 있어서요. 그래서 몬떼사가 클레임을 제기하고 있습니다.

M 몬떼사는 우리 회사의 가장 중요한 바이어들 중하나입니다. 이런 이유로, (우리는) 최선을 다해 조그마한 문제점조차도 가능한 한 빨리 처리하도록 해야 합니다.

Diálogo 3

F 한국과 우리 회사에 오신 것을 환영합니다.

M 감사합니다, 이렇게 잘 대해 주셔서. 이분은 판매 이사이자 저의 형(동생)입니다. 오늘 여러분의 공장 시찰을 위해 저를 동행할 겁니다.

F 반갑습니다. 저는 박미소입니다. 해외 영업 차세대 이동통신을 담당하고 있습니다. 오늘 여러분을 모시고 울산에 위치한 공장에 가고 그곳에서 베네수엘라 지사장이 점심 식사에 초대할 겁니다.

M 좋습니다, 미스 박. 실은 우리는 이미 귀사의 오퍼를 평가한 뒤 주문하기로 결정했어요. 하지만 제가 들은 바로는 당신들이 대량의 오더를 소화하는 데 문제점이 있다고 하던데요. 정말인가요?

F 그렇지 않습니다. 오늘 여러분은 보시게 될 겁니다, 저희가 여러분이나 베네수엘라 소비자의 모든 기대치를 충족할 최상의 조건을 갖추고 있다는 것을 말입니다.

M 그렇게 들으니 반갑네요(그 얘기를 들으니 좋습니다). 네, 지금으로서는, 공장에 가서 실제 상황을 확인하는 일이 필요하겠군요.

Diálogo 4

M₁ 이미 공급 업체들 선정은 끝났나요?

F 3일 전에 세 곳의 기업이 입찰에 응했습니다. 그리고 이미 한 곳을 정했습니다.

M₁ 개런티 기간은 얼마나 됩니까?

F 1년 반입니다.

M₂ 주목하세요. 타깃 소비자의 니즈를 이번 우리 신상품이 만족시키게 되면, 그러니까 성공하면 북미 시장에서의 시장 점유율이 크게 확대될 것으로 보입니다.

F 그러면 북유럽 시장 진출도 곧 서둘러야겠군요. 그렇게 되면, 우리의 봉급도 더 많아질 것이고 우리의 승진도 시간문제겠군요. 하하하.

Comprensión auditiva

M **말라가 피카소 박물관**
   부에나비스따 팰리스
   스페인 말라가 c/산 아구스띤, 8.29015
   GPS:N 36.72169º W 04.41852º

F **관람 시간**
   월-목 : 10:00 ~ 20:00
   금요일/토요일: 10:00 ~ 21:00
   일요일/공휴일: 10:00 ~ 20:00

M 12월 24일, 12월 31일 및 1월 5일:
   10:00 ~ 15:00

매주 월요일, 12월 25일, 1월 1일 및 1월 6일: 휴무

매표소는 박물관 폐점 30분 전까지 운영

박물관 폐점 10분 전부터 전시관 퇴실

F **관람 요금**

상설 전시관: 8유로

특별 전시관: 5.5유로

패키지(상설 + 엑스포): 10유로

M **요금 할인**

65세 이상 경로 (50% 할인)

26세 미만 학생증 소지 (50% 할인)

최소 10~25명까지 단체 관람 사전 예약 (20% 할인)

Lección 20   La discusión y la charla

Diálogo 1

F1 최근 우리 가운데 아이가 아버지나 내 말을 잘 안 들어. 내가 뭐라 하면 대꾸도 안 하고 그저 친구들과 싸우기만 한단다. 그게 꾸지람에 대한 반응이더라고. 자라면서 아버지에 대한 반항도 커지고. 어떻게 애들을 키워야 할지 모르겠어.

F2 사춘기가 시작된 것 같네. 그렇게 생각하지 않아? 기억나니? 내 자식 놈이 중학교 마치고 개념 있는 젊은이가 되어서 무척 행복해했잖아. 신중하고, 잘 자랐고 말도 잘 듣고 게다가 공부도 열심히 했지. 그 당시에 우리가 보기에는 그 아이가 벌써 어른이었지.

F1 자기야, 하지만 네 딸은 그야말로 천사잖아. 내가 그 애 같은 딸이 있으면 행운의 어머니가 될 텐데.

F2 네가 그렇게 말하는 건 사실상 내 딸을 잘 모르기 때문이야. 그 계집애와 난 외모는 거의 쏙 빼닮았잖아. 집에서는 개가 명절에조차 아무것도 하지 않아. 항상 내가 개한테 그러거든. "넌 손에 황금 테라도 두른 것 같구나."

F1 어제 내가 딸아이가 방도 치우지 않고 외출하는 것을 보고 꾸짖었어. "네가 딱 너 같은 딸을 갖게 되면 날 이해할 거다."라고 말이지.

F2 언젠가 한 번 나도 딸년에게 똑같은 말을 했단다. 그년 대답이 뭔지나 아니? 죽었다 깨나도 모를걸.

F1 난 알 수도 있을 것 같은데. 이렇게 대답하면서 반응했었을 거라 믿어. "엄마, 난 절대 엄마처럼 살지는 않을 거야."라고.

Diálogo 2

F 다른 선진국들 사회에서 (우리가) 보듯이 우리 사회가 너무 빠르게 노령화되어 가고 있으므로 우리는 인구노령화 문제에 맞서기 위한 조치를 취해야 합니다.

M 설상가상으로 나라의 (합계) 출산율이 감소되고 있고 반면에 졸업생들의 취업이 날이 갈수록 점점 더 어려워집니다. 전에는 대학 졸업장이 어느 정도 젊은이들이 안정적이고 보수가 좋은 직장 구하는데 구실을 했었지요(효과가 있었지요).

F 같은 일이 어르신들에게도 발생합니다. 사실 사람들이 예전보다 더 오래 살고 정년제로 더 일찍 퇴직해야 하는 상황에 있습니다. 요컨대 많은 사람들이 일 없이 긴 노후를 맞아야 해요.

M 이런 문제를 두고 우리는 연금, 실업, 빈곤, 보건, 가족들로부터 버림 등에 관해서 노인 인구의 건강과 복지를 살필 여러 제도와 정책을 마련해야 합니다. 이런 안타까운 상황과 관련하여 가장 중요한 일은 늙는다는 것에 대한 우리의 인식입니다. 누군가 나이가 많다고 할지라도 건강이 허락하는 한에서는 일하고 싶을 것이고 할 수 있을 것입니다. 그것에 대해서는 의심할 여지가 없지요.

Diálogo 3

M1 내 나이 대의 많은 아버지들이 가정에서 이해받지 못한다고 느끼는 게 아주 당연해.

M2 당연히 그래. 바로 내게도 같은 일이 벌어지고 있는걸. 내 아내도 성인이 된 자식들도 나와 말하고 싶어 하지 않아. 집사람은 바가지 긁지 않고는 하루도 그냥 보내는 법이 없고 늘 이런저런 것들로 내게 불평만 늘어놓는다니까.

M1 바로 그렇지. 집 밖에서는 난 하루하루 도전들(시련)에 맞서고 있는데 이런 나의 어려움들을 가족과 함께해서는 안 되겠고. 나 때문에 그들이 힘들어 하는 걸 원하지 않아. 그래서 시무룩한 표정으로 말하는 것보다는 입 다물고 있는 거지. 일에서 오는 모든 스트레스는 우리가 사랑하는 사람들과의 즐겁고 행복한 소통을 방해하고 있어(스트

레스 때문에 가족과 제대로 즐겁게 대화도 못해). 난 행복한 모습으로 비치도록 애쓰지만 곧 시무룩해지고 집안 분위기를 침침하게 만든다.

M2 그런데 말이야, 너 호세 소식 들었냐? 회사 근무 그만두고 사업 시작했다는데. 처음에는 심각하게 어려웠지만 시간이 지나면서 모든 게 잘 굴러가기 시작했지. 그 친구의 행운이 부러워.

M1 정말이야? 호세 일은 못 들었지. 넌 계속 자영업을 할 생각을 하는 거야, 경제적 부담 때문에?

M2 왜 아니겠어. 내 딸이 곧 결혼할 거고, 아들은 금년에 대학에 들어갔고. 그리고 생활비는 커져 가고. 내 지금 봉급은 모든 걸 대기에는 충분하지가 않지.

Diálogo 4

M 내가 깨닫기로(느끼기에, 인식하기에)는 우리가 정말로 에너지 위기에 대해 인식하지 않고 있다는 거야. 많은 양의 물과 전기가 낭비되고 있잖아. 정말이지 우리가 만들어 내고 있는 그 모든 자원 낭비는 믿기 어려울 정도야.

F 설사 제아무리 정부와 시민단체들이 국민들에게 천연자원 부족에 대한 의식함양을 할지라도 이런 움직임은 제한이 있기 마련이야. 특히나 당국과 환경운동 단체들이 하고 있는 노력은 국민이 최선을 다해 에너지를 절약하도록 인식을 시키는 데 목적을 두고 있지만 사람들에게서 지금까지 누려 온 편안함(안락함)을 뺏으면서 그들의 사는 방식을 바꾸게 유도한다는 것이 쉽지는 않지.

M 이런 현실 앞에서는 어려서부터 가정과 학교에서 아이들을 교육하는 게 더 바람직하지.

F 네 말이 100% 맞아. 더욱이 우리는 서둘러 대체 에너지원들을 개발해야 할 거야. 영구히 화석연료들에 의존할 수는 없어.

M 분명한 것은 앞서 말한 석유와 같은 연료들은 언젠가 끝을 보게 된다는 거지. 이즈음에는 대부분의 선진국들이 많은 돈을 청정에너지, 즉 환경오염을 일으키지 않는 에너지를 위한 R&D에 투자했을 거야.

F 내 기억이 맞다면 이 도시에는 언젠가 한 번 정전이 발생했었어. 전기 과부화 때문에 말이야. 아마 그 일로 야기된 혼란이 엄청났을걸. 이 사건이 무질서와 공포를 불러일으켰을 거란 생각이 들어.

M 원유가 고갈되기 전에 충분한 녹색 에너지원들이 있으면 좋겠다.

Comprensión auditiva

F 과학 없이는 원자폭탄이란 없을 테지요. 오랜 세월 동안 과학이 우리에게 무제한적 진보를 안겨 줄 거라고 생각해 왔죠. 히로시마와 나가사키부터 이것이 다시 제기됩니다. 이런 상황이 과학 전체에 타격을 안긴다고 생각하시나요?

M 과학 활동은 과학 활동입니다. 과학은 현실에 있는 것을 발견하는 일을 맡고 있습니다. 그러고 나서 이 지식은 좋든 나쁘게든 사용될 수 있습니다. 히로시마와 나가사키에 대해 사람들이 말했습니다. 정말로 그것에 대해서는 다룰 게 많죠. 그러나 과학이 만들어 내는 모든 이익들에 대해 그렇게나 많이 말한 적은 없습니다. 제가 생각하기에는 문제가 과학 활동에 있는 것이 아니라 우리가 대하는 가치관에 있습니다. 우리가 자연에 영향을 미칠 가능성이 점점 더 많아집니다. 분자 생물학에서 예를 들어서 우리가 한 명의 인간 창조에 간섭할 수 있습니다. 문제는 활동을 위해 사용될 윤리적 가치관이 평행적으로 이뤄지지 않는다는 것입니다.

F 바로 모든 사람들의 입에 오르내리던 핫이슈인 복제에 관해 많이 말합니다. 당신에게 있어 복제가 과학적 차원에서 어떤 중요성을 가지고 있는지 그리고 제한 사항들은 무엇이 돼야 하겠습니까?

M 복제는 인간을 힘겹게 하는 가장 큰 질병들을 예방하거나 치유를 위한 큰 잠재력을 가지고 있습니다. 그러나 동시에 인간 창조에 간섭 문제를 가지고 있습니다.

제가 생각하기에 오늘날의 관점에서 치료 목적을 위한 복제는 뭔가 우리가 진지하게 고려해 봐야 할 것입니다, 넘어설 수 없을 제한이 있다는 것을 고려하면서 말이지요. 왜냐하면 일련의 해결해야 할 기술적 문제점과 논의해야 할 윤리적 문제점이 있기 때문입니다.

Diálogo 1

F　여보, 화장실에 전기가 나갔어. 무슨 일인지 좀 봐 줘.

M1　그냥 정전일 거야. 전기가 들어오길 기다려 봐.

F　아니야, 이것 봐. 보라고. 이 방에서는 모든 전기 기구가 잘 돌아가잖아. 피곤한 척하지 말고 화장실 불 좀 고쳐. 움직이라고! 뭔가 좀 제대로 하려고 하면 눈 깜짝할 사이에 끝날 거야. 그래, 안 그래? 정신 좀 차려!

M1　알았어…. 아, 전구가 끊어졌네. 이걸 새 걸로 교체해야겠어. 아이고, 소켓에 잘 안 들어가네…. 됐다. 시험해 보게 스위치를 눌러 봐. 좋아! 여보, 당신은 나에게 참 과분한 여자야. 언제나 날 빠르게 움직이게 하고 실용적인 사람이 되도록 끌어 준다니까. 하지만, 에고 자기야, 난 평온한 토요일을 즐길 권리가 있어. 내게 더 요구하지 말아 줘, 제발 부탁드리나이다.

F　여보, 부탁 좀 하는 데 싱크대 좀 봐 봐. 수도꼭지와 배수관에서 물이 떨어져. 거기 연장통에 멍키 스패너와 펜치가 있잖아.

M1　여보, 나사를 풀려면 오른쪽으로 돌려야 하나? 거꾸로? … 아이, 손목이 긁혔어. 좋아, 다시 해 보지. 하나, 둘, 셋. 아, 손가락을 다쳤어. 당신이 늘 믿고 맡기던 배관공을 부르면 어때? 수도꼭지 고치는 거야 식은 죽 먹기일 텐데. 게다가 돈도 많이 받지도 않고.

F　조용히 해. 일하라고!

M2　엄마. 문제가 있어요! 화장실에서 내가 쉬하고 나서 또뇨가 응가했는데요, 그러고 나서… 변기가 막혔어요. 우리가 뜨거운 물을 부었는데. 아빠, 변기 좀 뚫어 주세요! 변기 뚫개가 망가졌지만 실망하지 마시고요.

Diálogo 2

F1　우리 어디쯤 왔어? 차 좀 세워 주겠어? 멀미가 나.

M1　캠핑장에 도착하려면 대충 20분 남았는데. 여기서 잠시 바람 좀 쐬자.

··

M1　자, 도착했다. 장소가 산속에 있으니까 공기가 아주

깨끗하군. 애들아, 조용히 깊게 숨을 쉬어 보렴.

F　무슨 경치가 이렇게나 예쁜지! 봐 봐, 저기 폭포가 물을 콸콸 뿜어내고 있어. 우리 몸과 마음을 모두 시원하게 해 줄 수 있을 것 같아. 애들아, 너희 마음껏 놀렴. 여기에는 너희에게 시끄럽게 하지 말라고 다그치는 사람이 없을 거야. 너희는 자유란다! 맨발이나 벌거벗고는 다니지 마. 숲이라 꿀벌이나 개미 같은 곤충들이 물 거야. 그리고 뱀이나 곰을 조심하렴. 너희들 작년에 있었던 일 기억나니? 루까스가 큰 바위에 기어 올라가서는 메아리 들으려고 목이 터져라 소리쳤잖아. 그러다 3미터 높이에서 떨어져 버렸잖아. 참으로 그 사건은 끔찍했어.

M1　루까스, 물 가지러 가거라. 이 접이식 물통 가져가. 안쪽이 더러우니까 먼저 청소해. 그러고 나서 (네가) 통을 물로 (채운단다)채우렴.

M2　아빠, 나도 집에서 늘 하던 일들에서 벗어나고파요.

F1　루까스, 이리와서 텐트 치는 걸 좀 도와줘. 이 (텐트) 폴을 어떤 쪽으로도 기울어지지 않게 잘 잡아라. 그렇지. 이번 여행을 통해서 엄마에게서 많이 배우게 될 거야.

M1　루까스. 이리 와. 이리 좀 와 봐. 코펠을 가져 오는 걸 내가 깜박했단다. 저 대피소에 가 봐. 그럼 얻을 수 있을 거야. 그동안, 난 허브티 마시게 물 좀 끓여야겠다.

F2　루까스 오빠, 우리가 이 침낭들 접는 것 좀 도와줄 거지? 페데리꼬가 죄다 펼쳐서 사방에 눈 깜짝할 사이에 나누어 놓았네.

M1　루까스, 서둘러라. 배고파 죽겠다고. 개울가에서 바비큐를 할 거야. 오늘은 네가 스테이크와 해산물 굽기 위해 그릴을 준비할 차례란다. 이번에는 제대로 잘 뒤집도록 해. 타버리지 않게 말이야. 루까스? 루까스?

Diálogo 3

F　키가 몇이니?

M1　119cm인데요.

F　그러면 넌 이 놀이기구를 탈 수 없단다. 진정하고 간판에 써 있는 걸 보렴. "이 놀이기구는 척추 질환, 고혈압, 임산부 또는 심장 질환이 있는 분은 삼가해 주세요."라고.

M1　헤헤. 키 제한에 대한 말은 없잖아요. 난 그저 어지럽게만 하는 회전목마로 시간을 허비하고 싶지

않다고요. 난 세찬 바람에 맞부딪히면서 속도를 즐기고 싶어요.

F 얘들아, 지금 저기 나무 아래에서 음식을 먹고 나서 게임을 좀 하고 놀 거란다.

M₁ 줄다리기 같은 거요? 체스놀이 아니면 카드놀이? (닭싸움 같은) 겨루기 같은 거요? 팔씨름?

M₂ 369게임을 할 겁니다요. 너 그거 할 줄 알아? 아주 재미있어. 다같이 원을 그려 앉는 거야. 한 사람이 1이라고 외치면서 시작하고 오른쪽으로 다른 사람이 2라고 외치고 그다음 사람이 3의 배수, 다시 말해, 3, 6 또는 9를 말할 차례일 때 아무 말도 하지 말고 손뼉을 쳐야 해. 참 쉽지! 만일 누군가 3의 배수를 말해서 틀리면 노래하는 것과 같은 벌칙을 받아야 해.

F 헤헤, 정말 재미있겠다. 벌칙은 제외하고. 얘들아, 잠시 너희들끼리 있으렴. 아빠와 난 주차장에 놔둔 밴에서 배낭 몇 개를 꺼내야 한단다. 제발이지 싸우지 좀 말고. 그리고 징그럽다는 생각만으로 곤충들을 밟지 말고. 30분이면 올 거야. 일기예보에서 산발적으로 비가 온다고 하던데. 소나기 내리면 개울에는 가까이 가지 말고.

....

(부부는 오솔길로 팔짱을 끼고 간다.)

Diálogo 4

M 엄마, 난 축구 하기 싫어. 솜사탕이랑 하드 사 줘!

F₁ 그래, 우리 아가! 그늘진 곳에 앉거라. 여기서는 아이스크림이 금방 녹아 버릴 거야. 그리고 심심하면 후안과 네가 경기를 중계하는 게 어때? 넌 여성 해설가를 하고 후안이 아나운서를 해.

....

M 주심이 호루라기를 붑니다. 아빠 팀과 엄마 팀 간의 3위 자리를 놓고 경기 전반전이 막 시작했습니다. 이번에 2명의 날쌘돌이 포워드로 잘 조직된 팀과 엄마 팀이 맞붙는 게 처음입니다. 여기서 보니 골키퍼 루이스가 매우 긴장한 모습이 보입니다. 아, 말하는 중에 공격수 호세 선수 볼을 몰고 갑니다…. 중거리 슛! 호세 선수, 7번을 달고, 점프하더니 헤딩! 전반적으로 엄마 팀이 체계적이지 못한 경기 양상을 보입니다. 홈경기 이점을 못 살리고 있습니다. 그러나, 팀 주장 정확한 롱패스….

아, 같은 팀 수비수 공을 놓치는군요. 엄마 팀이 지금 체력적으로 열세에 처해 있어 보입니다. 아, 바로 이 순간. 리베로 상대의 측면 태클을 벗어납

니다…. 다시 한 번 수비수 셋을 따돌리고.

이제 상대 팀 진영으로 밀고 들어갑니다. 아, 호아킨 선수 위험스럽게 오른쪽 사이드라인을 따라 돌파합니다. 첫 골을 넣을 수 있을까요? 아, 막 골을 넣을 순간입니다! 아, 오프사이드입니다. 경기 흐름을 어떻게 보십니까? 아, 아빠 팀, 자로 잰 듯한 패스의 향연을 보이면서 경기 흐름을 주도합니다. 아, 아빠 팀의 두 노장 선수의 빠르고 노련한 움직임이 참 대단하군요.

후반전 0대 0으로 시작하는 중입니다. 호세 선수 코너킥 얻어 냅니다. 마리오 선수, 미드필더로, 볼 받아 수비 진영으로 갑니다. 이 선수 왼발잡이로, 어제 증조할아버지 팀과의 경기에서 페널티 2개를 끌어냈고 불행히도 실축했지요. 그러나 오늘 볼라치로 팀을 이끌어 주는 조율 역할을 잘하고 있습니다. 정말로 오늘 자신의 노련한 개인기를 뽐내고 있습니다. 아, 양 팀 2-2 동점입니다. 곧 연장전으로 들어갑니다….

연장전 모두 끝났습니다…. 경기는 동점으로 끝나서 양 팀 승부차기에 들어갑니다….

승부차기 후 아빠 팀이 제4회 보니따 리그 3위를 차지했습니다. 여러분 시청해 주서서 감사합니다.

F₂ 왜 내가 말하게 두지 않는 거니? 너 혼자 다 해라. 막돼먹은 인간아!

Comprensión auditiva

M Gisela가 부릅니다. 〈내버려 둬!〉

F 눈이 반짝여, 오늘 밤 여기, 더 총총히

발자국 하나도 남아 있지 않구나

난 여왕이야, 뚝 떨어져 나간 고독의 왕국에서

바람, 휘몰아치며 내 안에 파고드네

바람, 버티어 잡아 두고자 했지만, 내게서 빠져 나가 버렸어

너에 대해서 사람들이 알게 해서는 안 돼

들어오게들 해서는 안 돼, 언제나 나에게 말했지

의식하지 마, 알게들 되면 안 돼

이젠 중요하지 않아!

내버려 둬, 내버려 둬, 이제 더 이상 잡아둘 수는 없어

내버려 둬, 내버려 둬, 더 이상 잃을 게 없어

이젠 뭐 어때, 이미 드러나 버렸어

빠져나가게 내버려 둬, 차가움은 괴로움 아니었어

Diálogo 1

F 라몬, 가는 길에 세탁소가 있으면, 이 치마를 (그들에게) 좀 가져다 주겠니(맡겨 줄래)?

M1 네, 그럴게요. 주유소 가는 길에 하나 있어요. 사실 가솔린 채워야 해요. 왜냐하면 연료 탱크가 거의 비었거든요. 세탁소에 들르고 나서 탱크 채우러 갈게요.

(세탁소에서)

M1 이 바지 드라이클리닝 해야 되고요. 그리고 블라우스에 이 페인트 얼룩을 제거할 수 있는지 알고 싶어요.

M2 쉽진 않겠는걸. 해 보지 뭐. 염려 말아라. 바지가 급하니? 언제까지 필요한데?

M1 바지, 그건 내일 아침에 가지러 오고 싶고요. 음… 10시까지 돼 있으면 해요. 아 그리고 바지에 새 지퍼도 달아 줘요. 블라우스는 급하지 않아요.

M2 그래, 그럼 블라우스를 찾으러 다시 오렴, 언제든.

(하루 뒤)

M1 어제 맡긴 바지 가지러 왔어요.

M2 여기 있다.

M1 여기 바지와 스웨터 한 벌씩 더 가져 왔어요. 이 파란 바지는 저에게 조금 길어요. 3cm 가량 줄여 줄 수 있으세요? 아, 좋아요. 그리고 스웨터 통 좀 늘려 주세요. 제가 살이 좀 붙어서 아주 꽉 끼어서요.

M2 그건 안 될 것 같은데.

M1 아, 한 가지 여쭤 볼 것을 잊었네요.

M2 뭔데?

M1 제 재킷이 주름이 아주 잘 생겨요. 아주 보기 흉해요. 그래서 그걸 빨아서 여러 번 다림질 했는데, 헛수고더군요. 아마 조금 닳아져 버렸을 거예요.

M2 그러지 말아라. 이미 올이 해어졌을까 걱정이구나. 어떤 천으로 된 거니? 100% 면이야? 합성이야? (나한테) 그걸 가져오렴. 팁을 좀 주마. 어떤 옷들은 물에 빨아서는 안 된단다. 색이 바랠 수 있지…. 바로 그렇지. 색이 바랠 거다.

Diálogo 2

F 머리는 어떻게 할까요? 파마하고 싶으세요?

M 그냥 샴푸만 하려고 왔는데 생각이 바꼈어요. 다 들어 주세요. 그리고 (저에게서) 구레나룻을 정리 좀 해 주시고 콧수염을 (내게서) 잘라 주세요.

F 알겠어요. 어느 쪽으로(부터) 가르마 타세요? 오른쪽으로요? 좋아요.

M 저기요. 뒤쪽은 아주 짧게 해 주세요. 양쪽 머리 (에 대해서)는 여기까지 잘라 주세요.

F 그래요. 앞머리 길이는 어때요? 더 짧게 해 드려요?

M 지금 좋아요. 냅킨 좀 있어요? 콧물이 나네요. 쓰시고 계신 향수에 제가 알레르기가 있는 것 같아요.

F 죄송합니다. 지금 막 끝나려는 참입니다. 조금만 참으세요…. 됐습니다. 이쪽으로 오시지요. (당신에게서) 머리 감겨 드릴게요…. 물 온도 괜찮으세요?

M 네, 네, 좋아요. 요즘 머리카락이 무척 가려워요. 뭐 피부질환 같은 것의 어떤 증상일까요? 확 밀어 버리고 싶어요.

F 두피가 무척 가렵다고요? 만일 자주 염색을 하신다면 제품을 바꾸세요. 혹시 머리카락이 빠지는 걸 예방하는 제품 같은 걸 쓰시나요? 아, 그저 머리를 빗을 때 젤을 바르는 것만요. 됐습니다. 머리 아주 잘 나왔습니다. 좋으시죠(축하해요)!

Diálogo 3

F 제가 아는 사람에게서 이 중고차를 (제가 쓰려고) 샀어요. 얼마 전만 해도 전혀 이상 없이 운전했습니다. 그런데 있잖아요, 글쎄 어저께 자동차 힘을 좀 보려고 아주 경사가 가파른 비탈길을 올랐지요. 길을 오를수록 엔진이 힘을 더 잃더라고요.

M 네, 자동차 보닛을 열어 봅시다. 음… 차를 자세히 점검해야겠어요. 지금으로서는 엔진에 오일 유출이 보이고 배터리가 아주 닳아 있습니다. 아, 만일 평평한 직선 노면에서 핸들을 느슨하게 하면 자동차가 어느 한쪽 방향으로 쏠리는 걸 느끼시나요? 그건 여러 이유로 발생할 수 있습니다. 그중 하나는 타이어가 균등하지 않게 공기가 주입된 거랍니다. 또는 다른 심각한 결함이 있는 게 틀림없어요.

F 실은 어제 제가 사고를 당했어요. 그래서 차대가 가볍게 패여 들어가고 뒤쪽 오른쪽 문손잡이가 열리지 않고 백미러가 깨졌습니다.

M 아, 이 쭈그러진 부분은 펴야겠군요. 헤드라이트

는 잘되나요?

F   견적이 어떻게 될까요? 얼마나 계산이 나올지 대략 좀 알려 주실래요? 전부 수리하는 데 비용이 많이 들지 않았으면 좋겠네요.

(다음 날에)

F   어제 이 차를 운전했어요. 제 사위 차예요. 브레이크가 잘 듣지 않아 사고가 났고 자동차가 조금 비틀어지고 시동이 잘 걸리지 않아요.

M   네 그러네요. 뭐라고요? 아, 엔진오일을 교체할 때군요. 알겠어요. 음… 보니까 (제가) 레디에이터를 확인하고 트랜스미션 오일을 한번 봐야겠네요.

Diálogo 4

M   어떤 과정에 등록하려고? 뭐래니(뭐라는 거야)? 요가를 할 거라고라! 대박이다!

F   사람들이 그러는데 요가를 하면 자기 내면을 들여다보도록 해 줘서 스스로를 균형 잡고 건강을 돌볼 수 있다는데. 난 저녁 8시 수업에 다닐 거야. 한 달에 8회 수업이야, 월요일이랑 수요일. 너 요가 좀 알아?

M   별로. 그저 뭐 맨발로 바닥과 직접 닿아서 하는 거고 호흡에 집중하는 거라는 것 정도. 코로 숨을 들이마시고 내뱉어야 하지, 그리고… 그 반대로 하라고 따로 주어지는 것이 아니라면….

F   명상과 같아? 사실 양반자세로 앉고 머리를 비운다는 게 너무 힘들어. 그래, 너는 어떤 과정을 할 건데?

M   글쎄 모르겠네. 나는 말이야, 집에서 밤마다 윗몸 일으키기와 웨이트 트레이닝을 하고 나서 명상을 해. 음… 난 벨리댄스를 배우고 싶어. 아랫배 지방을 태우기 위해 몸을 많이 움직이도록 하는 데 좋대.

F   하지만 그 과정은 벌써 꽉 찼어. 자리가 없어. 수영은 어때?

M   좋은 생각이야. 저기요, (아저씨,) 수영 강좌 있나요? 제가 접영을 배워야 하는데요. 강사분이 여자면 좋겠어요.

F   왜 여자 강사가 필요한데, 후안?

M   그냥.

Comprensión auditiva

M   세계보건기구(WHO) 전문가들은 간접흡연이 암의 원인이라고 결론을 내리고 있다.

담배 연기는 폐암에 걸릴 확률을 30% 증가시킨다.

지구 상의 5명 중 1명(대략 12억명)이 흡연을 한다고 WHO가 전하고 있다. 그러나 담배 연기는 이들에게만 해를 끼치는 것은 아니다. WHO 전문가들은 담배 연기가 간접흡연자들에게 암을 유발한다는 결론 및 규정을 내렸다. 구체적으로는 폐암 발병율이 담배 연기가 있는 환경에서 살고 있다면 비흡연자에게는 30%까지 증가한다는 것이다.

F   상습적 흡연자 2명당 1명이 흡연 관련 질병으로 사망할 것이다. 그러나 담배가 끼치는 해들을 겪는 것은 흡연자들뿐만이 아니라 나아가 그들의 가족들이 해를 입는다. 담배 연기는 대략 400개의 물질로 구성되어 있다. 연기를 이루는 물질들에는 벤조피렌, 일산화탄소, 암모니아, 포름알레히드와 같은 40개가 넘는 발암물질 및 400개의 또 다른 독성물질이 있다고 미식약청(FDA)이 전하고 있다.

M   두 시간이면 충분하다(된다).

비흡연자들은 흡연자들과 동일한 발암물질에 노출되어 있다. 미네소타 대학교는 담배를 피우는 사람과 한 방에서 2시간을 보내면 담배 4개비를 핀 것과 같은 효과를 갖는다는 판단을 내리고 있다.

Lección 23 El nacimiento, la vejez, la enfermedad y la muerte

Diálogo 1

M   이레네, 어디 가? 아주 슬퍼 보이네…. 뭐라고? 어떻게 옆집 아저씨가 돌아가실 수가 있어? 오, 맙소사…. 정말 좋은 분이셨는데…. 가난한 사람들을 돕곤 하셨지.

F   네 말이 맞아. 고고학 교수서서 항상 우리에게 뭔가 재미난 것을 얘기해 주곤 하셨지. 아, 나 간다, 후안. 내가 지금 돌아가신 분의 부인에게 애도의

뜻을 전해야 하기 때문에 아주 급해. 그래? 그래, 만일 나를 따라가고 싶다면, 지금 뜨리노 전철역 3번 출구에서 기다릴게. 빨리 와⋯. 그래, 그래 잠시 뒤에(바로, 곧) 보자고.

....

F   아주머니, 애도를 표합니다. 저희 어머니가 여행 중이셔서 오실 수가 없었어요. 그리고 애도의 뜻을 전해 달라고 하셨어요. 아, 매우 창백해 보이세요, 아주머니. 뭔가 드신 거예요? 비스킷을 좀 가져왔어요. 에르난데스 씨는 비록 여기에 안 계시지만, 하늘에서 평화로운 공기를 마시고(분위기 속에 계시고), 분명히 우리 안에 영원히 계실 겁니다⋯.

Diálogo 2

F   내가 부모님을 방문할 때마다 흰머리가 더 많아 보이셔. 그게 마음에 안 좋아.

M   시간이 흘러감에 따라 부모님이 더 나이 들어갈 것을 생각하면 나도 슬퍼져.

F   너 아니? 내 부모님도 그렇고 내가 늙어 가는 중이야. 그걸 알겠어.

M   (네게서) 티가 난다. 나도 나이가 느껴져.

F   뭐라는 거니? 내게서 뭐가 보이는데? 난 내 몸매를 꾸준히 보살피는데. 네 말이 (날) 아주 많이 상처를 주는구나.

M   함부로 했다면 미안. 하지만 사실 벌써 네 이마에 주름이 나타나는 중이야, 그러고 보니까 네 턱 밑 처진 살이 늘어나고 있네. 나도 그래. 노화에 따른 자연스러운 일들이지. 확실히⋯.

F   음⋯ 너무하네⋯. 너 막말하는구나. 어떻게 나 같은 숙녀에게 주름이 있다는 말을 할 수 있니? 왜 네 집사람이 널 꽉 잡고 사는지 이제 알겠어. 넌 우리 여자들이 원하는 걸 아무것도 몰라. 쳇. 늙는 다는 것과 나한테 그렇게 대놓고 노골적으로 말하는 건 별개야⋯. 음 그래, 어쨌든 흘러가는 시간을 피할 사람은 한 명도 없을 거야.

M   난 세월이 흘러가는 걸 막는 것보다는 차라리 곱게 늙는 법을 알고 싶어.

F   이제서야! 자, 네 집사람이 우리를 부르고 있다.

Diálogo 3

M   아무리 사회보험 제도가 좋다고 할지라도 우리가

자신을 스스로 보살펴서 노인성 치매는 말할 것도 없고 당뇨, 고혈압, 비만, 골다공증 같은 성인 병들을 예방하는 일이 아주 중요해.

F   그 마지막에 말한 (치매) 질환이 막아지나?

M   비록 그러기 위한 완벽한 건 없지만 적어도 우리가 치매 진전을 늦추는 데 도움이 될 만한 방법들이 좀 있지. 여하튼 규칙적인 운동은 아무리 강조해도 지나치지 않지.

F   신체활동과는 별도로 우리가 긍정적인 마인드를 가져야 해. 만일 누군가 어떤 일에 실패하면 자기 비하라든지 비관론적으로 흐르게 마련이지. 그런 경우 심리상담가나 멘토를 통해 그런 부정적 감정에서 벗어나도록 해야 해.

M   나로 말하자면(나는 말이야), 어머니가 "실패 없는 성공이란 없단다. 다 잘될 거야, 이제 봐라." 하고 되풀이하시면서 날 위로해 주신단다. 바로 그렇게 해서 어머니가 날 더 강하게끔 이끌어 주시고 온갖 역경을 극복하게끔 해 주셔. 야, 전화 왔어. 받아 봐.

F   안녕 안드레스. 뭐라고? 아파서 누워 있다고? 그래, 외출하지 마. 다 나을 때까지. 그래, 그럼 이만. 빨리 나아라!

Diálogo 4

M₁   뉴스요, 뉴스! 어젯밤 우리 딸이 쌍둥이를 낳았어요. 아, 좋아라! 마침내 내가 손주를, 사랑스러운 손주 새끼들을 보네요.

F   축하합니다, 산초 선생님⋯. 뭐라고요? 댁의 아드님이 부장으로 승진했다고요? 이런 이런, 아이고 잘됐네요! 축하해요! 뭐라고요? 저희를 저녁 식사에 초대하신다고요? 정말 고맙습니다. 제가 술을 맡지요. 오늘 밤에 갓난 아기들과 앙헬라를 위해 건배합시다.

M₂   물론 그래야죠. 사실 산통이 너무 심해서 제 아내가 세상을 뜰 뻔했습니다. 앙헬라가 너무 겁먹고 지쳐 있는 모습을 수술실에서 보니까 집사람 대신 그 자리에 내가 있고 싶은 마음이 굴뚝같더라고요. 아내와 저는 머리부터 발끝까지 식은땀으로 흠뻑 젖었지요. 의사가 아내에게 제왕절개 수술을 할 것이라고 하는 말을 들었을 때 전 정말 놀랐어요.

F   아, 가엾게도. 아주 제대로 쉬어야 할 거예요. 그리고 마누엘, 잘했어.

....

M₁ 자 다들 모였나요? 오, 페데리꼬, 넌 대부님 옆에 앉거라. 옳지. 자, 우리 기도합시다. 아, 떼레사 믿는 종교가 없지요, 그렇지 않은가요? 이 집에서는 우리 모두 천주교 신자들입니다.

F 저는 기독교 신자이고 남편은 불교 신자입니다. 제 딸은 불가지론자라 하고 아들은 늘상 무신론자라고 말하지요. 그러나, 누가 알겠어요? 수년 뒤에 둘 다 신자들이 될지도.

M₁ 나중에 제게 말해 줘요, 하하하. 종교와 정치 문제에 있어서 일면적으로 된다는 일이 쉽지는 않죠. 자, 여기서는 우리가 식사 전에 기도합니다. 종교와는 상관없이 이 고마운 저녁 식사와 두 쌍둥이 아기들이 세상에 와 준 것에 대해 신에게 감사드립시다….

성부와 성자와 성신의 이름으로 기도합니다. 아멘.

Comprensión auditiva

M 영국의 배우이자 감독인 리차드 아텐보로가 지난 12월 6일 동남아를 휩쓴 해일로 사망한 그의 손녀, 딸 그리고 딸의 시어머니를 추모하는 눈물겨운 장례식에 참석했다.

그러는 한편, 이제껏 설치된 적 없는 가장 큰 시신 확인 중앙본부는 가동 첫 달에 태국에서 쓰나미로 인한 희생자 시신 784구에 신원 표시를 했다. 아직 1,700명의 신원 확인이 이루어져야 하는 상황이다. 5명의 스페인 경찰관이 이 팀의 일부로 있으며 작업은 6개월 뒤에 끝날 것으로 추정하고 있다.

지난 12월 아시아를 강타한 해일이 야기한 파괴는 이미 심각한 환경 피해를 갖고 있는 지역들에서 더 컸다. 나이로비에서 발표된 UN 보고서에 따르면 이곳에서는 산호나 초목이 거대한 파도 앞에서 장벽으로서 역할을 할 수 없었다고 한다.

Lección 24 **Los días festivos y las celebraciones**

Diálogo 1

M 올해 추석이 무슨 요일이지?

F 어디 보자. 음력 8월 15일이니까 이번에는 목요일이군.

M 언제라고? 아, 22일. 그러면 연휴가 5일 되겠네, 수요일부터 일요일까지.

F 추석이 뭔지 알아?

M 당연하지. 음력 1월 1일 설날과 함께 한국에서 가장 큰 명절 중의 하나지.

F 와우. 많이 아네. 그날 사람들이 어떻게 지내는데?

M 전통적으로 한국은 농업사회였어. 이런 선상에서 추석이 되면 조상들에게 풍년이 들게 해 줘서 감사를 드린단다. 그래서 아침에 가족들이 모두 모여 갓 수확한 작물로 맛있는 요리들을 만들지. 특히 송편을 만드는데, 이것은 깨와 그 밖의 재료로 채워 넣은 것으로 쌀로 만든 파이 같은 거야. 일단 차례상이 차례차례 차려진 뒤 모두 조상님께 절을 하고 가을의 풍성함을 함께 나누고 맛난 것들을 즐기고 가족 단위로 이야기를 나누며 즐거운 시간을 보내지.

F TV를 통해서 알게 됐는데 그날에 가정주부들은 엄청난 음식을 만들면서 스트레스를 받는대. 명절 증후군을 앓는다고 하더라.

M 하하하. 어느 정도 그렇게 말할 수 있지. 그러나 다 달라. 세상일이 다 바뀌잖아. 우리 집에서는 아버지가 엄마를 많이 도와주셔. 아버지는 기름을 두르고 동그랑땡을 만드시고 밤껍질을 까시지…. 동그랑땡을 먹어 본 적이 한 번도 없니? 크로켓과 비슷한데 납작하게 눌린 거. 음… 동그랑땡 하나하나는 동그란 구슬 같은 게 눌러진 거야. 난 기름 냄새 맡으면서 요리하는 걸 좋아하지 않아. 그래서 일 돕는 걸 삼간단다…. 음 솔직히 말하자면 아무것도 하고 싶지 않아, 헤헤.

F 너가 양반이라도 되냐?

M 헤헤. 하지만 많이 먹는 건 좋아해. 배 속에 거지라도 들었나 봐.

Diálogo 2

F₁ 엄마, 놀라지 마세요. 나 호세피나보다 먼저 결혼

해요. 실은 마침내 하이메가 청혼했어요. 엄마?
내 얼굴에 뭐가 묻었어요?

F2 젠장 대체 뭐라고 말하는 거니? 하이메와 결혼한
다고? 말도 안 돼, 애야. 네가 그 아이에게 푹 빠
졌구나(콩깍지가 씌였구나). 하지만, 내 눈에 흙
이 들어가기 전에는 그 아이와 결혼은 허락하지
못한다. 결혼은 개인끼리의 혼인만이 아니라 그
의 가족까지 함께하는 거야. 그 애가 널 배우자
로 맞을 자격이 없어. 그 자신이 그걸 알고도 남
지. 또 말하는데 난 네가 걔와 결혼하는 거 반대
다. 차라리 하비에르와 결혼해라. 그럼 세상 부러
울 것 없이 누리며 살 거야.

F1 그건 엄마가 하비에르를 제대로 잘 몰라서 그래
요. 파고들어 가 보면 걔는 너무 속물이라고요. 지
적인 척하는 속물이면서 남을 깔본다고요. 걔랑
결혼하느니 차라리 싱글(독신)로 살 거예요. 엄마
날 열 살배기 아이처럼 대하지 마세요. 난 미성년
자가 아니라고요. 이미 엄마로부터 독립했어요.
전 제 배우자를 고를 권리가 있어요. 저희는 천생
연분이에요.

F2 이럴 순 없어. 애야. 왜 결혼에 급급하니? 네게 어
울리는 남자애를 만날 때가 곧 올 거야.

(3개월 후)

F2 축하한다, 딸아. 아주 예쁘구나(예쁘게 되었네).
이 웨딩드레스가 너만큼 어울리는 사람은 없을
거야. 요엘과 넌 환상적인 가정을 이룰 거야.

F1 고마워요, 엄마. 그리고 정말 미안해요, 하이메와
결혼하겠다고 엄마 아프게 해서. 난 걔가 사귀는
중에 바람피우는 거 몰랐어요. 엄마 약속할게요.
이제 더 이상 그러지 않을게. 이제 알았어요, 엄마
가 내게 말했던 모든 게 다 날 위해서라는 걸.

F2 아, 딸아. 바로 내가 널 힘겨운 시간을 보내게 한
장본인이다. 맹세하마, 엄마는 네가 잘되도록 살
펴줄 거야. 난 하비에르가 그렇게 이기적이고 돈
버는 데만 집착하는지를 몰랐었다. . 반면에, 우리
사위 요엘은 믿을 만하고 칭찬받을 사람이지. 애
야, 요엘 같은 남편감을 만나게 된 걸 축하한다.

**내가 엄마에게 결혼한다고 말했을 때 그러시더라. "결혼
하든 또는 독신으로 살든 아주 빈번히 더불어 그 자체가
얼마간 후회라는 결과를 낳는단다. 결혼이란 우리가 바
라는 대로 되었으면 하는 그 무엇이란다."**

Diálogo 3

F   까를로스, 망자의 빵이 뭐야? 이름 듣는 것만으로
도 무섭다.

M   헤헤헤. 멕시코의 가장 큰 명절 중 하나가 망자의
날이야. 스페인 아메리카 정복 이전에 시작된 멕
시코에서 치르는 기념행사인데 11월 2일에 치르
고 이날 고인들을 추모한단다. 이날 여러 모양의
빵을 굽는데 간단하게 둥근 것부터 해서 두개골
까지 다양하고 뼈(해골) 모양의 형상으로 장식을
하고 위에 설탕을 뿌려. 아주 달콤하지. 네가 먹어
보게 내일 가져올게.

F   아, 정말로 그 기원이 스페인 사람들이 도착하기
전이야?

M   바로 그렇지. 그러니까 저기, 아이들의 영혼들이
1일에 이승을 방문하고 어른의 영혼들은 2일에
온단다. 어떤 사람들은 세상을 뜬 사랑하는 사람
의 무덤으로 성묘를 가고 또 어떤 이들은 집에 제
사상을 꼼꼼히 차리고, 여기에 고인들을 위해 제
수 용품들을 놓는단다.

F   뭘 제사상에 마련하는데?

M   음식, 망자의 빵, 장난감, 술을 드셨다면 술, 담배
를 피웠다면 담배도 놓고 물잔들도 놓지. 아, 이
물잔들, 이것을 놓는 이유는 영혼들이 이승으로
오면서 갈증이 나기 때문이지. 이 모든 것을 촛불
로 둘러싸인 차례상에 있는 고인의 초상화 옆에
놓는단다.

F   정말 흥미로워서 더 알고 싶어. 가족들은 고인의
무덤에 가서 뭘 더 하니?

M   이날은 명절과 같은 날이야. 고인을 추모하고 이
승에서 보낸 그들의 삶을 회상하면서 아주 즐겁
게 보내. 더 자세히 말하자면 우리는 삶과 죽음
을 분리하지 않는 거지. 죽음을 삶의 일부로 인정
하고, 그래서 이날 고인들과 함께 나눈 즐거운 순
간들을 회고하면서 노래하고 술 마시면서 행복할
수 있는 거란다.

Diálogo 4

F   크리스마스까지 열흘 남았네. 그날 남자친구와
만난 지 100일이 돼. 화이트 크리스마스가 됐으
면 좋겠어. 이 드레스 어떠니? 나한테 푹 빠지게
하려고. 며칠 내가 전화하지 않았어. 이제 내게
더 관심을 두게끔 날 눈에 띄게(확 들어오게) 할
때야.

M   참 여시 떠네. 어찌 됐건 넌 밀당에 참 힘쓴다. 난
그런 신경 소모전에 관심 없어. 그런데 말이야, 너
희 가족은 크리스마스이브와 당일에 뭐 하니? 산
타클로스를 기다리니?

F 크리스마스가 다가올 때 우리는 아기 예수 탄생 미니어처 세트를 거실에 차려 놓는단다. 그리고 아이들은 산타클로스와 동방박사들의 선물을 받으려고 안달하지. 엄마들은 크리스마스에 쓸 누가, 사과주, 칠면조 등을 준비해. 그런데 말이야, 넌 스페인어로 캐롤 부를 수 있는 게 있니? 하나도? 좋아, 내가 하나 가르쳐 줄게. 내가 음치긴 하지만, 박자 잘 맞춰라! 내가 먼저 한 소절 부르면 네가 따라해… 좋아, 이번엔 박자 맞춰 합창하자! 셋 세면 시작한다. 하나, 둘, 셋!

M/F 흰 눈 사이로 썰매를 타고 달리는 기분 상쾌도 하다. 종이 울려서 장단 맞추니, 흥겨워서 소리 높여 노래 부르네. 종소리 울려라 종소리 울려. 우리 썰매 빨리 달린다.

F 브라보 민수. 즐거운 성탄절 보내라. 다다음 화요일에 보자.

Comprensión auditiva

M 어니스트 헤밍웨이(1899-1961)는 산페르민 축제가 갓 시작된 1923년 7월 6일에 파리에서 빰쁠로나에 처음으로 도착했다. 도시 분위기, 특히 황소 및 죽음과 함께하는 무료로 즐기는 남자들의 놀이는 그에게 대단히 강하게 다가와(영향을 끼쳐) 3년 뒤 발표된 그의 첫 히트 소설 〈해는 다시 떠오른다(Fiesta)〉의 무대로 이 도시를 골랐다. 그는 이후 8차례 더 이 도시에 돌아오게 되며 노벨 문학상 수상 후 5년 뒤이자 바로 산 페르민축제 전야에 아이다호주 케첨 마을에서 그의 삶을 마감하기 2년 전인 1959년이 마지막 방문이 된다.

F 이 위대한 미국 작가는 빰쁠로나 축제를 알리는 전 세계 전령사였다. 스페인 외부에서는 거의 잘 알려지지도 않은 한 나라의 축제가 그의 결정적인 공헌으로 세계에서 가장 유명한 축제 이벤트의 하나가 되었고 그때서부터 수천 명의 외국인, (그들 중) 많은 이들이 Fiesta의 저자의 펜의 힘에 이끌려 이목을 집중시키는 대상이 된 것이다.

http://pamplona.es

산페르민 축제는 수 세기 전으로 거슬러 올라간다. 산페르민 축제는 성페르민을 기리기 위한 축하 행사로 매년 스페인 도시 빰쁠로나에서 열린다. 이 축제의 가장 유명한 활동(행사) 중 하나는 엔시에로 (소몰이 축제)이다. 매년 빰쁠로나 거리는 대략 10여 마리의 황소들 앞에서 뛸 준비가 된 용감한 수천 명의 남자로 가득 찬다.

M 극지방의 해빙이 생각했던 것보다 더 빠르게 진행되고 있다.

극 지역들에서 최근 50년 간 가장 큰 국제 연구가 제공한 새로운 증거에 따르면 기후 변화 현상이 생각했던 것보다 더욱더 심각하다. 이 증거들은 지구온난화 현상에 대한 확실한 척도이다.

"남극과 북극 상황의 여파가 지구 곳곳에 전파되며 최근 2년 동안 온난화, 얼음의 후퇴 및 덩어리의 손실 정도는 심지어 가장 깊은 층에서조차 생각했던 것보다 훨씬 더 상당하다"고 스페인 과학자 호레니모 로뻬쓰 마르띠네스가 지적했다.

F 과학자들은 남극대륙에서의 온난화 현상은 생각되었던 것보다 훨씬 더 확대되어 있고 그린란드의 얼음은 점점 더 빨리 녹아내린다고 강조한다.

"그린란드와 남극대륙의 얼음막이 덩어리째 없어지고 있고 결과적으로 해수면을 높이고 있고 그린란드의 얼음은 점점 더 빠르게 사라지고 있는 중인 것이 확실한 것 같다"고 보고서는 전하고 있다.

Lección 01	**La vida social**

1 ① → (g)   ② → (a)   ③ → (j)   ④ → (c)   ⑤ → (i)
　　 ⑥ → (d)   ⑦ → (h)   ⑧ → (f)   ⑨ → (b)   ⑩ → (e)

2 ① No entiendo por qué te llevas mal con tu suegra.

② Este fotógrafo aficionado se arrepiente de no haberlo visto.

③ Cuando una persona estornuda, muchos acostumbramos a decir "salud". *중남미는 a 생략.

④ Las moscas se están moviendo a la misma velocidad que el vehículo.

⑤ "escrupuloso" quiere decir lo mismo que "meticuloso" o "cuidadoso".

⑥ Afirmo que estos hipócritas y aquellos altruistas no tienen nada en común.

⑦ ¡No te me acerques más, que no soy de aquí! *¡No te acerques más a mí!라고도 함.

⑧ Este guardaespaldas habla coreano con soltura y por eso no se le nota que es extranjero.

⑨ La rebelión no tiene nada que ver con este atentado con coche bomba.

⑩ Ante esta nueva situación los nobles de la isla pretendieron sobrevivir.

Lección 02	**Las telenovelas**

1 ① → (d)   ② → (g)   ③ → (j)   ④ → (h)   ⑤ → (i)
　　 ⑥ → (a)   ⑦ → (b)   ⑧ → (c)   ⑨ → (e)   ⑩ → (f)

2 ① ¿Para qué sirve esto?

② El cantante se disculpó con sus fans por llegar tarde a su concierto. 또는 El cantante pidió perdón a sus fans por (llegar) 또는 (haber llegado) tarde a su concierto.

③ Los dos son conocidos, más que amigos. 또는 Los dos no son amigos, más bien conocidos.

④ Muchas gracias por todo lo que has hecho por mí.

⑤ Es muy difícil para los jóvenes coreanos conseguir(encontrar) trabajo(empleo).

⑥ No llores por mí, Argentina.

⑦ Ella estudia mucho para conseguir un trabajo estable y bien remunerado(pagado).

⑧ Este asesinato tiene algo que ver con la desaparición del fiscal.

⑨ Ya no puedo soportar que mi marido no me acepte tal como soy.

　　*(no) soportar que+접속법

⑩ Allí se pueden ver electrodomésticos tales como lavavajillas, frigoríficos, aspiradoras, batidoras de brazo, licuadoras, deshumedecedores, humedecedores, etc.

Lección 03 **El mundo del espectáculo**

1

① → (g) ② → (c) ③ → (f) ④ → (d) ⑤ → (h)

⑥ → (b) ⑦ → (a) ⑧ → (e) ⑨ → (i) ⑩ → (j)

*chistoso/gracioso 웃기는, 익살맞은 *no estar para bromas 농담할 기분이 아니다
*decirlo en broma 농담으로 그걸 말하다
*tomar sth (a broma) (a la ligera) (농담으로) (가볍게) 여기다

2

① Vivo feliz. / Soy feliz.

② Ellos quieren vivir felices.

③ Ellos trabajaron mucho para vivir felices.

④ Yo quiero hacerte feliz.

⑤ Voy a trabajar mucho para haceros felices.

⑥ ¡Vamos a ayudar a nuestra nuera a vivir feliz!

⑦ Mis padres trabajan mucho para que yo viva bien.

⑧ Mi bisabuelo trabajó mucho para que mi padre viviera bien.

⑨ La ayudaré a vivir bien.

⑩ Él trata de ayudar a los niños pobres a vivir felices.

Lección 04 **El mundo del trabajo**

1

① → (e) ② → (a) ③ → (f) ④ → (j) ⑤ → (g)

⑥ → (b) ⑦ → (d) ⑧ → (c) ⑨ → (h) ⑩ → (i)

⑤ al pie del monte 산기슭에

2

① Al que madruga, Dios le ayuda.

② Las (mujeres) policías se echaron encima del asesino y le pusieron las esposas.

③ ¡Buena idea!

④ Cada vez es más difícil obtener la ciudadanía estadounidense.

⑤ Os agradezco toda la ayuda que me habéis ofrecido.

⑥ El presidente de Estados Unidos, Barack Obama, visitó la Zona Cero para rendir homenaje a las víctimas (de los atentados) del 11-S, cuatro días después de la muerte del líder de Al Qaeda.

⑦ ¿La mejor manera de librarse de la tentación es caer en ella?

⑧ ¿Vale la pena rendirse sin haber luchado 또는 luchar?

⑨ ¡Se me olvidó la contraseña!

⑩ Si el pronóstico del tiempo acierta, podremos ir de camping esta tarde. Llama a Pedro para que nos traiga utensilios tales como termo, barbacoa, fiambrera, etc.

Lección 05 **Las relaciones humanas**

1 ① → (h) ② → (a) ③ → (d) ④ → (c) ⑤ → (b)
⑥ → (i) ⑦ → (j) ⑧ → (f) ⑨ → (g) ⑩ → (e)

① en principio 원칙상   ④ hora pico(특히 AmL)   ⑧ pariente 친척

2 ① Mis amigos están de acuerdo en que soy una persona selectiva en mis relaciones.

② Estás en lo cierto. Soy muy introvertida y me siento incómoda (estando) con él. Esto me incomoda cada vez más. ¿Qué tengo que hacer?

*reservado 말이 없는, 말을 아끼는, 잘 털어놓지 않는, 조심스러워하는, 예약된

③ ¿No te llevas tan bien con tu novio como antes? Hasta hace poco estabais locos el uno por el otro.

④ "Me dejo llevar por mi instinto. Ni planifico ni imagino antes ninguna acción".

⑤ ¿Te molesto?

⑥ A: ¿Puedes compartir el taxi conmigo? Voy al centro.
B: Vale. Me pilla de camino.(Esp) 또는 Me queda 또는 viene de camino.

⑦ "Es muy cansado trabajar a tiempo parcial en una gasolinera para costear los estudios. Pero no hay otro remedio que hacerlo" – dijo sonriendo.

⑧ "Soy demasiado tacaña para comprarle tal coche a mi marido" – nos dijo con una mirada muy indiferente.

⑨ A: ¿Cuánto mides? ¿Cuánto pesas? | B: Mido uno setenta y dos. Peso 60 kilos.

⑩ Los inquilinos y comensales <u>me prometieron que acudirían a</u> 또는 <u>se comprometieron conmigo a acudir a</u> la cena de Navidad.

Lección 06 **El coflicto y el hábito**

1 ① de ② como ③ en ④ de ⑤ en
⑥ de ⑦ de ⑧ de ⑨ a ⑩ en

⑤ confiar en que 주어＋접속법

2 ① Se me hace la boca agua solo de pensar en la sopa.

② Mi novia me eleva por las nubes y luego me arrastra por los suelos. 또는 Ella hace lo que quiere conmigo, parezco su títere.

③ ¿Qué significa "perro que ladra no muerde"?

④ Mi perrito Pimienta se echa boca arriba cuando le acaricio. Supongo que es una manera de abrirse a su amo. A veces, me ladra <u>como para pedirme</u> 또는 <u>como pidiéndome</u> que le acaricie el pelo. *(entregarse a) 헌신하다, 자수하다(a la policía), (음주, 절망, 잠 등에) 내맡기다

⑤ Por muy maleducado que seas, procura ser digno de confianza. Ya van tres veces que no has cumplido (con) tu palabra.

⑥ Los niños que presenciaron el suicidio de sus compañeros sufren un gran trauma y necesitan recibir un tratamiento psicológico de los expertos.

⑦ Un compañero mío tiene un truco brillante para ganarse la voluntad de los jefes. Nunca le falla este truco. ¿Quieres saberlo? Bueno, entonces, basta con 500 wones.

*turco 터키(Turquía) 사람 alianza fraternal 혈맹

⑧ Esta tarde me he dislocado el tobillo derecho cuando se me ha roto el tacón del zapato. Era demasiado fino, por eso se quebró. Me hubiera gustado comprar unos nuevos antes.

⑨ Al verme con María, a mi novia se le heló la sonrisa en los labios.

⑩ Ten cuidado al andar, que la bruja se despertará. Carlos, no vayas a tocar el tesoro. No es tuyo. (Después de contar hasta tres)(a la voz 또는 cuenta de tres), tirémonos por la ventana. Es la última oportunidad de huir de aquí. ¿Listos? (A la) una, (a las) dos, (a las) tres. ¡Vamos!

Lección 07 Corea y América Latina

1 ① atrás (또는 regresiva) ② cruzados ③ extendidos ④ con ⑤ de ⑥ se ⑦ que ⑧ en ⑨ en ⑩ de

2 ① El año pasado nos mudamos al campo para que mi abuela viviera en contacto con la naturaleza.

② ¿Crees que la vida te ha dado la espalda? ¿Te sientes infeliz? ¿Ya no tiene sentido la vida? Tu vida acaba de empezar. Has vuelto a nacer.

③ ¿Crees que esta cantidad de pan podrá alcanzar para todos nosotros? Corre o no podrás alcanzar al panadero.

④ En este sector, las personas que puedan expresarse a sí mismas a su propia manera y que puedan explicarse atrayendo y convenciendo a los demás, (se 주로 생략) destacarán por su creatividad y sensibilidad.

⑤ Cada vez es más visible la heterogeneidad lingüística y nacional entre las dos partes. Han de (volver a) unificarse para comprobar y recuperar su homogeneidad.

⑥ ¿En qué se funda argumentar que el antiguo reino coreano de Goguryo y este tienen mucho en común? Creo que es un argumento infundado.

⑦ Cuando hayan concebido una brillante idea para construir una confianza firme entre países desarrollados y en desarrollo, no duden en explicármela. Siempre será un placer para mí escucharla.

⑧ Me extraña que hayan explotado unas bombas en el lugar conflictivo, a pesar de que ya se había cancelado el envío de las tropas al mismo lugar.

⑨ Mi madrastra me dijo que se esforzaría por llevarse bien con Elisa y que quería hacer fielmente el papel de madre.

⑩ Una cosa es prometer y otra (cosa 생략) es cumplir.

Lección 08 **Buscar trabajo**

1　① → bisabuelo 증조할아버지　　② → padrastro 의붓아버지　　③ → nuera 며느리

④ → bisnieto 증손자　　⑤ → yerno 사위　　⑥ → suegro 시아버지, 장인

⑦ → tatarabuelo 고조할아버지　　⑧ → pariente 친척　　⑨ → adoptivo 양자가 된, 양자로 받는

⑩ → hermanastro 이복형제, 배다른 형제(= medio hermano)

*relativo a = relacionado con　*antepasado 조상

2　① Mi madre solía alentarme a coger el toro por los cuernos para superar todo tipo de adversidades. En pocas palabras, aun en un ambiente adverso, ella me hizo fuerte espiritualmente y me llevó a ser un hombre sensato, flexible, persistente e independiente. En verdad, admiraba su fortaleza. Mamá, ¿me escuchas desde el cielo?

② Por cierto, se observan, más que nunca, gatos y perros callejeros alrededor de nuestro (bloque de pisos(Esp), edificio de apartamentos 또는 departamentos(AmL)). Como ya sabemos, muchos de ellos han sido abandonados por sus amos. Uno debe responsabilizarse de su animal de compañía una vez que lo adopta/haya adoptado como miembro de su familia.

③ Será muy interesante analizar/averiguar la manera en que la gente se quita la resaca en cada país. ¿Qué haces o comes para que se te pase la resaca? En mi caso, acudo a la sopa de brotes de judías o a la sopa de kimchi. ¿Qué tal tomar Coca-Cola?

④ A: ¿Cuándo cumple años tu madrastra? | B: El 22 de junio. |

A: ¿Tienes preparado algún regalo <u>por</u> 또는 <u>para</u> su cumpleaños? |

B: No sé qué puedo regalarle por su cumpleaños. Ya que tiene debilidad por el chocolate...

⑤ Escuchen, señores. Tenemos que evitar recurrir a la violencia. Es un acto inhumano y degradante. Es un hecho bien sabido que la violencia genera violencia. A largo plazo, podremos lograr que la democracia eche raíces y se desarrolle firmemente. Con tiempo, pensemos en esta situacion.

⑥ A: ¿Cuánto tardaré yo en curarme, doctor?

B: Creo que me he mejorado. Todavía es prematuro sacar una conclusión. Para no empeorar, tienes que quedarte más en el hospital. Si quieres salir <u>al aire libre</u> 또는 <u>a la calle</u>, tendrás que ir bien abrigado. No vayas a pescar un resfriado.

⑦ En resumen, no hay que dejar de concienciar/concientizar(AmL) al público en general de la importancia de observar los reglamentos de tráfico, para que se reduzca la cifra de accidentes automovilísticos. Es muy lamentable ver a las víctimas de dichos accidentes y a sus familiares afligidos.

⑧ En fin, aquí mismo tenemos que dejar en claro que debemos enfocarnos en este problema a nivel medioambiental y comunitario más que a nivel de desarrollo material e individual, a fin de reducir al mínimo el deterioro de la calidad de vida de los habitantes.

⑨ Hoy en día la gente se preocupa mucho por su salud, así que muchos de nosotros tratamos de estar en forma teniendo una dieta equilibrada y haciendo ejercicio de manera regular. En fin, para sobrevivir a una sociedad capitalista, como esta donde se lleva una vida muy estresante, y para poder protegerse bien del estrés, es muy importante mantenerse sano.

⑩ Últimamente he engordado un poco, porque mi padrino me dice que hay que comer lo suficiente, junto con dormir bien, para combatir el estrés. Él me invita a menudo a cenar con su familia. Así como él, mi madrina me aconseja que ingiera algo nutritivo para que la cabeza me funcione a pleno rendimiento.

*últimamente,recientemente (요즘) 최근에 영 of late

*hace poco, recientemente 최근 (얼마 전) 영 not long ago

Lección 09 **La entrevista**

1

① 주식매매를 통해서 부자가 될 수는 있다. 반면에 일순간에 망할 수도 있다. 지나친 물질적 욕망으로 우리는 눈이 멀기도 한다. 인생은 하루살이의 도박이 되어서는 안 될 것이다.

② OPEC은 계속되는 가격 하락에 제동을 걸기 위해 원유감산 쪽으로 결정을 보았다.

③ 불행히도 교사들은 맹목적으로 남들을 비난하는 학생들을 제대로 이끌어 가는 데 실패했다. 실제로 성숙하지 못한 학생들을 가르친다는 것은 아주 어렵다.

④ 한국에서는 조기영어학습에 극도로 중요성을 두고 있다. 그러나 1개 모국어만이 사용되는 국가에서 모든 청소년들에게 비합리적으로 2개국어 교육을 한다는 것은 문제시된다. 오히려 이들 각각의 아이들의 적성 계발에 관심을 갖고 그들이 미래에 적당한 직업을 갖게끔 하도록 해야 한다.

⑤ 아주 가는 거니? 가지 마! 우리와 있어 줘. 우린 너없이 잘 해 나갈 수 없단다.

⑥ 널 영원히 사랑할 거야.

⑦ 저는 포르투갈어에 대해 얼마간 알고 있고 불어를 비교적 잘 구사할 줄 알아요.

⑧ 어찌되었든 제가 회의 시간과 날짜를 잘못 알려 드린 점 사과드립니다.

⑨ 공장장이 나에게 맡긴 소포를 네게 1주일이나 나중에 전해 주게 되어 미안하다. 지체로 인해 네 일에 전혀 지장이 생기지 않기를 바란다.

⑩ 라우라는 헬렌켈러 전기를 읽고 나서 수화를 배웠고 청각 및 언어장애인들을 도와 그들의 눈과 귀가 되는 수화통역사가 될 꿈을 꾸고 있었다.

2

① A: (Todo 생략) Me fue mal en el examen(AmL)(Esp). 또는 Me fue mal el examen(Esp).

B: ¿Qué tan difícil fue el examen?(AmL) 또는 ¿Cómo fue de difícil el examen?(Esp) Dímelo.

A: No quiero mencionarlo. No pude ingresar en esa escuela. 또는 Fracasé en ingresar a esa escuela.

② ¿A qué distancia queda la escuela? ¿Qué tan grande es el edificio de la escuela?(AmL) 또는 ¿Cómo es de grande el edificio de la escuela?(Esp) ¿Cómo es de alto? ¿Qué grueso tiene el libro de texto de español de primer año?

③ No sé cómo explicarme. Ummm, no sé qué decir. Primero, me siento muy honrada de recibir este premio. Antes de que se filmara esta película, empezó a correr el rumor de que (la película) tenía un mal reparto, de ahí que yo aceptara este papel como un nuevo reto e hiciera todo lo posible por actuar como Dios manda. Ya que actué sin doble de riesgo, corrí el riesgo de herirme o perder la vida. Pero valió la pena hacerlo. Ahora me alegro mucho de ver un buen fruto. Se lo agradezco todo a todo el personal de producción. ¡Señoras y señores, es una noche muy hermosa!

④ Para ser un autoempleado (con éxito) 또는 (exitoso) uno pasa por ensayos y errores y así aprende muchas cosas. (Cometer errores) 또는 (Equivocarse) es propio de los seres humanos. Aprende de los que están a tu alrededor. Y sé fuerte y ambicioso.

⑤ El entrevistador me hizo una pregunta, con la cual me quedé muy desconcertado. Es que me lanzó palabras de carácter de ataque personal. Aunque fue una entrevista dura para poner a prueba la fortaleza mental de los entrevistados, creo que se les pasó la mano a los entrevistadores.

⑥ (Todo 생략) Me fue fatal en la entrevista. Ante unas preguntas imprevistas se me quedó la mente en blanco y empecé a tartamudear. Yo debía haber desarrollado la capacidad de <u>manejar</u> 또는 <u>tratar</u> 또는 <u>controlar</u> tal situación de manera ingeniosa, ágil y hábil.

⑦ No te pongas nervioso y articula bien las palabras de manera lógica y con calma.

⑧ Salgo para África una semana después de tu boda. Cuídate. Corre el rumor de que te he gustado yo. Espero que encuentres una pareja mejor que yo.

⑨ Pórtate bien en casa de tus futuros suegros. No vayas a hacer nada que pueda ser criticado. No lleves falda demasiado corta, ni tan larga que se arrastre. Como ya sabes, en la anterior presentación (formal) entre la familia de tu exnovio y la nuestra, por tu conducta inapropiada nos moríamos de vergüenza.

⑩ Corea del Sur ha arrasado en el mercado mundial ya que ha presentado en este un producto dotado de tecnología punta cuyo nivel no podrá ser alcanzado por las empresas competidoras extranjeras. Poniendo de ejemplo este caso de Corea, tenemos que entregarnos al desarrollo de un nuevo modelo de producto independientemente de lo que cueste.

Lección 10 **Hacer viajes de negocios (1)**

1　① madrileño / madrileña　　② neoyorquino / neoyorquina
　　③ londinense / londinense　　④ <u>parisiense / parisiense</u> 또는 <u>parisino / parisina</u>
　　⑤ escocés / escocesa　　⑥ exactitud　　⑦ rapidez
　　⑧ prontitud　　⑨ agilidad　　⑩ lentitud

2　① Un estudio determina que los parados pierden la creatividad a medida que persiste su situación de desempleo. En concreto, los resultados obtenidos indican que, cuanto más tiempo se encuentre una persona en desempleo, más sufrirá un desgaste personal, lo cual afectará directamente a su creatividad.

② La mayoría de la gente compra un billete de lotería de vez en cuando no porque tenga la plena convicción de que ganará el gordo, sino porque supone que a lo mejor podrá ser afortunada y (se) pasa toda una semana pensando en algo fantástico que podría hacer con el dinero del premio.

③ He aquí el truco para cuidar bien el físico y mantener <u>bien</u> 또는 <u>bonita</u> la línea del cuerpo.
*he aquí 통 here is, here are (격식적임.)

④ Ahora que este problema no tiene solución, tenemos que dejar en claro que la mayor culpa la tienen ustedes y que tiene prioridad determinar cuánto deben compensarnos por esta pérdida.

⑤ Me disculpé con el director por mi imprudencia y él aceptó mis disculpas. De manera que ahora puedo ir al estudio con tranquilidad. Al respecto, el mánager me dice que trate de ser un poco más amable con todo el personal de filmación.

⑥ El señor Hernández y yo hablamos un rato. Él me pidió de favor que le acompañara a Japón, ya que viví (por) un tiempo en ese país y hablo bien el japonés y conozco bien la cultura de ahí.

⑦ Después de que las acciones de la empresa Victoria cayeron en picada 또는 picado(Esp), Lucas no tenía dónde dormir ni con quién vivir, ya que su familia ya no podía aguantar su arrogancia ni su unilateralismo de dictador.

⑧ ¿Con qué frecuencia visitáis a vuestro hijo que está en el servicio militar en el pueblo de tregua Panmunchum? En mi caso, no puedo darme tiempo para ir a ver a mi hijo, pues en mi fábrica no hay empleados disponibles que puedan sustituirme.

⑨ Esta mañana se ha registrado un terremoto de nivel 5 en escala Richter en una provincia sur próxima al lugar donde se llevará a cabo la firma de un tratado de libre comercio entre ambos países. Debido a este desastre, la Dirección de Emergencia evacuó a las delegaciones comerciales. Asimismo, se anuló la ceremonia temporalmente. Según fuentes oficiosas, su firma se aplazará al próximo miércoles.

⑩ El granjero siempre se levanta a esta hora y sube a la montaña. En la ladera contempla la niebla que se produce a primeras horas de la mañana y siente los rayos del sol un poco fríos por detrás.

Lección 11 **Hacer viajes de negocios (2)**

1

① secando	② agilidad	③ bondad	④ importa
⑤ chapoteando	⑥ caso *le rechacé rotundamente 난 단호히 그를 거절했다		
⑦ gorda	⑧ tranquilidad	⑨ titilando	⑩ falta

⑩ ¿Estás jugando conmigo? 나 가지고 노는 거니?

2

① Los hombres lobo se movieron de prisa y se dirigieron al bosque. Al verlos desaparecer entre los árboles altos, los fantasmas empezaron a curar a los huérfanos que se encontraban temblando de miedo y tan asustados hasta el punto de que no podían abrir los ojos. Afuera 또는 Fuera un árbol de Navidad, hecho por las monjas, estaba destellando con luces de colores variados.

② ¿Puedes ampliar esta foto? No la veo bien, además está tan mal enfocada que no tiene una imagen clara. ¿Este aparato tiene la función de reducir parte de la foto? Mi cabeza sobresale, pues los otros han posado detrás de mí. Se ve muy grande mi cara. Suprime esta foto. No me gusta.

③ ¿Ya tienes confirmado tu viaje por Sudamérica? Si no es así, cancela todo el itinerario, ya que las circunstancias no me permiten darte unas vacaciones de 10 días. Si me ayudas, te lo compensaré bastante bien. ¡Palabra!

④ No pensé trabajar de agente de seguros desde el principio. Después de dejar el trabajo como oficinista en Galicia, me trasladé a esta ciudad. Y no pude menos que buscar trabajo porque el alquiler era demasiado caro. En aquel entonces, todavía no tenía asegurado mi coche. Sí, sí, mi familia estaba en un apuro.

⑤ He llegado aquí preguntando el camino más de 10 veces. Por poco me pierdo. De verdad, no tengo un buen sentido de la orientación.

⑥ ¿Cuánto tiempo llevas en esta ciudad? Llevo dos años y medio. ¿Cuánto lleva trabajando en el parque de bomberos? Llevo ocho años trabajando aquí.

⑦ Quisiera tres billetes de asientos en dirección frontal para Busan. ¿Que ya se han agotado? Bueno, entonces, deme los tres de asientos en dirección contraria, por favor.

⑧ Un billete del lado de la ventanta, por favor. Ah, tiene que ser de un asiento para una sola persona. No me gusta que alguien esté sentado junto a mí. ¿Cómo (es) que quedan solo asientos para dos personas? Para colmo, es un asiento al lado del pasillo.

⑨ Nadie estará por encima de la ley. Aunque aún estás lejos de ser una persona que pueda infiuir en los demás 또는 otros, en (el) caso de que alguien viole la ley y se beneficie de ello, tendrás que tratar de corregir tal acto vil con todos los medios a tu alcance.

⑩ ¡Caramba!, hay mucha gente esperando el ascensor. ¡Por fin!, ha llegado el ascensor. Disculpe, ¿Me puede apretar el botón para ir a la planta baja? Disculpe, caballero, ¿está la Bolsa a mano derecha de este edificio? Ah, entiendo. Que la Bolsa está a la derecha frente a este edificio. O sea que está a la izquierda con el edificio a mi espalda, ¿Verdad?

Lección 12 **El mercado y la comida**

1   ① partamos   ② mitad   ③ gusto (yo)   ④ quédese   ⑤ toalla
      ⑥ brillaba   ⑦ reluce   ⑧ clave   ⑨ promoción   ⑩ avaro

2   ① Si no es una invitación, solemos pagar a escote (2명 이상) 또는 a medias (2명)

② En el arrozal se ponen espantapájaros, que sirven para alejar a los pájaros que vienen en masa y se comen todos los granos impidiendo una buena cosecha.

③ Al aproximarse la colisión entre este planeta y un gran cometa, los extraterrestres, asustados, se precipitan a movilizar a sus robots con súper poderes en zonas de posible devastación y a trasladar a los habitantes inocentes a un tercer planeta colonizado.
*evacuar 대피시키다, 소개시키다

④ Este semestre he tomado solo cinco créditos. El próximo (semestre) tendré que tomar más de 10 (créditos). Y necesito pedirle prestado a José un buen ordenador. ¿Me lo prestaría? Después de que lo abandonó su novia, parece que no se siente bien. Él no debía haberle regalado a Lola un racimo de claveles. ¿Cómo que no sabía que ella tenía alergia a esas flores?

⑤ A condición de que 또는 con la condición de que te cases en menos de seis meses, podrás atrapar mi ramo de novia. No será fácil echarlo con un ángulo preciso por donde estés de pie. Cógelo bien con mucha atención. Ah, mira. Allí en la rama del árbol, dos pájaros están dedicándose un canto de amor. ¿Esta escena no te anima a casarte con un chico cariñoso como mi novio?

⑥ En la medida en que se digitalice esta sociedad, el anhelo a la democratización aumentará.

⑦ Hace mucho tiempo que se ha generalizado en gran medida 또는 considerablemente 또는 sustancialmente la cirugía de doble párpado en los ojos. Además se están popularizando otras operaciones estéticas. Por curiosidad, en algunos otros países asiáticos, las mujeres quieren parecerse a celebridades coreanas, sobre todo, en la cara. Aquí no hay que hacer caso omiso de la secuela que traen (consigo) las cirugías plásticas.

⑧ Siempre y cuando las autoridades competentes organicen programas destinados a ayudar a los inmigrantes a asimilar la cultura de este país, estos se animarán a superar la barrera lingüística y cultural, y definitivamente, a nacionalizarse con naturalidad.

⑨ Cuando le dije a mi madre que le habían aparecido muchas arrugas en la frente, ella frunció el entrecejo y cambió de semblante diciéndome que no fingiera estar preocupada por ella. Para colmo gritó a voz en cuello : ¡Eres toda una hipócrita!

⑩ Quieras o no, tienes que bailar con el príncipe del Reino Ofeliz. No vayas a pisarle los pies al príncipe. *nos guste o no 우리가 좋아하든 않든 간에

Lección 13 **Las emergencias**

1
① oídos *oído 영 inner ear *oreja(겉의 귀)　　② muelas *muela 어금니 *diente 이
③ cuerpo　　④ garganta (목구멍)　　⑤ fiebre(f)
⑥ tapada　　⑦ inconsciente　　⑧ escalofríos(pl)
⑨ gripe(f)　　⑩ derecho

2
① Sácame de aquí, por favor. Bájame la cuerda. Es muy profundo. Es que ayer me perdí buscando el camino a la cueva donde está 또는 estaba mi bisabuelo. Mi padre me dijo que se tardaría unas tres horas y media en llegar a ella.

② Pregúntale a Lola, que tiene más experiencia que tú. Como tú sabes, el castigo corporal 또는 físico no sirve para nada. Tienes que despertar a la realidad. Si alguien te echa una mano para ayudarte, deberías saber aceptarla para recibir la ayuda.

③ ¡Agárrate bien de la cuerda, por si acaso se viene abajo el techo! No será fácil hallar el cadáver de Luis bajo los escombros.

④ Las amas de casa tienden a padecer depresión clínica después de pasar un puente de tres días haciendo muchas faenas domésticas sin ayuda de su familia. En el caso de esta señora, se quemó la mano izquierda friendo gambas y calamares.

⑤ José, ¿qué tienes? Tienes los ojos rojizos. ¿Estás agotado? Y (tienes un cardenal en el ojo derecho(Esp)) 또는 (tienes el ojo derecho morado). ¿Te ha pegado alguien? ¿Cómo es que caíste de lado montando en bici? ¡Deberías haber tenido mucho cuidado! *morado 자주빛의 (형 purple)

⑥ Los dos asesinos se dieron cuenta de que habían matado a un político enormemente influyente y quemaron todo lo que pudiera ser prueba de su asesinato. Pero, de golpe, entró por la grieta de la pared una serpiente con un cocodrilo en la boca. Los dos, desconcertados, (se) echaron a correr hacia la puerta pero se resbalaron con espinacas que había 또는 estaban en el suelo y cayeron de espaldas.

⑦ Fue cuestión de tiempo. En un abrir y cerrar de ojos explotó la bomba. Y muchos rehenes resultaron gravemente heridos. Menos mal que los niños sufrieron solo heridas leves. Al final, los secuestradores dejaron de pedirle una gran cantidad de rescate al gobierno.

⑧ La muñeca junto con el muñeco de nieve nos recuerda a nuestra queridísima hija Ángela. La verdad es que no es fácil olvidar el pasado trágico en solo un año y medio. Andando descalzos por entre 또는 entre flores silvestres, sentimos que estamos viviendo con ella como en el pasado.

⑨ Mamá, ¿por qué has tenido apagado el teléfono? Hasta ahora Papá tampoco me ha contestado. Le he estado llamando desde hace dos horas. Es que Federico, sin darme cuenta, salió al jardín y se subió al árbol que está en el centro. Y ahora, mamá, él está pendiente de una rama, que amenaza con romperse.

⑩ Ella iba delante y su hijo atrás. De repente, ella sintió que les iba a pasar algo desagradable, porque se empezó a nublar y tronó dos veces. Al ver un relámpago a lo lejos, ella se volvió y vio que un oso estaba a punto de morder a su hijo. Ella gritó y (se) echó a correr hacia los dos. Y, como una loca, ella golpeó a la bestia salvaje.

Lección 14 Las comunicaciones (1)

1

① A: ¿De parte de quién? | B: De (parte de) Pedro.

② Ahora le paso la llamada.

③ Te paso con Mario.

④ ¡Por favor, contesta el teléfono!

⑤ ¡No cuelgue, por favor!

⑥ Estoy contestando una llamada perdida.

⑦ No hay ningún Mario por aquí. Seguramente se ha equivocado.

⑧ No hay nadie con tal nombre.

⑨ Mi novia no recibe mi llamada. Creo que está enfadada conmigo.

⑩ Cuelgue, por favor, que le llamo después.

⑪ La telefoneé dos veces, pero no contestó. No me devuelve la llamada.

⑫ Le mandé un mensaje por teléfono y no me responde todavía.

⑬ ¿Para qué está llamando? ¿Qué quería 또는 quiere?

⑭ ¿Podría darme su nombre y número de teléfono, por favor?

⑮ No cuenten conmigo. 또는 A mí no me incluyan.

⑯ Cuenten conmigo. 또는 Yo me apunto. *apuntar 메모하다, 겨냥하다 apuntarse (과정 따위에) 등록하다

⑰ ¿Me pone con el Sr. López, por favor?

⑱ Dile a José que se ponga.

⑲ No hagas llamadas falsas, que Dios te castigará.

⑳ No dejes de llamarnos cuando llegues allí. 또는 Llámanos sin falta al llegar allí. *sin falta 꼭

Lección 15 **Las comunicaciones (2)**

1 ① ahora mismo

② en seguida 또는 enseguida

③ ayer por la mañana 또는 (en) la mañana de ayer

④ mañana por la mañana(Esp)(AmL) 또는 mañana en la mañana(AmL)

⑤ para siempre 또는 eternamente

⑥ en menos de cuatro semanas 또는 antes de cuatro semanas

⑦ dentro de tres días

⑧ tres días después 또는 más tarde

⑨ siempre 또는 constantemente

⑩ entre semana 또는 durante la semana

⑪ a prinicipios 또는 comienzos de semana

⑫ tres días antes de

⑬ antes de las dos

⑭ a finales del invierno

⑮ a los 30 años 또는 a la edad de 30 años 또는 가끔 con 30 años

⑯ hacia (el) mediodía

⑰ a primeras horas de la mañana (아침 6~9시경),

a primera hora de la mañana (아침 바로 된 때) *por la mañana temprano 📵 early in the morning도 있음.

⑱ a media tarde

⑲ mientras tanto 또는 entre tanto, entretanto 또는 간단히 mientras

⑳ rara vez 또는 raras veces

2 ① 오늘날 ② 3년 전만 해도 ③ 한여름에 ④ 내년 이맘때쯤

⑤ 2시경에 ⑥ 90년대에 ⑦ 1990년대 ⑧ 2015년 상반기

⑨ 2016년 2/4분기 ⑩ 격일로 ⑪ 30분마다 ⑫ 밤마다

⑬ 30대 초반이다. ⑭ 30대 중반이다 ⑮ 30대 후반이다 ⑯ 30대가량 된다

⑰ 동이 트다, 아침을 맞이하다 ⑱ 날이 저물다 ⑲ 밤이 되다 ⑳ 어두워지다

Lección 16 **La reunión**

1 ① → (c) ② → (a) ③ → (b) ④ → (h) ⑤ → (j)

⑥ → (g) ⑦ → (i) ⑧ → (e) ⑨ → (k) ⑩ → (m)

⑪ → (d) ⑫ → (o) ⑬ → (n) ⑭ → (l) ⑮ → (f) *또는 con toda mi alma

2 ① → debilidad   ② → punto   ③ → mano   ④ → hueco
⑤ → ostra   ⑥ → realidad   ⑦ → vela   ⑧ → busca
⑨ → buscado   ⑩ → mismo

Lección 17 La presentación

1 ① → (a)   ② → (c)   ③ → (b)   ④ → (d)   ⑤ → (h)
⑥ → (k)   ⑦ → (e)   ⑧ → (j)   ⑨ → (f)   ⑩ → (g)
⑪ → (i)   ⑫ → (m)   ⑬ → (n)   ⑭ → (l)   ⑮ → (o)

2 ① → largo   ② → tiempo   ③ → alto   ④ → tiempo   ⑤ → mirada
⑥ → tiene   ⑦ → apetece   ⑧ → entrecejo 또는 ceño
⑨ → llevan 또는 conducen   ⑩ → libre

Lección 18 Las negociaciones

1 ① → (c)   ② → (a)   ③ → (b)   ④ → (e)   ⑤ → (h)
⑥ → (d)   ⑦ → (l)   ⑧ → (j)   ⑨ → (g)   ⑩ → (m)
⑪ → (k)   ⑫ → (f)   ⑬ → (i)   ⑭ → (n)   ⑮ → (o)

③ broncearse 또는 ponerse moreno 선탠하다
④ mar는 숙어적 용법 시 (f)일 경우가 있음.

2 ① → mano   ② → cariño   ③ → don   ④ → tonterías   ⑤ → dejar 또는 abandonar
⑥ → encuentro   ⑦ → leña   ⑧ → las   ⑨ → andadas   ⑩ → insultos

Lección 19 La oficina

1 ① → (b)   ② → (a)   ③ → (c)   ④ → (j)   ⑤ → (l)
⑥ → (d)   ⑦ → (e)   ⑧ → (n)   ⑨ → (f)   ⑩ → (g)
⑪ → (m)   ⑫ → (h)   ⑬ → (k)   ⑭ → (o)   ⑮ → (i)

⑦ ≠ faltar a su palabra

2 ① → dedos   ② → donde   ③ → cabo   ④ → hora   ⑤ → hora
⑥ → hora (치과, 미용실 등) 예약   ⑦ → nunca   ⑧ → cuenta   ⑨ → plazo
⑩ → que *(que yo) 대신에 (a la mía) 가능
② No hay ningún lugar donde descansar bien. 제대로 쉴 곳이 하나도 없다.
④ ¿qué hora tienes?도 가능.   ⑥ pedir hora 또는 concertar una cita 예약하다

Lección 20   **La discusión y la charla**

1   ① → (c)   ② → (b)   ③ → (l)   ④ → (d)   ⑤ → (g)

       ⑥ → (j)   ⑦ → (f)   ⑧ → (h)   ⑨ → (e)   ⑩ → (m)

       ⑪ → (a)   ⑫ → (n)   ⑬ → (i)   ⑭ → (k)   ⑮ → (o)

2   ① → benjamín   ② → pulgas   ③ → seda   ④ → bandeja   ⑤ → corre

       ⑥ → vigor (또는 vigencia)   ⑦ → corazón   ⑧ → pelo   ⑨ → gesto

       ⑩ → ancho

       ⑤ se rumorea que ~라는 소문이 나돌다

       ⑦ romper 대신 partir 가능

Lección 21   **El ocio y la familia**

1   ① → (c)   ② → (a)   ③ → (g)   ④ → (i)   ⑤ → (k)

       ⑥ → (f)   ⑦ → (j)   ⑧ → (l)   ⑨ → (n)   ⑩ → (h)

       ⑪ → (m)   ⑫ → (o)   ⑬ → (d)   ⑭ → (e)   ⑮ → (b)

       ④ = darse cuenta clara de, tomar conciencia de

2   ① → llaman   ② → perro   ③ → cara   ④ → tiro   ⑤ → tarde

       ⑥ → cuesta   ⑦ → sordo   ⑧ → meterme   ⑨ → gotas   ⑩ → gordo

Lección 22   **Los locales del vecindario**

1   ① → (g)   ② → (c)   ③ → (a)   ④ → (o)   ⑤ → (h)

       ⑥ → (i)   ⑦ → (j)   ⑧ → (m)   ⑨ → (l)   ⑩ → (d)

       ⑪ → (e)   ⑫ → (f)   ⑬ → (b)   ⑭ → (k)   ⑮ → (n)

       ② = como máximo, como mucho, a lo más

2   ① → asunto   ② → cosa   ③ → siente   ④ → tronco   ⑤ → palo

       ⑥ → zapato   ⑦ → furia   ⑧ → sacas   ⑨ → alto   ⑩ → ya

Lección 23   **El nacimiento, la vejez, la enfermedad y la muerte**

1   ① → (c)   ② → (o)   ③ → (a)   ④ → (i)   ⑤ → (j)

       ⑥ → (g)   ⑦ → (k)   ⑧ → (m)   ⑨ → (l)   ⑩ → (h)

       ⑪ → (f)   ⑫ → (n)   ⑬ → (d)   ⑭ → (e)   ⑮ → (b)

       ① a fin de cuentas, después de todo, al fin y al cabo = 영 after all

2 ① → caro　　② → diente　　③ → digno　　④ → testigo　　⑤ → más

　　⑥ → corriente　⑦ → poco　　⑧ → cirugía　　⑨ → narices　　⑩ → sé

Lección 24　**Los días festivos y las celebraciones**

1　① → (c)　　　② → (b)　　　③ → (h)　　　④ → (d)　　　⑤ → (a)

　　⑥ → (g)　　　⑦ → (l)　　　⑧ → (o)　　　⑨ → (m)　　　⑩ → (n)

　　⑪ → (i)　　　⑫ → (e)　　　⑬ → (j)　　　⑭ → (f)　　　⑮ → (k)

2　① → respecto　② → bicoca　　③ → menos　　④ → atajo　　⑤ → pan

　　⑥ → médula　　⑦ → fulano　　⑧ → deferencia　⑨ → llegaron　⑩ → último

　② bicoca = trabajo fácil 또는 ganga

　⑨ conmover 감동시키다(= enternecer), 뒤흔들다, 동요시키다(= perturbar)

　⑩ adicto/a al trabajo 일 중독자

문법편

국적 관련 어휘

	국가	남자	여자
한국	Corea	coreano	coreana
남한	Corea del Sur	surcoreano	surcoreana
북한	Corea del Norte	norcoreano	norcoreana
스페인	España	español	española
멕시코	México	mexicano	mexicana
칠레	Chile	chileno	chilena
아르헨티나	Argentina	argentino	argentina
베네수엘라	Venezuela	venezolano	venezolana
페루	Perú	peruano	peruana
브라질	Brasil	brasileño	brasileña
콜롬비아	Colombia	colombiano	colombiana
포르투갈	Portugal	portugués	portuguesa
도미니카공화국	la República Domicana	dominicano	dominicana
과테말라	Guatemala	guatemalteco	guatemalteca
온두라스	Honduras	hondureño	hondureña
엘살바도르	El Salvador	salvadoreño	salvadoreña
파나마	Panamá	panameño	panameña
에콰도르	Ecuador	ecuatoriano	ecuatoriana
파라과이	Paraguay	paraguayo	paraguaya
중국	China	chino	china
일본	Japón	japonés	japonesa
미국	(los) Estados Unidos	estadounidense	estadounidense
영국(잉글랜드)	Inglaterra	inglés	inglesa
영국(연합왕국)	el Reino Unido	británico	británica

독일	Alemania	alemán	alemana
러시아	Rusia	ruso	rusa
이스라엘	Israel	israelí	israelí
이라크	Irak	iraquí	iraquí
벨기에	Bélgica	belga	belga
덴마크	Dinamarca	danés	danesa
노르웨이	Noruega	noruego	noruega
룩셈부르크	Luxemburgo	luxemburgués	luxemburguesa
스위스	Suiza	suizo	suiza
네덜란드	Holanda	holandés	holandesa
오스트리아	Austuria	austriaco	austriaca
호주	Australia	australiano	australiana
스웨덴	Suecia	sueco	sueca
캐나다	Canadá	canadiense	canadiense
이집트	Egipto	egipcio	egipcia
이란	Irán	iraní	iraní
폴란드	Polonia	polaco	polaca
사우디아라비아	Arabia Saudí	saudí	saudí
나이지리아	Nigeria	nigeriano	nigeriana
파키스탄	Pakistán	pakistaní	pakistaní
터키	Turquía	turco	turca
태국	Tailandia	tailandés	tailandesa
말레이지아	Malasia	malayo	malaya
대만	Taiwán	taiwanés	taiwanesa
헝가리	Hungría	hungaro	hungara

정관사 artículo definido

el – la – lo 활용

	남성	중성	여성
단수	el	lo	la
복수	los	없음	las

① **남성 명사를 반복하지 않기 위해**

> Al respecto, el Gobierno español tiene una postura más activa que el coreano.
>
> 이와 관련해 스페인 정부는 한국 정부보다 더 적극적인 입장을 취하고 있다.
> *el (gobierno) coreano

② **여성 명사를 반복하지 않기 위해**

> Su manera de pensar es muy diferente de la de los surcoreanos.
>
> 그들의 사고방식은 남한(한국) 사람들의 것과는 사뭇 다르다.
> *la (manera de pensar) de los surcoreanos
> *ser diferene de /a ~ ~와는 다르다

③ **남성 복수명사를 반복하지 않기 위해**

> Los retos actuales que debemos encarar son más duros que los del pasado.
>
> 우리가 맞서야 하는 현재의 도전들은 과거의 것들보다 더 혹독한 것들이다.
> *los (retos) del pasado

④ **여성 복수명사를 반복하지 않기 위해**

> Las mujeres de antes tenían menos oportunidades de desarrollar su talento e imaginación que las de hoy.
>
> 예전의 여성들은 현대 여성들보다는 자신들의 재능과 상상력을 계발할 수 있는 기회가 덜 주어졌었다.
> *las (mujeres) de hoy

⑤ [중성 정관사 lo] + [형용사 또는 과거분사] = 추상 명사

> Hay que distinguir lo positivo y lo negativo que nos traerá esta nueva ley.
>
> 이 새 법이 우리에게 가져올 긍정적인 점과 부정적인 점을 구별해야 한다.

⑥ lo de ～의 일

> ¿Sabes lo de José Luis?
>
> 너, 호세 루이스의 일을 알고 있니?

> Niños, no dejéis lo de hoy para mañana.
>
> 얘들아, 오늘의 것(일)을 내일로 미루지 말아라.

⑦ lo 이용 강조 용법

> Ahora ya sabemos lo generosas que son las amas de casa de este barrio.
>
> 지금 이미 저는 이 동네 주부들의 인심 좋음을 알겠네요.
> *sabemos que las amas de casa de este barrio son generosas에서 형용사 generosas를 강조하고자
> saber 바로 뒤에 놓은 뒤 saber 동사의 목적어가 되려면 명사화시켜야 하므로 위의 ⑤번 용법을 이용한다.

> Es increíble lo bien que funcionan las palancas que tiene el hombre.
>
> 그 남자가 가지고 있는 빽들이 힘을 발휘하는 솜씨는 믿을 수 없을 정도다(엄청나다).
> *funcionan bien las palancas에서 부사 bien을 강조하고자 문장 앞으로 보내고 es의 주어가 되려면 명사화시켜야
> 하는데 이 경우에도 lo를 사용한다.

관사를 생략할 수 있는 경우가 있습니다.

Hablo bien (el) español. = Hablo español bien.	난 스페인어를 잘한다.
Suiza es un país, donde el coste de (la) vida es elevado pero estable. *el nivel de vida *el nivel del mar	스위스는 생활비가 높지만 안정적인 나라다. *inestable 불안정한 *estabilizar 안정화시키다 생활수준(명 standard of living) 해수면(명 sea level)

비교급comparativo 심화

① **비교 대상이 부사 또는 부사구인 경우**

> En las Filipinas llueve más que en Corea.
>
> 한국보다는 필리핀에서 비가 더 많이 내린다.   * las (Islas) Filipinas 관사도 생략 가능

② **비교 대상이 간접 또는 직접목적인 경우**

> Juan te ama más que a mí.
>
> 후안이 나(를 사랑하기)보다는 너를 더 사랑한다. → que me (×) * me는 동사가 동반되어야 합니다!
> * Juan te ama más que yo. 후안이 나보다(= 내가 널 사랑하는 것보다) 더 너를 사랑한다.

> Exportamos más automóviles que semiconductores.
>
> 우리는 반도체보다는 자동차를 더 많이 수출합니다.

③ **비교 대상이 [lo+형용사] 또는 [lo+p.p.]인 경우, 즉 중성 정관사 lo가 사용되면 que(~보다)가 아니라 de 사용**

> El presidente del Gobierno llegó tres horas más tarde de lo previsto.
>   보다   예정(상)된 것
>
> (스페인) 총리는 예정된 것보다 3시간 더 늦게 도착했다.   * más de lo normal 정상적인 것보다

④ **비교 대상이 절이면서 형용사나 부사에 대한 것을 대상으로 하거나 creer류의 추상적 헤아림의 동사가 사용되면서 lo를 사용하는 문형인 경우 de lo que 사용**

> Ella es más guapa de lo que parece en la tele.
>   보다
>
> 그녀는 TV에서 보여지는 것보다 더 예쁘다.
> * 형용사 guapa에 대한 비교 문장으로 parecer의 주어 ella는 생략할 수 있습니다.

> Los españoles creen ser más altos y delgados de lo que realmente son.
>   보다
>
> 스페인 사람들은 실지의 자신들보다 더 키가 크고 말랐다고 생각하고 있다.
> * 형용사 alto와 delgado에 대한 비교 문장으로 son의 주어는 ellos = los españoles로 생략되었습니다.
> * lo que son (ellos) = 명 what they are

> Eres más guapa de lo que crees.
>   보다
>
> 넌 네가 생각하는 것보다 더 예쁘단다. * de lo que crees = 명 than you think

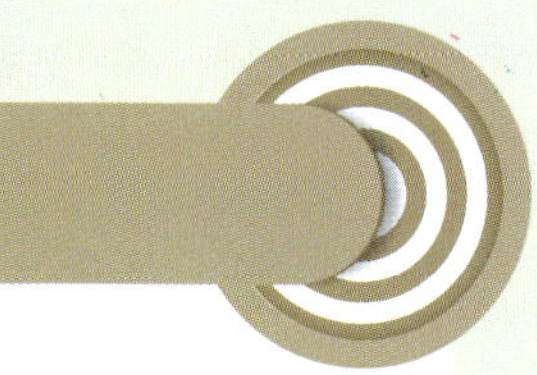

El país asiático exporta más de lo que importa.
보다

이 아시아 국가는 수입하는 것보다 수출을 더 한다.
*[수출하다]와 [수입하다] 중에 더 많이 하는 것에 대한 비교 문장입니다.

Ellos tienen más dinero de lo que crees.
보다

그들은 네가 생각하는 것보다 더 많은 돈을 가지고 있단다.   *추상적 헤아림의 creer 사용
*dinero de lo que crees로 주로 사용하지만 아래 ⑤번 문법을 적용해 dinero del que crees로 사용하기도 함

El país europeo exporta más automóviles de lo que importa semiconductores.
보다

이 유럽 국가는 반도체보다는 자동차를 더 많이 수출합니다.
*[반도체 수입하다]와 [자동차 수출하다] 중에 더 많이 하는 것에 대한 비교 문장입니다.
*⑤번 예문과 주의해서 비교하세요!

---

⑤ 비교 대상이 절이면서 구체적 명사에 대한 비교인 경우 성·수에 따라 del que, de los que, de la que, de las que 사용

Mi hermano gasta más dinero del que gana.
del (dinero) que

내 동생은 버는 것(돈)보다 더 많이 돈을 지출한다.
* 지출하고 벌어들이는 공통의 구체적인 남성 단수명사 dinero에 대한 것으로 del que 사용
* 상기 문형은 Mi móvil es más grande que el (móvil) que tenía antes와 같이 두 개의 명사 또는 명사구를 바로
  비교한 문형과는 다름 (현재의 나의 핸드폰) vs (이전의 것)

Luis tiene más libros de los que necesitas.
de los (libros) que

루이스는 네가 필요한 것보다 더 많은 책들을 가지고 있다.
*tener와 necesitar의 공통의 구체적 남성 복수명사 libros에 대한 것으로 de los que 사용

Esta casa tiene más habitaciones de las que necesita mi familia.
de las (habitaciones) que

이 집은 내 가족이 필요로 하는 것보다 방이 더 많아.
*tener와 necesitar의 공통의 구체적 여성 복수명사 habitaciones에 대한 것으로 de las que 사용

Este país exporta más automóviles de los que importa.
de los (automóviles) que

이 나라는 자동차 수입보다 수출을 더 많이 한다.
*수출하고 수입하는 공통의 구체적인 남성 복수명사 automóviles에 대한 것으로 de los que 사용

확인!! ④ vs ⑤

Ella habla más coreano del que lee.

⑤ 문법 적용: 공통의 명사 대상 → 한국어를 읽는 것보다는 말을 더 한다.

Ella habla más griego del que escribe.

⑤ 문법 적용: 공통의 명사 대상 → 그리스어를 쓰는 것보다 말을 더 한다.
*④번 문법 [형용사]에 대한 것을 적용해 (더 많은 그리스어)로 분석해 de lo que를 사용하지 않습니다.

Ella habla mejor el japonés de lo que lo escribe.

④ 문법 적용: [일본어를 쓰는 것]과 [일본어를 말하는 것] 중에 더 잘(mejor), 부사에 대한 것
   → 그녀는 일본어를 쓰는 것보다는 말하는 걸 더 잘한다.

Creo que tú hablas peor el chino de lo que puedes leerlo.

④ 문법 적용: [중국어를 읽는 것]과 [중국어를 말하는 것] 중에 더 안 좋게(peor), 부사에 대한 것
   → 난 네가 중국어를 읽을 수 있는 것보다는 말하는 걸 더 못한다고 생각해.

⑥ **비교 문장 시 형용사, 부사, 명사 강조하는 경우 mucho 사용**

Tú eres mucho más egoísta que José.

너는 호세보다 훨씬 더 이기적이다.

José tiene muchas más revistas que yo.

호세는 나보다 훨씬 더 많은 잡지들을 갖고 있다.

⑦ **영어 even more(더더욱)의 경우 aún más 또는 todavía más 사용**

Se hace aún más fuerte la competencia entre las dos damas por comprar esa corona de diamantes puesta en subasta el día anterior.

전날에 경매에 나온 그 다이아몬드 왕관을 구매하려는 두 숙녀 간의 경쟁이 더더욱 치열해진다.

⑧ **비교법 + 정관사 = 최상급**

El café es la bebida que más me gusta.

커피는 내가 가장 좋아하는 음료이다.

Chile es el tercer país con mayor consumo de petróleo en la región.

칠레는 이 지역에서 세 번째로 가장 큰 석유 소비 국가이다.

Lo que más me gusta hacer es bailar.

내가 가장 하기 좋아하는 건 춤추는 거야.　＊비교급 más와 중성 정관사 lo가 사용되었습니다.

⑨　más que　〜라기보다는

Los dos son conocidos, más que amigos.

그 둘은 친구라기보다는 아는 사이란다. = Los dos no son amigos, más bien conocidos.
＊más bien 오히려

⑩　기타 비교급에 사용되는 antes, mayor, preferir, cada día 예문

El corredor de maratón europeo pasó por (la) meta antes que el de Etiopía.

그 유럽 마라톤 선수가 이디오피아 선수보다 더 먼저 결승선에 들어왔다.
＊meta 목표, 결승선　＊área de meta 골에어리어

Cuando me siento incomprendido por mis compañeros, cierro la boca antes que discutir con ellos.

난 동료들로부터 이해받지 못한다고 느낄 때면 그들과 말다툼하기보다는 입을 다문다.

Yo preferiría morir a casarme con él. 또는 Moriré antes que casarme con él.

그와 결혼하느니 차라리 죽겠어요.

Cada vez tenemos menos voluntad de llevar a cabo la reforma política, debido al escaso apoyo de los ciudadanos.

우리는 점점 더 정치 개혁을 할 의지가 적어진다, 왜냐하면 시민들의 지지가 희박하기 때문이다.
＊cada vez 매번, 점점 더 (비교급과 함께)　＊위 예문에서 cada día로 대체 가능합니다.

Mi caja fuerte es de mayor tamaño que la tuya.

내 금고가 너의 것보다 더 큰 크기를 가졌다.
＊이 경우 mayor가 사용된 점을 주목합니다.
＊Esta caja es más grande que esa. 이 박스는 그것보다 더 크다.

양보 문장 oración concesiva

aunque와 비슷한 표현으로 a pesar de que, aun cuando 등이 있고 si bien 은 접속법 현재와는 같이 사용하지 않습니다. 왜냐하면 si 다음에 접속법 현재는 사용하는 경우가 없기 때문입니다.

① **por más/mucho (명사) que + 직설법/접속법** *aunque와 같은 용법으로 사용

por más que estudia Pedro, ...	뻬드로가 비록 많이 공부는 하지만서도… (직설법 – 사실로 받아들인 경우)
por más que estudie Pedro, ...	뻬드로가 제아무리 많이 공부한다 할지라도… (접속법 – 사실로 받아들이지 않은 경우나 불확실한 가정)

명사와 함께 올 수도 있습니다.

por más dinero que tiene Pedro, ...	뻬드로가 비록 많은 돈을 갖고 있지만서도… (직설법 – 사실로 받아들인 경우)
por más dinero que tenga Pedro, ...	뻬드로가 제아무리 많은 돈을 갖고 있다 할지라도… (접속법 – 사실로 받아들이지 않은 경우나 불확실한 가정)
Por más esfuerzos que hagas, no podrás hacer una máquina del tiempo para viajar al pasado.	네가 아무리 노력할지라도 과거로 갈 타임머신을 만들 수는 없을 것이다.

② **por 형용사/부사 que + 접속법** *이 문형은 과거에 이미 분명히 발생한 표현이 아니라면 접속법을 수반함.

por bueno que sea el dinero, no lo quiero.	돈이 제아무리 좋다고 할지라도 난 원하지 않아.
Por (muy) pobre que sea Pedro, no lo hará.	뻬드로가 설사 아무리 가난하다고 할지라도 그것을 하지는 않을 것이다. *강조하면서 muy, más, menos 등을 사용
Por muy bonita que sea esa casa, no la comprarán.	설령 그 집이 아무리 예쁘다고 할지라도 그들이 구입하지 않을 것이다.

틀리기 쉬운 구문 10개

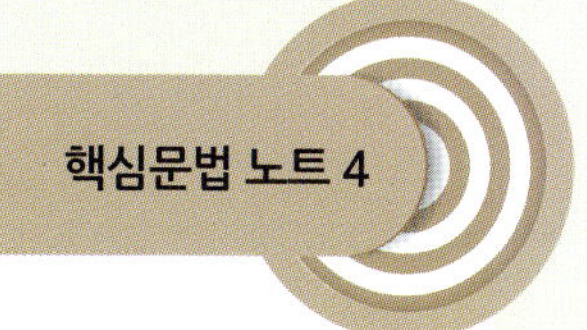

✽ Las diez oraciones que fácilmente confunden a los coreanos
한국인들이 쉽게 혼동하는 문장 10개

1. No siempre desayuno.	항상 아침을 먹는 것은 아니다. → 안 먹을 때도 있다. ＊ 만일 '늘 아침을 먹지 않는다', 즉 '결코 (한 번도) 아침을 먹지 않는다.'라고 하려면 No desayuno nunca. 혹은 Nunca desayuno.라고 말해야 합니다. 한국어가 좀 헷갈려 스페인어에 영향을 끼칩니다.
2. No hay algo de comer. (X)	뭔가 먹을 게 없네요. ＊ 틀린 문장입니다. '뭔가 먹을 게 없다', 즉 '아무것도 먹을 게 없다'라고 하려면 부정어를 사용합니다. → No hay nada de comer.
3. ¿Por qué no comes más?	더 먹으렴. ＊ 끝을 높여 읽으면 '왜 더 먹지 않니?', 내려 읽으면 '더 먹지 그래.'라는 청유형이 됩니다.
4. ¿Qué cuentas? ¿Qué me (또는 te) cuentas?	어때 별 일 없고? ＊ 인사말로서 직역하면 '무엇을 너는 말하니?'이고 영어 What's up?이나 How're things?와 비슷한 표현입니다.
5. No fumo ni en la oficina ni en casa.	나는 사무실에서도 집에서도 담배를 피우지 않는다. ＊ 긍정문으로 하면 Fumo tanto en la oficina como en casa.입니다.
6. Ni María ni Pedro no vienen. (X)	마리아도 뻬드로도 오지 않는다. ＊ 틀린 문장입니다. 이미 부정어 ni 가 있으므로 no 가 없어야 합니다. → Ni María ni Pedro vienen. = No vienen ni Pedro ni María.
7. ¿Qué es el problema? (X)	문제점이 뭔데? ＊ 틀린 문장입니다. 정의를 내릴 경우 qué를 사용하는 데 '문제가 뭐니?' 즉, 어떤 문제점을 갖고 있느냐고 할 경우, 이런저런 문제 중 어느 것이냐는 질문이므로 cuál을 사용합니다. → ¿Cuál es el problema? ¿Qué es lo más importante del proyecto? 프로젝트의 가장 중요한 점은 뭐예요? ＊ 중성 lo가 오면 que를 사용함.

8. A: ¿No te vas?
   B: <u>No</u>, no me voy.

너 안 가니?
<u>응</u>, 안 가.

9. Ella trabaja tan mucho como
   nosotros. (X)

* 틀린 문장입니다. '그녀는 우리만큼 그렇게나 (많이) 공부합니다.'라는 동등비교는 Ella trabaja tanto como nosotros.입니다. tan은 독립적으로 사용하지 않고 뒤에 형용사나 부사가 와야 사용이 가능한데, 그러나 tan mucho는 없습니다. tanto 자체가 '그렇게나 많이, 그렇게나 많은' 이란 뜻입니다.

10. No salgo sin que (yo) apague
    la luz. (X)
    No salgo sin (apagar) 또는
    (haber apagado) la luz. (O)

* 주어가 같은 경우 아래 문장이 옳습니다.

강조 énfasis

① **주어를 강조하면서** *Pedro tiene mucho dinero.

Pedro es el que tiene mucho dinero.
= Es Pedro el que tiene mucho dinero. *도치시켜 많이 사용함.
= Es Pedro quien tiene mucho dinero.

돈 많은 사람은 바로 뻬드로다.
*영어 it that 강조 구문과 같은 강조 구문입니다.
  Pedro를 강조시킨 것으로 el que(∼하는 사람) 또는 quien(∼하는 사람)으로 사용 가능합니다.

여성 주어 복수를 강조하면서 *Ana y María quieren verte.

Son Ana y María las que quieren verte.

너를 보고 싶어 하는 사람들은 아나와 마리아다.

② **직접목적어를 강조하면서** *Amo a Lola.

A Lola es a la que amo.
= Es a Lola a la que amo. *도치시켜 많이 사용함.

내가 사랑하는 사람은 롤라다.

남성 직접목적어를 강조하면서 *Amo a Jaime.

A Jaime es al que amo.
= Es a Jaime al que amo.

내가 사랑하는 사람은 하이메다.

*Te quiero.

A quien quiero es a ti.
= Al que quiero es a ti.
= A la que quiero es a ti. (여자)
= Es a ti a quien quiero.

내가 사랑하는 사람은 너라고.

③ **간접목적어를 강조하면서**   *Le estoy escribiendo **a mi padre**.

> A mi padre es al que estoy escribiendo.
> = Es a mi padre al que estoy escribiendo.
>
> 내가 편지글을 쓰는 대상은 바로 나의 아버지입니다.

④ **장소를 강조하면서**   *Estudiamos **en la biblioteca**.

> En la biblioteca es donde estudiamos.
> = Es en la biblioteca donde estudiamos.
>
> 도서관은 우리가 공부하는 곳입니다. / 우리가 공부하는 곳은 도서관입니다.

*Pesco salmón **aquí**.

> Aquí es donde pesco salmón
> = Es aquí donde pesco salmón.   *선호되는 어순
>
> 내가 그 연어를 낚시하는 곳이 여기에요.

⑤ **방식을 강조하면서**   ***Así** surgieron los superhéroes.

> Así fue como surgieron los superhéroes.
> = Fue así como surgieron los superhéroes.   *도치됨.
>
> 슈퍼 영웅들이 나타난 건 그렇게 된 것이었죠. (영 that was how ~)
> *así como의 다른 뜻으로 [영 as well as] 또는 [영 the same way as]와 혼동하지 마세요!

⑥ **때를 강조하면서**   ***En esta etapa del paleolítico** el hombre llegó al nuevo continente.

> Parece probable que en esta etapa del paleolítico fuera cuando el hombre llegó al nuevo continente.
>
> 인간이 신대륙에 온 시기는 바로 구석기의 이 단계 때라는 게 가능성 있는 말인 듯싶다.
> *fuera 대신 haya sido를 쓸 수 있습니다.

* 스페인은 공식어가 여러 개이고 그중에서 Castilla 에서 사용하는 castellano 가 전체 스페인과 중남미에서 사용되는 스페인어입니다.

español	inglés	coreano
(뜻 차이)		
en realidad	actually	실제로
actualmente	currently	현재
realizar	realize	실현하다
darse cuenta de	realize	깨닫다
manifestación	demonstration	시위
(관사 용법)		
en el futuro	in the future	미래에
en un futuro cercano	in the near future	가까운 미래에
poder del amor	power of love	사랑의 힘
sentido del humor	sense of humor	유머 감각
(철자 주의)		
ocurrir	occur	발생하다
desnuclearización	denuclearization	비핵화
respetar	respect	존경하다
erradicar	eradicate	근절하다
aceptar	accept	수락하다
demostración	demonstration	입증
(접두어 차이)		
desfavorable	unfavorable	불리한
ilimitado	unlimited	제한 없는
inesperadamente	unexpectedly	예상치 않게
(기타)		
a toda costa	at all costs	어떤 대가를 치르더라도
*costa(해안)의 뜻도 있음.		
fuerza de voluntad	willpower	의지력
todo tipo de	all kinds of	모든 종류의
porque sí	just because	그냥(그러니까)
porque no	just because	그냥(안 그러니까)
por si acaso	just in case	~일까 봐, 혹시나 해서
¿Es ella bonita?	Is she pretty?	그 여자는 예쁘니?
Sí, mucho.	Yes, very.	어, 매우.

스페인 & 라틴아메리카 España & Latinoamérica

* Hispanoamérica는 스페인어를 사용하는 아메리카를, Iberoamérica는 스페인어와 포르투갈어를 사용하는 아메리카를 뜻합니다.

España	Hispanoamérica	Corea
coste de vida ¿Quieres venir al cine conmigo?	costo de vida ¿Quieres ir al cine conmigo?	생활비 나랑 영화 보러 갈래?

스페인어를 100% 구별하여 어느 나라 스페인어라 말하기는 어렵습니다. 스페인도 중남미도 넓은 지역에 지방마다 나라마다 또는 사람마다 말하는 법이 다를 수가 있습니다. 세계화 시대(la era de la globalización)에 발맞춰 열린 마음으로 앞으로 방문하게 될 현지에서 스페인어의 다양성을 많이 즐기시기 바랍니다!

불완료과거 & 부정과거 imperfecto & pretérito

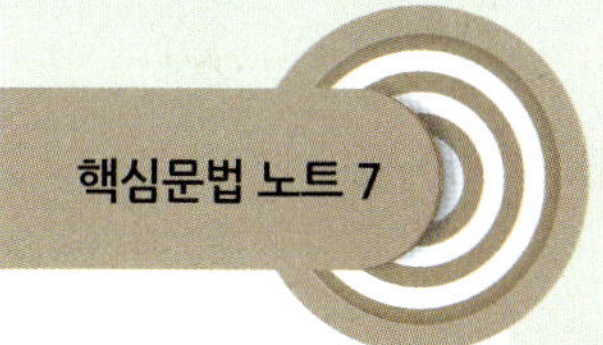

불완료과거

posar 포즈를 취하다	
posaba	posábamos
posabas	posabais
posaba	posaban

ascender 승진하다	
ascendía	ascendíamos
ascendías	ascendíais
ascendía	ascendían

reñir 꾸짖다	
reñía	reñíamos
reñías	reñíais
reñía	reñían

① **과거 습관적 사실을 말할 때**

Mi cuñado solía decirme que no le gustaba verme fumar y no dejaba de regañarme por fumarme la clase. Es decir que le fastidiaba mi rebeldía de púber. A pesar de todo, me gané la simpatía de toda la familia de mi cuñado, desde luego, excepto la de él.

해석

나의 매형은 내가 담배 피우는 모습을 보는 것이 맘에 안 든다고 늘 나에게 말하곤 했고 내가 수업을 땡땡이치는 걸 혼내는 것을 빼먹지 않았었다. 즉, 그는 사춘기 아이로서의 나의 반항심에 짜증이 났던 것이다. 이런 모든 것에도 불구하고 나는 매형 가족 모두의 호감을 얻었다, 물론 매형(의 호감)은 빼고 말이다.

단어 연구

no dejar de inf. ~를 꼭 하다, ~를 중단하지 않다 | **regañar** 꾸짖다 | **fumarse** ~를 땡땡이치다 | **es decir que** 다시 말해 ~이다 | **fastidiar** 짜증나게 하다 | **rebeldía** 반란, 반항 | **púber**(m)(f) 사춘기 아이 | **a pesar de** ~임에도 불구하고(= pese a) | **ganarse la(s) simpatía(s) de** ~의 호감을 얻다 | **desde luego** 물론

② **나이 등 과거의 때를 언급할 때**

Cuando yo tenía 16 años, lo conocí. Era un chico muy callado. Los sábados montábamos en bicicleta, sin hablarnos demasiado. Pero las cosas comenzaron a cambiar. Cuando éramos universitarios, él siempre tenía muchas cosas que contarme. Pensé que él ya no era lo que había sido. Yo tenía razón. Cuando yo estaba en tercer año, me di cuenta de que él me adivinaba el pensamiento. ¡Y me enteré de que él era un vampiro!

해석

내가 열여섯 살이었을 때 그를 알게 되었다. 그는 말수가 적은 남자애였다. 토요일마다 우리는 자전거를 타곤 했다, 서로 별말을 하지 않고서 말이다. 그러나 상황이 바뀌기 시작했다. 우리가 대학생이었을 때 그는 내게 해 줄 말을 참 많이도 가지고 있었다. 난 그가 이제 더는 예전의 그 사람이 아니라고 생각했다. 내가 맞았다. 내가 3학년이었을 때 난 그가 내 마음을 읽고 있다는 것을 깨달았다. 그리고 알게 되었다, 그가 뱀파이어라는 것을!

단어 연구

callado 말이 없는 | **montar**(Esp) 또는 **andar**(AmL) **en bici(cleta)** 자전거를 타다 | **darse cuenta de** 깨닫다 (= caer en la cuenta de) | **adivinar** 때려 맞히다, 알아맞히다, 찍다(영 guess) | **enterarse de** ~ 사실을 들어 알다 | **vampiro**(m) 뱀파이어 *Drácula 드라큘라 *monstruo(m) 괴물 *zombi(m) 좀비 *fantasma(m) 유령

③ **과거 당시의 상황을 묘사하면서**

En todo el pueblo predominaba un ambiente lúgubre. El sacerdote vio un bar y entró. Había unos vecinos. Las ventanas del bar estaban abiertas de par en par y por ellas entraba una brisa fría. El sacerdote encontró a una viejecita en un rincón. Ella estaba haciendo punto silenciosamente. Mientras tanto, un vaquero joven hablaba con el camarero. Este mostraba su buen humor con el jovencito, que tenía cara de borracho. El sacerdote notó que el joven se encontraba fatal.

해석

마을 전체에 어두운 분위기가 감돌았다. 사제는 술집을 보고 안으로 들어갔다. 몇몇 마을 주민들이 있었다. 창문들은 활짝 열려 있었고 이를 통해 차가운 산들바람이 들어오고 있었다. 사제는 구석에 한 할머니가 있는 것을 보았다. 노인은 조용히 뜨개질을 하고 있는 중이었다. 그러는 한편 한 젊은 카우보이가 웨이터와 말하고 있었다. 웨이터는 그와 함께 하며 유쾌한 모습을 보이고 있었고, 카우보이는 취한 얼굴을 하고 있었다. 사제는 젊은이의 기분이 엉망임을 알아챘다.

단어 연구

predominar 지배적이다 | **lúgubre** 암울한 | **sacerdote** 사제 | **vecino** 이웃 사람 | **de par en par** 활짝 | **brisa** 산들바람 | **viejecita** vieja 축소형 | **rincón**(m) 구석 | **hacer punto** 뜨개질하다 = tejer(AmL) | **vaquero** 카우보이, 청바지(pl) | **buen humor** 유쾌 | **encontrarse fatal** 기분이 엉망이다

④ **과거 당시 시각을 말할 때**

Eran las cero y cinco. El coronel se dio cuenta de que los cazabombarderos ya habían despegado. Así él cumplió con lo que le había prometido al capitán. Aliviado, el coronel salió del cuartel. Ya era la una y media de la madrugada. De camino a su casa él siguió pensando en cómo salvar a los extraterrestres y ayudarlos a regresar, sanos y salvos, a su planeta en su nave espacial. A estas alturas, ya no les dan miedo estos seres extraños a los científicos. El coronel murmuró que ya era hora de tomar una decisión.

해석

0시 5분이었다. 대령은 전투 폭격기들이 이미 이륙했음을 깨달았다. 이로써 그는 대위에게 했던 약속을 지켰다. 안도가 된 대령은 병영을 나왔다. 새벽 1시 반이었다. 집으로 가는 길에 그는 어떻게 외계인들을 구해서 자신들의 우주선을 타고 무사히 그들의 별로 돌아가게끔 도울 수 있을지 계속 생각해 보았다. 이때쯤에는 더 이상 과학자들은 이 낯선 존재들이 두려움의 대상이 아니었다. 대령은 결정해야 할 시간이라고 중얼거렸다.

단어 연구

coronel(m)(f) 대령 | **cazabombardero**(m) 전투 폭격기 | **aliviado** 안도하는 | **cuartel**(m) 병영 | **salvar** 구하다 | **extraterrestre**(m)(f) 외계인 | **sano y salvo** 무사한, 탈없는 | **nave**(f) **espacial** 우주선 | **a estas alturas** 지금에는 | **ser**(m) 존재 | **extraño** 낯선, 이방인 | **murmurar** 중얼거리다 | **es hora de inf.** ~할 시간이다

⑤ **hace와 함께하는 경우**

Hasta hace poco los cineastas pasaban por alto el talento que tenía este actor secundario para resaltar las actuaciones de los protagonistas de manera silenciosa pero sustancial. No cabe duda de que él tenía cabeza para ayudarlos a todos a lucir en las escenas más importantes de una película. Lo que pasa es que hace apenas tres años Alberto Muñoz era un taxista. Él decidió trabajar en el cine cuando les leía un cuento de hadas a sus hijas, el cual empezaba así : 《Érase una vez un payaso, que se llamaba Alberto......》.

해석

최근 얼마 전까지만 하더라도 영화인들은 이 조연 배우가 주연들의 연기를 조용히 그러나 실질적으로 빛이 나게 드러나도록 해 주는 재능을 간과하고 있었다. 확실히 그는 영화의 가장 중요한 장면들에서 모든 이들이 돋보이게끔 도와주는 머리를 가지고 있었다. 사실 불과 3년 전만 해도 알베르또 무뇨스는 (남들과 같은)(그저) 택시기사였다. 그가 영화계에서 일하기로 결정한 것은 딸들에게 동화를 하나 읽어 줄 때였다. 동화는 다음과 같이 시작되었다 : 《아주 아주 옛날에 광대가 한 명 살고 있었다. 그의 이름은 알베르또였고…》.

> **단어 연구**
>
> **hace** ~전에 | **cineasta** 영화인 | **pasar por alto** 간과하다 | **resaltar** 부각시키다 | **protagonista**(m)(f) 주인공 | **de manera silenciosa** 조용히, 묵묵히 | **sustancial** 실질적인 | **no cabe duda de que** ~를 의심할 바가 없다 | **ayudarlos (a todos)** 그들 (모두를) 도와주다 | **lucir** 빛나다 | **escena** 장면, 무대(=escenario) | **lo que pasa es que** 실은 | **apenas** 거의 ~아니다, 간신히, 겨우, ~하자마자 | **decidir** 결정하다 | **cine**(m) 영화관, (장르) 영화 *una película 한 편의 영화 | **cuento de hadas** 동화 | **hada** 요정 | **el cual** 관계대명사로 cuento를 받음. | **payaso**(m) 남자 광대(영 clown)

⑥ hacía와 함께하는 경우

> Cuando vivíamos en la casa de campo mi nuera y yo nos llevábamos muy bien desde hacía tres años. Sin embargo, yo no sabía que ella me ocultaba una cosa. Ya hacía un año que mi nuera tenía pensado marcharse para siempre.

> **해석**
>
> 시골 별장에서 나의 며느리와 나는 당시로부터 3년 전부터 서로 아주 사이가 좋았다. 그럼에도 불구하고, 나는 몰랐다, 며느리가 한 가지를 숨기고 있었다는 것을 말이다. 며느리는 아주 떠나 버리기로 생각한 지 1년이나 되고 있었던 것이다.

> **단어 연구**
>
> **masía** 시골 별장 | **nuera** 며느리 | **llevarse bien** 사이 좋게 지내다 | **ocultar** 숨기다(= esconder) | **hacía**+기간+**que**+**불완료과거** 그때는 ~한 지 ~만큼 되고 있었다 | **tiene pensado inf.** ~할 것을 생각해 놓고 있다 | **para siempre** 영구히, 이것으로 아주 *siempre, constantemente 영원히 | **marcharse** 떠나가다(= irse) |
> *hacía+기간+que+**과거완료** 그때는 ~한 후 ~만큼 시간이 흘렀다
> 예 Hacía tres días que ellos se habían ido. 그들이 가 버린 지 3일이 되고 있었다.

*Yo iba a estudiar.
  나는 공부하려고 했다. (I was going to study)
  나는 공부하러 가곤 했다.
  나는 공부하러 가고 있는 중이었다.

*Yo fui a estudiar.
  나는 공부하러 갔다. (I went to study)

부정과거

① Hace una semana el presidente del Gobierno de España lo declaró claramente en las Cortes.

스페인 총리는 일주일 전에 (스페인) 의회에서 그것을 분명하게 선언했다.
* 한 시점에 발생한 부정과거 사용

② La ardilla le dijo al murciélago que el saltamontes y el grillo habían dejado el bosque.

다람쥐는 박쥐에게 메뚜기와 귀뚜라미가 숲을 떠났다고 말했다.
* 한 시점에 발생한 부정과거 사용

③ Hace una semana que salió a la luz un nuevo escándalo relacionado con el fondo secreto ilegal.

불법 비자금 관련 새로운 스캔들이 밝혀진 게 일주일 전이었다.
*한 시점에 발생한 부정과거 사용

④ Las víctimas quedaron atrapadas durante tres días bajo los escombros del avión, el cual se había estrellado contra el pico de una montaña situada en esa cordillera.

그 산맥에 위치한 산봉우리에 충돌해 산산조각이 났던 비행기 잔해에 희생자들이 3일 동안 갇혀 있었다.
* 특정 기간

⑤ La aldea de los enanos estuvo en manos del dragón durante mucho tiempo.

난쟁이 마을은 오랫동안 그 용의 수중에 있었다.
*mucho tiempo는 특정 기간이라 부정과거 사용

⑥ ¿Cuánto tiempo fue el capitán del transbordador?

얼마 동안 그 여객선의 선장이었나요?
*cuánto tiempo라는 특정 기간을 물으면서 부정과거 사용

직설법 & 접속법 indicativo & subjuntivo

① 직설법 미래 (영 will)

강세 부호를 제대로 찍지 않으면 접속법 과거시제로 됩니다.

예 mezclar 혼합하다

직설법 미래	접속법 과거
mezclaré	mezclara
mezclarás	mezclaras
mezclará	mezclara
mezclaremos	mezcláramos
mezclaréis	mezclarais
mezclarán	mezclaran

La declaración alude a la necesidad de limitar la subida de las temperaturas en dos grados con respecto al nivel de 1900, aunque no fija qué medidas se adoptarán para ello. El texto también establece la financiación que los países ricos destinarán a la mitigación y adaptación al cambio climático de las naciones en vías de desarrollo.

해석

선언문은 비록 이를 위해 어떤 조치를 할지 정하지는 않고 있지만 1900년 수준 대비 2도로 기온상승을 제한시킬 필요성을 내용으로 담고 있다. 선언문은 또한 선진국들이 개도국들의 기후변화 감축 활동 및 대응에 할당할 자금 지원을 규정하고 있다.

단어연구

aludir a 넌지시 비추다, 언급하다, 암시하다, 내용을 담고 있다 | **se adoptarán** 채택되어질 것이다(수동) | **financiación**(f) 자금 조달, 자금 지원 | **destinar** ~ 용도로 돌리다(영 allocate) | **mitigación**(f) 감축 | **adaptación**(f) 적응 ＊adaptarse a ～에 적응하다

② 직설법 가능법 (영 would)

○ Juan me prometió que les daría sendos vales de regalo.
후안은 그들에게 각각 하나씩 상품권을 주겠노라고 내게 약속했다.
＊el vale 바우처
＊me prometió darles sendos...라고 할 수도 있습니다
＊과거에서 바라본 미래로 daría(가능법 시제)가 사용되었습니다.

○ Ella nos dijo que le visitaría. = Ella nos dijo que iba a visitarle.
그녀는 그를 방문할 것이라고 우리에게 말했다.

③ **직설법 현재완료 (图 have p.p.)**

완료시제 조동사 haber 바로 뒤의 p.p.는 성·수 변화가 절대 없음에 유의합니다.

> She has never been to Egypt.
>
> Nunca ha estado en Egipto.
> Nunca hemos estado en Egipto.

완료시제 수동태의 경우 ser 동사 뒤 p.p.는 성·수 변화합니다.

> She has been arrested by Interpol.
>
> Ella ha sido arrestada por la Interpol.
> Hemos sido arrestados por la Interpol.

Los países de Sudamérica como Bolivia, Colombia, Ecuador, Perú y Venezuela han emprendido una serie de estudios que servirán de respaldo en la formulación de las políticas culturales

해석

볼리비아, 콜롬비아, 에콰도르, 페루 그리고 베네수엘라와 같은 남미 국가들은 문화정책 수립에 기반이 될 일련의 조사를 착수했다.

단어 연구

respaldo(m) 지지, 지원 | **formulación**(f) 입안 *formular 만들어내다, 입안하다 | **fórmula**(f) **mágica** 마법의 공식

Una vez que la economía mundial se ha librado de la crisis, el mundo empieza a prestar atención a un venidero cambio en el entorno después de dicho percance económico.

해석

일단 세계 경제가 위기 상황에서 벗어나자 세상의 관심은 이제 경제 위기 이후 불어닥칠 환경 변화로 옮겨 가고 있다.

단어 연구

librar 벗어나게 하다(= liberar 해방시키다) | **librarse de** ～에서 벗어나다 | **venidero** 다가올 | **dicho** 앞에서 말한, 상기의 | **percance**(m) (뜻밖의) 불운, 불행(= contratiempo, daño, perjuicio imprevistos)

④ **접속법**

접속법을 써야 하는 문형을 배우기는 하지만, 직설법과 접속법 둘 다 사용하는 경우도 있는 등 깊게
공부해 가면서 갸우뚱거리게 됩니다.

○ No dudo que el chico **pueda** hacer esta cosita.

난 그 남자애가 이런 것을 할 수 있다는 것을 의심하지 않는다.

＊no dudar임에도 접속법 사용이 자연스럽게 들립니다.

○ No hay duda de que él **es** apto para aprender.

의심할 바 없이 그는 빨리 배운다.

＊의심할 게 없다면서 확신하는 사실을 언급하면서 직설법이 쓰였습니다.

＊apto 적격인, 맞는, 소질이 있는

○ Confiamos en que el equipo de rescate **trabaje** contra reloj para sacar a las
personas atrapadas y que los voluntarios **ayuden** a los niños heridos.

우리는 구조팀이 갇힌 사람들을 꺼내기 위해 촌각을 다투고 있으며 자원봉사자들이 부상 당한
아이들을 도와주리라 믿는다.

＊confiar en 다음에 절이 올 경우 [confiar en que + 접속법] : ~될 것을 믿는다, 확신한다 (영 hope)

＊contra reloj 시간을 다투어 ＊atrapar (영 trap, capture)(= agarrar, coger, enganchar, aferrar, inmovilizar)

○ Después de que el peluquero me **cortara** el pelo me di cuenta de que él era
demasiado joven para hacerlo.

이발사가 내 머리를 깎아 준 뒤 난 그가 이걸 하기에는 너무 젊다는 사실을 깨달았다.

＊[después de que + 기발생]인 경우에도 접속법을 쓰는 경우가 잦습니다.

＊위 문장에서 cortó 또는 cortase로 대체 가능합니다.

＊demasiado ~ para (영 too ~ to 용법)

○ Desde que ella se **casara** conmigo me recibía con el pelo hecho un desastre
cuando yo llegaba del trabajo.

그녀는 나와 결혼하고 나서부터 내가 퇴근 후 오면 머리 꼬라지가 엉망인 채 날 맞이하곤 했다.

＊이 문장에서도 이미 발생한 일을 접속법 과거로 처리했는데 casó를 주로 사용합니다.
　위 문장을 después de casarse conmigo로 처리하면 더 간단하고 듣기 편합니다.

＊con el pelo hecho un desastre 머리가 엉망인 채

○ desde que **asumió** el poder hasta la fecha la codicia del dictador no ha tenido
fin.

정권 인수 후 현재까지 독재자의 욕심은 끝이 없는 상황이다.

＊asumiera 가능

＊ceremonia de investidura = acto de toma de posesión 취임식

＊ceremonia de inauguración = acto de apertura 개막식

＊hasta la fecha 현재까지 (영 to date)

○ desde que la primera edición del atlas marítimo **fuera** publicada en 1929 la
soberanía de los islotes sigue siendo de Corea.

해양지도 1판이 1929년 출판된 이래 그 섬들의 영유권은 계속 한국에 있다.

＊soberanía 주권

○ Les garantizamos que **atenderemos** las quejas que tengan al visitar nuestros grandes almacenes.

저희 백화점 방문 시 생기게 될 불만사항에 응대할 것이라는 것을 여러분에게 보장합니다.

*garantizar que(~임을 보장하다) + 직설법

○ Garantizaremos que todas sus quejas sean **atendidas** hoy.

저희는 여러분들의 모든 불만사항들이 오늘 응대될 수 있도록 보장하겠습니다.

*garantizar que(~되도록 보장하다) + 접속법

*atender 유의해 살피다, 응대하다

○ En caso de que ella **venga**, me iré. Ella me recuerda a la exnovia que me abandonó cruelmente. Era en invierno cuando rompimos.

그녀가 오는 경우 난 갈거야. 그녀는 날 잔인하게 차 버린 전 여친을 생각나게 해. 우리가 깨진 건 겨울이었지.

*en caso de que + 접속법 : ~하는 경우

*recordar 상기시키다, 기억하다 *romper 관계를 깨다

○ En caso de que todo se **solucionara** como por arte de magia, volaría a ti como una flecha.

감쪽같이 모든 일이 해결되기라도 하는 경우면 쏜살같이 너에게 날아갈 텐데.

*'가정법 현재 사실의 반대' 용법이 적용되어 조건절에 '접속법 과거'가 사용되었습니다.

*como por arte de magia (영 as if by magic 마법처럼, 신기하게도)

*flecha 화살

○ No saldré antes de que ella diga 또는 haya dicho la verdad.

난 그녀가 사실을 (말하기 전에) (말해 놓기 전에는) 나가지 않을 거야.

*접속법 현재완료도 사용됩니다.

누구인지도 언제 나타날지도 모르는 선행사를 관계사가 받으면서 접속법 사용

Su objetivo es juzgar a individuos acusados de crímenes de guerra, genocidio, lesa humanidad y agresión cometidos a partir de mañana (no hay retroactividad) y que **gocen** de inmunidad en sus países.

해석

그것의 목적은 내일부터 (소급 적용 없음) 저지른 전쟁범죄, 대량 학살, 반인도적 범죄 및 침략 범죄로 기소되고 자국에서 면책을 누릴 자들을 재판하는 것이다.

단어 연구

juzgar 판단하다, 심판하다, 재판하다 *a juzgar por ~로 판단하건대 | **individuo**(m) 개인, 개체 | **acusado** 기소된, 피고인 | **crimen**(m) 범죄 | **crímenes**(pl) 범죄들 | **genocidio**(m) 대량 학살 | **leso** 해를 입은 | **humanidad**(f) 인류, 휴머니티, 인문학(pl) | **inmunidad**(f) 면책(특권) *el SIDA 에이즈(el síndrome de inmunodeficiencia adquirida)

희망이나 바람을 뜻하는 단어와 함께 접속법 사용

Hay otros que prefieren que la ZDM se mantenga exactamente como está ahora. Son defensores del medio ambiente. De verdad que debemos cooperar con estos ambientalistas, por muy pequeña que sea nuestra ayuda. Esto podrá alentarlos.

해석

비무장지대(DMZ)가 정확히 지금 그대로 유지되기를 선호하는 다른 이들도 있다. 환경 옹호자들이다. 정말로 우리는 설사 아무리 조그만 도움일지언정 이 환경운동가들과 협력해야 한다. 이것이 그들을 응원해 줄 것이다.

단어 연구

preferir que + 접속법 ~를 선호하다 | **la ZDM** 비무장지대(= la zona desmilitarizada) | **mantenerse** 유지되다 | **defensor**(m) 방어자 *defender 방어하다 | **defenderse de** 자신을 ~로부터 방어하다

el hecho de que + 직설법/접속법(형 the fact that)

El hecho de que yo viva en Grecia no quiere decir que pueda hablar griego con fluidez.

내가 그리스에 산다고 해서 그리스어를 유창하게 한다는 (것을 뜻하는) 것은 아니지.
*제시되어진 사실이 뒤 이은 사실의 원인이 아니라고 말하면서 접속법이 사용됩니다.
*no quiere decir que + 접속법

El hecho de que te ame no significa que me vaya a casar 또는 me case contigo.

내가 널 사랑한다고 해서 너와 결혼할 거라는 것은 아니다.
*no significar que + 접속법

El hecho de que yo viviera en Los Ángeles no significa que sepa mucho inglés.

내가 LA에서 살았다고 해서 영어를 많이 안다는 것은 아니지.
* 위 예문들 이외에 감정 등의 단어와 사용되면서 접속법이 오기도 합니다.

El hecho de que ese empleado habla chino y vietnamita le da una gran ventaja. Sin embargo, creo que le falta empuje.

그 직원이 중국어와 베트남어를 말한다는 게 상당히 큰 장점(유리한 점)이다. 하지만 그는 내 생각에는 추진력이 부족해.
* 직설법이 사용된 예
* 비격식적으로 el (hecho de) que처럼 괄호 부분이 생략되는 경우가 가끔 있음.

감정의 단어가 사용된 경우

Es una gran lástima que este país anfitrión del evento deportivo todavía no haya preparado bien la ciudad sede.

해석

이 스포츠 행사 개최국이 아직도 개최 도시를 제대로 준비해 놓지 않은 것이 참 안타깝다.

단어 연구

anfitrión(m) 명 host | **sede**(f) 본부, 개최지 * la Santa Sede 교황청

decir가 지시 기능으로 사용된 경우

¿Que ya viste a José en el vestuario? ¿Por qué no le dijiste que se cuidara mucho y que se llevaría un gran susto al ver el submarino y el portaaviones ya mencionados?

해석

라커 룸에서 호세를 봤다고? 왜 그에게 많이 조심해야 하고 이미 언급한 잠수함과 항공모함을 보면 엄청 겁나게 놀랄 거라고 말하지 않았니?

단어 연구

vestuario(m) 라커 룸(명 locker room) | **cuidarse**(명 take care of oneself) * 본문에서 주절이 과거시제(dijiste)이므로 종속절이 접속법과거(cuidara)가 사용되었음. * **cuídate** 몸조심하고!(명 take care) | **llevarse** 또는 **pegarse un susto** 놀라다(명 get scared) * probador(m) 옷 입어 보는 방(명 fitting room) consigna automática 라커 consigna(f) 구호(= lema 모토)

부사 & 부사구 adverbio & frase adverbial

Antes la energía era abundante. No obstante, el gobierno no daba rienda suelta al consumo energético, pues desde finales del año anterior se preveía que se provocaría una terrible crisis del petróleo a largo plazo.

예전에는 에너지가 풍부했었다. 그럼에도 불구하고 정부는 에너지 소비에 대해 고삐를 풀지 않았었다. 왜냐하면 전년도 말경부터 지독한 장기 오일 파동이 야기될 것이라고 전망되고 있었기 때문이었다.

Respeto al actual, secretario general de la ONU, por ser el modelo ideal de mi carrera en el futuro. Quiero ser un buen diplomático de carrera para representar dignamente a la República de Corea en el extranjero.

현 유엔 사무총장을 존경합니다. 장래에 제 커리어의 이상적 모델이기 때문입니다. 저는 훌륭한 직업 외교관이 되어 대한민국을 전 세계에서 당당히 대표하고 싶습니다.

○ Estoy muy cansado. 나는 매우 피곤하다.
  *muy 매우

○ A: ¿Estás cansado? 피곤해?
  B: ¡Mucho! 매우!
  *매우 피곤하다는 답을 간단히 말할 경우, 스페인어에서는 mucho를 사용합니다.

○ Pedro trabaja tanto como yo. 뻬드로는 나만큼 열심히 일한다.
  *그렇게나 많이

○ Estamos cansados de tanto andar. 우리는 그렇게나 많이 걷는 데 지쳐 있다.
  *어순이 달라지기도 합니다.

○ Estoy al tanto de tus asuntos. 난 너의 일들에 대해 알고 있다.
  *al tanto de 대신 al corriente de 또는 enterado de(~을 잘 알고 있는)로 쓸 수도 있습니다.
  *tanto가 다른 품사로도 사용됩니다. (아래 계속)

○ No es para tanto.
  그렇게까지(심하지)는 아닌데. / 그렇게 (화내면서) 나올 정도는 아닌데.

○ Hay cincuenta y tantos periodistas. 50명 조금 더 되는 정도의 기자들이 있다
  *나이에도 자주 붙여 사용합니다.

○ ¡Qué cosa tan rara! 참으로 이상하네!
  *tan(그렇게나)은 뒤에 [형용사]나 [부사]가 오지 않으면 사용이 불가합니다. (아래 참조)

○ La sopa está lo suficientemente caliente. 수프가 충분히 뜨겁다.
  *lo는 생략할 수 있습니다.

○ A: ¿Es rico el carnicero?
　　정육점 주인이 부자야?

　B: Sí, es tanto que le quieren pedir dinero prestado fulano, zutano y mengano.
　　응, 그렇게나 부자여서 듣보잡들이 그에게서 돈을 꾸려고 한단다.

　　＊(tan rico)에서 rico가 생략되면서 부사 tanto가 사용되었습니다.

○ Necesitas dormir lo suficiente. / ¡Ya me ha castigado lo suficiente!
　넌 충분히 자야 할 필요가 있다.　　　　이미 충분히 저를 벌했잖아요!

　　＊동사 뒤에서 '충분히'라고 하면서 lo와 함께 사용합니다.

　　＊lo 없이 suficiente만 사용하는 경향이 있습니다.

　　＊(lo suficiente) → bastante로 대체 가능

○ No me gusta nada el café. / Para nada me gusta el café.
　난 커피를 전혀 좋아하지 않아.

　　＊nada는 부사로 '전혀(영 not at all)'라는 뜻이 있습니다. (아래 계속)

○ No estoy nada triste. 난 전혀 슬프지 않아.

○ Mi hijo estudia poco. 내 아들은 공부를 별로 안 해.

○ Comemos poca carne. 우리는 고기를 별로 먹지 않아요.

　　＊poco가 형용사로 사용되었습니다.

○ Hablo un poco de japonés. 전 일본어를 조금 합니다. (영 I speak Japanese a little.)

　　＊긍정성을 보이는 un poco de(약간의)가 사용됩니다.

○ A: ¿Hablas ruso? 러시아어를 하니?

　B: Sí, lo hablo un poco. 네, 러시아어를 조금 해요.

　　Sí, pero hablo muy poco. 네, 하지만 아주 조금 해요.

　　Sí, un poco. 네, 조금 해요.

품사가 헷갈리는 예

○ Él es muy hombre. 그는 아주 (용감하고 씩씩한) 남자답지.

　　＊관용적 표현으로 이해합니다.

○ Es un coche bien caro. 매우 비싼 자동차다.

　　＊bien = muy

　　＊bien conservado, bien construido, bien pagado, bien organizado

　　영 well-preserved의 형태로 스페인어에서도 bien을 이용하면 문장이 간결하고 명확해져 말이 술술 나올 수 있습니다.

① 현재분사 (혱 ing.)

주의할 사항 3가지!!!

- 동사를 명사로 사용할 때 영어는 ing이지만 스페인어는 inf.
- 현재분사(ing)는 성·수 변화가 절대 없습니다.
- 스페인어 현재분사는 영어와는 달리 형용사적으로 쓰이는 문형이 많지 않습니다.

El hombre va paulatinamente dominando a la naturaleza y a eso se le llama civilización. Al principio es recolector, después descubre el fuego, el uso de la piedra tallada y las primitivas religiones.

Según parece, poco a poco los seres humanos se fueron instalando en otras partes de la Tierra, hasta que pasaron a nuestro continente.

해석

인간은 차츰 자연을 지배해 가며 이를 문명이라고 부르게 된다. 처음에 인간은 채집 활동을 하다 불을 발견하고 돌을 세공해 사용하고 원시종교를 알게 된다.

서서히 인간들은 지구의 다른 지역들에 정착해 가서 우리가 사는 대륙으로 온 것으로 보인다.

단어 연구

ir + ing ~해 가다 | **paulatinamente** 점진적으로(= gradualmente 차츰차츰)(= poco a poco 조금씩) | **recolector/ra** 채집자, 채집하는 | **tallado** 새겨진, 조각된(혱 carved, sculpted, engraved) | **según parece** 외견상(= al parecer, por lo visto) | **instalarse** 설치되다, 정착하다

○ Siempre que hago uso del metro, me quedo tan concentrado jugando a videojuegos con el móvil, que me paso de estación.

난 전철을 이용할 때마다 휴대폰으로 게임을 하면서 너무 몰두하다 보니 내릴 역을 그냥 지나치게 된다.

○ Hablando del kimchi, es uno de los alimentos fermentados que consumen los coreanos casi todos los días.

김치에 대해 말하자면 한국인들이 거의 매일 먹는 발효식품 중 하나이다.

○ Explotó el volcán estando yo en la playa.

내가 해변에 있을 때 화산이 폭발했다.

*주어가 다르면서 동시 상황이 기술되었습니다.

○ Estuvimos buscando alguna pista del crimen (durante) toda la tarde.

우리는 오후 내내 범죄 사건의 어떤 단서를 찾고 있었다.

*과거진행형 estaba ing를 주로 공부했지만, 특정 기간이 언급되면서 estuve ing도 사용됨을 기억해 두세요.

○ La veo leyendo.
독서하는 그녀를 본다.
＊지각동사는 '현재분사/동사원형/형용사/과거분사'와 함께 쓸 수 있습니다. (아래 계속)
＊leyendo는 성·수 변화 없습니다.

○ Al romper el alba encontraron a un soldado gimiendo a la orilla del río.
동이 틀 무렵 강가에서 신음하는 군인을 한 명 발견했다.
＊al amanecer(영 at daybreak)

○ Hacia las seis de la mañana hay muchas personas esperando el autobús número11.
오전 6시경에 많은 사람들이 있다, 11번 버스를 기다리면서.
→ [의역] 11번 버스를 기다리는 많은 이들이 있다.
＊우리말로 esperando가 형용사처럼 해석은 됩니다.

○ sociedad que está envejeciendo (o) / sociedad envejeciendo (x)
노령화 사회(영 aging society)
＊영어와는 다르게 ing의 형용사적 사용이 제한적입니다.
＊sociedad envejecida 고령사회 (p.p. 용법)

○ la Bella Durmiente (o) / la Bella Durmiendo (x)
(숲 속의) 잠자는 미녀(영 Sleeping Beauty)

○ Me quemé con aceite hirviendo.
나는 끓는 기름에 데었다.
＊형용사로 쓰이는 2개의 ing (hirviendo와 ardiendo) ＊hervir 끓이다, 끓다

○ Si uno estuviera muy desesperado, se agarraría a un clavo ardiendo.
만일 누군가 매우 절망적인 상황에 이른다면 지푸라기일지언정 뭐라도 붙잡을 것이다.
＊ing는 성·수 변화가 없습니다.

○ El cabeza de familia rumiando sus problemas
자신의 문제를 반추하는 남자 가장
＊그림 등의 제목에 현재분사가 형용사처럼 해석되어 사용되기는 합니다.

② **과거분사 (㉘pp)**

주의할 사항 3가지!!!

• [haber + **바로 뒤에** 있는 pp]의 경우 성·수 변화 없습니다.

• 보어로 쓰이거나 목적어를 수식할 때 성·수 변화를 합니다.

• 부사처럼 해석되는 경우가 많아 한국어 → 스페인어 번역에 응용 바랍니다.

El Estatuto, aprobado en Roma el 17 de julio de 1998 por 120 Estados, ha sido firmado desde entonces por otros 19 y ratificado por 71, incluidos España y sus 14 socios de la Unión Europea.

해석

120개 국가들이 1998년 7월 17일 로마에서 승인한 본 규약은 그 이후 19개 국가들이 추가 조인하고 스페인과 EU 14개 회원국을 포함한 71개 국가가 비준처리를 했다.

단어 연구

estatuto(m) 정관, 규정 | **ratificar** 비준하다 | **incluido** 포함된 (본문 España와 socios가 복수로 취급되어 incluidos) | **socio/a** 회원, (비즈니스)파트너

En Brasil, la dimensión económica de la producción cultural fue medida mediante investigaciones realizadas por el Ministerio de Cultura de Brasil en 1998, estableciendo que la industria cultural mueve cerca de 5 billones de dólares al año, cifra que equivale aproximadamente al 1% del PIB.

해석

브라질에서는 문화 상품의 경제적 가치가 1988년 문화부 연구조사를 통해 매긴 뒤 문화산업이 연간 5조 달러 가까이 움직이는 것으로 규정하였는데 이 수치는 GDP의 1%가량에 해당한다.

단어 연구

dimensión(f) 차원, 크기, 정도 | **medir** 재다, 키가 ~이다 | **estableciendo** 규정하면서 | **cifra**(f) 수(량)(= cantidad), 숫자의 자릿수(= dígito)(㉘ figure) | **equivaler a** ㉘ be equivalent to | **corresponder a** ~에 해당하다

＊1% = uno por ciento

Por su parte, EEUU se compromete a dejar de calificar a Corea del Norte como un Estado defensor del terrorismo, así como a dar por terminadas las sanciones comerciales que actualmente impone al país asiático.

해석

한편 미국 측은 현재 북한에 가한 무역 제재조치를 종료된 것으로 인정하겠다는 것과 더불어 북한을 테러 지원국 명단에서 제외하기로 약속한다.

단어연구

comprometerse a inf. ~를 다짐하다, 약속하다 | **calificar A como B** A를 B로 부르다 | **así como** ~는 물론 (영 as well as) | **dar A por + (과거분사)** A 를 ~된 것으로 치다, 간주하다, 여기다 ＊본문에서 목적어(sanciones)가 dar 뒤에 오지 않고 과거분사 뒤에 도치

◐ Fue condenado a cadena perpetua.
그 남자는 무기징역형에 처해졌다.

◐ En toda Asia se siente el auge de la cultura popular coreana. Se trata de un fenómeno llamado Hallyu (la Ola Coreana).
아시아 전체에 한국 대중문화 붐이 일고 있다. 이는 바로 한류로 불리는 현상에 대한 것이다.
＊se trata de ~에 대한 것이다(영 it is about)
＊una niña llamada Lola 롤라라고 불리는 여자애

◐ Las chicas entraron en el dormitorio muy cansadas.
여자애들은 몹시 피곤에 지쳐 침실로 들어갔다.

◐ Acabada la huelga general todos se dispersaron.
총파업이 끝난 뒤 모두들 흩어졌다.

◐ Ayer por la tarde ese espía industrial negó todos sus cargos imputados a este respecto.
어제 오후에 그 산업 스파이는 이에 관해 자기에게 돌려진 모든 혐의를 부인했다.
＊atribuir(영 attribute)
＊de alto rango 고위의(영 of high rank)
＊el estatus social 사회적 지위

① 무인칭 se (사람들) → [se + 동사 3인칭 단수]

Se habla de la necesidad de que los países desarrollados hagan esfuerzos por reducir las emisiones de CO_2, haciendo alusión a la futura inversión sustancial de Corea del Sur en proteger el medio ambiente.

해석

한국의 향후 실질적인 환경투자를 시사하면서 이산화탄소(dióxido de carbono) 배출 감축을 위한 선진국들의 노력이 필요하다는 점에 대해 말들 한다.

단어 연구

alusión(f) 시사, 암시 *aludir(vi) a 넌지시 ~비추다, 은연 중 시사하다, 넌지시 말하다 | **sustancial** 실질적인, 상당한 (영 substantial) *se habla inglés(영 English spoken)(수동태)

② 수동 se(~되어지다) → [se + 동사 3인칭 단수 + 단수 주어] 또는 [se + 동사 3인칭 복수 + 복수 주어]

Además, con respecto a los tres motivos de orgullo coreano que se deben dar a conocer al mundo por medio de la Cumbre del G20 en Corea, la mayoría de ellos eligieron lo más representativo de la cultura coreana como la comida coreana, el Hangeul o sea el alfabeto coreano, la vestimenta típica coreana, la cultura tradicional y la herencia cultural.

해석

게다가 G20 코리아를 통해 우리나라 자랑거리 중에서 세계에 알려야 하는 3가지에 대해 이들 중 대다수가 한식, 한글, 한복, 한국 전통문화 및 유산, 이른바 '한국적 문화를 담은 것들'을 꼽았다.

단어 연구

dar a conocer 알리다 | **representativo** 대표적인 *representante(m)(f) 대표자 | **herencia**(f) 유산
*el patrimonio de la humanidad 세계 문화유산(영 world heritage)
*se construyó el edificio ~~por los obreros~~.
　se 수동에 의미상의 주어가 쓰이면 어색한 문장이 된다.

③ [재귀동사] 또는 [자동사] → 동사 + se

* 수동태인지 재귀동사인지 아니면 자동사인지 골치 아프게 생각할 것 없이 '~되어지다' 또는 '자신을 ~시키다' 로 직역하면서 공부하고 회화나 작문 시 se 이용을 자꾸 시도해 보세요. 어느덧 입에서 se ~ 하면서 술술 나올 겁니다.

El mar se congeló y sobre las montañas aparecieron enormes masas de hielo, o glaciares. Al transformarse el agua en hielo, el nivel del mar bajó.

해석

바다가 얼어붙었고 산들 위로 엄청난 얼음 덩어리들인 빙하가 나타났다. 물이 얼음으로 바뀌면서 해수면이 내려갔다.

단어 연구

cogelar 동결시키다, 얼리다 *congelador(m) 냉동고 | **dinosaurio**(m) 공룡 | **arqueología**(f) 고고학 | **antropología**(f) 인류학

- Estas fuentes de energía se han de agotar alguna vez.
  이 에너지원들은 언젠가 고갈될 것이다.
  *haber de inf. ~ 해야 한다, ~일 것이다

- Los López se enteraron bien del lugar y de la hora.
  로뻬스 씨 댁은 장소와 시간에 대해 들어 잘 알았다.

- ¡Compórtate como es debido!
  행동거지를 제대로 해라! / 똑바로 행동해!

- Andrés necesita sincerarse con Irene.
  안드레스는 이레네에게 좀 솔직할 필요가 있다.

- acomodarse a ~에 맞추다, 적응하다, 자리 잡다

- justificarse 자기 행위를 정당화하다

- hacerse la prueba de embarazo 스스로에게 임신 테스트를 하다
  *인칭별 변화 주의!

- leer para sí 속으로 읽다
  *인칭별 변화 주의!
  *leer en silencio 조용히 읽다

④ 무의지 se(되어 버리다) → [se + 간접목적대명사 + 동사 + 주어]

* 계획이나 의도하지 않은 일이 저절로 발생한 뉘앙스를 주며 수동태처럼 해석되고 마찬가지로 직역
해 '~되어 버리다'로 공부하시면 됩니다.

> **Perdí las llaves.**
> 내가 열쇠들을 분실했어.
>
> **¡Se me perdieron las llaves!**
> 열쇠들이 내게서 없어져 버렸어! → 내 열쇠들이 분실되었어!
>
> **¿Cómo ocurrió?**
> 어떻게 된 일이야?
>
> **Se les ocurrió una idea buenísima.**
> 그들에게 아주 괜찮은 생각이 떠올랐다.

전치사 preposición

El texto de la Cumbre del Cambio Climático omite el monto global de reducción de emisiones de gases de efecto invernadero, en contra de lo que pretendían muchos países, y solo pide "profundos" recortes en este sector sin precisar un plazo determinado.

해석

기후변화 정상회담문은 많은 국가들이 바랐던 것과는 반대로 전체 온실가스 감축량은 생략하고 단지 일정한 기간을 명확히 하지 않은 채 이 부문에서는 상당한 감축만을 요구할 뿐이다.

단어 연구

omitir 생략하다, 빠뜨리다 | **monto** 명 amount | **en contra de lo que** 명 contrary to what | **pretender** 희구하다, 바라다(= aspirar a), ~하려고 하다(+inf)(= procurar+inf) | **recorte**(m) 삭감, 감축(명 cutback) | **precisar** 명확히 하다, 필요로 하다 | **determinado** 특정한, 일정한 *determinar 결정하다, 정하다, (사고의 원인, 범죄 진실 따위를) 알아내다, 밝히다

- En la sociedad digital se menciona muy a menudo la relación entre la democracia y el Internet.
  디지털 사회에서 민주주의와 인터넷과의 관계가 아주 자주 언급된다.

- El otro día quedé con Consuelo para ir al zoo, pero cuando acudí a la cita, ella no había llegado.
  일전의 어느 날 난 꼰수엘로와 동물원에 가는 약속을 했는데 약속된 곳에 갔더니 그녀는 도착해 있지 않았다.

- La temperatura máxima será de 20°C. 최대 온도는 20도일 겁니다.
  *C(= centígrados)는 읽을 때 자주 생략합니다.

- Pedro actuó como mediador 뻬드로는 중재자 역할을 했다.

- A cada uno de ellos le sonreirá la suerte de forma distinta.
  행운은 그들 각각에게 다른 모습으로 미소 지을 것이다.

- Desde entonces soy el hombre más feliz del mundo.
  그때부터 난 세상에서 가장 행복한 남자입니다.
  *desde abajo 아래서부터 *desde arriba 위에서부터

- No vimos a nadie en todo el día.
  우리는 하루 종일 아무도 못 봤다. (영 We didn't see anybody all day.)

- Hoy no he salido de casa en toda la tarde.
  *부정문에서 en과 함께 사용된 문장들임.

○ Ellos se adentraron en la cueva. 그들은 동굴 안으로 들어갔다.

○ A la salida del cine fuimos a tomar una copa.
영화를 보고 나서(영화가 끝나고) 우리는 한잔하러 갔다.
*salida 출구, 나가기 *sondeos realizados a la salida de las urnas 출구조사

○ Llámame Luis a secas. 그냥 루이스라고 불러.
*a secas 그저 별다른 것 더 없이

○ para gran sorpresa mía 너무 놀랍게도

○ para gran vergüenza mía 난 너무 부끄럽게도

○ con gran pesar mío 무척이나 안 된 말이지만

○ a juzgar por ~로 판단하건대

○ mirar de hito en hito 뚫어지게 바라보다, 응시하다

○ poner en tela de juicio 문제시하다, 의문을 던지다

○ Bastaba con que me llamaras una vez a la semana...
내게 1주일에 한 번 전화하는 것으로 족했을 것을...

○ de niño 어렸을 때

○ desde niño 어려서부터

○ ¿para cuándo? 언제까지 (필요하니)(해야 하니, 끝내야 하니, 준비되니)?
영 when... by?

○ ¿hasta cuándo? 언제까지 (있을 거니)(참아야 하니)?
영 how long?

○ en persona 몸소, 직접 보고(만나)

○ sin pintarse 또는 maquillarse 생얼로
*인칭별 se 변화 주의!

숫자 los números

서수

vigésimo	20°
trigésimo	30°
cuadragésimo	40°
quincuagésimo	50°
sexagésimo	60°
septuagésimo	70°
octogésimo	80°
nonagésimo	90°
centésimo	100°
vigésima	20ᵃ
primero	1°
primera	1ᵃ
primer	1ᵉʳ

나이

adolescente	10대의 (청소년)
veinteañero/a	20대의 (사람)
treintañero/a	30대의
cuadragenario/a	40대의
quincuagenario/a	50대의
sexagenario/a	60대의
septuagenario/a	70대의
octogenario/a	80대의
nonagenario/a	90대의
centenario/a	100세의 사람
a los 30 años	30살에
de edad madura	중년의
en los años 1930	1930년대에

＊(20대～90대의 사람) 표현은 자주 사용하지는 않음.

Hemos terminado por hoy. ¿Por qué no repasáis las dos primeras lecciones en casa esta noche?

오늘은(오늘로서는) 이것으로 끝났다. 너희들은 오늘 밤 집에서 첫 두 과를 복습하는 게 어때?
＊Ya basta por hoy. 오늘은 그만하자.

나이를 표현할 때는 다음과 같은 것을 자주 사용합니다.

Pedro tiene unos 30 años.	그는 대략 30세 가량 되었다.
Irene tiene poco más de 30 años.	이레네는 30대 초반입니다.
Alejandro tiene treinta y tantos años.	알레한드로는 30세 가량(30대)입니다.
Tiene veintitantos años.	그는 20대입니다.
Ana tiene alrededor de 45 años.	아나는 40대 중반입니다.
Trino tiene cerca de 60 años.	뜨리노는 50대 후반입니다.

En segundo lugar, los empresarios afirman que Corea debe proyectar una imagen de potencia industrial al mundo.

해석

둘째로 기업인들은 한국이 산업 강국 이미지를 세계에 알려야 한다고 단언한다.

단어 연구

en segundo lugar 둘째 *por último 마지막으로 | **empresario/a** 기업인 | **proyectar** 투영하다, 계획하다 (= planear) *proyectar 대신 dar a conocer도 가능 | **potencia**(f) 강국

○ 2+3=5 → dos más tres son cinco 또는 dos más tres es igual a cinco

　8÷2=4 → ocho dividido por dos son cuatro 또는 ocho entre dos son cuatro

○ Es un punto a su favor.　(그것은) 그에게 플러스가 된다 (≠un punto en su contra)

직접 및 간접 목적어 complementos directo e indirecto

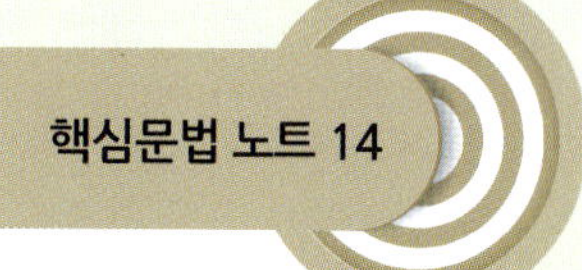

- En cuanto la veamos, le contaremos lo que nos ha ocurrido.
  그녀를 보게 되자마자 우리에게 일어난 일을 그녀에게 말할 것이다.

- A Carlos le sonrió la suerte en el año 2015 cuando tenía 55 años.
  2015년 그의 나이 55세 때 행운이 까를로스에게 미소 지었다.

- Juan suele guiñarme el ojo.
  후안은 늘상 나에게 윙크하곤 한다.

- Las revistas las leemos. ← Las revistas leemos. (x)
  그 잡지들(그것들을) 우리가 읽는다.
  *사물 목적어를 동사 앞에 도치시킨 경우, 그에 해당하는 직접목적대명사를 함께 놓고 목적어를 강조하기도 합니다.

- El mes de julio lo quiero pasar en algún país del Sureste de Asia, como Tailandia.
  7월 (그것을) 난 태국과 같은 동남아 어느 나라에서 보내고 싶다.

- El ministro surcoreano de Relaciones Exteriores y Comercio se lo regaló a su homólogo español.
  한국 외무부 장관이 스페인 장관에게 그것을 선물했다.
  *le lo (x) → se lo (o)
  *(se) = (a su homólogo español)
  *homólogo/a (영 counterpart)

- Deberás aconsejárselo a Mario. = Se lo deberás aconsejar a Mario.
  넌 마리오에게 그것을 충고해야 할 것이다.
  *간접과 직접목적대명사가 동사 원형에 붙거나 동사 앞에 위치할 수 있습니다.

  [주의!]
  Ella me aconseja hacerlo. (o) = Ella me aconseja que lo haga. (o)
  Ella me lo aconseja hacer. (x) → me는 aconsejar, lo는 hacer에 연결되어야 합니다.
  그 여자는 나에게 그걸 하라고 충고한다.

- El médico la dio de alta
  그녀를 퇴원시켰다 (직접목적대명사)

- El médico le dio el alta
  그녀에게 퇴원 허가서를 주었다 (간접목적대명사)
  *동일한 뜻이지만 el alta를 사용하면서 간접목적대명사가 사용됨

관계사 relativo

＊ 관계대명사 총정리 요약은 p.147 참조

Centroamérica, por su posición geográfica, sus múltiples bellezas naturales, expresiones culturales y su extraordinaria biodiversidad, ha incrementado sustancialmente la afluencia de turistas, aumentando así fuentes de trabajo que redundan, en el beneficio de las poblaciones, lo que demuestra la relevancia que tiene para las economías centroamericanas la industria cultural.

해석

중미는 지리적 위치, 다채로운 아름다운 자연경관, 문화적 볼거리 및 엄청난 생물학적 다양성으로 관광객 유입을 대폭 증가시켰고 이렇게 해서 각국 국민의 이익을 이끌어 낼 고용원을 증대시켰고 이것은 문화 산업들이 중미 국가에 미치는 중요성을 보여 주는 것이다.

단어 연구

múltiple 다중의, 많은 ＊colisión múltiple 다중 추돌 | **sustancialmente** 실질적으로, 상당히 | **afluencia**⒡ 유입 | **redundar en** (결과적으로) 이끌어 내다. 초래하다

No son pocos los que creen que el nombramiento de un coreano como secretario general de la ONU tiene gran significado para Corea.

해석

한국인 UN 사무총장 임명이 한국 입장에서 큰 의미를 가진다고 생각하는 사람들이 적지 않다.

Especialmente, ya que esta crisis fue originada en las finanzas, ya empieza a ser visible un movimiento que refuerza las reglamentaciones, ante todo, en el sector financiero.

해석

특히 이번 위기가 '금융'에서 비롯된 위기인 만큼 규제 강화의 움직임은 금융 부문에서 이미 가시적으로 나타나기 시작한다.

○ El primer ministro surcoreano visita los islotes cuya soberanía reclama Japón.
일본이 영유권을 주장하고 있는 섬들을 한국 총리가 방문한다.

○ ¿Cuál será el liderazgo que Corea debería mostrar al mundo?
한국이 세계에 보여야 하는 리더십이란 무엇일까?

Ser & Estar

① ser를 쓰는 중요 표현

> ● Ayer la reunión fue en casa de Mario.
> 어제 마리오의 집에서 모임이 있었다.
> *파티, 모임, 저녁 식사 등의 행사가 열린다는 의미로 ser 동사가 사용됩니다.
>
> ● ¿Estás seguro de que la fiesta será en casa de Lola?
> 롤라의 집에서 파티가 열린다는 게 확실해?
>
> ● La conferencia será a las 2:00 de la tarde.
> 강연이 오후 2시에 있을 것이다.

*다음은 주어 tú에 맞추어 ser가 변화된 문장입니다.

> ● La protagonista eres tú.
> 여주인공은 너다.
>
> ● El protagonista deberías 또는 debías haber sido tú.
> 남자 주인공은 너였어야 했는데.
> *deberías를 더 즐겨 사용

② estarse 표현

> ● ¡Estate quieto!
> 꼼짝 마, 가만히 있어!
> *tú 긍정명령이 사용되었습니다.
> *te가 붙으면서 자동으로 강세가 주어지므로 está의 강세 표시가 필요 없습니다.

[001] 빈칸에 들어갈 알맞은 말을 순서대로 고르시오.

> Ellos venden productos al __________ mayor.
> Hay que saber hablar __________ lo menos dos idiomas extranjeros.
> Intentaré __________ asistir a la boda de Mónica.

① 없음 – por – a   ② por – por – 없음
③ de – por – a   ④ 없음 – a – a

[002] 다음 문장을 알맞게 해석한 것을 고르시오.

> ¿Has estrenado ya el coche?

① 차에 시동을 걸어 놓았니?   ② 벌써 차를 망가뜨렸니?
③ 새 차 시승식은 했니?   ④ 차를 이미 주차해 놓았니?

[003] 다음 문장을 알맞게 옮긴 것을 고르시오.

> 네가 마리아에게 그것을 설명해 보아라.

① Explíquelose a María.   ② Explíquelelo a María.
③ Explícaselo a María.   ④ Explícalelo a María.

[004] 다음 중 올바른 문장을 고르시오.

① Se creían que la Tierra era plana.
② Lola estudia tan mucho como su compañero de clase.
③ Los peatones comenzaron cruzar la calle.
④ ¿Qué sueles hacer los fines de semana?

[005] 빈칸에 들어갈 알맞은 말을 순서대로 고르시오.

> __________ orgullosos de ti.
> Ella __________ segura de sí misma.

① somos – es   ② estamos – está
③ somos – está   ④ estamos – es

[006] 대화의 빈칸에 들어갈 알맞은 말을 고르시오.

> A: ¿Cuál es tu __________ en la vida?
> B: La semana pasada me fijé la __________ de ser
>   el mejor alumno de la clase.

① meta   ② marina

③ mudanza   ④ moda

[007] 다음 문장을 스페인어로 알맞게 옮긴 것을 고르시오.

> 신은 부지런한 사람을 도와준다.

① Dios ayuda lo que es diligente.

② Al cual es laborioso Dios ayuda.

③ A quien levanta temprano le ayuda Dios.

④ Al que madruga, Dios le ayuda.

[008] 다음 중 관계사 사용이 옳은 것을 고르시오.

① ¿Qué es el cual pasó?

② Es aquel chico el que me atormenta.

③ Es en la plaza de toros cuando siempre aparecen los enamorados.

④ El cual habla mucho sabe poco.

[009] 다음 중 종류가 다른 것을 고르시오.

① hortaliza   ② verdura

③ legumbre   ④ peluca

[010] 다음 대화의 대답으로 어색한 것을 고르시오.

> A: Carlos, ¿qué haces durante tu tiempo libre?
> B: __________________________________

① Voy mucho a la montaña cuando hace buen tiempo.

② A veces, practico el fútbol. Me gusta jugar al balón.

③ Depende, en invierno suelo esquiar.

④ Detesto el frío, así que me pongo de rodillas.

[011] 빈칸에 들어갈 알맞은 단어를 고르시오.

> En cuanto ___________ al timbre, Lola abrió la puerta.

① llaman
② llamen
③ llamaron
④ llamaran

[012] 빈칸에 들어갈 알맞은 단어를 고르시오.

> Susana no cree que ___________ ahorrar lo suficiente para mudarse a otra ciudad.

① puede
② consiga
③ intenta
④ preste

[013] 대화의 대답으로 알맞은 것을 고르시오.

> A: Hola, Jaime. ¿Cómo estás?
> B: Bien. ¿Y tú?
> A: ___________________.

① Regular
② Muy hecho
③ De acuerdo
④ Salud

[014] 다음 글과 일치하지 <u>않는</u> 것을 고르시오.

> Para la pesca se usan en ocasiones cañas de bambú. El bambú pertenece a la familia de las gramíneas, como el pasto y la caña de azúcar. Pero esta planta crece muchísimo y sus tallos llegan a ser muy gruesos. En los lugares húmedos y cálidos el bambú puede llegar a tener hasta 20 metros de altura. Por cierto, los retoños tiernos del bambú son comestibles. Cuando el bambú es grueso y grande, se puede utilizar en los andamios de las construcciones. También puede emplearse para conducir agua, como si fueran tubos. Las hojas sirven de forraje para el ganado. También se puede hacer papel con el bambú.
>
> *gramíneas 화본과 식물

① El follaje del bambú tiene un uso variado.
② El bambú crece muchísimo.
③ El bambú es de la misma familia que el pasto y la caña de azúcar.
④ Las hojas del bambú no tienen ningún uso de provecho.

[015] 내용상 빈칸에 들어갈 알맞은 말을 고르시오.

> Las patatas fritas contienen mucha ___________ .

① garaje ② galleta

③ grasa ④ gris

[016] 빈칸에 들어갈 알맞은 단어를 고르시오.

> El novio le envió un ___________ de flores.

① vaso ② rollo

③ grupo ④ ramo

[017] 빈칸에 들어갈 알맞은 단어를 고르시오.

> Señor Kim. Mientras no se le ___________ el hombro, no podrá jugar al baloncesto.

① curasen ② cure

③ curaría ④ curarán

[018] 다음 중 어법상 틀린 것을 고르시오.

① En las Filipinas llueve más que en Corea.
② Las hormigas son mucho más laboriosas de lo que creemos.
③ Si mal no recuerdo, Pedro tiene la misma edad que yo.
④ Ella es tanta buena persona como su hermana.

[019] 빈칸에 들어갈 알맞은 말을 고르시오.

> Cuando alguien habla muy rápido, decimos:
>
> ___________________________________

① Dese prisa, por favor.
② Más despacio, por favor.
③ Hable en voz baja.
④ Hable más alto.

[020] 다음 중 어법상 옳은 것을 고르시오.

① Nos prometió que nos prestara la grabadora.

② Temía que suspendieran el espectáculo.

③ Estaba seguro de que encontrara una excusa para no asistir a la boda.

④ El jardinero nos rogó que no cortaríamos todavía las rosas.

[021] 빈칸에 들어갈 알맞은 단어를 고르시오.

> José practica ___________ en el gimnasio dos días por semana.

① halterofilia   ② excursionismo

③ puenting   ④ alpinismo

[022] 다음 중 어법상 옳은 것을 고르시오.

① José y Mónica vivían felices.

② La Sra. López viene muy cansado.

③ No tengo ninguna problema en despertarme.

④ Móstrame otras revistas.

[023] 다음 중 대화 내용이 어색한 것을 고르시오.

① A: ¿Por qué corres cada mañana?

    B: Quiero perder un poco de peso, así que tengo que moverme.

② A: ¿Qué hacemos esta noche?

    B: ¿Por qué no vamos a un restaurante elegante a cenar?

③ A: ¿Dónde hicisteis prácticas?

    B: Nos alojamos en el parador de Toledo durante una semana.

④ A: ¿Cómo te ha ido en la entrevista?

    B: Umm, muy bien. He salido contentísimo.

[024] 다음 중 어법상 옳은 것을 고르시오.

① A nosotros gusta ir de camping.   ② Me gustan bailar y cantar.

③ A él no le gusto.   ④ A mis hijos no les gustaron la comida.

[025] 다음 중 se의 문법적 기능이 나머지 셋과 다른 것을 고르시오.

① José se levanta muy temprano.   ② Ana se lava la cara en el baño.

③ ¿Cómo se llama el profesor?   ④ Se lo doy a Carmen.

[026] 빈칸에 공통으로 들어갈 단어를 고르시오.

> El pobre chico ___________ de menos a su bisabuelo.
> El cocinero ___________ un poco de aceite en la sartén.

① arrojó   ② puso
③ echó   ④ tiró

[027] 다음 문장을 스페인어로 알맞게 옮긴 것을 고르시오.

> 무슨 일이 있었는지 말해 줄게.

① Permíteme que te conte lo que se ocurrió.
② Permíteme contarte lo cual sucedió.
③ Déjame que te cuente lo que pasó.
④ Déjame que te cuente que ocurrió.

[028] 내용상 빈칸에 들어갈 알맞은 단어를 고르시오.

> A: Es uno de los lagos más bonitos del mundo.
> B: Parece que este es un lugar ideal para ___________ de la naturaleza.

① abusar   ② tirar
③ manchar   ④ disfrutar

[029] 다음 중 어법상 옳은 것을 고르시오.

① Es una novela difícil y largo.
② El Sr. Sánchez y su esposa estaban borrachas.
③ Estas periodistas están hartas de que siempre llegues tarde.
④ Te aseguro que es una muchacha holgazán.

[030] 빈칸에 들어갈 알맞은 단어를 고르시오.

> Preséntele a una chica que ___________ bonita y comprensiva.

① es   ② será
③ sea   ④ está siendo

[031] 다음 중 어법상 옳지 <u>않은</u> 것을 고르시오.

① Nuestro coche es un poco caro.

② Este es el mío.

③ El niño nos dice que esa bicicleta es suyo.

④ El otro día me encontré con una bonita actriz rubia.

[032] 다음 중 관계대명사의 쓰임이 <u>틀린</u> 것을 고르시오.

① La persona a que voy a regalar los aretes es mi novia.

② Los que no habían logrado entrar en el teatro se dispersaron.

③ Este filósofo afiirma que lo que sabemos es casi inútil en comparación con lo que ignoramos.

④ Hacen grandes preparativos para la reunión de despedida, la cual tendrá lugar a principios del próximo mes.

[033] 빈칸에 들어갈 알맞은 단어를 고르시오.

> Cuando _____________ 16 años, jugábamos al balonmano con el equipo del instituto.

① éramos

② estábamos

③ teníamos

④ íbamos

[034] 다음 중 어법상 옳지 <u>않은</u> 것을 고르시오.

① Las puertas estaban abiertas de par en par, la cual me desagradó.

② Mi hermano es camarero. Trabaja en un restaurante.

③ ¿Cuánto tiempo lleva trabajando en esta oficina?

④ El médico le aconseja a mi hermano que no coma muchos dulces.

[035] 다음 설명에 해당하는 단어를 고르시오.

> cada una de las que en edad adulta nacen en las extremidades de las mandíbulas del ser humano

① pantufla

② hoyuelo en la mejilla izquierda

③ caries

④ muela del juicio

[036] 괄호 안의 동사를 알맞게 바꾼 것을 고르시오.

> Estados Unidos urge al país comunista a que (abandonar) sus ambiciones de
> armas nucleares.

① está abandonando
② abandonará
③ ha abandonado
④ abandone

[037] 다음 중 어법상 옳지 않은 것을 고르시오.

① Ni siquiera me saludaste.
② No cabe duda de que la siesta es buena para el rendimiento en el trabajo.
③ No sabe hablar japonés tampoco.
④ No conozco algún lugar donde pueda respirar aire puro.

[038] 다음 중 어법상 옳지 않은 것을 고르시오.

① El año pasado nos mudamos dos veces.
② La familia de Ramón ha viajado a Corea del Sur hace tres años.
③ ¿Habéis estudiado alguna vez informática?
④ Hace apenas cinco años, nuestro país estaba exportando crudo.

[039] 빈칸에 들어갈 알맞은 단어를 고르시오.

> El gobierno dio un __________ de 180º en materia de impuestos.

① giro
② vistazo
③ siniestro
④ rechazo

[040] 다음 중 해석이 옳은 것을 고르시오.

① Soy de los que no dan el brazo a torcer.
  → 난 남과 쉽게 친해지지 않는 사람이다.
② ¡Me quedé de piedra!
  → 난 심하게 아팠어!
③ El orador fue al grano desde el principio.
  → 연설자는 처음부터 말을 더듬었다.
④ Lo tengo en la punta de la lengua.
  → 그게 입가에서 맴돌면서 생각이 나지 않는다.

[041] 괄호 안의 동사를 알맞게 바꾼 것을 고르시오.

> Al padre de Juan le sorprende que el dueño de la tienda le (mentir).

① habrá mentido   ② habría mentido
③ haya mentido   ④ ha mentido

[042] 괄호 안의 우리말을 스페인어로 알맞게 옮긴 것을 고르시오.

> No hay duda de que todo en esta vida cambia. (이유가 무엇이든 간에),
> todo cambia.

① fuera la que fuera la razón   ② sea cual sea la razón
③ sería lo que sería la razón   ④ sea que será la razón

[043] 다음 문장이 뜻하는 것을 고르시오.

> No tires la toalla.

① No te des por vencido.   ② No te acuestes tarde.
③ Tienes que ahorrar dinero.   ④ Abrígate el cuello con la bufanda.

[044] 내용상 빈칸에 들어갈 알맞은 말을 고르시오.

> El viajero tiene derecho a transportar ＿＿＿＿＿＿ hasta un máximo de 30
> kilogramos de equipaje.

① para colmo de males   ② con nombre de pila
③ gratuitamente   ④ por desgracia

[045] 다음 문장이 의미를 갖게끔 들어갈 알맞은 말을 고르시오.

> matar dos ＿＿＿＿＿＿ de un tiro

① pájaros   ② náuseas
③ caries   ④ caderas

[046] 다음 중 잘못된 단어를 고르시오.

① exámenes   ② estaciones
③ régimenes   ④ jóvenes

[047] 빈칸에 들어갈 단어를 순서대로 고르시오.

> __________ yo sepa, no es oro todo __________ reluce.
> 내가 알기로는 빛나는 모든 것이 금은 아니다.

① cuanto – cuanto　　② que – lo que

③ como – el que　　④ lo que – que

[048] 다음 중 옳지 않은 것을 고르시오.

① Apenas no consigo dormir.
② Nos daba pena dejar el Reino del Hielo.
③ Vale la pena visitar ese museo nacional.
④ No sabemos apenas nada de este tema.

[049] 다음 중 옳은 것을 고르시오.

① Tuvimos que ceder antes sus amenazas.
② El público tiene derecho a estar informado.
③ Hay de respetar el derecho a la intimidad que toda persona tiene.
④ El edificio está bajo de vigilancia.

[050] 다음 질문에 대한 알맞은 답을 고르시오.

> A: ¿De quién son estas bolsas?
> B: __________________

① A Ud.　　② Es suya.

③ Son de suyas.　　④ Son de ella.

[051] 빈칸에 공통으로 들어갈 전치사를 고르시오.

> Nueve personas sobrevivieron __________ el naufragio del crucero.
> Iban __________ 120 kilómetros por hora.

① de　　② en

③ a　　④ por

[052] 다음은 무엇에 대한 설명인지 고르시오.

> El que tiene un día más que el año común, añadido al mes de febrero.
> Se repite cada cuatro años

① año bisiesto   ② año solar

③ año lunar   ④ año fiscal

[053] 다음 중 어법상 옳지 않은 문장을 고르시오.

① Se cantan villancicos.   ② Esta botella no cierra bien.

③ ¿Por dónde se va al aeropuerto?   ④ Se me perdió las huchas.

[054] 다음 중 용법이 틀린 것을 고르시오.

① El retrato no se le parece.   ② El catedrático cambió de parecer.

③ Tu jersey parece al mío.   ④ ¡Pareces una modelo!

[055] 빈칸에 들어갈 알맞은 말을 고르시오.

> Cada mañana muchas personas hacen ejercicio en este parque, porque quieren mantenerse en ______________. También hay otras razones. Es que estar delgado está de moda. Pero, Cristina, te aseguro que estar demasiado delgada es un ______________ para la salud.

① sano – perjuicio   ② saludable – daño

③ forma – riesgo   ④ salud – medio

[056] 다음 문장을 스페인어로 알맞게 옮긴 것을 고르시오.

> 내 아들이 수학에서 낙제점을 받을까 봐 걱정이다.

① Me preocupo que mi hijo suspende las matemáticas.

② Temo que suspendería a mi hijo en matemáticas.

③ Me preocupa que mi hijo suspenda las matemáticas.

④ Temo que suspendieron a mi hijo en matemáticas.

[057] 다음 중 어법상 옳지 않은 것을 고르시오.

① ¿Os molestáis el humo?   ② Me crece el pelo muy rápido.

③ No se lo des.   ④ ¿A quién le toca salir?

[058] 다음 중 강세 부호가 필요하지 <u>않은</u> 단어를 고르시오.

① industria ② espiritu

③ caracter ④ comodo

[059] 다음 중 명령법의 쓰임이 옳지 <u>않은</u> 것을 고르시오.

① Quédate. ② Lavaos.

③ Vete a la estación. ④ No salid.

[060] 다음 중 문법적으로 옳지 <u>않은</u> 문장을 고르시오.

① Queremos que tengas suerte.

② Puedo terminarlo antes que llega la jefa.

③ ¡Ojalá que todo salga bien!

④ Lo más probable es que él no se haya enterado.

[061] 다음 중 어법상 옳은 것을 고르시오.

① La señorita Gómez venirá a dárselo al señor López.

② Mis padres quieren que yo estudio con ahínco.

③ La vecina de arriba me dijo que le devolviera ese recipiente.

④ Mi abuela se queja de que se duele el pecho.

[062] 두 문장이 같은 뜻이 되도록 알맞은 단어를 고르시오.

> Ellos son conocidos, más que amgios.
> = No son amigos, __________ conocidos.

① después que ② más bien

③ como si ④ de prisa

[063] 다음은 무엇에 관한 설명인지 알맞은 것을 고르시오.

> derecho de tránsito que se paga en carreteras, autopistas o puentes

① pinchazo ② peaje

③ pavo ④ pato

[064] 다음 중 가정법 사용이 옳은 것을 고르시오.

① Hubiéramos venido si hubiéramos sabido.

② Si os portaríais bien, os leeré un cuento.

③ Si nos tocará la lotería, daríamos la vuelta al mundo.

④ Si haga buen tiempo, iré a la playa.

[065] 다음 밑줄 친 단어가 뜻하는 것을 고르시오.

> No creemos que la primera ministra <u>renuncie</u>.

① avisar   ② dimitir

③ revelar   ④ divulgar

[066] 다음 중 의미가 옳지 <u>않은</u> 것을 고르시오.

① lustro – período de cinco años

② década – periodo de diez años o diez días

③ decena – conjunto de doce cosas

④ decenio – período de diez años

[067] 빈칸에 들어갈 어법상 알맞은 단어를 고르시오.

> El estrés es ya, desde __________ unos años, una de las grandes secuelas del desarrollo.

① por   ② en

③ hace   ④ durante

[068] 다음 문장을 올바르게 해석한 것을 고르시오.

> Te traigo una toalla por si acaso te mojas.

① 나는 아무 때나 먹으라고 좀 가져왔다.   ② 궁핍하면 쓰라고 자금을 준비했다.

③ 혹시나 젖을까 봐 수건을 가져왔다.   ④ 수영할 거면 간식이 필요할 거다.

[069] 빈칸에 들어갈 알맞은 말을 고르시오.

> Ella ha obtenido la beca, __________ me impresiona mucho.

① lo que   ② de quien

③ de la cual   ④ cuanto

[070] 빈칸에 들어갈 전치사를 순서대로 짝지어 놓은 것을 고르시오.

> Me dedico __________ la venta de electrodomésticos.
> Mi suegro tiene líos __________ la policía.
> Te lo presto, pero trátalo __________ cariño.

① para – con – de   ② a – con – con
③ en – con – por   ④ a – para – para

[071] 대화의 내용상 빈칸에 들어갈 적당한 말을 순서대로 고르시오.

> A: ¿Qué te apetece comer?
> B: A ver. Quiero tomar algo __________.
> A: ¿No te gustaría comer carne o caldo?
> B: No. Estoy haciendo régimen. No quiero nada pesado ni __________.
> A: Ya has empezado a adelgazar. Que tengas éxito.

① sabroso – ácido   ② dulce – exquisito
③ picante – salado   ④ ligero – grasiento

[072] 다음 중 옳지 않은 문장을 고르시오.

① El muchacho andó descalzo por la hierba.
② El avión cayó en picado.
③ Ella sintió que les iba a pasar algo.
④ El médico me puso a régimen.

[073] 다음 중 옳지 않은 문장을 고르시오.

① Creo que Lola viste mal.
② Mi sobrina se disfrazó de hombre.
③ No me gusta que mi novia maquille.
④ El banco abre de nueve a cuatro.

[074] 다음 중 문법상 옳은 문장을 고르시오.

① Londres y Nueva York son gran ciudades modernas.
② Es un restaurante de que está lejos de aquí.
③ Todavía no han volvido los turistas holandeses.
④ El ordenador es tan caro que no puedo comprarlo.

[075] 다음 중 올바른 것을 고르시오.

① ¿Dónde aprendiste usarlo?
② No le permitían caminar.
③ Niegan a haber robado los jarrones.
④ ¿Necesitas a hacerlo inmediatamente?

[076] 다음 중 관계가 나머지와 다른 것을 고르시오.

① cónyuge – consorte　　　　② inversor – inversionista
③ víctima – victimario　　　　④ asesino – homicida

[077] 내용상 빈칸에 들어갈 알맞은 단어를 고르시오.

> ¿Cuáles son tus __________?
> Me fascina escuchar todo tipo de música.

① siniestros　　　　② planes
③ cotidianos　　　　④ gustos

[078] 빈칸에 들어갈 알맞은 단어를 고르시오.

> 그들은 계속해서 계약서 사인을 연기하고 있다.
> → Ellos siguen __________ la firma del contrato.

① aplazando　　　　② distrayendo
③ engañando　　　　④ regañando

[079] 다음 중 어법상 옳지 않은 것을 고르시오.

① A ellas les gusta celebrar junto el cumpleaños de Lola.
② Repitan todos juntos.
③ Ponga la mesa junto a la ventana.
④ Tienes que hacer este ejercicio con los pies juntos.

[080] 다음 중 ser와 estar 동사 용법이 알맞지 않은 것을 고르시오.

① Este modelo está de última moda.　　　　② Mi abuelo es orgulloso de su patria.
③ La reunión es en casa de Pedro.　　　　④ El agua está fría.

[081] 다음 문장을 완성할 수 있는 말을 고르시오.

> 네가 열심히 공부한다면 장학금을 받을 것이다.
> → Siempre y cuando __________, te darán la beca en la escuela.

① estudies en cambio　　　　② estudiaras con mucho gusto

③ estudiarás con agrado　　　④ estudies con ahínco

[082] 빈칸에 들어갈 알맞은 단어를 고르시오.

> Ella lo hizo para que él __________ celos.

① sienta　　　　② sentiera

③ sintiera　　　④ sentara

[083] 다음 중 해석이 옳지 <u>않은</u> 것을 고르시오.

① ¿Tienes hora?
   → 몇 시니?
② ¡Enhorabuena!
   → 축하해!
③ Tengo hora para el dentista.
   → 치과에 갈 시간이 있다.
④ Se produjo una colisión múltiple de coches a media mañana del viernes.
   → 금요일 오전 중반에 다중 자동차 추돌 사고가 발생했다.

[084] 다음 문장과 의미가 같지 <u>않은</u> 것을 고르시오.

> Pilar no vendrá si no la llamamos.

① Pilar no vendrá a menos que la llamemos.
② Pilar no vendrá salvo que la llamemos.
③ Pilar no vendrá aun cuando la llamemos.
④ Pilar no vendrá a no ser que la llamemos.

[085] 다음 중 옳지 <u>않은</u> 것을 고르시오.

① ¿Cuál es el problema?
② ¿Cuál es la capital de la República de Corea?
③ ¿Qué te gusta más, el cine o el teatro?
④ ¿Cuál es lo más importante del TLC entre ambos países?

[086] 다음 중 어법상 옳지 <u>않은</u> 것을 고르시오.

① Quizá me lo diga el entrenador.
② A lo mejor la jefa venga mañana.
③ ¡Ojalá mi bisabuelo pudiera andar de nuevo!
④ Probablemente lloverá a cántaros mañana

[087] 다음 중 어법상 옳지 <u>않은</u> 것을 고르시오.

① Susana teme que su hija se enferme.
② Ha parado de llover.
③ Se nos perdimos las monedas.
④ Este armario es diferente al del catálogo.

[088] 빈칸에 공통으로 들어갈 말을 고르시오.

Todos obtuvieron la beca __________ yo.
Todo tiene solución __________ la muerte.

① menos
② además de
③ a eso de
④ pese a

[089] 내용상 빈칸에 들어갈 알맞은 것을 고르시오.

그녀는 30분을 기다리고 있는데 버스가 오지 않는다.
→ Ya lleva __________ media hora y el autobús no viene.

① esperada
② a esperar
③ esperando
④ para esperar

[090] 다음 중 동사의 쓰임이 적절하지 <u>않은</u> 것을 고르시오.

① ¿Conoce usted a los vecinos que viven enfrente?
② ¿Sabes si hay una biblioteca cerca de aquí?
③ No conozco nadar.
④ ¿Sabes dónde está el restaurante CIRCO?

[091] 빈칸에 들어갈 알맞은 말을 순서대로 고르시오.

> El profesor de matemáticas es más simpático que __________ de coreano.
> Nos gusta esta escuela porque es mejor que __________ del año pasado.

① lo – ella
② él – ella
③ el – la
④ lo – la

[092] 다음 중 어법상 옳은 것을 고르시오.

① Mis hijos volvieron llorando y muy asustado.
② Esta máquina es tanto complicada como aquella.
③ El señor López es demasiado exigente con su empleados.
④ Era tan gracioso que no podíamos dejar de reírnos.

[093] 다음 중 올바른 간접화법 문장을 고르시오.

> 내 조카가 어제 내게 전화해서 그 소설책을 주러 오늘 집에 온다고 했어.

① Mi sobrino me llamó ayer y me decía que hoy iba a ir a mi casa a llevarme la novela.
② Mi sobrino me llamó ayer y me decía que hoy fue a mi casa a traerme la novela.
③ Mi sobrino me llamó ayer y me dijo que hoy vendría mi casa a llevarme la novela.
④ Mi sobrino me llamó ayer y me dijo que hoy vendría a mi casa a traerme la novela.

[094] 다음 중 단·복수 형태가 옳지 <u>않은</u> 것을 고르시오.

① frac – fraques
② bambú – bambúes
③ crisis – crisis
④ paracaídas – paracaídases

[095] 문맥상 빈칸에 들어갈 알맞은 말을 고르시오.

> Tenéis que poneros por __________ de estatura para que el maestro os vea bien.

① causa
② falta
③ medio
④ orden

[096] 빈칸에 들어갈 알맞은 단어를 고르시오.

> No hay __________ esta playa para disfrutar del surf.
> 이 해변은 서핑하기에 그 어느 곳보다 좋다.

① de
② como
③ que
④ menos

[097] 다음 문장을 스페인어로 알맞게 옮긴 것을 고르시오.

> 로페스 부인이 바깥에 나가자마자 비가 내리기 시작했다.

① Tan pronto como la Sra. López salió a la calle, comenzó a llover.
② En cuanto la Sra. López saliera a la calle, empezaba a llover.
③ Tan pronto como la Sra. López salía a la calle, había comenzado a llover.
④ En cuanto la Sra. López salía a la calle cuando empezó a llover.

[098] 다음 문장을 스페인어로 알맞게 옮긴 것을 고르시오.

> 너는 같은 실수를 또 하지 말아라.

① No vuelvas de cometer la misma error.
② No vuelvas a cometer el mismo error.
③ No vulevas de cometer el mismo error
④ No vuelvas a cometer la misma error.

[099] 빈칸에 들어갈 알맞은 전치사를 순서대로 고르시오.

> Se ve un rascacielos __________ lo lejos.
> Quieres privarme del derecho __________ mi banco.

① de – a
② para – en
③ a – a
④ en – de

[100] 밑줄 친 부분과 바꿔 쓸 수 있는 것을 고르시오.

> Salió <u>conforme a</u> tus planes.

① a fin de
② de acuerdo con
③ a propósito de
④ a una velocidad de

[101] 다음 중 옳지 않은 것을 고르시오.

① miles de víctimas
② veintiuno soldados
③ cientos de manifestantes
④ dos millones ochenta y cinco sillones

[102] 다음 중 대화 내용이 어색한 것을 고르시오.

① A: ¿Qué le pongo, caballero?
   B: Lo mismo de siempre, por favor.
② A: Wow, has adelgazado mucho.
   B: Je je, hace dos meses que sigo la dieta que me recomendaste.
③ A: ¿Puedes recomendarme un buen gimnasio?
   B: Lo que tú tienes que hacer es comer menos.
      Y no estés tumbado en el sofá viendo la tele.
④ A: ¿Procuras estar en forma?
   B: Claro, es por eso que pienso de esa forma.

[103] 다음 문장을 올바르게 해석한 것을 고르시오.

> Su discurso me dejó perpleja.

① 그의 주소가 가물가물했다.　② 난 그의 연설에 당혹했다.
③ 그와의 대화가 내게는 지루했다.　④ 그가 가진 재주가 놀라웠다.

[104] 다음 중 어법상 옳은 것을 고르시오.

① Cientas de madres se reunieron.
② Llegaron ciento y un atletas.
③ Hay unos cien hinchas en el estadio.
④ Han vendido doscientas abrebotellas.

[105] 밑줄 친 부분과 뜻이 비슷한 것을 고르시오.

> Ten cuidado con él, que tiene malas pulgas.

① se resiente con facilidad　② tiene prisa
③ está muy enfermo　④ quiere perder peso

[106] 빈칸에 들어갈 알맞은 단어를 고르시오.

> No nos importa que el testigo __________ tarde.

① llegaría
② llegará
③ llegue
④ llega

[107] 빈칸에 들어갈 알맞은 말을 순서대로 고르시오.

> Es mejor que __________ a un médico.
> Mi amigo me aconsejó que lo __________ con mi abogado.

① consultes – consulte
② consultarás – consultaría
③ consultes – consultara
④ consultaras – consultaría

[108] 다음 중 어법상 옳지 <u>않은</u> 것을 고르시오.

① No tengo más de seis casas particulares.
② Ella prefiere ir al cine.
③ Yo llegué más antes que el profesor de español.
④ No tenemos más que dos hijas.

[109] 빈칸에 들어갈 단어를 순서대로 고르시오.

> Ella aprobó las matemáticas, pero __________ poco la suspenden.
> En el último momento se dio cuenta de dos errores y los __________.

① por – corrigió
② para – sustentó
③ por – respondió
④ para – apostó

[110] 빈칸에 들어갈 알맞은 단어를 고르시오.

> 나의 상사가 화가 났다.
> → Mi jefe está __________ una furia.

① hecha
② de hacer
③ hecho
④ haciendo

[111] 내용상 빈칸에 들어갈 알맞은 말을 고르시오.

> Los alumnos tuvieron que __________ haber llegado tarde.

① disculparse por   ② enojarse a

③ acariciar para   ④ calmarse en

[112] 빈칸에 들어갈 알맞은 단어를 순서대로 고르시오.

> Corea del Norte __________ esa reunión multilateral, estancada
> __________ pasado septiembre.

① resusmirá – de   ② resumirá – desde

③ reanudará – de   ④ reanudará – desde

[113] 다음 중 어법상 옳은 것을 고르시오.

① No tenéis que enfadarse inútilmente.
② En la radio acaban decir que Corea ha ganado la final.
③ A mis hermanos les parece que la casa es mucho bonita.
④ ¿Qué le ha pasado a Lola?

[114] 다음 중 어법상 옳지 <u>않은</u> 것을 고르시오.

① Tenemos mucho que hacer.
② Ayer hizo mal tiempo.
③ La muchacha está muy cansada.
④ Hace tan calor que me gustaría ir a la playa.

[115] 다음 문장을 알맞게 완성할 말을 고르시오.

> A los científicos les __________ mucho la atención el calentamiento de la
> Tierra.

① presta   ② hace caso

③ equivoca   ④ llama

[116] 다음 중 어법상 옳지 <u>않은</u> 것을 고르시오.

① Dijeron que les dolían la cabeza.

② Anteayer nos dijo que no había acudido a la cita.

③ Nos advirtió que estaba prohibido aparcar allí.

④ Dijo que nos enviaría un email.

[117] 다음 속담을 알맞게 해석한 것을 고르시오.

> El hábito no hace al monje.

① 지식과 지혜는 같지 않다.   ② 습관이 꼭 좋은 역할만 하지는 않는다.

③ 세 살 버릇 여든까지 간다.   ④ 겉모습으로 그 사람을 알 수는 없다.

[118] 빈칸에 들어갈 알맞은 단어를 고르시오.

> Date prisa o llegaremos __________.

① a tiempo   ② puntual

③ tarde   ④ sin falta

[119] 문장이 완성되도록 빈칸에 알맞은 단어를 고르시오.

> Nos vimos al __________ de tres años.

① más   ② cabo

③ lugar   ④ margen

[120] 다음 중 어법상 옳지 <u>않은</u> 것을 고르시오.

① Pedro es una persona que sabe escuchar.

② Hace diez años que no sabemos nada de él.

③ Mi novio no sabía que era mi cumpleaños.

④ En cuanto lo sabríamos, Mario y yo fuimos a ayudarlas.

[121] 빈칸에 들어갈 알맞은 것을 고르시오.

> El señor Rodríguez seguirá mientras __________ caminar.

① podía   ② pudiendo

③ podría   ④ pueda

[122] 각 문장이 같은 뜻이 되도록 알맞은 단어를 순서대로 고르시오.

> Ella es tres años menor que yo. = Yo le __________ tres años.
>
> Te recomiendo hacerlo. = Te recomiendo que lo __________.

① tengo – harás ② llevo – hagas

③ pongo – harás ④ hago – hagas

[123] 밑줄 친 부분을 올바르게 해석한 것을 고르시오.

> Os aseguro que la directora de ventas es una sinvergüenza.

① 대담하다 ② 철면피다

③ 활달하다 ④ 직선적이다

[124] 다음은 무엇에 대한 설명인지 고르시오.

> prenda para cubrir la mano, que se hace, por lo común, de piel, tela o tejido de
> punto, y tiene una funda para cada dedo.

① violín ② jersey

③ flecha ④ guante

[125] 문장이 완성되도록 빈칸에 들어갈 알맞은 단어를 고르시오.

> Cuando nació Luis, __________ la nariz igual que el prometido de su hermana.

① lanzaba ② tenía

③ daba a luz ④ tronaba

[126] 밑줄 친 부분과 바꿔 쓸 수 있는 것을 고르시오.

> El terrateniente alardea de sus riquezas.

① hace ostentación de ② reflexiona sobre

③ pone en marcha ④ quiere donar

[127] 다음 중 관계사 용법이 적절하지 <u>않은</u> 것을 고르시오.

① ¿Dónde está el libro del que hablé ayer?
② ¿Conoces al hombre que odiamos?
③ Este es el motivo que estudio chino.
④ Tome cuanto quiera.

[128] 다음 중 해석이 옳지 <u>않은</u> 것을 고르시오.

① juego limpio → 페어플레이
② para colmo de males → 설상가상으로
③ que yo sepa → 내가 알았다면
④ a toda costa → 어떤 비용을 치르더라도

[129] 다음 중 어법상 옳은 것을 고르시오.

① El Sr. Sánchez no vino, a lo que me sorprendió mucho.
② Es necesario que os matriculáis hoy mismo.
③ No te vayas sin haber visitado La Torre inclinada de Pisa.
④ José estudia en la Universidad de los Andes desde hace el año 2013.

[130] 빈칸에 들어갈 단어를 내용과 어법에 맞게 고르시오.

No está de _______________ insistir en la necesidad de hacer ejercicio para mantenerse sano.

① dejar de　　　　　　② ya
③ más　　　　　　④ luto

[131] 다음 중 어법상 옳은 문장을 고르시오.

① En cuanto mi mujer me dijo que tenía fiebre, tomaría unas pastillas por el estilo.
② Los mendigos que piden limosna en la calle de Modelia duermen al aire libre.
③ Los jóvenes de hoy gusta la música rock a la clásica.
④ Juan y María son hermanos. Aquel es alta y esta es baja.

[132] 빈칸에 들어갈 알맞은 말을 순서대로 고르시오.

> (a) No pude __________ que echarme a reír al oír la última frase.
>
> 난 마지막 문구를 들었을 때 웃기 시작하지 않을 수 없었다.
>
> (b) Te voy a echar de __________.
>
> 난 널 그리워할 거야.

① menos – más 　　　　　② más – menos

③ más – más 　　　　　　④ menos – menos

[133] 다음 문장을 알맞게 해석한 것을 고르시오.

> Se me hizo un nudo en la garganta.

① 난 갈증이 심하게 났다. 　　② 나는 목에 상처를 입었다.

③ 나는 옷을 벗고 엎드려 누웠다. 　④ 나는 목이 메었다.

[134] 빈칸에 들어갈 알맞은 단어를 고르시오.

> No hay quien te __________.

① entiende 　　　　　　② entendería

③ entienda 　　　　　　④ entenderá

[135] 다음 중 어법상 옳지 않은 것을 고르시오.

① Tienes que despertar a la realidad.

② Yo me desperté temprano.

③ Me despertó el apetito.

④ El niño está despierto desde las siete de la mañana.

[136] 다음 문장을 스페인어로 알맞게 옮긴 것을 고르시오.

> 선장은 판사 앞에서 자기가 수천 명의 목숨을 구한 것을 두고 의기양양했다.

① El capitán se jactó antes el juez de haber salvado miles de vidas.

② El capitán se jactaba ante el juez de habiendo salvado miles de vidas.

③ El capitán jactaba antes del juez de habiendo salvado miles de vidas

④ El capitán se jactó ante el juez de haber salvado miles de vidas.

[137] 빈칸에 들어갈 알맞은 전치사를 고르시오.

> __________ muy difícil que sea la situación, nunca te abandonaré.

① en   ② con

③ por   ④ para

[138] 빈칸에 들어갈 문맥상 알맞은 단어를 고르시오.

> Si hay un __________, prende una vela para no estar a oscuras.

① cenicero   ② apagón

③ incendio   ④ pastel

[139] 다음 중 대화가 자연스러운 것을 고르시오.

① A: ¿Vais a ir a la biblioteca?
   B: No. Ayer fuimos a la iglesia.

② A: Bueno, ¿cómo quedamos?
   B: No os preocupéis. El hotel no queda lejos.

③ A: ¿Vas a regalarle unos pendientes en su jubilación?
   B: Sí, tengo que ir a comprarlos.

④ A: Niños, ¿os importaría bajar la televisión?
   B: Sí, nos gusta mucho ver la tele.

[140] 다음 중 옳은 문장을 고르시오.

① Hoy él se debuta como director de la empresa.

② Ya estoy harto de levantarse temprano.

③ Los árboles del jardín ha crecido mucho

④ ¡Que te mejores!

[141] 다음 문장과 뜻이 같은 것을 고르시오.

> ¡Compórtate de acuerdo con tu edad!

① Ahora tienes mucho que hacer.   ② ¡No seas niño!

③ ¡Qué joven eres!   ④ No aparentas tus años.

[142] 빈칸에 들어갈 알맞은 것을 고르시오.

> Como no habíamos estudiado mucho, tratamos de
> ___________ las respuestas a las preguntas de la maestra Jimena.

① bucear   ② zambullir

③ decepcionar   ④ adivinar

[143] 다음 중 해석이 옳지 않은 것을 고르시오.

① Esta ama de casa tiene la mano dormida.
   → 이 주부는 손이 저리다.

② No podrás salirte con la tuya.
   → 뜻하는 대로 이루지 못할 것이다.

③ Cuando era joven, solía eructar.
   → 젊었을 때 코를 골곤 했다.

④ Vale la pena visitar el museo nacional.
   → 국립박물관은 방문할 만한 가치가 있다.

[144] 다음 중 어법상 옳은 것을 고르시오.

① Pedro y Mario han hechos los deberes en casa de Lola.

② El cartero ya ha abrido la puerta.

③ El informe se estará preparado para mañana.

④ Tengo pensado salir para París el 22 de marzo.

[145] 빈칸에 들어갈 알맞은 단어를 고르시오.

> El año pasado dejé de fumar, pero he ___________ a empezar.

① parado   ② puesto

③ vuelto   ④ luchando

[146] 다음 중 성질이 다른 하나를 고르시오.

① vago   ② holgazán

③ perezoso   ④ aplicado

[147] 다음 중 해석이 옳지 <u>않은</u> 것을 고르시오.

① ¡Hace buen día! → 날 좋군!

② No cabe duda. → 확실하다.

③ No dejes de comprar el billete. → 반드시 표를 사라.

④ No mereces sino elogios. → 넌 칭찬받을 수 없어.

[148] 다음 중 동사의 시제 용법이 <u>틀린</u> 것을 고르시오.

① Ayer ellos estuvieron dos horas en mi casa.

② Mi marido solía esperarme delante del edificio, pero ayer no pudo.

③ Cuando nos casamos, no teníamos casa.

④ El coche patrulla chocó contra un poste eléctrico cuando seguiría a los ladrones.

[149] 다음 중 <u>틀린</u> 문장을 고르시오.

① No tengo más salida que esta.

② No hay otra alternativa que aceptarlo.

③ Elena es tan habladora que nadie quiere hablar con ella.

④ Manuel estudia tan mucho como Móises.

[150] 다음 문장을 알맞게 해석한 것을 고르시오.

> La periodista no dudó en intentar esquivar algunas preguntas indiscretas que le hicieron.

① 여기자는 일부 주어진 경솔한 질문에도 서슴없이 응수했다.

② 여기자는 일부 무례한 질문은 주저없이 피하고자 했다.

③ 여기자는 사람들의 일부 난처한 질문을 나쁘게 생각하지는 않았다.

④ 여기자는 일부 사람들의 경솔한 질문들에 비난하려고 하지 않았다.

[151] 다음 문장을 스페인어로 알맞게 옮긴 것을 고르시오.

> 유럽연합은 그리스 경제 상황을 개선하고자 했다.

① La Unión Europea intentó mejorar la situación económica de Grecia.

② La Unión Europea ha intentado a mejorar la situación de la economía griega.

③ La Unión Europea intentó para mejorar la situación de la economía de Grecia.

④ La Unión Europea intentó por mejorar la situación económica de Grecia.

[152] 다음 중 해석이 옳지 <u>않은</u> 것을 고르시오.

① La Sra. Gómez me debe quinientos euros.

→ 고메스 부인이 나에게 500유로를 꾸어 준다.

② Me parece que puedo terminarlo pasado mañana a más tardar.

→ 늦어도 모레는 그것을 끝낼 것 같아요.

③ No hace ni frío ni calor en otoño.

→ 가을에는 춥거나 덥기나 하지 않아요.

④ Mi nuera acaba de dar a luz a una niña.

→ 내 며느리가 막 여자아이를 출산했다오.

[153] 다음 빈칸에 들어갈 내용상 알맞은 말을 고르시오.

> El _____________ realizado por la cadena de televisión CBS revela que la mayoría de los hispanos que viven en EEUU piensan que ejercen algún tipo de influencia en las acciones gubernamentales de este país.

① hipo
② atentado
③ sondeo
④ estornudo

[154] 다음 대화에서 대답으로 알맞은 것을 고르시오.

> A: ¿Le ha gustado la sopa de fideos?
> B: _____________________________

① Sí, muchísimo. Me gustaría comerla otra vez.
② Sí, me encantaría probarla.
③ No, porque a mí no me gusta tocar el piano.
④ No, porque quiero cultivar patatas y cebollas.

[155] 다음 중 해석이 옳지 <u>않은</u> 것을 고르시오.

① Esa película es muy rollo. → 그 영화는 끝내주게 지루해.
② ¿Por qué me das la lata? → 왜 내게 성가시게 그래?
③ Él es un pesado. → 그는 참 지루해(지겨워).
④ Él es un desastre jugando al fútbol. → 그는 축구를 하다 큰 사고를 입었어.

[156] 다음 문장의 빈칸에 들어갈 문맥상 알맞은 말을 고르시오.

> Este órgano judicial tendrá su ____________ provisional en un edificio de 16 plantas de la Haya.

① lana   ② sede
③ escalera   ④ corte

[157] 다음 빈칸에 들어갈 알맞은 말을 고르시오.

> Juan y María han __________ en el colegio.

① conocido   ② encontrado
③ saludado   ④ quedado

[158] 빈칸에 들어갈 알맞은 단어를 순서대로 고르시오.

> (a) La actriz francesa no tiene __________ en la lengua.
> (b) No es más que la __________ del iceberg.

① palabras – frigorífico   ② piedras – punta
③ pelos – punta   ④ juicio – nevera

[159] 빈칸에 들어갈 알맞은 말을 고르시오.

> __________ vengáis tarde, no coméis.

① si   ② para que
③ como   ④ ya que

[160] 다음 문장을 올바르게 해석한 것을 고르시오.

> El conflicto en la Franja de Gaza se cobró nueve vidas.

① 가자지구 분쟁으로 9명이 사망했다.
② 가자지구 분쟁은 9명의 생존자만 남겼다.
③ 가자지구 분쟁은 해결의 기미가 보이지 않았다.
④ 가자지구 분쟁은 해결의 발걸음을 시작했다.

[161] 다음 중 어법상 옳지 않은 문장을 고르시오.

① De haberlo sabido, hubiera acudido antes.

② Mi hija prefiere jugar al fútbol a tocar la guitarra.

③ Los viajeros esperan que el avión no se retrase.

④ Niños, tomad las servilletas. Las poned sobre la mesa.

[162] 다음 중 문법에 어긋난 문장을 고르시오.

① No tengo más remedio que ir.

② Lucas y Miguel estudian tantos como Juan.

③ Carmen es tan estudiosa como Ana.

④ No nos queda otra alternativa que decir que sí.

[163] 다음 중 직설법 현재 1인칭이 틀린 것은?

① caer – caigo

② oír – oigo

③ huir – huigo

④ distinguir – distingo

[164] 다음 중 문법적으로 옳지 않은 문장을 고르시오.

① Carmen le dio el periódico a Carlo para que él lo leyera.

② Todo lo que oí ayer no es verdad.

③ Isabel lo hizo por primer vez ayer.

④ Teresa lo hizo cuidadosa y hábilmente.

[165] 다음 중 스페인어로 잘못 옮긴 것을 고르시오.

① 우리의 참패 원인은 여러 가지였다.

　　→ Varias eran las causas que nos condujeron a la derrota.

② 안드레스는 학력이 없을지라도 성공을 이루었다.

　　→ Andrés logró un gran éxtio a fuerza de sus estudios

③ 마리아는 자식이 단지 둘이다.

　　→ María no tiene más que dos hijos.

④ 아직 텔레비전 세트를 고쳐 놓지 않았다.

　　→ Aún no han reparado el televisor.

[166] 다음 중 강세 부호가 필요하지 <u>않은</u> 것을 고르시오.

① jovenes ② bambu
③ cesped ④ caracteres

[167] 빈칸에 들어갈 알맞은 단어를 순서대로 고르시오.

> Ayer la mayoría de la gente acudió a las __________. Yo también.
> Voté __________ el candidato del partido conservador.

① cajas – a ② urnas – por
③ muelas – para ④ campañas – en

[168] 다음 단어가 의미하는 것을 고르시오.

> quinquenio = __________________________

① periodo de cinco años ② un cuarto de siglo
③ período de diez años ④ tiempo de quince años

[169] 다음 중 어법상 옳지 <u>않은</u> 것을 고르시오.

① Estuvimos una hora intentando convencer al jefe.
② Las cantantes están bailandos salsa.
③ Hay muchos turistas esperando el autobús.
④ La dejé llorando.

[170] 빈칸에 들어갈 알맞은 말을 고르시오.

> Los incendios forestales bajan un 33% __________ va de año.

① hasta cuanto ② durant el que
③ en lo que ④ hasta la fecha en que

[171] 빈칸에 들어갈 단어가 순서대로 짝지어진 것을 고르시오.

> ¡Haced el __________ de callaros!
> Uy, no vemos nada. __________ la luz.

① favor – encended ② ruido – apagad
③ sonido – romped ④ apoyo – prended

[172] 대화의 빈칸에 들어갈 말을 순서대로 고르시오.

> A: ¿No __________ besan las personas de este país?
>
> B: Antes __________ inclinaban.
>
> A: Parece que la mayoría de ellas se __________ la mano.

① 없음 – se – den 　② se – 없음 – dan

③ 없음 – sí – den 　④ se – se – dan

[173] 다음 문장을 스페인어로 알맞게 옮긴 것을 고르시오.

> 호세야, 선생님이 칠판 지우는 것을 도와라.

① José, ayuda al profesor a borrar la tiza.

② José, ayuda al profesor a borrar la pizarra.

③ José, ayudes al profesor para borrar la tiza.

④ José, ayudes al profesor a borrar la pizarra.

[174] 다음 중 문법상 옳지 <u>않은</u> 것을 고르시오.

① No es cierto que los dos se amen.

② Es difícil que venga el pescador.

③ Es preciso que lo hacemos.

④ Es natural que ella se sienta sola.

[175] 다음 중 ser와 estar의 사용이 옳은 것을 고르시오.

① Mi país es rico en petróleo y carbón mineral.
　Ella está contenta con la explicación.

② Ellos están aficionados al béisbol.
　Te seré fiel hasta que la muerte nos separe.

③ Es indispensable para mejorar la situación.
　Pedro es resfriado.

④ El volcán Terror es famoso por su forma.
　Estoy seguro de mí mismo.

[176 -178] 다음 글을 읽고 물음에 답하시오.

> El champán, o champaña, está considerado como el rey de los vinos, así como el roquefort es el rey de los quesos. Ambos nacieron en Francia, _______________ de la buena comida y de las mejores bebidas. Un abate benedictino hizo una mezcla de varios vinos de Champagne y logró un caldo único que bautizó como champán. Dedicándose a este trabajo, pudo observar que los caldos de eses lugares producían una segunda y fuerte fermentación, y esta era responsable de que la mayoría de las botellas se vaciaran, dado que los tapones de madera no cerraban herméticamente. Para resolver este problema, usó por primer vez los tapones de corcho, después de comprobar que se ensanchaban al contacto con el líquido y que impedían así que se vaciaran las botellas al sufrir una segunda fermentación. A diferencia de otros vinos, todo el proceso del champán realiza en las botellas.

[176] 윗글의 내용과 일치하는 것을 고르시오.

① 나무 마개가 제 구실을 하지 못했다.
② 샴페인은 모든 과정을 거친 뒤 병에 주입했다.
③ 한 프랑스 농부가 우연히 스파클링 와인을 발견했다.
④ 포도가 다른 액체와 접촉하면서 맛이 강화된다.

[177] 빈칸에 들어갈 말을 고르시오.

① acera ② cuna
③ pena ④ lana

[178] 밑줄 친 부분 중 어법상 옳은 것을 고르시오.

① eses ② vaciaran
③ primer ④ realiza

[179] 다음 중 어법상 옳은 것을 고르시오.

① No sé tocar el tenis sino la guitarra.
② Cuando yo era niño, nadara a menudo en el río.
③ ¿Tiene usted algo que declarar?
   No, señor. Todo lo demás es de uso personal.
④ En este país nieva nunca en diciembre.

[180 -181] 다음 글을 읽고 물음에 답하시오.

> Ah, en la clase de historia el profesor nos dio mucha tarea, uy, ¡qué fastidio!
> Tengo que preparar un ensayo sobre la caída del Imperio Romano. Quizá
> mi cuñado me ayude a hacerlo. ¡Ah!, hace un mes que le pedí su ordenador
> portátil prestado. ¿Por qué no me dice que se lo devuelva? ¡Qué generoso es
> mi cuñado! Me gustaría comer chuleta de cordero, ternera o paella, pero mi
> madrastra no me las prepara, ya que ella es ＿＿＿＿＿＿. Siempre procura
> adelgazar.

[180] 윗글의 내용과 일치하지 <u>않는</u> 것을 고르시오.

  ① 새어머니가 살을 빼려고 한다.   ② 매형이 잘해 준다.

  ③ 역사 수업 과제가 무척 흥미롭다.   ④ 빌린 컴퓨터를 아직 돌려주지 않았다.

[181] 내용상 윗글의 빈칸에 들어갈 말을 고르시오.

  ① tímida   ② descortés

  ③ vegetariana   ④ callada

[182] 빈칸에 들어갈 문맥상 알맞은 말을 고르시오.

> Hace un par de semanas tuve un ＿＿＿＿＿＿ en la rueda derecha trasera del
> coche, y me gustaría que me informara de lo que tengo que comprar para
> arreglarlo, los pasos para hacerlo...

  ① freno   ② volante

  ③ pinchazo   ④ neumático

[183] 빈칸에 들어갈 알맞은 말을 고르시오.

> ¿Qué distancia ＿＿＿＿＿＿ de aquí a Madrid?

  ① tardaste   ② hay

  ③ ven   ④ dará

[184] 다음 중 문법상 옳지 <u>않은</u> 것을 고르시오.

  ① José, tendrías que estudiar un poco más.   ② ¿Qué hora será?

  ③ ¿Podría traerme la cuenta, por favor?   ④ Va hacer muy buen día.

[185] 다음 대화의 답으로 성격이 <u>다른</u> 것을 고르시오.

> A: ¿Ya te han presentado a la nueva jefa?
>   ¿Qué te parece ella?
> B: _______________________________

① Parece que es muy exigente.
② Es una persona segura de sí misma.
③ Creo que tomará las once con tu nuera.
④ Parece inteligente.

[186] 다음 글의 주인공이 찾아가야 할 사람을 고르시오.

> Me encanta la cocina hispana. Umm... En aquel restaurante se come bien. Es hora de comer, pero no tengo hambre. Me duele la garganta.

① ingeniero   ② otorrinolaringólogo
③ políglota   ④ chófer

[187-189] 다음 글을 읽고 물음에 답하시오.

> Muy señor mío:
>
> Un pariente mío nos ha recomendado su hotel para pasar nuestras vacaciones. Él nos dice que el hotel tiene una maravillosa vista al mar, así que le escribo para reservar unas habitaciones para la última semana del mes de julio. Nosotros vamos a llegar el día 23. Quisiéramos reservar dos habitaciones dobles y con pensión completa. Le agradeceríamos que nos confirmara ___@___ que los dos cuartos están reservados para nosotros.
>
> En ___ⓑ___ de su respuesta,
>
> Atentamente le saluda,
>
> Luis Hernández
>
> P.D. Le rogamos habitaciones con vistas al mar.

[187] 윗글의 글쓴이에 대한 내용과 일치하는 것을 고르시오.

① 파리에 친구가 있다.   ② 바다 전망의 싱글룸 2개를 원한다.
③ 세 끼 식사가 제공되는 숙박을 원한다.   ④ 7월 초 여행을 위해 예약하고자 한다.

[188] ⓐ에 들어갈 수 없는 것을 고르시오.

① cuanto antes
② lo antes posible
③ en cuanto
④ lo más pronto posible

[189] 내용상 ⓑ에 알맞은 말을 고르시오.

① espero
② esperando
③ espera
④ esperanza

[190 -192] 다음 글을 읽고 물음에 답하시오.

> A: Quiero tener una mascota preciosa, sobre todo, un gato.
>
> B: También me ⓐ encantaría vivir con animales de compañía, pero mis sobrinas son alérgicas ⓑ al pelo de los animales. Así que pienso criar peces de colores en la pecera.
>
> A: Mi madre me dice que es ⓒ muy ⓓ más pesado cuidar a los animales dentro de casa que fuera de casa y que nunca se encargará de cuidarlo si bien yo traigo a un ⓔ a mi casa.

[190] 윗글의 내용과 일치하지 <u>않는</u> 것을 고르시오.

① A의 어머니는 반려동물에 결코 소홀히 하지 않을 것이다.
② B의 여자 조카들은 동물 털에 알레르기가 있다.
③ B는 금붕어를 기르려고 한다.
④ 애완동물을 기르는 것은 어려운 일이다.

[191] ⓐ~ⓓ 중 어법상 틀린 것을 고르시오.

① encantaría
② a
③ muy
④ más

[192] ⓔ에 어울리지 <u>않는</u> 단어를 고르시오.

① turrón
② cachorro
③ perrito
④ gato

[193] 빈칸에 공통으로 들어갈 동사를 고르시오.

> María ____________ la carta al buzón.
>
> Al ver a los dos policías, el ladrón se ____________ a correr.

① envió　　　　　　　② trajo

③ echó　　　　　　　④ huyó

[194] 다음 중 틀린 것을 고르시오.

① ¿Ha visto Ud. a alguien? – No, no he visto a nadie.

② Esta tela no es nada fuerte.

③ De ninguna manera no comemos en aquel restaurante.

④ Ella lo hizo sin duda alguna.

[195] 빈칸에 문맥상 가장 알맞은 말을 고르시오.

> Y, ____________, anoche se me rompió el ordenador portátil.

① para colmo　　　　　② de buena fe

③ enhorabuena　　　　④ a sabiendas

[196 -198] 다음 글을 읽고 물음에 답하시오.

> La razón por la cual los ingleses se fueron al nuevo continente fue de carácter político y religioso. Ellos tenían _____ⓐ_____ objetivo emigrar con sus familias, es decir que llegaron allá con el propósito de construir una nueva sociedad en un nuevo territorio. Al enterarse de la presencia de indígenas en la tierra, los expulsaron por la fuerza. El caso de América Latina fue muy diferente _____ⓑ_____ este. Los españoles eran soldados y se fueron al nuevo continente para conquistarlo más que para emigrar a él. Ellos pretendían llevarse las riquezas de la nueva tierra, sobre todo el oro y la plata, y para ello necesitaban a los indígenas. Ellos les quitaron la tierra a estos, pero no los expulsaron a otra tierra sino que los tomaron como esclavos y los hicieron trabajar en haciendas y minas.

[196] 윗글의 내용과 일치하는 것을 고르시오.

① 스페인 정복자들은 신대륙 원주민들을 쫓아냈다.

② 영국인들은 정치적 이유로 신대륙으로 이주했다.

③ 스페인과 영국 이주자들의 배경은 비슷했다.

④ 스페인 정복자들은 농장에서 다른 이의 도움 없이 일했다.

[197] ⓐ와 ⓑ에 각각 들어갈 알맞은 말로 짝지어진 것을 고르시오.

① para – por　　　　　② con – como
③ por – en　　　　　　④ como – de

[198] 윗글의 밑줄 친 부분을 알맞게 해석한 것을 고르시오.

① 이 대륙에서 원주민들의 공격을 당하게 되었을 때
② 이 대륙에 원주민들이 있다는 것을 모르는 상황에서
③ 이 땅에서 원주민들의 존재를 알게 되자
④ 원주민들의 땅 소유를 무시하면서

[199] 내용상 빈칸에 들어갈 적절한 말을 고르시오.

> Los políticos enfatizaron el principio de solución pacífica a ___________ del diálogo.

① pesar　　　　　② diferencia
③ regla　　　　　④ través

[200 -203] 다음 글을 읽고 물음에 답하시오.

> A pesar de que la calidad de vida en Europa es superior a ___ⓐ___ de América Latina, la tasa de suicidios es mucho más alta, llegando a 23,2 personas por cada 100 mil habitantes en el Viejo Continente, mientras que en América el número llega a 10,3. Según los datos de la Organización Mundial de la Salud (OMS), Lituania es el país con la más alta tasa de suicidios en el mundo, con un (㉠) de 61,3 por cada 100 mil habitantes. Le sigue Rusia con 53,8. En los países americanos, ___ⓑ___ cifra es mucho menor, con un (㉡) de 10,3 en el continente, con las excepciones de Uruguay, Cuba y Chile, que tienen tasas similares a la de los países europeos (26, 19 y 18 respectivamente). ⓒ <u>En pocas palabras</u>, los europeos recurren...

[200] 윗글의 내용과 일치하는 것을 고르시오.

① Según la OMS, los europeos recurren más al suicidio que los americanos.
② Según la OMS, los americanos recurren más al suicidio que los europeos.
③ Según la OMS, los los europeos recurren menos al suicidio que los americanos.
④ Según la OMS, los americanos recurren tanto al suicidio como los europeos.

[201] ㉠과 ㉡에 공통으로 들어갈 알맞은 말을 고르시오.

① porvenir   ② promedio
③ medio   ④ presupuesto

[202] ⓐ와 ⓑ에 알맞은 관사를 순서대로 고르시오.

① la – la   ② una – el
③ uno – la   ④ el – el

[203] 밑줄 친 ⓒ 대신 내용상 대체할 수 있는 것을 고르시오.

① a lo sumo   ② por lo menos
③ en suma   ④ en principio

[204] 밑줄 친 부분 중 어법상 옳은 것을 고르시오.

> Estamos <u>seguro</u> de que <u>el</u> ansia <u>contra</u> vivir ayudará al dibujante de cómic a <u>recuperar</u>.

① seguro   ② el
③ contra   ④ recuperar

[205-207] 다음 글을 읽고 물음에 답하시오.

> Ayer yo vi (생방송으로) la actuación de la patinadora artística Elena Sánchez. Me impresionaron mucho sus movimientos _______ⓐ_______ y exactos. Como era de esperar, ella ganó la medalla de oro en los Juegos Olímpicos de Invierno ⓑ dejar atrás a sus rivales.

[205] 윗글의 괄호에 해당하는 말을 고르시오.

① por directo   ② en vivo
③ sano y salvo   ④ a la vez

[206] ⓐ에 들어갈 알맞은 말을 고르시오.

① ágiles   ② inhábiles
③ ingenuos   ④ tímidos

[207] ⓑ를 알맞게 바꾼 것을 고르시오.

① dejando ② dejados

③ dejado ④ dejandas

[208] 다음 중 haber 동사의 쓰임이 <u>잘못된</u> 것을 고르시오.

① Hay una botella sobre la mesa.

② ¿Dónde hay el peluquero y Juan?

③ ¿Qué hay en la plaza?

④ En el balcón hay muchas plantas.

[209-211] 다음 글을 읽고 물음에 답하시오.

> Ah, anteayer, cuando ⓐ <u>subir</u> al autobús escolar, me ⓑ <u>encontrar</u> con mi profesor de español. Hablamos sobre qué carrera (ⓒ) yo al ingresar en la universidad. Después de clase mi amigo y yo visitamos a María, porque ella estaba en (ⓓ), así que le compramos un pastel y flores. Ella se alegró mucho y su mamá nos preparó una sopa de ⓔ <u>verduras</u>.

[209] ⓐ와 ⓑ의 알맞은 형태를 고르시오.

① subiera – habría encontrado ② suba – encontraba

③ subía – había encontrado ④ subí – encontré

[210] ⓒ와 ⓓ에 들어갈 적절한 말을 고르시오.

① redactar – suspiro ② escoger – cama

③ engañar – sufrimiento ④ elegir – gallina

[211] ⓔ<u>verduras</u>에 해당하지 <u>않는</u> 것을 고르시오.

① perejil ② espinaca

③ col ④ martillo

[212] 다음 중 잘못된 문장을 고르시오.

① ¿Cómo quieren ustedes las patatas, fritos o cocidos?

② Les cuesta mucho trabajo hacerlo.

③ Ayer conduje a 160 kilómetros por hora.

④ ¿A cómo está el kilo de plátanos?

[213-215] 다음 글을 읽고 물음에 답하시오.

> Yo siempre pienso ⓐa globalizar el kimchi, pues es una comida fermentada muy saludable, por eso, quisiera dar ⓑa conocer la cocina coreana... ya que forma parte de las actividades para sembrar ⓒun imagen de Corea como potencia cultural en el mundo, je je je. A propósito, mañana tendré que cortarme el pelo, pues mi madre me da la (㉠   ) diciendo que soy un desastre. Ahora tengo sueño. Estoy bostezando. ¿Puedo ser filósofo? ¿Puedo ser ⓔlocutor o abogado? ¿ⓓQué será la profesión ideal para mí que vaya bien con mi personalidad? Mañana tengo que hablar sobre esto con mis padres.

[213] ⓐ~ⓓ 중 옳은 것을 고르시오.

① ⓐ
② ⓑ
③ ⓒ
④ ⓓ

[214] 내용상 ㉠에 들어갈 말을 고르시오.

① lata
② rosquilla
③ cola
④ finca

[215] ⓔlocutor와 성질이 전혀 다른 것을 고르시오.

① albañil
② golfista
③ notario
④ boquerón

[216] 빈칸에 들어갈 말을 순서대로 고르시오.

> (a) ¿ __________ algún instrumento?
>
> (b) ¿En qué __________ un día de trabajo normal para ti?

① juegas – va
② tocas – consiste
③ juegas – consiste
④ tocas – va

[217] 빈칸에 들어갈 말을 순서대로 고르시오.

> Nos __________ hacer lo que nos dice el maestro.
>
> Los huelguistas __________ en esperar una semana.

① merece – merecieron
② conviene – convinieron
③ acuerda – acordaron
④ cree – creyeron

> Las mujeres han estado ganando terreno en la sociedad para compartir los beneficios sociales con los varones gozando de igualdad de género. Precisamente, se trata del feminismo que algunos hombres consideran rechazable e innecesario y que, sin embargo, predomina en este país asiático, así como en el resto del mundo. Un ⓐ특징 bien arraigado en la cultura de dicho país, y más o menos opuesto a la corricnte feminista, es el "machismo". En esta sociedad machista, es el hombre el que lleva los pantalones. Actualmente, no son muchos los varones que piensan que son superiores en todo a las mujeres. Este movimiento persigue una liberación sexual y lo que nos interesa es cómo concienciar a los hombres cuya manera de pensar es diferente a la de las mujeres.

[218] ⓐ에 해당하는 단어를 고르시오.

① equilibrio
② rasgo
③ chicle
④ peculiar

[219] 윗글의 내용과 일치하지 <u>않는</u> 것을 고르시오.

① 이 나라에서는 남성 우월주의가 훨씬 약하게 자리 잡고 있다.
② 이 나라 사회는 남성이 결정권을 쥐고 있다.
③ 페미니즘은 이 나라에서 machismo에 반하는 것으로 볼 수 있다.
④ 여권신장운동은 강한 흐름을 타고 있다.

> En primer lugar, las personas famosas también tienen derecho a la vida privada, puesto que una (ⓐ) es el trabajo, y otra es la intimidad. Es por eso que tenemos que respetar la intimidad de los artistas dcl mundo del espectáculo. Todo el mundo sabe que los actores suelen acudir a las revistas en busca de popularidad cuando necesitan promocionar una película. A su vez, los periodistas afirman que tienen el deber de informar a los lectores. El problema es que se pueden ___ⓑ___ las noticias.

[220] 윗글의 내용상 ⓐ에 들어갈 말을 고르시오.

① coincidencia
② foca
③ cosa
④ lechuza

[221] 문맥상 ⓑ에 들어갈 가장 알맞은 말을 고르시오.

① promover 　　　　② desfilar

③ difundir 　　　　④ inventar

[222] 빈칸에 들어갈 말을 순서대로 고르시오.

> Mi abuelo murió __________ vejez.
> Es un vestido hecho __________ la medida.
> Si vuestro hijo siempre dijera la verdad, yo confiaría más __________ ti.
> Es que estoy __________ dieta.

① por – para – en – a 　　　　② en – por – por – a

③ de – a – en – a 　　　　④ a – en – por – a

[223-226] 다음 글을 읽고 물음에 답하시오.

> Se confirmó la **muerta** de una persona después de que un helicóptero policial se estrellara contra el techo de un concurrido pub. Actualmente, se espera que la cifra de fallecidos **aumentará**, dijo el sábado la policía. La aeronave se estrelló contra el tejado del mencionado bar a las 10:25 de la noche del sábado. "Esperamos que la cifra se incremente durante las próximas horas", dijo a periodistas Stephen House, jefe de la Policía de Escocia. El **primero** ministro escocés había afirmado anteriormente que la gente debía prepararse para la posibilidad de más ⓐfallecidos. ⓑTres personas viajaban a ( ) del helicóptero, según la policía. Este cayó sobre el pub ubicado en la ribera del río Clyde, **derrumbando** parte del tejado, pero la aeronave aparentemente no se incendió, dijeron testigos. "Estaba relativamente lleno, todos lo estábamos pasando bien y luego hubo un ruido", dijo un vecino, que estaba en el bar en el momento del impacto.

[223] 윗글의 내용과 일치하는 것을 고르시오.

① 사고 당시 현장 사람들 간에는 불미스러운 소동이 있었다.

② 바에는 다행이 주민이 별로 없었다.

③ 사고 당시 부상자를 쉽게 찾을 수 없어 그 숫자가 늘어날 전망이다.

④ 사고를 당한 현장은 강가와 인접한 곳에 있다.

[224] ⓐ fallecidos의 명사형(사망=muerte)을 고르시오.

① falleciencia ② fallecisión
③ fallezgo ④ fallecimiento

[225] 굵게 표시된 단어 중에 올바른 것을 고르시오.

① muerta ② aumentará
③ primero ④ derrumbando

[226] ⓑ 문장이 '헬리콥터에는 3명이 타고 있었다'는 말이 되도록 빈칸에 들어갈 알맞은 말을 고르시오.

① toma ② subida
③ bordo ④ asiento

[227] 다음 중 관계사 문장이 옳은 것을 고르시오.

① Leo el libro que me lo recomendaste.
② El artista quien escribimos este libro es americano.
③ Esa es la casa que viví 20 años.
④ Me gusta el acento con el que hablas.

[228-230] 다음 글을 읽고 물음에 답하시오.

> Tengo ⓐ mucho fiebre. Quiero comer algo nutritivo y sabroso. Creo que dentro de tres días se ⓑ celebrarán una exhibición del pintor llamado Fernando Botero. Tengo muchas ganas de apreciar sus grandes obras en dicha exhibición. ¿Cuánto costará la entrada? Seguro que vale la pena ir a la exhibición. Él es colombiano. Ummm... me gustaría visitar Colombia para probar el café que se produce en ese país. Ah, también en el Museo Nacional hay una exposición de cultura inca. ¿Me acompañará Ramón? Estos días no me llevo bien con él. Después de visitar el museo, ⓒ teneré que invitarlo ⓓ a almorzar. ¿Le ( ) los platos picantes?

[228] 윗글의 내용과 일치하는 것을 고르시오.
① 글쓴이는 라몬과 즐겁게 지내고 있다.
② 글쓴이는 콜롬비아에서 열리는 전시회에 간다.
③ 보떼로 전시회를 가기에는 가격이 만만치 않다.
④ 글쓴이는 라몬과 전시회에 가려고 한다.

[229] ⓐ~ⓓ 중 어법상 맞는 것을 고르시오.

① mucho
② celebrarán
③ teneré
④ a

[230] 윗글의 괄호 안에 들어갈 적절한 말을 고르시오.

① gusta
② gusten
③ gustó
④ gustarán

[231] 다음 중 문법상 잘못된 것을 고르시오.

① Parece mentira que estemos ya en Chile
② Nos dijo que saliéramos para Madrid en seguida
③ Pedro dijo que haría un viaje a París
④ En todo caso, convendría que abandonáramos la ciudad o nos mudemos a otra casa.

[232] 다음 중 해석이 옳지 않은 것을 고르시오.

① En el peor de los casos, el gaucho se nos irá para siempre.
  → 최악의 경우에는 그 가우초(남미 목동)가 아주 떠나가 버릴 것이다.
② ¿Te has olvidado de ir a la clase de mecanografía? ¡Ya despierta!
  → 타자 수업에 가는 거 잊었어? 정신 차려!
③ Han alterado el orden público.
  → 공공질서를 강화시켰다.
④ ¡No me digas!
  → 설마!

[233] 다음 중 해석이 옳지 않은 것을 고르시오.

① Es un actor taquillero.
  → 그 배우는 흥행보증수표야.
② Una lágrima se deslizó por su mejilla.
  → 한줄기 눈물이 그녀의 뺨으로 미끄러져 내렸다.
③ Decidió destinar parte de sus ahorros a hacer obras de caridad.
  → 그는 저축의 일부를 자선사업하는 데 쓰기로 했다.
④ ¿Quieres correr las cortinas?
  → 커튼을 열고 싶니?

[234] 빈칸에 들어갈 알맞은 말을 순서대로 고르시오.

> 부모님은 내가 뻬드로와 결혼하는 것을 반대하시는 상황이었다.
> → Mis padres se ___________ a que me ___________ con Pedro.

① degustaban – casaría 　　② oponían – casara

③ contradecían – casaría 　　④ derrochaban – casaba

[235] 다음 중 문법상 잘못된 것을 고르시오.

① Sigues tumbado boca abajo en el sofá. ¿Quieres venir conmigo?

② Mi hermana se pasa el día guisando.

③ Hazte a un lado.

④ Ella me está muy enfadada.

[236] 다음 중 간접화법이 옳지 않은 것을 고르시오.

① Nos dijo que estaba prohibido aparcar allí.

② Esa viejecita me dijo que le dolía la cabeza.

③ El sacerdote le preguntó al vagabundo que deseaba que Dios le bendijera.

④ Nos dijo que iba a aguantar las bajas temperaturas con muchas mantas encima.

[237] 다음 중 어법상 옳지 않은 것을 고르시오.

① La calefacción no funciona todavía. El aire acondicionado funciona bien

② Ya ha estado desapareciendo la tendencia a tener hijos varones en una sociedad tanto machista como esta.

③ A: ¿Es ella inteliegnte?
　 B: Sí, mucho.

④ A: Creo que Lola cs torpe.
　 B: Tienes razón. Pero, no es tanto como Mario.

[238] 빈칸에 들어갈 적당한 말을 고르시오.

> La lluvia está ___________ inundar las calles de la ciudad.

① a punto de 　　② tentado a

③ expuesto a 　　④ al corriente de

[239] 빈칸에 들어갈 말을 순서대로 고르시오.

> (a) Pobre Pedro, volvió a reprobar su examen de conducir por 5ª vez
> consecutiva y encima perdió por 5ª vez en el año su cartera, no da
> ___________ con bola.
> (b) Un caballero siempre cumple con su ___________.

① codo – cana
② pie – palabra
③ dedo pulgar – cumpleaños
④ diente – cabello

[240] 다음 중 어법상 올바르지 <u>않은</u> 것을 고르시오.

① Se me cayó el móvil y la pantalla líquida se rompió.
② ¿Para cuándo quieres que redactamos el contrato?
③ Las corbatas las compraron ayer por la tarde.
④ El banco abre de 9 a.m. a 5 p.m.

[241] 다음 중 해석이 옳은 것을 고르시오.

① Pilar le rogó que la dejara en paz.
→ 필라르는 자기가 평화롭게 지낼 수 있을 거라고 그를 설득했다.

② Yo abro la puerta de par en par para tomar aire fresco y así refrescarme el cuerpo y la mente.
→ 나는 문을 조금 연다.

③ No vale la pena rezar por ti.
→ 널 위해 기도할 가치가 없다.

④ El caballero andante, sudando por la frente, vino a lomo de burro. Al bajarse de él se dio un golpe en su cabeza y dijo: ¡Qué diablos he hecho por ella!
→ 그 편력기사는 이마로 땀을 흘리면서 당나귀를 길들이고야 말았다. 내리면서 자기 머리를 한 대 때리고서는 말했다. "내가 도대체 그녀를 위해 뭘 한 거지!"

[242] 다음 중 어법상 <u>틀린</u> 것을 고르시오.

① Nadie sabe nada.
② Yo tampoco vi a nadie.
③ Nadie dice nunca nada.
④ Hizo nunca la comida para su marido.

[243] 빈칸에 들어갈 알맞은 말을 고르시오.

> El aire es para los hombres ___________ es el agua para los peces.

① el que ② la que
③ lo que ④ que

[244] 밑줄 친 단어를 대신할 수 있는 것을 고르시오.

> Los carniceros tienen que asegurarse de que la carne lleve su etiqueta de origen en el paquete.

① procedencia ② natalidad
③ fecundidad ④ represalia

[245] 다음 중 올바르지 않은 문장을 고르시오.

① Vamos a celebrar el Día de la Madre fuera de casa. A lo mejor conviene reservar una mesa en el restaurante. Por el día que es, se llenará pronto el restaurante.
② Te advierto que no tengo nada de ganas de comer este pulpo a la gallega que has preparado. Cómetelo todo o bótalo.
③ ¿De quién es este tenedor que estaba en el suelo? ¿Te cuesta recogerlo y ponerlo en su lugar?
④ ¡Cuántos nos alegramos de haber probado la paella a la valenciana!

[246] 밑줄 친 부분 중 문법상 옳은 것을 고르시오.

> Hube una tormena muy grave en agosto pasado. Los voluntarios se congregaron y les dieron de comer a los damnificandos y les ayudaron a arreglar las casas cubriendo de lodo, las cuales tenían todo fuera de orden en el interior.

① hube ② de
③ daminificandos ④ cubriendo

[247] 다음 중 문법상 옳지 않은 것을 고르시오.

① ¿A cuántos estamos hoy? ② ¿A cuántos están los aguacates?
③ ¿Qué es lo que más te gusta hacer? ④ ¿A qué estamos hoy?

[248] 다음 중 어법상 <u>틀린</u> 문장을 고르시오.

① El ama de casa no era justamente reconocido por la sociedad. Sin embargo, hoy las cosas han cambiado considerablemente. Ya es un oficio digno.

② Cuando organicemos una fiesta no invitaremos ni a la vecina de enfrente ni al señor de al lado.

③ Si encuentro un buen trabajo, te compraré un traje de etiqueta.

④ ¡A trabajar! El local está aún por limpiar. No lo hagáis con los pies.

[249] 빈칸에 들어갈 알맞은 단어를 고르시오.

> Los profesores les enseñan griego y latín a los alumnos. _____________ son suizos y estos son suecos.

① que   ② lo

③ aquellos   ④ los cuales

[250] 다음 중 해석이 적절하지 <u>않은</u> 것을 고르시오.

① Esta camisa ya ha dado de sí. Ya me queda un poquito grande. Ya es tuya. Llévatela. ¿No la quieres?
→ 이 셔츠가 늘어났어. 이제 내게 조금 크네. 네 것이다. 가져가라. 싫어?

② No pude dar con la palabra adecuada.
→ 나는 적당한 말을 찾을 수가 없었다.

③ Di a entenderle que quería casarme con ella.
→ 나는 그녀에게 결혼하고 싶다는 뜻을 내비쳤다.

④ Ambas partes dieron el problema por resuelto por completo y abordaron otro asunto pendiente.
→ 양측은 그 문제가 완전히 해결된 것으로 착각하고 다른 현안 사항을 다루었다.

1 ② al por mayor 도매로

2 ③ estrenar(vt) 개봉하다, 처음 사용하다 *estrenarse 개봉되다, 데뷔하다

3 ③ le lo (x) → se lo (o)

4 ④ soler + inf. *tan mucho (x) → tanto (o) 그렇게나 많이

5 ④ ser seguro de sí mismo 자신감 있는 사람이다 *estar seguro de ~에 대해 확신하다

6 ① meta 목표, 골대, 결승선 *marino 바다의 | la marina 해군(= la armada)

7 ④ madrugar 일찍 일어나다 *levanta (x) → se levanta (o) 일어나다

8 ② el que = ~ 하는 사람 *① el cual (x) → lo que (o) | ③ cuando (x) → donde (o)

9 ④ peluca 가발

10 ④ rodilla 무릎

11 ③ 기발생 문장으로 직설법 사용됨. *en cuanto ~하자마자

12 ② conseguir inf. ~을 해내다, 이루다

13 ① 인사말에 대한 답으로 así así와 같음. *muy hecho (스테이크) 웰던(Esp)(= bien cocido)

14 ④ pasto 목초, 목초지(주로 pl) | retoño 싹 | andamio 비계, 발판 | forraje 꼴, 건초
*follaje = conjunto de hojas

15 ③ grasa 지방 *garaje 차고 | contener(영 contain)

16 ④ 영 bunch = (꽃다발) ramo, (바나나, 포도 송이) racimo

17 ② curarse (사람이 주어) 치료되다, (신체가 주어) 치료되어지다
*le 그에게서 | mientras가 영어 as long as(~하는 한)로 사용되면 접속법 사용함.

18 ④ tanta buena (x) → tan buna (o) *si mal no recuerdo 내 기억이 틀리지 않다면

19 ② despacio 천천히 *darse prisa 서두르다 | alto 부사로 en voz alta임.

20 ② *① prestara (x) → prestaría (o)

21 ① halterofilia 역도, 웨이트트레이닝 *excursionismo (도보) 하이킹 | puenting(Esp) 번지점프

22 ① 주어가 복수이므로 형용사 feliz → felices *ningún problema (o) | muéstrame (o)

23 ③ *¿Cómo te ha ido en la entrevista? 스페인에서는 en을 생략해 주어로도 사용 가능함.

24 ③ no le gusto (yo) 나는 그에게 즐거움을 주지 않는다. → 그는 나를 좋아하지 않는다. 영 He doesn't like me.

25 ④ se lo = 그녀에게 그것을, 즉 여기서 se는 간접목적대명사임.

26 ③ echar de menos 그리워하다 *echar 또는 poner (소금, 설탕, 기름 등을) 넣다

27 ③ permitir 또는 dejar 사용 가능함. *ocurrir 발생하다 | ocurrirse 떠오르다

28 ④ disfrutar de = gozar de ~을 누리다, 향유하다 | *manchar 얼룩을 입히다

29 ③ estar harto de ~에 넌덜머리가 나다 *estar harto de que 접속법
*holgazán (남성형) – holgazana (여성형) 게으른

30 ③ 아직 정해지지 않은 불특정한 선행사에 대한 것으로 접속법을 사용함.

31 ③ 주어 bicicleta가 여성이므로 suya가 옳음.

32 ① 관계대명사 que는 선행사가 사람인 경우 주격 또는 직접목적격(~을)으로만 사용 가능하고 '~에게'로는 사용할 수 없음.

33　③ *when I was 16 years old = cuando yo tenía 16 años

34　① la cual (x) → lo que 또는 lo cual (o)

35　④ muela del juicio 사랑니　*muela 어금니 | juicio 판단, 심판, 재판 | sabiduría 현명함(영wisdom)

36　④ urgir a sb a inf. 또는 a que 접속법

37　④ algún lugar → ningún lugar (부정문에 사용)
　　*ni siquiera me saludaste = ni me saludaste siquiera 넌 나한테 인사조차 안 했다

38　② ha viajado → viajó

39　① giro 선회

40　④ *no dar el brazo a torcer = mantenerse firme en una opinión o en una decisión
　　*de piedra = muy sorprendido, atónito

41　③ 접속법 현재완료 (haya+p.p.)

42　② 정답으로 cualquiera que sea la razón이라고도 할 수 있음.

43　① tirar la toalla 포기하다, 두 손 들다　*dar + 목적어 por 과거분사 : ～를 ～된 것으로 치다

44　③ gratuitamente 무료로　*pila 전지 | nombre de pila 세례명

45　① 일석이조　*de un tiro 한 방에, 한 발로 | tiro con arco 양궁

46　③

47　② que yo sepa = 내가 알기로는　*sepa = saber 접속법 현재

48　① no를 삭제함.　*apenas = 거의 ～ 아니다, 간신히, ～하자마자
　　④번의 경우 apenas보다는 casi를 사용하는 것이 편함.

49　② 대중은 알 권리가 있다　*antes 전에 → ante ～앞에 | hay que inf.　*haber de inf. (인칭별 동사 변화함.)

50　④ 또는 son suyas로 할 수 있음.

51　③ sobrevivir a ～에 살아남다, 생존하다 | supervivencia 생존

52　① 윤년　*año fiscal 회계연도 | fiscal 검사, 세금과 관련된, 재정의

53　④ se me perdieron las huchas 주어(huchas)가 복수임 → (무의지의 se 용법)　*hucha = alcancía(AmL) 저금통

54　③ parecerse a ～와 닮다　*parecer(m) 의견

55　③

56　③ suspender 낙제시키다, (과목을) 낙제하다　*me preocupa que + 접속법
　　preocuparse por (주어 사람이) ～에 대해 걱정하다

57　① molestáis (x) → molesta (o)

58　① *el espíritu | la economía

59　④ no salid (x) → no salgáis (o)

60　② antes (de) que 주어 + 접속법　*antes que (～보다 먼저)와 혼동 주의!

61　③ ～하라고 말했다 (지시) → 접속법 사용

62　② más bien 오히려　*conocido 지인, 아는 사람 | de prisa 서둘러 | a toda prisa 완전 서둘러 |
　　precipitadamente 무척 서둘러

63　② peaje 통행료　*pavo 칠면조 | pato 오리

64　① 가정법 과거사실 반대 영would have p.p.(habríamos venido) 대신에 접속법 과거완료(hubiéramos venido)
　　를 사용할 수도 있음. | si + 접속법 현재 (절대 불가)

65　② 영resign sth = dimitir de 또는 renunciar a　*영resign oneself to = resignarse a

66 ③ decena = conjunto de diez unidades *docena 다스 (12개)

67 ③

68 ③ por si (acaso) = 형 just in case

69 ①

70 ② dedicarse a ~에 종사하다 *lío 말썽(거리), 트러블

71 ④ me apetece (inf.) = 형 feel like (ing)

72 ① andó → anduvo (동사 andar 직설법 부정과거 3인칭 단수)
　　*caer en picado(Esp) 곤두박질치다, 추락하다 *régimen(m) 다이어트, 체제

73 ③ se maquille 화장하다 *gustar que + 접속법

74 ④ tan ~ que ~ = 형 so ~ that *① gran → grandes | ② de que

75 ② *negar = 형 refuse, deny *negarse a inf. = 형 refuse to inf. *③번은 deny의 뜻으로 a 삭제!

76 ③ víctima 피해자 ↔ victimario 가해자 *나머지 3개는 동의어(sinónimo)임. |
　　asesino 살인자(= homicida), 암살자

77 ④ gusto 구미, 기호, 미각, 취향(미)(형 taste), 기쁨 *siniestro = accidente, desastre

78 ① *distraerse = despistarse 또는 entretenerse *regañar = 형 scold

79 ① junto → juntas(여성 복수) ← a ellas에 유의!

80 ② estar orgulloso de

81 ④ [siempre y cuando + 접속법] ← [con tal de que + 접속법] 참고

82 ③ sintiera ← sentir 접속법 과거 *celo 열심, 질투 | tener celos de sb = 형 be jealous to sb

83 ③ 치과에 예약 있어 *dentista 치과 의사

84 ③ aun cuando + 직설법 / 접속법 = 형 even if 또는 even when

85 ④ 중성 lo (más importante)가 사용되면 qué 사용 *③번은 (막연하게)(광범위하게) 일반적인 것에 대해 물어보면서
　　qué를 사용하였고 (특정하게 정해 놓은 것)(눈 앞에서 제시 또는 주어진 것)(특정하게 가지고 있는 것) 등등 개별적인 것
　　에 대해 구체적인 선택을 하면서 cuál을 사용한다고 보통 이렇게 개념을 정리하는데 어떤 경우에는 사용에 있어 혼용 ·
　　혼선이 발생하기도 합니다.

　　¿Qué le compramos a Chelo, una muñeca o un jersey?
　　질문할 것에 대한 사전 정보 없을 때
　　¿Qué película de Bong Chun Jo te gusta más?
　　동일 카테고리의 것에 대해 의문사 바로 뒤에서 언급되었을 때
　　¿Cuál te parece más bonita, esta o aquella?
　　동일 카테고리의 것을 의문사 바로 뒤에서 언급하지 않았을 때
　　(cuál de las dos, cuál de los dos 등으로도 표현 가능)

　　[기타]
　　De postre solo tenemos frutas: naranja y manzana. ¿Cuál prefiere? (2009 수능)
　　Me gustaría tener un animal de compañía. ¿Un gato o un perro? ¿Cuál sería mejor para mí?

　　[참조 예문]
　　¿Qué foto prefieres? 어떤 사진이 더 좋아?
　　¿Cuál de las fotos prefieres? 사진들 중에 어느 것이 더 좋아?
　　¿Cuál te gusta más, esta foto o aquella? 이 사진과 저것 중에 어느 것이 더 맘에 드니?
　　¿Qué quieres? 뭘 원해?
　　¿Cuál quieres? 어느 것을 원하니?

¿Cuáles quieres? 어느 것들을 원해?

¿Cuál 또는 Quién de vosotros rompió esta botella? 너희 중 누가 이 병을 깨뜨렸니?

¿Qué estación prefieres tú? 어느 계절을 선호하니?

¿Cuál es el deporte favorito de Elena? 엘레나가 좋아하는 스포츠는 무엇이니?

¿Qué es una excavadora? 굴착기란 무엇인가?

¿Qué es la justicia? 정의란 무엇인가?

¿Cuál es su fecha de nacimiento? 그의 생년월일은 무엇이니?

*항상 주의!

¿Qué es la capital de Corea? (틀린 문장) → ¿Cuál es la capital de Corea? 한국의 수도는 무엇인가요?

86　② a lo mejor + 직설법 *ojalá 접속법 현재 또는 접속법 과거 (가능성이 희박한 경우)

87　③ 무의지의 se 이용됨. *동전들이 우리에게서 잃어버려졌다 → se nos perdieron

88　① menos yo 나를 제외하고 ← menos, excepto, salvo 는 뒤에 인칭대명사 yo, tú 가 와도 mí, ti 로 바뀌지 않는다.
　　　　*a eso de ~경에

89　③ lleva esperando media hora = lleva media hora esperando
　　　　*Yo llevo dos años estudiando español. 난 스페인어를 공부한 지 2년 된다.
　　　　*Llevo dos años casada. 전(여자) 결혼한 지 2년 됩니다.
　　　　*José lleva tres años en Corea. 호세는 한국에 산 지 3년 된다.

90　③

91　③ el (profesor) de coreano / la (escuela) del año pasado

92　④ *asustado → asustados, tanto → tan, su → sus

93　④ *traer 가지고 오다 / llevar 가지고 가다

94　④ *fraques 또는 fracs *bambúes 또는 bambús *menú의 복수형은 menús

95　④ por orden de ~ 순서대로 *estatura 키, 신장(= altura) | riñón 신장, 콩팥

96　②

97　① tan pronto como 또는 en cuanto 직설법(기발생, 습관) / 접속법(미발생)

98　② volver a inf. 다시 ~하다

99　③ a lo lejos 멀리서(영 in the distance)

100　② 영 해석 it went according to plan *a fin de ~하기 위해

101　② veintiún soldados (o)

102　④ en (buena) forma = 영 be fit, in good shape *de esa forma 그런 식으로

103　② me 가 여성인 경우 perplejo 가 perpleja 로 바뀜.

104　③ hincha(m)(f) 서포터(스포츠 경기에서 응원하는 사람) *la hinchada 서포터들 | hinchado/a 부어 오른 |
　　　　cientos de 수백의 | unos cien hinchas 대략 100명의 서포터들

105　① resentirse 분개하다 *pulga 벼룩 | tener malas pulgas 성질부리다

106　③ *el testigo, la testigo *testigo presencial = testigo ocular 목격자

107　③ consultara ← consultar 접속법 과거 (sería에 시제 일치하여 접속법과거 사용했음.) *sería mejor que+접속법

108　③ ~~más~~ antes

109　① por poco 하마터면 (동사 현재형을 사용하고 과거처럼 해석함.) *apostar 영 bet

110　③ estar hecho una furia 화가 나다 ← 주어에 따라 hecho 성·수 변화

111　① disculparse por ~에 대해 사과하다

112 ④ estancado (물이) 괴어 있는, 중지되어 제자리걸음에, 교착 상태인 *estancamiento 침체, 부진(명 stagnation)

113 ④ *① enfadarse → enfadaros | ② acabar <u>de</u> decir

114 ④ tanto calor

115 ④ llamar (mucho) la atención 관심을 (많이) 불러일으키다

116 ① dol<s>ían</s> la cabeza

117 ④ hábito 버릇, 법의(法衣)

118 ③ 서둘러라 그렇지 않으면 우리가 늦겠다

119 ② al cabo de tres años 3년 후

120 ④ sabríamos → supimos

121 ④ mientras pueda caminar 걸을 수 있는 한 (형 as long as 기능이면 접속법)

122 ②

123 ② sinvergüenza(m)(f)

124 ④ guante 장갑 *tejido de punto 니트 천 | funda (베개, 안경) 커버, 케이스

125 ②

126 ① alardear de ～를 자랑하다(뽐내다, 과시하다)

127 ③ motivo que → motivo por el que 또는 por el cual ～하는 동기

128 ③ a toda costa = 명 at all costs *coste(Esp) / costo(AmL) 비용 | costa 해안

129 ③ *① a lo que | matricularse 등록하다 | ④ desde <s>hace</s> el año 2013

130 ③ estar de más = 넘쳐나다(명 be superfluous, be unnecessary) *no estar de más insistir en la
necesidad de ～의 필요성은 아무리 주장(강조, 고집)해도 지나치지 않다 *luto 상복

131 ② *algo por el estilo = 명 something of the kind

132 ④ no poder menos que inf. ～하지 않을 수 없다 *echar(se) a inf.

133 ④ nudo 목이 메임, 매듭 *la nuez de la garganta = la nuez de Adán 후골(명 Adam's apple)

134 ③ no hay, 즉 부정된 없는 존재이므로 접속법 사용.

135 ② despertarse (자신을 깨우다) 깨다 *despertar 깨우다(vt), (현실 등등) 깨다(vi)

136 ④ jactarse de = vanagloriarse 명 동명사 having p.p. = 스페인어 haber p.p.

137 ③ 아무리 상황이 어려울지라도 널 (차)버리지 않을 거야.

138 ② apagón(m) 정전, 소등 *prender(특히 AmL) 켜다(= encender) | prende 켜라!

139 ③ pendiente(Esp) 귀걸이(= arete), 현안 중인(명 pending), 기다리는, 매달린

140 ④ mejorar 개선시키다, 개선되다, 좋아지다 *mejorarse (아플 때) 쾌차하다 *① se debuta | ② levantar<u>me</u>

141 ② comportarse 행동하다 [해석] 나잇값 좀 해라! *④ 네 나이처럼 보이지 않는다

142 ④ adivinar 명 guess *bucear (nadar bajo el agua) 스쿠버다이빙하다
*el buceo | zambullirse 물에 첨벙 뛰어들다 | 다이빙 선수 saltador 또는 clavadista(일부 AmL)

143 ③ eructar 트림하다 *roncar 코를 골다 | tener hipo 딸꾹질하다

144 ④ [tener + p.p. + 목적어] ～를 ～해놓다 *① han hechos (haber 바로 뒤 p.p.는 성 · 수 불변) |
③ se estará preparado

145 ③ volver a inf. 다시 ～하다

146 ④ aplicado = 부지런한, 동사 aplicar 과거분사 *vago 명 lazy 또는 vague

147 ④ (no A sino B) = 圀 not A but B, (no sino B) = B 이외는 아니다, B일 뿐이다
영어로 해석하면 You deserve nothing but praise (너는 칭찬받을 수밖에 없어)에 해당함.

148 ④ seguiría → seguía

149 ④ tan mucho (x) → tanto *① 이것 말고는 난 더 이상의 해결책은 없다 |
② 그것을 수락하는 것 말고는 다른 대안이 없다

150 ② no dudar en = 圀 do not hesitate to

151 ①

152 ① *③ no fumo ni bebo = ni fumo ni bebo

153 ③ sondeo de la opinión pública 여론 조사, 앙케이트

154 ① *¿Te gustó México? = 圀 Did you like Mexico?

155 ④ 너는 축구에 젬병이구나. *rollo(圀 roll)는 형용사적으로 쓰여도 성·수 변화 없음.

156 ② sede(f) 본부, 개최지 *la Santa Sede 교황청 | país anfitrión 개최국 | ciudad sede 개최 도시 | la Haya 헤이그

157 ④ 약속을 잡다

158 ③ no tener pelos en la lengua 까놓고 다 말하다 *la punta 또는 la cabeza del iceberg 빙산의 일각

159 ③ como+접속법 (주로 으름장이나 경고의 표현으로 즐겨 사용) ~하면

160 ① cobrar 징수하다, (수표를) 현금으로 바꾸다 → se cobró nueve vidas 9명의 목숨을 앗아가 버렸다
(주어는 conflicto이고 재귀대명사 se가 cobrar와 함께 사용됨.)

161 ④ las poned → ponedlas

162 ② tantos → tanto (보기에서는 부사로 사용됨.)

163 ③ huigo → huyo 달아나다 *higo 무화과 | hígado 간

164 ③ primera vez

165 ② a fuerza de ~의 힘으로, 덕에

166 ④ jóvenes, bambú, césped(m) 잔디

167 ② urna 투표함

168 ① = lustro 5년

169 ② bailandos *① estuvimos intentando 과거진행형은 estaba ing.도 있지만 여기서는 1시간이라는 특정 기간이
주어져 estuve ing. 과거진행형이 사용됨.

170 ③ en lo que va de(Esp) 또는 del(특히 AmL) año 금년 들어 지금껏 (圀 so far this year)

171 ① favor 호의, 부탁

172 ④ se besan 서로 키스하다 | inclinarse 자신을 숙이다

173 ② *tiza 분필

174 ③ preciso 필요한, 정확한

175 ① *② ser aficionado a ~를 좋아하다 | ser seguro de sí mismo 자신감 있는 사람이다

176 ① *roquefort 프랑스 양젖 치즈 | abate (프랑스) 사제 | benedictino 성 베네딕트회의 |
caldo 맑은 수프, (포도 등) 즙, 와인 | bautizar 세례를 주다 *bautizo 세례식 | vaciar 비우다 |
herméticamente 밀폐되어 | ensanchar 넓히다 | fermentación(f) 발효

177 ② cuna 요람

178 ② vaciaran ← vaciar 접속법 과거 *① eses → esos | ③ primer → primera | ④ se realiza

179 ③ *① jugar al tenis, tocar la guitarra | ④ no nieva nunca

180 ③ *fastidio = fastidiar(짜증 나게 하다) 명사형

[유의] fascinar = encantar | ensayo 에세이, 리허설, 테스트, ~ nuclear 핵실험(= prueba nuclear) |
pedir 또는 tomar prestado/a (+ 목적어) 빌리다 | generoso 인심 좋은 |
chuleta 커틀릿(형 cutlet, chop), 갈비 | cordero 새끼 양 | ternera 암송아지, 스테이크(Esp) |
madrastra 새어머니 | procurar inf. ~하려고 애쓰다

181 ③ vegetariano/a 채식주의자 *veterinario 남자 수의사 | veterano 남자 베테랑, 퇴역 군인

182 ③ neumático 타이어 *pinchazo 찌르기, 펑크 | llanta(AmL) 타이어

183 ② 여기서 마드리드는 얼마나 먼가요?

184 ④ va a hacer

185 ③ tomar las once (오전 11~12경에) 간식을 먹다

186 ② otorrinolaringólogo 남자 이비인후과 의사

187 ③ *muy señor mío 근계, 귀하에게(형 Dear Sir) | pensión completa 세 끼 식사 제공(형 full board)

188 ③ ~하자마자

189 ③ espera 기다림 *esperanza 희망 | la esperanza 또는 las expectativas de vida 기대 수명

190 ① *mascota 마스코트, 애완동물 | precioso 아름다운, 가치 있는 | animal de compañía 반려동물, 애완동물 |
pez de colores 금붕어 | pecera 어항 | pesado 무거운, 버거운, 어려운, 성가신, 지루한 |
si bien 비록 ~일지라도

191 ③ mucho más pesado (형용사 또는 부사의 비교급 강조)

192 ① turrón 누가 *cachorro 강아지나 사자 등 포유류의 새끼

193 ③ buzón 우체통, 우편함 | echar(se) a inf. ~하기 시작하다 *echarse una siestecita 낮잠 자다

194 ③ de ninguna manera no comemos = no comemos de ninguna manera

195 ① *③ enhorabuena (졸업, 승진 등을) 축하합니다!

196 ② *presencia 존재, 있음(출석), 면전, 용모 | por la fuerza 강제로, 힘으로 | pretender 희구하다, ~하려 하다 |
llevarse 가지고 가 버리다 | hacienda (큰) 농장 | finca 농장 | la Secretaría de Hacienda 재무부(역시코)

197 ④ *[A tener como/por objetivo 또는 objeto + B] A는 B를 목적으로 둔다 *ser diferente de/a ~와는 다르다

198 ③

199 ④

200 ① *calidad de vida 삶의 질 | suicidio 자살 | cifra 숫자의 자릿수, 수 |
recurrir a la violencia 폭력에 호소하다(형 resort to violence), ~에 (도움을) 호소하다(형 turn to sb)

201 ② promedio 평균 *medio (명사 앞) 절반의, (명사 뒤) 평균의 | media(f) 평균, 스타킹(pl)

202 ① la (calidad) de América Latina

203 ③ en suma 요컨대(형 in short) *a lo sumo = (형 at (the) most = como máximo
*en principio 원칙상 | en un principio 처음에는 | a más tardar 늦어도

204 ② seguros de que el ansia de vivir... recuperarse *ansia(f) 열망(= anhelo)

205 ② en vivo = en directo 생방송으로 | patinadora artística 여자 피겨스케이트 선수 |
como era de esperar 예상한 대로(형 as was to be expected)

206 ① ágil 날쌘

207 ① dejando atrás (라이벌들을) 뒤로 제치면서

208 ② dónde hay el peluquero... → dónde están el peluquero...
¿Dónde hay un café? / ¿Dónde está el café? *café 카페 또는 커피

209 ④ 통학버스에 올라탔을 때 스페인어 선생님과 마주쳤다 (우연히 만났다)

210 ② escoger 영choose *estar en cama (아픈 것 등등의 이유로) 누워 있다

211 ④ martillo 망치 *col(f) 양배추(= repollo) | perejil(m) 파슬리

212 ① fritas o cocidas *cocer 삶다, 찌다, 조리하다 | cocer al horno(영bake), cocer al vapor (영steam)

213 ② dar a conocer 알리다 *pienso en globalizar(세계화하는 것에 대해 생각하다) |
pensar globalizar 세계화할 생각이다 ③ una imagen ④ qué → cuál

214 ① dar (la) lata a sb 성가시게 하다, 짜증 나게 하다

215 ④ boquerón 앤초비, 멸치 *notario 공증인

216 ② consistir en ～에 (기반을 두고) 있다, ～로 구성되다

217 ② convenir 적당하다(영to be suitable) *convenir en ～에 동의하다(영agree to inf. 또는 agree on sth)

218 ② rasgo 특징, 필치 *equilibrio 균형 | chicle(m) 껌(= goma de mascar 츄잉껌) | mascar = masticar 씹다

219 ① ganar terreno = 영gain ground 입지를 넓혀 가다

220 ③ una cosa es ～, otra (cosa 생략 가능) es ～ 서로 별개의 것이다 *foca 바다표범, 물개(영seal) |
nutria 수달 (영otter) | lechuza / búho 부엉이, 올빼미 (영owl) *lechuga 상추

221 ④ inventar 발명하다, 날조하다

222 ③ morir de vejez 또는 de viejo 늙어 죽다 | hecho a (la) medida 맞춤의(영custom–made) ≠ ya hecho
또는 confeccionado 기성품의(영ready–made)

223 ④ *estrellarse 부딪혀 산산조각 나다 | concurrido 붐비는 | derrumbar 붕괴시키다

224 ④ a bordo 기내에, 선상에

225 ④ derrumbando 붕괴시키면서 → [의역] (결과적으로) 붕괴시켰다 *muerta → muerte(죽음)

226 ③

227 ④ *① que me lo recomendaste

228 ④

229 ④ *① mucha fiebre | ② se celebrarán una exhibición(단수)

230 ④

231 ④ nos mudáramos 접속법 과거 → convenir que(～하는 게 적당하다) + 접속법 → convendría que(～하는 게
적당할 듯하다) + 접속법 과거

232 ③ alterar 바꾸다, 교란시키다, (사람, 음식 등이) 상하게 하다 | ① en el peor de los casos 영at worst |
en el mejor de los casos 잘해야(영at best) | gaucho 남미 카우보이 | para siempre 영구히(영for good)

233 ④ correr las cortinas 커튼을 치다 ≠ abrir las cortinas | ② deslizar(vt), deslizarse(vi) 영slide |
③ destinar 용도로 돌리다, 할당하다 | destino 운명, 목적지

234 ② oponerse a ～에 반대하다 oponerse a que + 접속법

235 ④ estar enfadado con sb *① venir conmigo(Esp) | ② se = 자신에게서 | guisar 요리하다, 푹 끓여 조리하다 |
tú te lo guisas, tú te lo comes 자업자득이다, 네가 뿌린 일은 네가 거둔다 | guiso 스튜, 요리 |
③ echarse 또는 hacerse a un lado 옆으로 비키다

236 ③ preguntar si ～인지 물어보다 | bendecir 축복하다 | ② viejecita(f) vieja 축소형 |
④ iban a aguantar = aguantaría

237 ② tan machista | ③ 매우 똑똑하다고 하면서 sí, es muy inteligente = sí, mucho(영어와 다름) |
④ no es tan torpe como Mario = no es tanto como Mario *tan은 뒤에 꼭 형용사 또는 부사 동반됨.

238 ① a punto de = 영be about to *tentado a = tempted to | estar al corriente de = ～를 알고 있다

(= estar informado de)

239 ② no dar pie con bola 다 제대로 안 되다 | por quinta vez consecutiva 다섯 번 연속 | cumplir (con) su palabra 약속을 지키다 | Las partes interesadas deben cumplir con la obligación de reducir las emisiones de gases (de efecto) invernadero a partir del año 2030. 관계 당사자들은 2030년부터 온실가스 배출 감소 의무를 이행해야 합니다.

240 ② redactemos (접속법 현재) | ¿para cuándo? (늦어도) 언제쯤까지(휑 when... by?) | ④ abro la ventana 나는 창문을 연다 | el banco abre de 9 a.m. a 5 p.m. 은행은 오전 9시에서 5시까지 연다 | esta puerta no abre 이 문이 열리지 않아 | de repente se abrió la puerta 갑자기 (쾅) 문이 열렸다.

241 ③ *① dejar en paz 가만히 놔두다 | ④ a lomo de ~ 등 위에 타고, domar 길들이다

242 ④ no hizo nunca

243 ③ 공기는 인간에게 있어 물고기에게 물이라는 것(실체) 같은 것이다.

244 ① asegurarse de que 접속법(~되도록) 또는 직설법(~임을) 확실히 하다

245 ④ cuántos 얼마나 기쁜지! *¡Cuántos libros! 얼마나 많은 책들인지!
por el día que es 날이 날인지라
por la hora que es 시간이 시간인지라
por el tiempo que hace 날씨가 날씨인지라

246 ② dar de comer 먹을 것을 주다 | ① hubo | ③ damnificandos | ④ cubiertas

247 ② a cuántos *가격을 물어보면서 단수로 사용. | ③ 넌 뭘 하는 걸 제일 좋아하니? | ④ ¿a qué (fecha) estamos hoy? 며칠이니?

248 ① reconocida *ama(l) | ② vecina de enfrente 앞집 여자, vecino de al lado 이웃 남자 | ④ por (아직 다 마치지 못해) 해야 할 | hacer con los pies 엉망으로 하다

249 ③ aquellos 전자의 남자들 | estos 후자들 *성 · 수 주의!

250 ④ dar sth 또는 a sb por p.p. ~을 ~ 된 것으로 치다, 간주하다, 여기다 | ③ dar a enender 넌지시 말하다 (= insinuar) (휑 give sb to understand) | él se explica con claridad 그는 말하려는 바를 명확히 설명하다

동양북스 채널에서 더 많은 도서
더 많은 이야기를 만나보세요!

외국어 출판 45년의 신뢰
외국어 전문 출판 그룹
동양북스가 만드는 책은 다릅니다.

45년의 쉼 없는 노력과 도전으로 책 만들기에 최선을 다해온
동양북스는 오늘도 미래의 가치에 투자하고 있습니다.
대한민국의 내일을 생각하는 도전 정신과 믿음으로 최선을 다하겠습니다.